中國現代史叢書 6

張玉法 主編

抗戰史論

蔣永敬著

本書獲行政院新聞局
八十四年重要學術專門著作補助出版

東大圖書公司

國立中央圖書館出版品預行編目資料

抗戰史論／蔣永敬著.--初版.--臺北
市：東大行發：三民總經銷，民84
面：　　　公分.--(中國現代史
叢書；6)
ISBN 957-19-1820-2（精裝）
ISBN 957-19-1821-0（平裝）

1.中日戰爭(1937-1945)　2.中國-
歷史-民國26-34年(1637-1945)

628.5　　　　　　　　　84006319

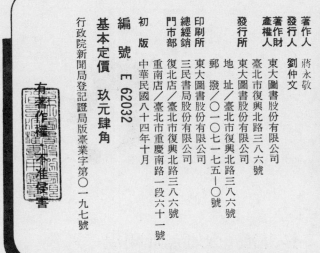

© 抗戰史論

著作人　蔣永敬
發行人　劉仲文
產權財　東大圖書股份有限公司
著作財
發行所　東大圖書股份有限公司
　　　　地址／臺北市復興北路三八六號
　　　　郵撥／〇一〇七一七五一〇號
印刷所　東大圖書股份有限公司
總經銷　三民書局股份有限公司
門市部　復北店／臺北市復興北路三八六號
　　　　重南店／臺北市重慶南路一段六十一號
初版　　中華民國八十四年十月
編號　E 62032
基本定價　玖元肆角
行政院新聞局登記證局版臺業字第〇一九七號

ISBN 957-19-1821-0（平裝）

的年代。

　　爲了擺脫政治的糾葛，可以從世界史的觀點來考慮中國歷史分期問題。梁啓超將中國歷史分爲中國之中國、亞洲之中國、世界之中國三個時期，如果將中國人在中國境内活動的歷史劃爲上古史，將中國人向亞洲其他地區擴張的歷史劃爲中古史，將中西接觸以後、中國納入世界體系劃爲近代史，則中國近代史應該始於明末清初。明末清初的中國，不僅與歐洲、美洲進行海上貿易，而且歐洲帝國主義的勢力已經進入中國，譬如葡萄牙佔有澳門 (1557)、荷蘭 (1624) 和西班牙 (1626) 佔有臺灣，俄國進入中國黑龍江流域 (1644)。在葡人佔有澳門以後的二、三百年，中西之間有商業、文化、宗教交流，到 1830 年代以後，因通商、傳教所引起的糾紛日多，由於中國國勢不振，利權、領土不斷喪失，成爲帝國主義國家的殖民對象，到 1897-1898 年的瓜分之禍達於頂點。1899 年英美發佈「中國門戶開放政策」以後，中國免於被殖民瓜分的局勢始獲穩定。我們可以將 1557-1899 年的歷史定爲近代史的範圍。1901 年，中國在義和團的激情反帝國主義以後，開始進行教育、經濟、政治改革，革命運動亦大獲進展，將歷史帶入現代時期。

　　中國上古史爲中國歷史文化的創建期，中古史爲中國歷史文化的擴張期，近代史爲中國歷史文化的收縮期，現代史爲中國歷史文化的更新重建期。本叢書所謂中國現代史，即始於 1900 年，涵蓋整個二十世紀，如果中國更新重建的大方向不變，亦可能涵蓋二十一世紀及其以後。儘管由於政治的糾葛，「中國」一詞在近數十年的臺灣及海外各地已經變成模糊的概念，出現了歷史中國、文化中國、大陸中國、海洋中國等名詞，但中國畢竟是現在世界上歷史悠久、土地廣大、人口眾多的國家，不能因爲它時常出現外力入侵、内部分裂，而忽視它的

主編者序

　　二十世紀在中國歷史上是一個變遷迅速的世紀。在二十世紀將要結束以前，回頭看看二十世紀初年的中國；或從二十世紀初年的中國，看看二十世紀將要結束的中國；不僅歷史學家會不斷檢討這一段的歷史總成績，走過這個時代的人或走不過這個時代的人，無論自己流過多少汗、多少淚、多少血，受過多少飢寒、多少苦難、多少折磨，還是犧牲過什麼、享受過什麼、獲得過什麼，站在二十世紀的盡頭，不能不對這一個世紀作些回顧、作些省思，然後勇敢地走向或走入二十一世紀。這是東大圖書公司出版「中國現代史叢書」、爲讀者提供歷史資訊的最大旨趣。

　　二十一世紀是否爲中國人的世紀？有人很關心，有人不關心。但在地球村逐漸形成的今日，不管是冷漠還是熱心，不管是不自願還是自願，都得住在這個村，並爲這個村的一員。就中國現代史的研究而論，不僅臺海兩岸的歷史學者，多投入研究，或表示關懷，歐美及日本等地的歷史學者，不少亦研究中國現代史。這便是史學界的地球村。

　　中國現代史的起點，臺海兩岸的學者有不同的看法，一般說來，臺灣地區的學者，主張始於辛亥革命時期；大陸地區的學者，早年主張始於五四運動時期，近年又主張始於 1949 年中華人民共和國的成立。外國學者的看法，不出上述兩種。嚴格說來，臺海兩岸學者對現代史分期的看法，都受到政治的影響。許多學者以鴉片戰爭作爲近代史的開端，也是受政治的影響；因爲鴉片戰爭被視爲反帝反封建起始

歷史存在。而且自二次世界大戰結束以後，中國躍為世界五強之一，它在世界上的地位愈來愈重要。因此，檢討二十世紀的中國史，在世界史中也饒富意義。

現代史上的中國雖然災難重重，但亦有機會撥雲見日，這是中外史家對研究中國現代史有興趣的原因之一。但不可否認的，由於臺海兩岸長期缺乏學術自由，而臺海兩岸及世界各國有關學者，由於掌握材料的性質和多寡不同，許多現代史的著作，流於各說各話，這是學術上不易克服的困難，有些困難則是學術界的不幸。本叢書希望包羅一些不同國度、不同地區、不同觀點的學術著作，透過互相欣賞、批評，以達到學術交流的效果。收入本叢書的專著，儘管有不同的理論架構或觀點，但必須是實證的、避免主觀褒貶的。

傳統中國史學，有些持道德主義，主觀的褒貶性很強；近代中國史學，有些受作者個人信仰或好惡的影響，流於宣傳或謾罵；凡此都妨害歷史求知的客觀性。本叢書在選取稿件時，當在這方面多作考量。

承東大圖書公司大力支持，使本叢書得以順利出版，非常感謝。收入本叢書之六的《抗戰史論》，係蔣永敬先生的學術論文集結而成。蔣先生，安徽定遠人，國立東北大學畢業，國立政治大學教育研究所碩士，紐約哥倫比亞大學東亞研究所客座研究。曾任中國國民黨黨史會纂修、東海大學和輔仁大學歷史系兼任副教授、政治大學歷史研究所教授兼所長、臺灣師範大學歷史研究所兼任教授。講授中國近現代史、中國現代史研究、民國史專題研究、北伐抗戰史專題研究等課多年。著有專書二十餘種，發表論文百餘篇。重要的專書有《鮑羅廷與武漢政權》（一九六三）、《胡志明在中國》（一九七二）、《革命與抗戰史事》（一九七七）、《民國胡展堂先生漢民年譜》（一九八一）、《百年老店國民黨滄桑史》（一九九三）等。《抗戰史論》集結作者近十年內

所完成的有關對日抗戰問題的研究論文計二十篇、四十餘萬言。雖係論文集，但條理一貫，論敍主題包括從九一八事變到熱河失陷、安內攘外之波折、盧溝橋事變與全面抗戰、抗戰初期的和戰問題、危機與轉機、中蘇同盟條約之談判等。作者對中國現代史涉獵極廣，本書所載論文，係作者多年研究心得，大量運用近年兩岸發佈的檔案資料和直接文獻，力求翔實客觀，呈現歷史眞象。值此抗戰勝利五十週年之際，本書的出版，不僅對於關心抗戰史實的讀者是一大福音，且具有紀念意義。特向讀者推薦。

張玉法

一九九五年五月於中央研究院

自　序

　　中國對日抗戰，通稱八年抗戰，起自民國二十六年（一九三七）七月七日盧溝橋事變，而至民國三十四年（一九四五）八月十四日日本宣佈無條件投降為止。但亦有認為對日抗戰應起自民國二十年（一九三一）日本軍閥發動「九一八」事變者。這樣便是十四年的抗戰了。不論如何計算，「九一八」事變與抗戰的關係，是不可分開的。

　　中國對日抗戰，是歷史上的大事，內容浩繁，爭論亦多。就內容言，它不僅涉及中國和日本的軍事、政治、外交、財經、社會、文化諸多方面，同時也涉及許多國家如蘇聯、美、英、法、德、意等國錯綜複雜的關係。就爭論的問題而言，可謂不勝枚舉，其重要者，有如「九一八」事變的所謂「不抵抗」責任問題，國民政府的「安內攘外」政策問題，盧溝橋事變前後對日和戰問題，蔣中正委員長所堅持的「抗戰到底」或「持久戰略」的作用及其所遭遇的壓力問題，抗戰時期國共關係對抗戰的影響問題；特別是抗戰末期中蘇同盟條約與國共之間的鬥爭問題。此外，由於國共的對立，對抗戰史的解釋，也有更多和更大的爭論，例如誰是抗戰的「領導」者？是國民黨？還是共產黨？又如誰是「全面」抗戰者？誰是「片面」抗戰者？以及所謂「正面戰場」和「敵後戰場」等問題。迄今都是爭論不已的。這些問題的解釋，往往因為政治因素而有不同的觀點，影響了歷史的真象。

　　對日抗戰，中國人犧牲最大，受禍最深。為了不忘這一慘痛的歷史，我們需要一部真實的歷史紀錄，使受禍者和肇禍者都能記取歷史

的教訓，而不致再演歷史的災難。如今距離抗戰結束正是五十週年，此一慘痛的經驗，好像隨著歲月的逝去而逐被淡忘。尤其令人遺憾的，有些日本人士曾不斷的歪曲史實，一再企圖抹去戰爭的罪行，洗脫其侵略戰爭的責任。但國內也有一些反歷史主義者，視歷史爲「包袱」者；甚至有肯定日本之殖民統治者，此均無異否定抗戰的代價，使得歷史眞象更加模糊了。

　　爲求歷史眞象不被淹沒或扭曲，最基本的要求，要能根據可信的資料，作客觀的記述。不幸在抗戰史方面，涉及所謂「敏感」問題，或若干禁忌，對於資料的開放，在十年以前，尚有諸多限制，往往使研究者有「事倍功半」的感受。近年有關抗戰原始資料的開放，雖未盡如所期，但已有顯著的改善。例如臺灣方面由國民黨黨史會編印的《中華民國重要史料初編——對日抗戰時期》，有二十六巨冊之多。多爲抗戰時期有關軍事、政治、外交等方面的第一手資料。其主要來源，就是一般所謂的「大溪檔案」（總統府資料室的收藏）。本書收入的〈汪精衛〈舉一個例〉所涉抗戰「機密」之眞象〉及〈宋子文與史達林中蘇盟約談判紀實〉等文，就是根據上項資料而成。

　　抗戰時期的軍事委員會軍令部長徐永昌和軍委會參事室主任王世杰在抗戰時期曾參與軍政機要，留有《日記》，其中有關抗戰史料極爲豐富而珍貴，近年由中央研究院近代史研究所編印公開，對抗戰史的研究，至爲重要。本書收入的〈從「安內攘外」到「攘外安內」〉、〈西安事變的善後〉、〈從「七七」事變到「八七」決定全面抗戰〉、〈從盧溝橋事變到上海撤守〉、〈南京失陷後的台兒莊會戰〉、〈從平津戰役到武漢會戰〉、〈抗戰進入艱苦階段〉及〈王世杰與中蘇盟約的簽訂〉等文，則是根據徐、王兩氏《日記》而成。

　　近年大陸方面刊佈的檔案資料和一些學者根據這種資料所發表的

著作，亦至可觀。南京第二檔案館刊佈的國民政府檔案資料和北京中共中央檔案館刊佈的中共方面的檔案資料，以及中共中央文獻研究室發行的史著和史料，有關抗戰方面的，有極豐碩的第一手資料。本書收入的〈顧維鈞與外委會之處理「九一八」事變〉、〈張羣與廣田三原則的談判〉及〈西安事變前張學良的「聯共抗日」〉等文，則是根據及參考上述資料及有關著作而成。

　　至於本書收入的〈蔣中正與抗日戰爭〉、〈從「九一八」事變到「一二八」事變中國對日政策之爭議〉、〈「九一八」事變後的熱河防守問題〉、〈胡適與汪精衛對中日和戰問題之討論〉、〈胡適的和戰論〉及〈日本南進與中國抗戰之危機及轉機〉等文所依據的資料，除一般必要的著述外，其原始資料則多根據國民黨黨史會所藏國民黨中央各種會議及國防最高委員會議紀錄、檔案等。

　　比較不同的，則是本書收入的首篇〈對日抗戰之經過〉一文，多是根據及參考一些史學家已成的著作，其中亦有官方的文書。此文原爲著者在政大講授「中國現代史」的部分講義，經張玉法收入其主編的《中國現代史論集》第九輯《八年抗戰》，題爲〈對日八年抗戰之經過〉。於民國七十一年（一九八二）由聯經出版公司出版。其後續由政治大學及東海大學分別收入其編輯的「中國現代史教材」中。不過在著者的講義中，已經過數次的修正和補充。本文是著者自政大退休前最後一次的修正，曾收入華僑協會總會主編的《海外華人青少年叢書》的一種《中國對日抗戰史》（民國八十一年正中書局出版）。由於排印的疏失，有成段的倒置，今照存稿訂正。本文是對抗戰過程較爲完整而全面的敘述，故列入本書〈總論〉之首篇。

　　本書收入有關抗戰史的論文計二十篇，大多數是選自最近十年來的著作，其中也有一兩篇未刊稿。其他有的是在各種學術研討會發表

的論文，有的是在刊物中發表的。在體例上頗不一致。尤感歉疚的，
由於各文發表的時、地之不同，在引述的資料中，不免有重疊互見之
處。今在收集付梓之前，對各文加以詳細檢查，在形式上，儘量求其
一致，有的題目加以更動，有的內容加以修正及精簡，但仍難完全避
免其重疊之處。依論文的性質，分編為總論、「九一八」事變、安內攘
外之波折、盧溝橋事變與全面抗戰、抗戰初期的和戰問題、危機與轉
機、中蘇同盟條約之談判等七章。

　　本書雖以二十篇論文構成七章，並不能算是一部完整的抗戰史；
就是每篇論文所涉及的某種問題，也不能認為是完整而面面俱到的。
我們要對抗戰史或抗戰史中某種問題，能有比較完整而多面的了解，
還要參閱相關的著作或資料，去作多方面的比較和印證。著者這本《抗
戰史論》，只是提供讀者參閱的方便，藉以引起大家對抗戰史研究的重
視和興趣。我們相信，今後這類的新資料將會不斷的出現，也會使今
後的研究愈來愈有內容和水準。

　　今年是中國對日抗戰勝利的五十週年。這一重大歷史事件，不僅
帶來中國人命運的改變，也帶來亞洲人命運的改變；且與臺灣之脫離
日本的殖民統治，有著直接的關連。本書如能趁著抗戰勝利五十週年
的紀念促起大家對抗戰史的關心，就是著者最大的願望了。由於著者
能力有限，本書疏漏之處，自所不免，還請讀者的指正是幸。

　　本書能趁在抗戰勝利五十週年時出版，要感謝東大圖書公司的支
持和張玉法先生的鼓勵。

蔣永敬

一九九五年五月

抗戰史論

目　次

第七章　中蘇同盟條約之談判

第一章　總　論

第一節　對日抗戰之經過

壹、抗日戰爭的起因與發生

一、抗戰的分期與經過概要

　　從民國二十六年（一九三七）七月七日盧溝橋事變發生，到民國三十四年（一九四五）八月十四日，日本向同盟國家中美英蘇宣佈無條件投降爲止，其間計爲時八年一個月又七天，是爲中國對日八年抗戰。在此期間，中國獨力對日作戰計有四年半的時間。到了民國三十年（一九四一）十二月八日，日軍發動珍珠港事變，對美、英開戰，中日之間的戰爭，始演變爲太平洋戰爭。中國乃與美、英併肩對日作戰。又經三年半的時間，到日本投降爲止。所以有將中國對日八年抗戰分爲兩期的，即第一期自盧溝橋事變到珍珠港事變（一九三七～一九四一），是中國獨力奮戰時期；第二期是自珍珠港事變到日本戰敗投降（一九四二～一九四五），是同盟國共同作戰時期❶。亦有分爲前、

----

❶　李雲漢《中國近代史》，頁五一六。民國七十四年，三民書局出版。

後兩期的，即前期從盧溝橋事變到武漢陷落（一九三七年七月至一九三八年十月），是以空間換取時間的時期；後期從武漢陷落到抗日勝利（一九三八年十月至一九四五年八月），是對峙迂迴時期❷。但根據軍方的戰史，將中國對日抗戰，分爲以下三期❸：

第一期：是從民國二十六年七月盧溝橋事變起至二十七年十月武漢會戰止，計爲時一年四個月，是爲守勢時期。

此時期又分爲三個階段：

第一階段自盧溝橋事變至南京失陷。

第二階段自南京失陷至徐州會戰。

第三階段自徐州失陷至武漢會戰。

本期三個階段中經淞滬、忻口、徐州、武漢4次會戰；另有重要戰鬥276次。

第二期：自民國二十七年十一月岳陽失陷至三十四年七月收復桂林止，計爲時六年九個月，是爲持久戰時期。

此時期又分爲三個階段：

第一階段自二十七年十一月至二十九年二月，中經南昌、長沙一次、隨棗、桂南4次會戰；另重要戰鬥163次。

第二階段自二十九年三月至三十年十一月，中經棗宜、豫南、上高、晉南、長沙二次共5次會戰；另重要戰鬥333次。

第三階段自三十年十二月至三十四年七月，中經長沙三次、浙贛、

---

❷ 張玉法《中國現代史》，頁五九六、六〇八。民國六十六年，東華書局出版。

❸ 何應欽《八年抗戰》，民國七十一年，國防部史政編譯局印。又何著《日軍侵華八年抗戰史》，民國七十二年，黎明公司出版。

鄂西、常德、豫中、長衡、桂柳、湘西、豫西、鄂北 9 次會戰；另重要戰鬥345次。此外，尚有緬甸作戰。

第三期：自民國三十四年八月起爲反攻時期。

此時期在肅清廣西之日軍後，正擬對廣東之敵發動攻勢之際，日本則於十四日宣佈投降。於是此期之作戰，即爲全面受降所代替❹。

中國對日八年抗戰，以第二期作戰時期最長，戰役亦最多；尤其本期之第三階段是在太平洋戰爭發生之後，中國雖與美、英併肩作戰，但戰爭更爲艱苦。在第二期的18次會戰中，在湖南境內的 5 次，湖北 4 次，江西、河南各3次，廣西2次，山西1次。

在對日八年抗戰中，緬甸作戰係與美、英軍併肩作戰。中國境內作戰初期有蘇俄空軍支援，末期有美國空軍支援。其餘均由中國陸、海、空軍作戰，牽制日軍約一百二十萬人。總計大規模的會戰有22次，重要戰鬥1,117次，小的戰鬥38,931次。中國軍民犧牲之大，財產損失之鉅，爲空前所未有。

中國抗戰八年，考驗了中華民族的精神與耐力。在太平洋戰爭爆發後，與美、英等國併肩作戰，不僅使中國從此廢除了百年來的不平等條約，而且與諸強國籌劃恢復戰後秩序。在抗戰結束後，中國與美、英、俄、法並列爲五強，不是偶然的事。此外，東北及臺澎重歸中國版圖，歷史的意義，尤爲重大❺。

二、抗戰的起因

中國對日抗戰的起因，主要是由於日本要侵略中國，滅亡中國；

---

❹　何應欽《八年抗戰》，頁一三～一四。
❺　張玉法《中國現代史》，頁六六七～六六八。

中國為求生存，必須起而抗戰。因此，這次抗戰的起因，可從日本和中國兩方面來觀察。

從日本方面來看，自十九世紀之初，日本德川幕府末年，即盛倡向外擴張的殖民思想。及至明治維新以後，資本主義逐漸發達，在其西化過程中，也吸收了列強爭霸海外殖民地的侵略主義。一八九〇年，日本軍閥鼻祖山縣有朋提出維護「主權線」與「利益線」的主張；旋又進一步主張日本於將來獨步東亞，建立世界強權時，勢須與美、俄決一死戰。因而必須經營中國的滿蒙，始能彌補日本資源與土地之不足。此一論調，即為後來日本軍閥所承繼。因此，侵略滿蒙，進而兼併整個亞洲，實為日本大陸政策的目標❻。

日本的擴張侵略政策，除有所謂大陸政策外，尚有所謂海洋政策。前者目標，是向中國大陸、西伯利亞擴張，謂之北進；後者以南洋各地為其擴張目標，故又稱之為南進政策❼。南進方面，日本於一八七九年併琉球為沖繩縣；一八九五年割取臺灣、澎湖；一八九八年劃福建為勢力範圍。北進方面，於一八七五年向朝鮮發展，次年與朝鮮訂立江華條約，承認朝鮮自主，侵略中國的宗主權；一八八五年與中國訂立天津條約，使朝鮮成為中、日兩國共同保護國；一八九五年，中日戰爭後，朝鮮成為日本的保護國。此後日本向滿洲發展，因與俄國發生勢力衝突，爆發了一九〇四至一九〇五年的日俄戰爭。俄國戰敗，遂將旅順、大連的租借權，和南滿鐵路（長春至旅順）的經營權，讓給日本。一九一〇年日併朝鮮，派總督直接管轄。嗣後日本復在滿蒙活動，企圖使滿蒙從中國分離出去。一九一四年，第一次世界大戰爆

❻ 林明德〈日本軍國主義的形成〉。見《中國近代現代史論集》，冊二九，頁八〇～八一。民國七十五年，商務印書館發行。

❼ 同前註，頁一一四。

發，日本乘機出兵山東，佔有青島、濟南及膠濟鐵路，驅除了德國的勢力。次年，復向中國提出二十一條要求。總統袁世凱爲謀帝制，竟承認之。袁死後，中國形成軍閥割據的局面。日本爲貫徹在二十一條中所獲得的權益，與皖系軍閥段祺瑞、奉系軍閥張作霖相結❽。

民國十六年至十七年(一九二七～一九二八)，中國國民革命軍北伐至山東，日本兩次出兵山東，欲阻止國民革命軍的北伐。革命軍繞道渡過黃河，完成北伐。日本軍閥卻炸斃奉軍首領張作霖，謀據東北，未成。其子張學良不顧日本的阻撓，於十七年底歸順國民政府。中國統一後，乃積極進行收回權利，如租界、關稅、治外法權等。而日本亦積極佈置對中國侵略。民國二十年 (一九三一) 日軍在瀋陽發動「九一八」事變，此爲造成中國抗日及太平洋戰爭之主因。次年，淞滬「一二八」戰役，亦爲日本海軍顯示南進的動向。日本北進，必與蘇俄相鬥爭；南進，必與英、美相衝突。因此，日本對中國的侵略，勢必造成亞洲有利害關係的國家對日反響，促成反侵略陣線的結合，這是中國決定對日抗戰的重要因素之一❾。

就中國方面來看，促起中國對日抗戰的起因，是爲近代中國飽受列強的侵略，使中國民族意識大爲覺醒與增長；加以日本之猛進，迫使中國加緊抗戰的準備。

中國甲午中日戰爭的失敗，充分暴露了政治、社會、經濟、教育各方面的腐敗落伍。日本在馬關和議時提出的苛刻條件，又引起了歐洲列強要瓜分中國的行動，也驚醒了一些有志氣的中國人奮起救國。清光緒二十年 (一八九四)，孫中山先生創立興中會，倡導國民革命；

---

❽　張玉法《中國現代史》，頁五八六～五八七。
❾　蔣永敬〈對日八年抗戰之經過〉。見《中國現代史論集》，第九輯，頁三九。
　　張玉法主編，民國七十一年，聯經公司出版。

二十四年（一八九八），康有爲推動變法，都是中國人在甲午戰爭後，奮發圖強的救國運動。光緒三十一年（一九〇五）八月，中國同盟會的成立，全國革命的新知識分子開始團結在一起，這是舊中國演進到新中國的一個重要關鍵。同時，由於科舉制度的廢止，各級新式學堂的設立，靑少年知識的領域因之擴大。這年五月，因爲美國歧視華工，商學各界發起抵制美貨運動，此爲近百年來中國境內第一次出現的全國性抵制外貨運動，顯現了中國國民的覺醒，且知應用和平方式來向外國人表示抗議或報復。一九〇八年二月，日輪二辰丸在中國領海有不法行動，引起廣東及香港一帶的民間發起抵制日貨的報復運動。此爲中國民眾抵制日貨的開端。從此以後，抵制日貨就成爲中國國民常常用來對抗日本侵略的和平方法❿。

　　辛亥革命，推倒滿淸，建立民國，是中國民族意識覺醒的標示。日本曾經企圖聯合列強干涉中國革命，未能成功。一九一五年向中國提出二十一條要求，這對於中國人更是一大刺激。民國八年（一九一九），中國人爲抗議日本在巴黎和會中對中國的欺侮，發生了「五四」愛國運動，使中國民族意識的發展，進入一個新的境界。這一運動的影響，匯爲反帝國主義侵略與反軍閥的力量，後來國民革命軍完成北伐統一大業，實由這一運動奠其基礎。在國民革命軍北伐即將完成之前，日軍製造的一九二八年五月三日濟南慘案，殘殺中國軍民多人，中國人爲之激憤塡膺，日本人卻譏諷中國人「祇有五分鐘的愛國熱度」；「九一八」事變後，日本代表在國際聯合會中宣稱：中國祇是一個地理名詞，不是有組織的國家。這是日本對於中國近代民族主義的發展的輕視，才肆意的欺侮中國。胡適在抗戰前三年即曾指出：中華民國

---

❿　吳相湘《第二次中日戰爭史》，上冊，頁三二～三三。民國六十二年，綜合月刊社出版。

成立以來，固然有許多地方不能滿意，其中也有許多真正的進步，即如：帝制的推翻；教育的革新；家庭的變化；社會風俗的改革；政治組織的新試驗；新法典的頒行；婦女的解放等。這些進步大部分都是受了辛亥革命以來革命潮流的影響⓫。

從「九一八」事變而至淞滬「一二八」戰役；以至民國二十二年（一九三三）的長城戰役和塘沽協定，中國對於日軍進逼無已的行動，經過兩次的抵抗雖告失敗，但仍須加緊準備；尤其自塘沽協定以後，中國更積極準備對日抗戰。可分治標與治本兩大途徑。治標方面，為清除共禍；治本方面，為生產建設。此即當時國民政府所推行的安內攘外政策。就清除共禍言，自塘沽協定以後，蔣中正委員長即對江西共軍進行第五次圍剿，至民國二十三年（一九三四）十月，圍剿成功，共軍自江西瑞金西竄，越贛、粵、湘、桂等省邊境，經貴州、雲南、四川、西康，而至西北陝、甘地區。其對國民政府安內攘外工作獲致以下幾項效果：一、為追剿共軍，政府軍所到之處如貴州、雲南、四川等省，亦即中央政府的力量所到之地，使以後的抗戰有了鞏固的大後方；二、江西地區共軍之肅清，使得浙贛鐵路得以興建，粵漢鐵路得以接通，此對國防及以後抗戰之運輸有極大之便利；三、政府軍追剿共軍，所到之處，公路、電信亦隨之鋪設，此不僅促進西南的開發，亦使中央與地方的關係，臻於密切；四、蔣委員長在剿共工作中，舉辦廬山及峨嵋訓練團，調集各地軍政人員接受訓練，此對統一中國及準備抗戰均有積極的功效⓬。蔣委員長亦曾自述：彼於民國二十四年（一九三五）入川剿共之時，鑒於四川地大物博、人力眾庶，可作抗

⓫ 吳相湘《歷史與人物》，頁五三～五四。民國六十七年，東大圖書公司出版。
⓬ 同❾，頁四一。

日戰爭的根據地，因此決定了抗戰根本計劃⓭。

　　就生產建設言，國民政府自民國二十三年長江下游剿共之戰告一段落後，對於國防建設的推進，悉力以赴，在軍事、財政、經濟、交通、教育、學術方面，各有相當的成就。例如在軍事方面，聘用大批德籍顧問，致力於陸軍的現代化；財政方面，改革幣制，實行法幣政策；經濟方面，進行農、工、商業的改進與增產；交通方面，公、鐵路、航空的發展，尤爲快速；教育與學術方面，此時的進步，可稱爲「是民國以來教育學術的黃金時代」⓮。此外，蔣委員長所倡導的新生活運動，是國民的精神建設，其對抗戰的貢獻，極爲重要。後來蔣委員長認爲中國抗戰能夠愈戰愈強，得力於新生活運動的效果，確是不少⓯。在中日戰爭爆發後，日本首相阿部信行即曾指出：戰前中國有三件不可輕易看過的大事，那就是整理財政、建設軍備和新生活運動⓰。

三、抗戰前夕的中日情勢

　　自「九一八」事變以後，日本關東軍及其華北駐屯軍對中國進逼無已。到了民國二十四、五年間(一九三五〜一九三六)，中日之間的情勢，已極爲緊張。在民國二十年「九一八」事變，日本佔據東三省

⓭　蔣中正〈國府遷渝與抗戰前途〉，民國二十六年十一月十九日。見《先總統蔣公言論總集》，卷一四，頁六五三。民國七十三年，中國國民黨中央黨史會編印（以下簡稱《言論總集》）。

⓮　郭廷以《近代中國史綱》，頁六六七〜六七〇。一九七九，香港中文大學出版。

⓯　吳相湘《第二次中日戰爭史》，上冊，頁二八六。

⓰　李雲漢《中國近代史》，頁五〇九。原引自張其昀《黨史概要》，冊二，頁一〇五九〜一〇六〇。

後，復於次年建立僞「滿洲國」；二十二年又佔據熱河省，併入僞滿。遂又決定要將華北五省 (河北、山東、山西、察哈爾、綏遠) 二市 (北平、天津) 脫離國民政府，企圖建立第二個「滿洲國」。自一九三五年後，即在內蒙與華北方面，進行所謂「自治運動」。其在內蒙方面，一九三五年底，察省大部分被佔。次年六月，日軍特務人員扶植的「內蒙軍政府」在察省出現。十一月，僞蒙軍得日本關東軍之支援，進犯綏遠，中國守軍攻佔蒙軍盤踞的百靈廟。這是自「九一八」事變以來中國首次對日採取攻勢。日方聲稱要支援蒙軍，中國亦不示弱❶。華北方面，其華北駐屯軍人員亦在一九三五年秋對中國華北各省軍政負責人宋哲元、閻錫山等積極進行分化與脅迫，促其「自治」；同時，日本外相廣田弘毅亦提出所謂「三原則」，要求中國同意。所謂「三原則」，不外中日親善、尊重「滿洲國」的存在、共同防共，這是要徹底控制中國的國防、經濟、文化與外交等。蔣委員長對於廣田與其軍方之相互爲用，十分明瞭。時四川剿共已近尾聲，國民政府在滇、黔、川三省的權威已經樹立，決定對日強硬，準備一戰，使其知難而退。十一月十九日，蔣委員長對國民黨全國代表大會講述外交方針時聲明:「和平未到絕望時期，決不放棄和平；犧牲未到最後關頭，亦不輕言犧牲。」換言之，中國願對日本和平，惟不再退讓；和或戰，任日本自擇❶。是爲有名的「最後關頭」演說。

到了一九三六年，中日之間的情勢，更加緊張。這年二月二十六日，東京少壯軍人暴動，戕殺藏相高橋是清等，襲擊首相岡田啓介官邸，軍部因而控制了中央政權。是爲有名的「二二六事件」。此一事件，成爲日本軍閥控制其政府的跳板，對於中日之情勢，也帶來極大的影

---

❶　郭廷以《近代中國史綱》，頁六六〇。

❶　同前注，頁六五七。

響[19]。三月，廣田繼任首相，等於軍部傀儡。五月，日本開始增兵華
北，對我駐軍二十九軍軍長宋哲元步步進迫。同時，日本浪人走私猖
獗，飛機任意飛行。宋部將領無可再忍，準備強硬對付。宋亦表示主
權必須保全。北京大學學生向宋的二十九軍請願，請勿離開北平。七
月，大沽日軍與第二十九軍衝突。日軍亦在北平、天津連續演習。九
月二十三日，日本華北駐屯軍司令田代皖一郎向宋發出通牒，要求華
北「自治」外，並要中日「經濟提攜」。南京國民政府堅持不可。十至
十一月，日軍又大舉演習，甚至穿過北平市區。各大學學生停課，以
示哀悼。宋亦命二十九軍演習，宣聲不甘為亡國奴。此時復有百靈廟
戰役，率軍赴援的軍政部次長陳誠宣稱：「人所待我者為不戰而屈，今
後我決戰而不屈」[20]。此時中日戰爭，實有一觸即發之勢。突有西安
事變之發生，中國政情起了急劇的變化，日本朝野也有靜觀主義的論
調[21]。但半年以後，中日戰爭還是爆發了。

西安事變的和平解決，表現舉國一致擁護蔣委員長的精神，使日
本軍閥警覺到以待中國內變不勞而獲的機會趨於渺茫。於是再度加緊
對中國的進迫。一九三七年四月，日本再度增兵平、津地區，並開始
軍事演習。盧溝橋事變，就是在日軍的軍事演習下所發生的。

四、盧溝橋事變抗戰開始

民國二十六年（一九三七）七月七日，駐豐臺之日軍又舉行夜間

[19]　古屋奎二《蔣總統秘錄》，冊一○，頁九○。民國六十六年，中央日報出版
　　中譯本。
[20]　郭廷以《近代中國史綱》，頁六五九～六六○。
[21]　李雲漢〈九一八事變後日本對華北的侵略〉。見《中國近代現代史論集》，
　　冊二九，頁一四三。

演習，其假想的攻擊目標爲宛平縣城外的盧溝橋。橋在豐臺西方七公里，距北平前門十五公里，爲平漢鐵路的交通要道。這天夜晚十一時，演習日軍藉口一名士兵失蹤，要求入宛平縣城搜查。不久失蹤日兵雖然歸隊，日方仍須明瞭失蹤情形。中國答應共同調查。但日軍竟突然進攻❷。這時駐守宛平縣城的是宋哲元的第二十九軍第三十七師第二一九團，團長是吉星文。對日軍的進攻，立刻還擊。雙方互相射擊約一小時。時間約在七月八日拂曉四時五十分❸。是爲盧溝橋事變，亦稱「七七」事變。從此展開八年抗戰的序幕。

衝突事件發生後，日方一面提出苛刻條件迫宋哲元承認，一面自東北、朝鮮及日本國內調集大軍準備進據平、津。宋氏盼望和平解決，並同意日方的要求。但日方卻一再動員增兵。到了七月二十六日，日軍奪佔平、津間的廊坊。並發出最後通牒，要二十九軍退往永定河以西。這時宋亦決定發動攻勢。但日軍已進逼北平四郊。七月底，平、津陷落。宋亦離開北平❷。

盧溝橋事變發生時，蔣委員長在江西盧山主持暑期訓練團。七月八日晨，得到日軍挑釁的報告，就準備動員，決心應戰。即派四個師向河北石家莊、保定集中。並命宋哲元：「宛平城應固守勿退，並須全體動員，以備事態擴大」。十三日，又電告宋氏：「中（正）早已決心，運用全力抗戰，寧爲玉碎，勿爲瓦全」❷。外交部於抗議日方行動外，並聲明任何解決辦法，未經中央核准者，概屬無效。十七日，蔣委員

❷ 郭廷以《近代中國史綱》，頁六八二。
❸ 吳相湘《第二次中日戰爭史》，上冊，頁三六四。
❷ 郭廷以《近代中國史綱》，頁六八四。
❷ 〈蔣委員長於民國二十六年七月八日及十三日致宋哲元電〉。見《中華民國重要史料初編——對日抗戰時期》，第二編，作戰經過㈡，頁三二及四三。民國七十年，黨史會編印。

長在廬山對盧溝橋事變作了嚴正的聲明，表示：「盧溝橋事件能否不擴大為中日戰爭，全繫於日本政府的態度；和平希望絕續之關鍵，全繫於日本軍隊之行動。在和平根本絕望之前一秒鐘，我們還是希望和平的，希望由和平的外交方法求得盧事的解決。但是我們的立場有極明顯的四點：一、任何解決不得侵害中國主權與領土的完整。二、冀察行政組織不容任何不合法之改變。三、中央政府所派地方官吏，如冀察政務委員會委員長宋哲元等，不能任人要求撤換。四、第二十九軍現在所駐地區，不能受任何的約束」。蔣委員長並且鄭重表示：「我們希望和平而不求苟安，準備應戰，而不求戰」。但全國應戰以後，祇有犧牲到底，抗戰到底❷❻。迨平、津失陷，蔣委員長發表告抗戰全軍將士書，說明：現在既然和平絕望，祇有抗戰到底，舉國一致，不惜犧牲，來和倭寇死拼，以驅逐倭寇，復興民族❷❼。

貳、抗戰的擴大與持久

一、守勢時期的持久消耗戰

日軍佔據平、津後，日方企圖與中國停戰，並要全盤調整中日邦交。其停戰條件是要劃永定河為界；其調整邦交的要點是要中國承認「滿洲國」，中日訂立防共協定，中國減低特定關稅，增進兩國經濟關係等❷❽。其目的，是要把華北變為第二個「滿洲國」，以便進一步的實現其大陸政策。其戰略計劃，以佔領平、津作為根據地，俾其主力置

---

❷❻　〈蔣委員長對於盧溝橋事件之嚴正表示〉，民國二十六年七月十七日。《言論總集》，卷一四，頁五八三。

❷❼　吳相湘《第二次中日戰爭史》，上冊，頁三七八。

❷❽　同前註，頁三七九。

於長城一帶，來對付其另一強敵的蘇俄；對於中國，初想運用不戰而屈的政略，以因襲佔據東北四省及冀東察北的故伎㉙。日方的要求，也是日本多年來的企圖，中國一直是嚴詞拒絕的。如今佔領平津後竟想用這些條件來調整邦交，眞是太輕侮中國了㉚。

　　爲打破日本的戰略計劃，蔣委員長於民國二十六年（一九三七）八月七日的國防會議決定：全面抗戰，採取持久消耗戰略㉛。基於旣定舉國力量從事持久消耗戰以爭取最後勝利的國防方針，策定守勢作戰時期的作戰指導原則：國軍一部集中華北持久抵抗，特注意山西之天然堡壘；國軍主力集中華東，攻擊上海之敵，力保吳淞要地，鞏固首都；另以最少限度兵力守備華南各港㉜。此項抗戰初期的戰略，在華北、華東兩戰場同時進行，目的爲力保要地，消耗疲憊敵人，粉碎敵人速戰速決之企圖。在北戰場方面，於平綏、平漢、津浦沿線各要點，重疊配備，多線設防，逐次抵抗；東戰場方面，爲我軍主力所在㉝。日本方面，亦於八月十五日，下令全國動員，編組了上海派遣軍和華北派遣軍。自八月中起，華東和華北兩戰場，同時進行大規模的戰爭。

　　東戰場方面，由於八月九日晚間，上海發生日兵強入虹橋飛機場被狙殺事件，中日雙方軍隊便於八月十三日在上海發生戰鬥。中國遂將持久消耗戰略，在淞滬地區實施。這天，蔣委員長電召在廬山負責訓練軍官的陳誠到南京，商討釐訂戰鬥序列事宜。陳於赴滬視察後返

㉙　蔣中正〈敵人戰略政略的實況和我軍抗戰獲勝的要道〉，民國二十六年八月
　　十八日。《言論總集》，卷一四，頁六〇六。
㉚　同㉘。
㉛　同㉗，頁三八三。
㉜　吳相湘《歷史與人物》，頁六八。
㉝　何應欽《八年抗戰》，頁一三。

京建議，認爲華北戰場的戰事日漸擴大，日軍如在華北得手，必將利
用其快速部隊沿平漢鐵路直趨武漢；武漢一旦失守，則中國將東西縱
斷爲二。故不如擴大淞滬戰事，誘敵至東戰場，可實施去年所原訂的
持久消耗戰略。蔣委員長即委陳誠爲第十五集團軍總司令，增援上海。
自八月二十四日起對敵反攻。雙方均增調大軍，在淞滬地區進行激戰
❸❹。至十一月九日，中國軍退出上海。日軍投入上海戰場約二十餘萬。
中國軍約五十萬，中央軍外，桂、粤、湘、川等省軍隊都先後加入戰
鬥，傷亡極爲慘重❸❺。根據日本方面的資料，至九月底，日軍在上海
方面傷亡達一萬二千三百三十四人，爲華北方面的兩倍❸❻。而十月間
的激戰，其傷亡的數字尚不在內。十二月十三日，南京首都陷落。杭
州繼之。日軍進入南京，大肆劫掠、姦淫、屠殺，約有三十萬中國人
遇害❸❼。

　　北戰場方面，日軍佔領北平後，一路沿平綏路進攻，佔南口、張
家口、大同、歸綏，十一月八日陷太原。一路沿平漢路南下，陷保定、
石家莊而至河南安陽。一路由津浦路南下，陷德州而至濟南❸❽。

　　到了民國二十七年（一九三八）二月，津浦路北段的日軍深入魯
南，南段的日軍越過淮河，謀合犯徐州。於是有三、四月間在徐州附
近的台兒莊會戰。蓋自南京不守，蔣委員長爲爭取防衛武漢備戰時間，

---

❸❹　〈陳辭修先生傳略〉，頁一九。見《陳故副總統紀念集》。

❸❺　郭廷以《近代中國史綱》，頁六八六。

❸❻　古屋奎二《蔣總統秘錄》，冊一一，頁五三。

❸❼　吳相湘《第二次中日戰爭史》，上冊，頁四〇三。郭廷以《近代中國史綱》，
　　　頁六八七，謂慘死者最少十餘萬人，甚或更多。李雲漢《中國近代史》，頁
　　　五一八，謂被害者達三十萬人。張玉法《中國現代史》，頁六〇四，謂死者
　　　十餘萬人。

❸❽　郭廷以《近代中國史綱》，頁六八七。

確立作戰指導方針如下：一、調集精銳，控制武漢及豫皖近區，迅速對軍隊之整理補充。二、加強魯中及淮南兵力，鞏固徐州，誘使日軍主力用於津浦路方面。三月底到四月初，在台兒莊激戰，日軍被殲一萬六千人。這是日軍作戰以來首遭慘敗。中國民心士氣，爲之一振 ❸❾。

日本大本營受了台兒莊戰役的影響，決以華北及華東之兵力夾攻徐州，以圖殲滅此一地區的中國軍。總計日軍調往此一地區的，約有十七個師團以上的番號。中國軍隊有六十二個師及四個獨立旅的番號 ❹⓿。迨日本大軍圍向徐州時，中國軍以化整爲零的方式，自日軍包圍圈的間隙脫離戰線。日軍雖於五月十九日佔領徐州，卻撲了一個空。中國軍向平漢路以西撤退。日軍於六月六日進佔開封。中國軍掘毀鄭州以東的花園口黃河堤防，洪水向南氾濫。使日軍進攻鄭州、南窺武漢的企圖爲之滯延。

自上海、南京不守，國民政府雖遷都重慶，但武漢則成爲中國軍事、政治、經濟的中心。自二十七年（一九三八）六月至十月，日軍又使用十二個師團以上的兵力，協同海、空軍沿著長江，展開對武漢的進攻。中國軍有一百個以上師的番號出現在長江南北兩岸。面對如此龐大的中國軍隊，日軍企圖加以消滅，以期結束戰局。蔣委員長的策略是戰而不決。因此，中國以全部兵力的百分之六十來進行這次消耗戰，保留百分之四十作爲今後持久戰的基礎。經過四個半月的消耗戰，中國軍於十月二十五日撤出武漢。而廣州則在十月二十一日失陷。

自盧溝橋事變至武漢撤退，是爲中國抗戰第一期的守勢時期。中

---

❸❾　郭廷以，前書，頁六八七，謂日軍被殲一萬六千人。何應欽《八年抗戰》，頁七七，謂殲敵三萬餘。古屋奎二《蔣總統秘錄》，冊一一，頁一三六，據日本資料，是役日軍戰死二千三百六十七人，負傷九千六百十五人。

❹⓿　國防部史政局《中日戰爭史略》，冊二，表二〇及二一。

國的戰略為持久戰與消耗戰，不在沿海、沿江地帶決戰，但事節節抵抗，消耗並吸引日本兵力，同時保持自己的有生力，即所謂「以空間換時間」的「磁鐵戰」，使日本欲罷不能。日本的戰略為「速戰速決」，其軍閥狂言三個月內即可使中國屈服。現在已過了十五個月，戰爭尚無了期❹。戰爭如此拖延下去，中國固須忍受極大的犧牲和痛苦；而對日本尤其危險。

二、中國持久戰的效果

武漢失陷後，日軍第一線進出於包頭、風臨渡、開封、信陽、岳陽、大通、杭州之線，並據廣州，控制珠江口及長江中下游沿岸，與華北、華東各鐵路沿線十公里以內之狹長地帶。中國軍之主力與第一線之日軍相對峙，並留置一些部隊於日軍後方，領導民眾進行游擊戰。

此時中國抗戰進入第二期作戰，日軍因戰場擴大，兵力分散；中國軍隊退守山岳地帶，戰爭已演成長期化。日軍被迫變更戰略，停止進攻，竭力掃蕩其後方之游擊隊，扶植偽政權，以華制華；榨取資源，以戰養戰。並配置機動兵力於武漢，以有限度之攻勢削弱中國戰力；同時遮斷中國國際通路，及對中國大後方重慶、蘭州、西安等地實施政略轟炸，以期消滅中國軍民之抗戰意志。

在民國二十八年（一九三九）的一年中，日軍發動了南昌、隨棗、贛湘、長沙一次、桂南4次攻勢，除佔領南昌及南寧（次年十月退出）外，其他地區，並無進展。對中國軍之主力，更未收到殲滅之效果。反之，中國持久戰略，已漸具效果了。

中國實施持久戰略的目的，一在打破日軍的速戰速決戰略，以分

---

❹ 郭廷以《近代中國史綱》，頁六八八。

散日軍的優勢；一在促使國際形勢的轉變，使侵略者受到國際的制裁。就前一目的言，中國抗戰第一期的守勢作戰，已經粉碎了日本速戰速決的戰略。因爲採取速戰速決的必然是攻勢，而採取持久消耗戰的必然是守勢。攻勢的力量需要集中，才能奪取戰果；守勢方面需要擴散，越擴散越有利。攻擊前進是最使軍隊衰弱的主因，守者自由撤退，攻者被動的跟著前進，後方的連絡線越加長，越需要留守多數的守兵，也越增加對方游擊隊襲擊的機會。攻者第一線兵力因而減少，使守者漸能達到兵力的平衡。第一期抗戰的結果，中國軍把戰場擴散了，分散了日軍的優勢，雙方作戰力量漸趨平衡。例如在武漢會戰前，日軍進攻的成分佔百分之九十四，中國軍佔百分之六；武漢會戰後，中國軍力增強，日軍備多力分，於是形勢轉變，到民國二十九年（一九四〇）二月止，日軍進攻成分佔百分之五十六，中國軍的攻勢增到百分之四十四。又武漢會戰前，日軍平均每天前進約四公里，到二十八年底，平均每天前進只有二百公尺；到二十九年底，不但沒有進展，反而由南寧後撤約二百公里❷。

　　就國際形勢言，中國實施持久戰略，即在促成國際形勢的轉變。因爲日本發動侵略中國的戰爭，志在獨霸東亞，此與英、美、法、蘇幾個強國不僅發生個別的利害衝突，而且也發生了共同的利害衝突。就共同利害言，英、美、法、蘇均不願日本獨霸東亞；就個別利害言，日本北進，必與蘇俄衝突；南進，即爲破壞英、美、法在太平洋及南洋的利益。此一形勢及其可能的演變，蔣委員長在抗戰前數年即曾指出日本之國策，不外北守南進之海洋政策與南守北進之大陸政策。其最終目的，皆在獨霸東亞。然各國之利害關係及其演變之趨勢，要看

---

❷　徐永昌〈四年來敵我戰略戰術的總檢討〉。見《中國近代史論叢》，第一輯，冊九，頁一三四、一四三～一四四。民國四十五年，正中書局出版。

日本在東亞擴張的步驟而定。如其北守南進，則必與英、美發生正面之衝突；南守北進，必與蘇俄發生不可避免之強烈鬥爭❹。因此，日本軍事上的眞正目標，不在中國，而是蘇俄和美國。因爲日本要併吞中國，必須制服蘇俄，擊破美、英。以日本所具備的軍事條件言，固足侵略中國；甚或可以和任何一個強國作戰，但決無力量可以戰勝所有的強國。因此蔣委員長認定：日本必不能吞併中國，獨霸東亞；中國定有方法、力量與機會，可以抵抗日本❹。其最有效的抵抗日本的方法，便是持久抗戰，來促進國際條約的使用，使中日問題與國際問題緊密的聯繫起來。按當時的國際條約，一爲九國公約，一爲國聯盟約。前者以美國爲主，目的在維持太平洋的安全；後者以英、法爲主，目的在維持世界和平。此兩條約雖爲侵略國家所不顧，但其基本的精神則爲反對侵略戰爭。蔣委員長視爲抗戰外交的「武器」。如何使此「武器」有效，促成中、美、英、蘇反侵略的聯合陣線，就必須持久抗戰。他在民國二十八年一月間指出：敵人佔地愈多，我們抗戰愈久；持久抗戰，自會促進國聯盟約、九國公約的聯合使用。我們不要專看國際形勢動不動，先要看自己抗不抗戰。國際形勢一定會依著我們抗戰與否而轉變❹。他深信：「雖然與他（日本）衝突得最厲害的英、美、法、俄各國目前還沒有參加戰爭，與我們共同一致來打日本；但這不是國

---

❹　蔣中正〈東亞大勢與中國復興之道〉，民國二十三年三月五日。《言論總集》，卷一二，頁九五～九六。

❹　蔣中正〈抵禦外侮與復興民族〉（上），民國二十三年七月十三日。《言論總集》，卷一二，頁三〇四～三〇五。

❹　蔣中正在國民黨五屆五中全會講〈外交趨勢與抗戰前途〉，民國二十八年一月二十六日。黨史會藏會議速紀錄。據蔣永敬〈蔣中正先生領導對日抗戰基本方針——抗戰到底〉。蔣中正先生與現代中國學術研討會，民國七十五年十月，臺北。

際不動，而是時機未到。只要我們誓死不屈，持久抗戰下去，敵人就時刻陷在危險的深淵。一有失利，或一旦他的弱點暴露出來，各國就會毫不遲疑的加以打擊」❹。

日本侵略行動之擴大，與中國抵抗之持久，使國際形勢隨之轉變。當日軍佔據廣州和武漢時，顯示日軍傾向南進，美國即照會日本，抗議日本違反了九國公約的機會均等和門戶開放原則。日本則拒絕美之抗議，並宣言要「建立東亞新秩序」。美、英、法三國共同聲明加以反對。對於中國，美國總統羅斯福（Franklin D. Roosevelt）在一九三八年十二月十五日批准了二千五百萬美元對華桐油信用貸款，藉以表示美對中國抗戰的同情，這是美自中國抗戰以來首次對華提供貸款。同時英國也宣佈給中國信用貸款五十萬英鎊，用以購買卡車行駛滇緬公路。一九三九年七月二十六日，美國宣告廢止美日一九一一年的商約，此為對日禁運的先導。日本對於上述國際形勢的轉變，視為晴天霹靂，全國為之震驚❹！

三、抗戰時期的日偽組織

中國對日抗戰，本應全民團結，一致對外。乃不幸在戰時出現兩大障礙力量，致使對日抗戰，益為艱困。此兩大障礙力量：一為日本在中國佔領區所組織的傀儡政權；一為中共之趁抗戰時機，擴展本身的實力，使國共之間發生摩擦。其造成對日抗戰的不利，尤以後者為嚴重。

---

❹ 蔣中正〈抗戰檢討與必勝要訣〉（上），民國二十七年一月十一日。《言論總集》，卷一五，頁一一。

❹ 服部卓四郎《大東亞戰爭全史》，卷一，頁四。民國四十五年，國防計劃局編譯室譯印。

　　日本爲加強其在佔領地區的政治控制和經濟榨取，利用以華制華
的手段，達成其以戰養戰的需要，乃有各種傀儡政權的建立。就地區
分，在東北有長春的「滿洲國政府」，在內蒙有張家口的「蒙古自治政
府」。在華北有北平的「中華民國臨時政府」，在華中有南京的「中華
民國維新政府」。其後華北和華中的兩個僞政府併爲汪兆銘的南京「國
民政府」。就成立的時間言，僞滿政府是在抗戰前，其餘都是戰時。均
由日本一手所導演，也隨著日本的投降而消逝。

　　「滿洲國政府」是「九一八」事變後日軍佔據東北以後所建立的
傀儡政權。所轄地區包括當時的東三省，即遼寧、吉林、黑龍江，後
又加入熱河省。「首都」設在長春，稱爲「新京」，以遜清廢帝溥儀爲
首領，稱執政，於民國二十一年（一九三二）三月九日在日本關東軍
卵翼下就任，年號「大同」，國旗爲紅藍白黑滿地黃。二十三年（一九
三四）三月一日改稱「滿洲帝國」，溥儀僭號稱帝，年號「康德」。事
實上，溥儀既無權過問政事，亦無自由可言，實際統治東北的機關，
是關東軍司令部。

　　僞滿政府之最高行政機關稱「國務院」，設國務總理一人，初由鄭
孝胥，後爲張景惠，下設各部。地方行政機構分省、縣(市)、街或村
等級。各級行政首長雖爲中國人，但多由日人操持一切❹。

　　內蒙方面，盧溝橋事變後，日軍沿平綏路陷張家口、大同而至歸
綏、包頭後，即分別在張家口設「察南自治政府」，大同「晉北自治政
府」，包頭設「蒙古聯盟自治政府」。後者以雲王及德王爲正副主席。
旋雲王去世，德王繼之，以李守信爲副。關東軍爲便於指揮並統制資
源計，於民國二十六年十一月末將以上三個僞府聯合組成「蒙疆聯合

❹　蔣永敬〈抗戰時期的日僞組織與中共〉。見《中華民國建國史綱》，頁三二
　　三～三二四。民國七十三年，黎明公司出版。以下簡稱《史綱》。

委員會」，會設張家口，不設首長，由最高顧問日本特務金井章二操縱一切。二十八年九月，改組爲「蒙古聯合自治政府」，府設張家口，以德王爲主席，李守信副之，金井章二爲最高顧問。以察南、晉兩政廳，及察哈爾、錫林郭勒、巴彥塔拉、烏蘭察布、伊克昭等五盟爲領域。三十年九月，又改稱爲「蒙疆聯合自治邦」，改年號爲「成紀」七三六年。三十二年一月，又改稱「蒙古自治邦」。實權均操諸日人之手。名爲自治邦，實際上自德王，下至縣長，全係傀儡，並無分毫權力❹。

華北方面，日軍據平、津後，兩地即有「治安維持會」的組織。迨河南、山西部分地區失陷，日軍亦組織了各該地方傀儡政權。民國二十六年十二月十四日，在日軍特務機關人員驅策下，成立「中華民國臨時政府」於北平，以湯爾和、王克敏、董康分任議政、行政、司法三委員會委員長。並有委員及各部部長多人，均爲北洋時代的失意軍人及政客。其實權完全由日本華北方面軍特務部長喜多誠一、總務部長根本博所控制❺。

華中方面，日軍攻佔長江下游地區後，以破壞慘重，復以日軍在南京的大屠殺，故其特務部在華中策動的「治安維持會」工作較之華北爲困難。到二十七年一月，南京和杭州等地，始有「維持會」的出現。三月末，日本閣議決在華中建立一個地方政權，以待相當時機再和華北政權合併。南京的「中華民國維新政府」遂於三月二十八日成立，分設三院七部，行政院長梁鴻志，法制院長溫宗堯，司法院長未

❹ 察哈爾蒙旗特派員公署〈僞蒙軍政概況〉。見《中華民國重要史料初編——對日抗戰時期》，第六編，傀儡組織㈡，頁四二二～四二三。民國七十年，黨史會編印。察哈爾省政府秘書處〈察哈爾省敵奸僞概況〉。同上書，頁四七五。

❺ 同❹，頁三二六。

定。陳籙、陳羣、任援道、陳錦濤、陳則民、梁鴻志、王子惠等分任
部長。轄江蘇、浙江及安徽三省。迨日軍打通津浦路和隴海路東段交
通後，即將南京和北平兩僞政權聯絡起來，成立所謂關稅、監稅、統
稅協定。九月，復成立「中華民國聯合委員會」，協調日軍佔領區內的
一般政務、外事、文化、海關、監稅、統稅、交通、通信、郵務各事
⑤。

　　日軍在中國佔領區內除成立傀儡政權供其驅策外，更有許多半官
式的團體，作爲奴化人民及思想統治的工具，其規模較大的，是東北
的「協和會」、華北的「新民會」，以及華中的「大民會」。

　　日本在華北、華中所組織的僞政權，都是利用北洋時代的舊官僚，
聲名狼藉，沒有號召作用；對重慶國民政府的地位，並無影響作用。
日人遂又決定找尋較有影響力的人物，出面組織僞政權，供其驅策。
初屬意於民初政壇人物唐紹儀，唐亦有意，但不久唐被刺死。乃轉而
拉攏汪兆銘(精衛)，通過高宗武、董道寧等人與汪進行秘密勾結。按
汪氏於民國二十一年「一二八」上海戰役發生時至南京國民政府任行
政院長，提出「一面抵抗，一面交涉」的對日主張，初與蔣委員長的
意見，尚能一致，愈後則愈有距離。盧溝橋事變後，汪對抗戰即無信
心，廣州、武漢失陷前後，汪之妥協活動亦愈力。二十七年（一九三
八）十一月三日，日本首相近衛文麿發表「建立東亞新秩序」的聲明，
實爲誘汪而發。二十日，高宗武與日本參謀本部謀略課長影佐禎昭簽
訂「中日協議紀錄」，實由汪之密示。十二月十八日，汪由重慶飛往昆
明，二十一日抵河內。近衛即於二十二日發表「與更生中國相提攜」
的聲明。汪遂於二十九日發表了響應近衛聲明要求國民政府與日議和

---

⑤　同**⑱**，頁三二六～三二七。

的「艷電」。重慶中央即開除汪之國民黨黨籍。國民政府並下令嚴緝民族叛徒[52]。

二十八年三月，汪在河內遇刺未中，急於自立政府。日本軍方定要使中國全部變爲「滿洲國」。五月，汪轉往上海。旋往東京，向日方提出「希望」，幾乎全部被否決。十二月二十二日，日、汪簽訂〈日支關係調整要綱〉。參與其事的高宗武、陶希聖逃往香港，將全文披露，證明汪的賣國確據。日、汪大爲狼狽[53]。

民國二十九年（一九四〇）三月汪僞政權在南京成立，仍稱「國民政府」。汪代理主席兼行政院長，立法院長陳公博，司法院長溫宗堯，監察院長梁鴻志，考試院長王揖唐。開封、武漢、華北、蘇浙等省設綏靖主任或總司令。南京「維新政府」及北平「臨時政府」名稱取消。華北仍是特殊化，設立「華北政務委員會」，王克敏爲委員長，仍由日本直接控制。十一月三十日，日、汪正式訂立〈中日關係基本條約〉。汪希望重慶和他一致謀和；或至少設法約束日本對佔領區的經濟壓榨。日本亦希望與重慶議和，但不放鬆對佔領區人民的奴役、物資的搜刮[54]。

汪僞組織，造成了國民政府抗戰陣營的分裂。

四、抗戰時期的中共問題

民國二十四年（一九三五）中共軍在政府軍的追剿下，竄抵陝北地區，已潰不成軍。次年十二月，西安事變，剿共工作，功虧一簣，中共度過了存亡的關鍵。盧溝橋事變後，中共即於二十六年九月二十

---

[52] 李雲漢《中國近代史》，頁五二〇～五二一。
[53] 郭廷以《近代中國史綱》，頁七〇〇～七〇一。
[54] 同前注，頁七〇一。

二日發表〈共赴國難宣言〉，宣示服從國民政府，信奉三民主義，停止暴動，取消其蘇維埃政府，改紅軍爲國民革命軍，參加抗日。政府予以優容，將陝北共軍改編爲第八路軍(旋改爲第十八集團軍)，歸第二戰區司令長官閻錫山指揮；長江以南殘共編爲新編第四軍（簡稱新四軍），歸第三戰區司令長官顧祝同指揮⑮。

　　因抗戰軍興，蔣委員長以大敵當前，中共力量有限，可望從此就範；中共則認爲良機已至，不惟不再憂懼國民政府的消滅，且可於戰爭中大事發展⑯。故中共誓言抗日和服從政府，只是一種策略運用。毛澤東對共黨幹部曾有指示說：「中日之戰，是本黨（中共）發展的絕好機會，我們決定的政策是百分之七十發展自己，百分之二十作爲妥協，百分之十對日作戰」⑰。中共軍的政治部對共軍改編的原因，也曾解釋說：「紅軍名義的改變，是爲了全國抗日的統一指揮；雖然在名義上是改變了，但是實際上還是照紅軍一樣的辦法，仍然是共產黨的領導，……通俗的說：外面雖是白的，內面還是紅的」⑱。

　　抗戰之初，中共軍進入山西後，爲了爭取一些表現，以擴大宣傳和影響，林彪一一五師參加的平型關戰役，中共宣稱是八路軍的一次「大捷」，但實際上僅是作策應性的游擊戰，從未參加過決定性的大會戰。有謂中共宣傳的「百團大戰」，基本上是有意的渲染，並非眞正的重大戰役。對日僞軍傷害不大，且引起日軍的多次掃蕩。此在中共黨內，亦頗有爭論⑲。但中共軍在敵後對日軍的牽制，對抗戰也不無相

---

⑮　李雲漢《中國近代史》，頁五六五。

⑯　郭廷以《近代中國史綱》，頁七〇一。

⑰　郭華倫《中共史論》，冊三，頁二二二。民國五十八年，中華民國國際關係研究所編印。

⑱　同前註，頁二三五。

當的貢獻。

　　中共擴張的方式，不外擴軍、擴黨、建政，以及組織羣衆。其進行的程序，則視情況而定。其在華北，是先擴軍，次擴黨，然後建政。所謂建政，即是建立敵後政權。爲的是通過政權再次擴軍，徵集民間物資糧食，以供軍黨所需；同時藉政權以動員民衆支援共軍一切的需要。其在擴軍方面，在抗戰之初，中共軍全部兵力不過四、五萬人，到了民國二十九年（一九四〇），八路軍擴充到四十萬人，新四軍擴充到十萬人；到了三十四年（一九四五）春，前者有六十萬，後者有二十餘萬。另民軍及其他地區游擊隊尙不在內❻。大致而言，中共的武力以在山西、河北、山東的八路軍爲多；在江蘇、安徽的以新四軍爲衆。國民政府在這五省仍設有省、縣政府，留有相當軍隊，並有地方民軍。中共旣大力擴張，雙方衝突在所難免。民國二十八、九年間，政府在河北省的民軍及正規軍數萬，均被共軍擊潰，省政府亦不能立足。同時，政府的山東保安隊被共軍繳械者至少四、五萬人；山西閻錫山的新軍約二萬人，亦大多爲共軍裹脅而去；江蘇省政府所在地的興化黃橋爲共軍所攻佔，政府軍死者數千人❻。由於共軍之自由行動，已嚴重的影響到對日抗戰，統帥部乃於二十九年十月命令共軍調往指定防地，但共軍仍抗不遵命。三十年一月，第三戰區司令長官顧祝同乃將皖南違令之新四軍約五千人予以繳械，拿獲其軍長葉挺，副軍長項英逃走。是爲「新四軍事件」，或稱「皖南事件」。這是抗戰以來政府對共軍之抗命行爲，第一次的制裁；也是抗戰期中僅有的一次。其

❺　李雲漢《中國近代史》，頁五六六～五六七。劉鳳翰《抗日戰史論集》，頁三九三。民國七十六年，東大圖書公司印行。

❻　蔣永敬〈抗戰時期的日僞組織與中共〉。《史綱》，頁三四二。

❻　郭廷以《近代中國史綱》，頁七〇三～七〇四。

後共軍仍自由行動如故。成爲抗戰時期國共之間極大的困擾問題。但就共方的觀點而言，他們反而認爲國民黨的抗戰是不夠「堅決」而「全面」。不論如何，中共軍在抗戰時期對日軍作戰的表現，遠不如以往對國民黨軍作戰時的勇敢；其犧牲，也遠較內戰時期爲少。而其擴充與壯大，則遠較內戰時期爲順利。

叁、與同盟國家併肩作戰

一、戰局持續與國際情勢的變幻

民國二十九年（一九四〇）夏秋之際，中國抗戰已進入第二期的第二階段，是中國抗戰進入最艱險的一段歷程。此時汪僞政權既在南京成立；日本更加緊其政治與軍事的攻勢，以圖解決所謂「中國事變」。中國抗戰情勢實已面臨極爲嚴重的危機。蔣委員長仍本抗戰既定方針，處變不驚，終於克服這一艱險的局面。

一九三九年九月，歐戰發生，英、法忙於對德作戰，其在亞洲對日態度，更趨軟弱。蘇俄則與德國勾結，瓜分波蘭；並與日本成立諾門坎停戰協定⑫。次年一月，復與日本談判商約。六月，法國戰敗，英軍自歐陸撤退，日本便乘機壓迫英、法封閉緬甸和越南對中國的交通。從六月二十日起，滇越鐵路完全封閉；七月十八日起，滇緬交通亦停。此時中國對外交通全斷。日軍更以七個師團發動棗宜攻勢，六月十二日，四川的門戶——宜昌失陷。同時，更對四川後方重慶、成都等城市，實施不斷的空襲，稱爲「疲勞轟炸」，以消滅中國軍民的抗戰意志。中國面臨此種情況，立即呈現嚴重的危機，最爲顯明的：即

⑫ 諾門坎位於滿、蒙邊境。一九三九年五月，日、俄軍在該地發生戰鬥，連續四個月。至同年九月十五日，雙方成立停戰協定。

爲物價的暴漲與人心之動搖。國際情勢，亦呈暗淡之局。英、法既不堪日本之壓迫而封閉緬、越對華之交通；蘇俄之態度，亦早趨觀望而中立；美之表現，亦甚消極。重慶中央對此情勢的演變，不斷集議商討對策。即有人主張政策要變，蔣委員長仍主張堅持到底。認爲日本表面虛張聲勢，而實際虛弱。只要堅持抗戰不變，必可完成抗戰建國大業⑥。

日本軍閥因爲受到德國在歐洲戰場獲得勝利的鼓勵，便擴大和加速其在亞洲的侵略行動，由壓迫英、法封閉中國西南對外交通，而又在九月末派兵進駐越南的北部；並與德國和義大利簽訂三國公約，加入軸心侵略集團，因而促使美國的態度大爲轉變。美國遂即採取一連串的措施，其重要者有如：建造兩大洋海軍軍艦，增加海軍實力；宣佈兩項對華貸款，一爲二千五百萬美元，一爲一億美元；廢鐵全部禁運；遠東各地美僑即時撤退；海軍增調後備員三萬五千人，使海軍現役增至二十四萬人；國會通過兵役法，凡二十一歲至三十五歲之壯丁約一千六百餘萬人，均須登記。此外，英亦宣佈自十月十七日起重開滇緬路；並貸款一千萬英鎊給中國。這是日本企圖由國際方面來壓迫中國屈服，逐步走上南進之路，而與美國的衝突愈來愈爲接近了。中國抗戰的艱險局面，也自十月以後緩和下來。中國抗戰的決心更加堅定⑥。

到了民國三十年（一九四一），中國對日戰局，更能得心應手。在軍事上，用反掃蕩來牽制和消耗日軍。這一年，較大規模的會戰有四：

---

⑥　蔣永敬〈對日抗戰的起因與經過〉。《史綱》，頁二八二～二八三；〈蔣中正先生領導對日抗戰的基本方針——抗戰到底〉。民國七十五年，蔣中正先生與現代中國學術研討會。

⑥　蔣永敬〈對日抗戰的起因與經過〉。《史綱》，頁二八三。

一是一、二月間的豫南會戰，日軍出動約十六萬人，所到之處，都是撲了一個空，反而遭到中國軍由側面和背後的攻擊。二是三月間的江西上高之役，日軍出動兩師團，無功而退，此爲中國抗戰四年來在戰術上的大勝利。三是九、十月間的第二次長沙會戰，日軍也是無功而退。但是五月間的晉南會戰，中國軍則失去許多據點❻。

二、太平洋戰爭之爆發

到了民國三十年(一九四一)，國際局勢的變化更加劇烈。這年四月十三日，日本和蘇俄成立中立協定，更是鼓勵日本南進。六月二十二日，德蘇戰爭爆發，日本後顧之憂爲之解除，其南進的行動，更爲積極。七月末，日軍進佔了越南南部各要地。美國立即宣佈凍結日本在美資產，並禁止石油輸日。英國及荷蘭亦隨之對日禁運。美國並在菲律賓設立遠東陸軍司令部，以麥克阿瑟(Douglas A. MacArthur)將軍爲總司令。英軍亦增防新加坡。這是日本南進後造成美、英與日本之間的緊張情勢❻。

至於中美之間的關係，自一九四〇年九月日軍進入越南北部後，美即宣佈對華貸款。次年二月，美總統羅斯福簽署國會所通過的租借法案，亦適用於中國。在此法案下，美國一九四一年撥給中國的物資總值二千五百八十多萬美元，佔其撥給各國的總額百分之一點七。麥格魯(John Magruder)將軍率領的美國軍事代表團在十月十日到達了重慶。此外，陳納德(Claire L. Chenneult)將軍組織的美國空軍志願隊，也經由美總統的批准，於八月一日正式成立。

日本爲了促使美國對華停止援助，對美進行談判。一九四一年四

---

❻　同前注，頁二八四。
❻　同前注，頁二八四～二八五。

月，日本曾向美國提出諒解方案，希望美國勸告中國與日談和，並能接受日方之條件。美國務卿赫爾（Cordell Hull）亦曾提出四項原則，作爲談判基礎❻。迨至七月日軍進佔越南南部後，美曾建議越南中立化，日方無確切表示；日建議舉行日美兩國首腦會議，美國婉拒之。美國此時只希望儘量拖延可能觸發太平洋大戰的日本下一步行動。而日本卻在九月六日決定如對美、英交涉至十月上旬尚不能達成要求時，即決心對美、英、荷開戰。十月十八日，日本內閣改組，軍人東條英機組閣，對美態度更趨強硬，決定如要求不遂，預定十二月初爲發動武力攻擊時機。當時日本的電令，已爲美方所破獲，美已全然了解日之企圖。美爲延緩戰爭的爆發，曾提出一項臨時協定草案，希能保持和平三至六個月。草案中如同意駐在越南北部日軍減至二萬五千人、有限度的恢復美日通商等。美提出此草案時，事先曾徵求中、英、荷各國意見。蔣委員長和英首相邱吉爾（Winston S. Churchill）都強烈反對。美乃決定放棄臨時協定草案，改向日本提出九大原則和十項措施的和平方案，其中有日本須撤退在中國及越南的陸海空軍隊及警察；須同意不支持重慶以外的中國境內任何政權；取消在華領事裁判權、租界、租借地等。美國方案於十一月二十七日送達日本後，日軍便按照事前的秘密準備，於十二月八日（美國時間爲十二月七日）對美國夏威夷的珍珠港發動襲擊。美國戒備疏忽，損失慘重。太平洋戰爭於是爆發❻。

---

❻　四項原則，即一、尊重每一國家的領土主權。二、不干涉他國內政。三、擁護平等原則。四、除和平方式外，不改變太平洋的現狀。

❻　同❻，頁二八五～二八七。吳相湘《第二次中日戰爭史》，下冊，頁七七〇～七七三。

三、中國與同盟國家併肩作戰

太平洋戰爭爆發後，侵略國家與反侵略國家的陣線，才壁壘分明。侵略國家稱軸心國，以德國、意大利及日本三國為主；反侵略的國家稱同盟國，以中、美、英、蘇四國為主。但蘇俄並未對日作戰，且與日本有中立協定的關係。在日軍襲擊珍珠港的第二天，中國即正式佈告對日宣戰；同時亦佈告對德、意宣戰。民國三十一年（一九四二）一月二日，蔣委員長接受同盟國的推舉，擔任中國戰區（包括越南及泰國）最高統帥，指揮本戰區的軍隊，共同對敵作戰。這時日軍正向太平洋及南洋各地進攻，關島、香港、菲律賓、馬來西亞、新加坡、爪哇、仰光等地，均在數月之間，先後失陷。日軍所到之處，英、美軍不能抵抗。是以短短數月，日軍便席捲南洋各地。

中國戰場方面，除了繼續與日軍相峙外，同時派兵援助香港和緬甸的英軍作戰。日軍為了牽制中國軍的行動，即乘中國軍自湖南南調增援香港時，於三十年（一九四一）十二月末以七萬餘眾自岳陽南下，指向長沙，因有長沙第三次會戰。由於香港在十二月二十五日陷落，中國軍立即北返，迎擊來犯長沙之日軍。三十一年一月一日起，兩軍在長沙城郊激戰。日軍被重重包圍，陷於苦戰之中，經過十天的東突西衝的苦戰，才反轉北退。是役日軍死傷六千餘人。當日軍在南洋所向無敵之際，卻在中國吃了敗仗，所以當時美、英各國報紙都用顯著的地位來刊登這個勝利新聞。蔣委員長對於外人的讚美，不禁感慨萬端，他說：日本侵略南洋，可謂戰無不利，攻無不克，而獨在長沙之役受到最大慘敗，於是英美政府及其輿論方知日軍之強，乃反映中國軍之不弱；公認我五年抗戰之艱難，非若其預想中之易也⑥⑨。

---

⑥⑨　吳相湘《第二次中日戰爭史》，下冊，頁七九七。

　　太平洋戰爭爆發後，中國戰場所承受日軍的壓力，並未減輕；盟國的援助，亦未增加。相對的，由於中國尚須支援盟軍在緬作戰，反使國內戰場的兵力為之分散。這種情況，一直到民國三十三年（一九四四）更為嚴重。其主要原因，則是英美所決定的大戰略，是先擊敗德國，然後再擊日本，即所謂「重歐輕亞」戰略。因此，所有軍火物資的分配，多以歐洲戰場為優先；同時，由於美軍代表史迪威（Joseph C. Stilwell）雖為中國戰區的參謀長，卻控制了美援物資器材的分配權，多以緬甸作戰為需要；加以緬甸的失陷，中國對外交通的困難。所以國內戰場所能得自美國物資的接濟，為數實在有限。

　　中國為護衛滇緬交通，願協防緬甸。英國以情勢緊急，勉強同意。一九四二年初，日軍以十餘萬眾自緬南、泰北向緬西、緬北進攻。緬境英軍為保存實力，以保印度，對日軍毫無戰意。中國以最精銳的第五、第六軍派入緬境助戰，交由新任中緬印戰區美軍總司令兼中國戰區參謀長史迪威指揮。因仰光已為日軍所佔，蔣委員長命史迪威堅守緬北。史迪威則主張反攻緬南，雖救出被圍的英軍，但緬北各要地為日軍所陷。史迪威棄隊離軍走印度。中國軍犧牲慘重，官兵戰死一萬三千人，物資損失八百萬噸❼⓿。

　　正當中國軍在緬作戰時，日軍又發動浙贛戰役。日軍進犯浙贛沿線的目的，是因為一九四二年四月間美空軍自太平洋航空母艦起飛轟炸東京，事後飛浙江降落，未經聯絡，飛機全毀。日恐美空軍使用中國基地，出動陸軍十萬，進攻浙西、贛東。蔣委員長正注全神於滇緬之戰，為保全兵力，屏障湖南，不擬在浙、贛決戰。日軍破壞浙西機場後，亦未續進。此後年餘，中國戰場的重要戰役有三：一為民國三

---

❼⓿　郭廷以《近代中國史綱》，頁七一二。

十二年（一九四三）四月的太行山區作戰，中國損失頗大；二為同年五月之鄂西會戰；三為十一、十二月間之常德會戰，戰況空前激烈，有美空軍之支援，常德失而復得**❼❶**。

四、最艱險的一年

民國三十三年（一九四四），中國對日抗戰進入第七個年頭。由於長期戰事的消耗，內外壓力的加重，使中國抗戰以來面臨最艱危而險惡的一年。其嚴重的情況，有國內戰場的失利、中美關係的惡化、美國介入中共問題，使中共的態度更為強硬；更為嚴重的，是當日軍大舉進犯之際，美國卻壓迫中國對緬北的日軍作戰，幾使全局為之瓦解。

民國三十二年（一九四三）秋，日本本土及其海洋交通，漸受美國空軍的威脅。為確保南洋與陸上交通，消滅美空軍在湘、桂的基地，牽制中國遠征軍反攻緬甸，摧毀中國抗戰意志，自其本土及東北調集五十餘萬兵力，對河南及湘、桂發動大規模的攻勢。三十三年四月十八日，日軍自豫北渡過黃河，揭開了大戰序幕。五月八日，日軍打通平漢路，並西陷洛陽。六月十八日陷長沙，繼攻衡陽，苦戰四十七天，城陷。十一月十日，桂林及柳州陷。十二月二日，日軍攻佔距貴陽六十公里的獨山，西南大後方為之震動。中國急從西北調軍應援，戰局稍趨穩定。時日軍原有攻川之意，以海空軍在太平洋一再失敗，復恐美軍登陸閩、粵，於是開始後退。十二月八日，中國軍收復獨山，進向廣西，局勢轉穩**❼❷**。

史迪威事件是中美關係的最低潮，幾乎使兩國關係趨於決裂。史迪威在中國，並不以蔣委員長的參謀長自處，而以美國的代表自居，

---

❼❶　同前注，頁七一二。

❼❷　同**❻❹**，頁二九○～二九一。

因此發生統帥權的衝突。自恃有租借法案物資的予奪之權，頗覬覦中緬印戰場的軍事實權。復受左派顧問的影響，對中共軍之獨立行動多予鼓勵。三十三年（一九四四）九月，日軍謀攻桂林，逼貴州，威脅重慶，史迪威建議美方要蔣委員長把中國戰場的軍隊，包括中共軍在內，都交由史迪威指揮。於是羅斯福總統派赫爾利（Patrick Hurley）至重慶，一面調停史與蔣委員長的衝突，一面希望相機勸請蔣委員長把指揮權交出。史迪威以既得羅斯福允准，於九月十九日直接見蔣委員長，要求把指揮權交出，否則須對中國戰局的惡化負責。蔣委員長怒甚，要求美國把史迪威召回。赫爾利本不支持史迪威的莽魯行為，至是乃電告羅斯福：如美國支持史迪威爭指揮權，不僅失去蔣委員長的友誼，且將失去中國盟邦。十月十九日，羅斯福召回史迪威，而以魏德邁（Albert C. Wedemeyer）接替其職務。此後未再發生指揮權的衝突⑦。

關於中共問題，自新四軍事件後，以蘇德戰爭之爆發，俄自顧不暇，中共行動亦漸審慎。太平洋戰爭發生，中國抗戰必勝的信念，更為增強，中共表面的態度，亦見緩和。政府亦對中共採取寬大政策。因此，中共在三十年及三十一年之間，大致保持平穩的態度。惟自三十二年夏季以後，中共態度又變。而其影響最大者，則為美國的介入，使中共的氣焰益為囂張。這年「七七」抗戰六週年起，中共及國際共黨開始作「兩個中國」的宣傳，一為共黨的中國，一為國民黨的中國，誇張前者是如何的「強大」、「民主」、「進步」等，而後者則反之。美國駐華外交人員戴維思（John P. Jr. Davies）、謝偉志（John S. Serice）等亦為之推波助瀾，為中共作宣傳和活動，藉以影響美政府的

⑦ 張玉法《中國現代史》，頁六五二～六五三。

對華政策。一九四四年六月美國副總統華萊士（Henry A. Wallace）訪問重慶後所作的報告和建議，對國民政府極為不利，他認為重慶國民政府日趨微弱，應成立聯合政府，使中共加入。美政府更因華萊士之建議，派一軍事考察團，長駐中共根據地之延安。因此，自華萊士訪問重慶後，美國對華政策，已暗中變化⓭。時中共亦派代表與政府談判，及史迪威統帥權問題發生，中共態度更加強硬。蔣委員長召見美駐華大使高思（Clarence E. Gauss），謂美國不了解中共問題，美要中國政府與中共妥協，適足以加強中共的頑抗，中共所提條件，不啻要求政府投降。為時四個多月的談判，以中共堅持要求組織聯合政府，致無結果⓮。

關於反攻緬甸問題，一九四三年十一月，中、英、美三國領袖在開羅（Cario）會議中決定反攻緬甸。蔣委員長主張南北緬陸海軍聯合行動，羅斯福保證於來年春季開始。緊接美、英、蘇三國領袖在德黑蘭會議中，決定開闢歐洲戰場，羅斯福因邱吉爾之勸告，收回對蔣委員長的諾言，延緩攻緬計劃。史迪威則要求羅斯福迫中國從雲南出兵攻緬。蔣委員長以無制勝把握，未允。美以斷絕物資相迫。蔣委員長怒其藐視，決強硬對付，對於在華美軍費用，將不再負擔，中美關係幾瀕破裂。一九四四年三月，日軍進攻緬西之印坊（Imphal），英軍統帥蒙巴頓（Lord L. Mounbatten）要求羅斯福再對中國施加壓力，立即自雲南出兵。羅斯福致電蔣委員長，再促出兵，措辭傲慢。美參謀長馬歇爾（George C. Marshall）且以停發中國遠征軍物資相迫。五月十一日，遠征軍西渡怒江。六月，攻下滇西龍陵。尋為日軍拒退。由於雨季來臨，氣候惡劣，停至九月再攻。此外，中國另自雲南空運

⓭　同⓭，頁三四七～三四八。

⓮　同⓰，頁七二六。

兩師增援駐印軍，至緬北與美軍協同作戰，於八月三日攻佔密芝那。九月初，日軍正由湖南進向廣西，蔣委員長命遠征軍進攻滇緬邊境的八莫，以期減輕日軍對滇西及廣西的壓力，史迪威拒絕執行。加以中共又步步進逼，蔣委員長心情至為惡劣，尤憤美國之落井下石。史迪威自攻克密芝那後，氣燄益盛，不僅一再拒絕進攻八莫，且致電馬歇爾，謂蔣委員長之欲撤回滇西遠征軍，意在保全實力，坐待美國擊敗日本。就在此時，遠征軍攻佔騰衝，再克龍陵，可證史迪威之言並非事實❼❻。

　　民國三十四年（一九四五）一月，遠征軍克滇緬邊境之畹町。二十七日，與緬北之中國駐印軍會師芒友。中印公路從此打通。中國為了進行滇西及緬北作戰，調用所有的精銳部隊，以及所能得到的美援物資，都用在此一戰場上。而中國內陸從平漢到粵漢、湘桂各路的廣大地區，受到日軍空前的大兵力攻擊，造成中國東戰場空前之挫敗。此種得不償失的情況，蔣委員長在致赫爾利的備忘錄中曾指出：「日本乘我北緬出兵之時，對於豫、湘兩省猛加攻擊。中國國內各戰場因北緬作戰之故，既乏軍械補充，又缺駝峰空運之接濟，而其所受日軍壓力更六倍於北緬之遭遇。北緬一隅之勝利，實不足以抵中國東戰場之損失」❼❼。

五、抗戰的結束

　　自一九四四年（民國三十三年）冬季以後，日軍在太平洋、緬北，以及中國戰場，均呈衰頹之勢。十月二日，美軍結束雷伊泰（Leyte）島之戰，十一萬日軍被殲。一九四五年二月，美軍進入馬尼拉，並登

───────────────

❼❻　同❻❹，頁二九二～二九三。同❼❶，頁七二六。

❼❼　梁敬錞《史迪威事件》，頁三四四。民國六十年，商務印書館出版。

陸琉璜島。六月，沖繩六萬餘日軍被殲。緬北方面，中國遠征軍於這年一月會師芒友後，復乘勝南進，與英軍會師喬梅。

國內戰場方面，日軍於三十三年十二月退出獨山後，三十四年三至五月間在豫西、鄂北發動攻勢，對整個戰局，已無影響。四、五月間，進攻湘西芷江，爲中國新裝備的軍隊擊退。此時日本大本營以沖繩戰局吃緊，命華南日軍東調，以防美軍之登陸。中國軍在廣西乘勢推進。五至七月間，先後克復邕寧、柳州、桂林。準備於八月間進攻廣州、九龍，而日本投降🔞。

德、意、日軸心國家的失敗，首先是意大利於一九四三年九月六日戰敗投降；德國於一九四五年五月七日投降，日本遂陷孤立絕望之境。七月二十六日，中美英三國發表波茨坦（Potsdam）宣言，對日本提出通牒，應無條件投降，以免招致完全的毀滅，日本軍閥仍頑抗到底。而美國原子彈已試驗成功，八月六日，第一顆原子彈投擲於廣島市，死傷十二萬九千餘人。八日，蘇俄對日宣戰，即向中國東北進兵。九日，美第二顆原子彈投擲於長崎。至是日本決定接受波茨坦宣言，向盟國投降。八月十四日，由日本天皇正式宣佈投降。十五日，蔣中正主席（已於三十二年九月任國民政府主席）廣播「不念舊惡」、「與人爲善」，祇認日本軍閥爲敵，不企圖報復，即一般所謂的「以德報怨」。九月二日，麥克阿瑟將軍代表同盟國家在東京灣之美艦米蘇里號（S. S. Missouri）接受日本之投降。中國派徐永昌將軍代表參加。中國戰區受降儀式於九月九日在南京舉行，由陸軍總司令何應欽將軍接受日本之中國派遣軍總司令官岡村寧次簽署之降書。八年抗戰，於焉結束。

🔞　何應欽《八年抗戰》，頁二六五～二六八。

肆、中國抗戰的精神和貢獻

一、全民團結共赴國難

抗戰初起，中國統一未久，中國國民黨尙在推行訓政，以爲實施憲政之準備。國民政府主席林森爲國家元首，不負實際行政責任。實際主持軍政者，爲國民政府軍事委員會委員長兼行政院院長蔣中正。民國三十二年（一九四三）八月，林主席逝世，蔣委員長繼任主席。抗戰時期，爲強化中樞領導功能，團結全國各界共起抗戰，中國國民黨於二十七年三、四月間在武昌舉行臨時全國代表大會，推選蔣中正爲國民黨總裁，並通過〈抗戰建國綱領〉。此一綱領爲戰時全國共同遵守的最高準則。內容包括外交、軍事、政治、經濟、民衆運動、敎育各項。其主要精神在於抗戰與建國同時並進，而其基本前提爲「總則」之兩條：一、確定三民主義暨總理遺敎爲一般抗戰行動及建國之最高準繩。二、全國抗戰力量應在中國國民黨及蔣委員長領導之下，集中全力，奮勵邁進。此一綱領，曾獲得當時各黨派的認同❼⑨。

對於抗戰建國的意義與目的，以及如何促成全民團結，達成抗戰必勝、建國必成，國民黨臨時全國大會宣言指出：抗戰目的在於抵禦日本的侵略，同時完成建國任務，集合全國人力物力，同赴此一目的。非抗戰則民族生存不可保，非建國則自力不能充實。惟抗戰乃能解除壓迫；惟抗戰獲得勝利，乃能組織自由統一的中華民國。以民族主義充實抗戰力量，以抗戰力量獲得勝利。抗戰的勝負，不僅取決於兵力，尤取決於民力。民力之發揚與民權之增進，互爲因果，組織及訓練民

---

❼⑨　李雲漢《中國近代史》，頁五三一～五三二。

衆，爲發展民力之必要工作，亦爲增進民權之必要條件。爲適應戰時需要，應設置國民參政機構，集中全國賢智之士，以參與大計，而民權之基礎，亦於此建立。中國之經濟基礎在於農村，抗戰期間，首宜謀農村經濟之維持與發展，至於新興工業，必須合政府與人民之力，謀其復興。宣言更指出：本於三民主義，一面抗戰，一面建國，倘能一其心志，則抗戰必勝，建國必成⑩。

團結全國各界從事抗戰的最具體工作之一，則爲國民參政會的成立。該會依據抗戰建國綱領之規定，成立於民國二十七年七月六日，第一屆參政員共有二百人，包括各黨各派及社會各界領袖，其遴選範圍爲：一、各省市代表；二、蒙疆邊區代表；三、華僑代表；四、文化及經濟各界代表。國民黨籍佔五分之二，其餘五分之三爲青年黨、國社黨、共產黨、鄉村建設派、職業教育派、救國會派、舊進步黨以及無黨派人士，實爲全國大團結的表現。該會從成立到結束，經歷九年多的時間，正是中國全面抗戰的重要階段。參政員名額自二百人增至三百六十二人，職權由審議政府施政方針逐漸擴大到審議國家總預算。它雖然不是正式國會，但在溝通朝野意見，促進後方經濟建設及奠定民主政治基礎等方面，實有貢獻⑪。

抗戰八年，貢獻最直接而犧牲最大的，便是軍人。根據統計，在八年抗戰中，我國陸軍官兵傷亡總數爲三百二十一萬一千餘人，其中負傷者一百七十六萬一千餘人，陣亡者一百三十一萬九千餘人，失蹤者十三萬餘人。其中以民國二十七年傷亡人數最多，計爲七十三萬五千餘人，二十九年次之，計六十七萬三千餘人，二十六年及二十八年

---

⑩　同⑦，頁六九四。

⑪　林能士〈抗戰期間的政治與建設〉。《史綱》，頁二九九～三〇一。

又次之，各爲三十餘萬。其他各年多在二十餘及十餘萬[82]。另空軍官兵計陣亡四千三百二十一人，負傷三百四十七人[83]。

　　開戰之初，日本陸海空軍無論在數量上素質上均大佔優勢。其原因，是日本實行徵兵制已有數十年，不但在鄉兵員多，而且訓練有素；又工業發達，裝備優良。當盧溝橋事變時，其陸軍方面，有戰鬥兵約二百萬人，連同補充兵，達四百四十八萬多人。海軍有艦艇約一百九十餘萬噸，空軍有飛機約二千七百架。中國陸軍雖有一百七十餘萬，但無後備兵員；海軍艦艇約五萬九千噸，尚不及日本的三十二分之一；空軍有各型飛機三一四架，能用於作戰的，只有九十餘架[84]。由於兵力相差懸殊，所以中國採取消耗持久戰略，以空間換取時間，依據抗戰建國綱領，一面抗戰，一面建國。目的在培養國力，提高戰力。就軍事的成長來看，到了民國二十八年（一九三九）十月，中國陸軍官兵數已增至四百四十六萬餘人；到了二十九年六月，增至四百八十萬餘人。作戰兵力的增加，就是實施徵兵制度的成效[85]。爲維持大量的兵力和消耗力，須有大量的壯丁補充兵員。根據統計，八年抗戰，各戰區實補兵員數計爲一千二百一十三萬八千餘人，而以第三戰區（蘇南皖南浙閩兩省）、第五戰區（皖西鄂北豫南）、第九戰區（贛省一部鄂南（長江以南）及湘省）實補人數最多，各約一百五十萬人[86]。亦足說明戰時的主要戰役亦以上列三個戰區爲多。而戰時實徵壯丁人數則爲一千四百零五萬餘人，其中以四川出丁最多，二百五十七萬餘

[82]　何應欽《八年抗戰》。附表四：〈作戰以來歷年我陸軍官兵傷亡統計表〉。

[83]　同前注，附表二〇：〈抗戰以來空軍官兵歷年傷亡人數統計表〉。

[84]　何應欽《八年抗戰》，頁二三～二七。李雲漢《中國近代史》，頁五一六～五一七。

[85]　吳相湘《第二次中日戰爭史》，下冊，頁六〇〇。

[86]　同[82]，附表九：〈抗戰期間各戰區歷年實補兵員數量統計表〉。

人；河南次之，一百八十九萬餘人；湖南又次之，一百五十七萬人；其他江西、廣東、陝西、廣西、湖北、貴州、安徽、浙江等省多在五十萬至九十萬之間 **87**。

　　徵集壯丁，是根據兵役法，知識青年可以免役和緩役，服兵役的大多數是農民，他們的體格和知識、能力，都不夠標準。當民國三十三年（一九四四）八月，戰爭危急之際，蔣委員長號召知識青年從軍，第一期目標是十萬人，限在三個月內徵齊。蔣委員長當時曾說明知識青年從軍運動的宗旨，是要使一般民眾改變其過去對於兵役的心理，從而踴躍應徵，來充實作戰的實力；同時要使國民認識國民黨的革命犧牲精神，來共同完成國民革命的使命。蔣委員長這個號召，立即獲得全國知識青年熱烈的響應，僅僅三個月內，經甄選合格的計有十二萬五千五百人，其中包括各省市來的十萬七千三百八十人，各大專學校學生一萬五千五百人，中國國民黨各級黨部工作人員二千六百二十人。陸續編爲青年遠征軍九個師；撥給印緬遠征軍的有一萬八千七百七十人 **88**。在中國抗戰進入最艱險的時刻，而有這一大批的知識青年，踴躍的志願從軍，這在中國歷史上，的確是一件不平凡的事。

　　中國人共赴國難的精神，可從「大遷徙」表現出來。就以工廠的「大遷徙」來看：長江、黃河下游及沿海各省，爲中國人口、工業、學校的集中地區，亦爲中日主要戰場。上海擁有全國半數以上的製造工業，首當其衝。抗戰初起，政府立即籌備遷移該地工廠。長江、鐵路交通阻滯，敵機不斷轟炸，工廠員工冒生命危險，拆卸機器。搬運材料，多賴木船沿內河輾轉向上游輸送，先至武漢，再西移鄂西、四川，南移湖南，北移陝西。小部分經鐵路、水道、公路，尚可使用有

87　同 **82**，附表一〇：〈抗戰期間各省歷年實徵壯丁人數統計表〉。

88　同 **85**，頁一〇六七～一〇六九。

限的火車、小輪船及卡車；大部分須使用木船，由人力挽拉，或灘險流急，或水淺難航。如自華北運往四川，須翻越崎嶇的山嶺，艱苦可知[89]。

其次爲學校的「大遷徙」。抗戰發生，北平、天津、南京各地大學，紛向後方遷移。二十六年九月，清華、南開與北京大學在長沙合設臨時大學，次年二月，再遷昆明，改稱西南聯合大學。不少教授和學生徒步前往，歷時七十餘日。南京中央大學於二十六年九月西遷重慶，以早有準備，又有長江輪船之便，損失不大。中大遷移最感人的一件事，則是一位管牧場的王酉亭先生，趕了一群供實驗的各種牛豬，以游牧的生活方式，經過了大約一年的時間，把這批牲畜由南京長征到重慶[90]。北方其他各大學合組的西北臨時大學，設於漢中、城固，後分爲西北大學、西北工學院。浙江大學一遷再遷，最後遷至貴州遵義。武漢大學遷設四川嘉定。廣州中山大學分遷於粵北、雲南。上海各大學多遷至四川。此外尚有新設的大專學校。戰前全國在校大專學生四萬餘人，戰時增至七萬八千餘人，比戰前約增三萬六千人。國民教育，更大事推廣，就學兒童約佔學齡兒童百分之七十六，較戰前的百分之四十三爲高。此外，政府又在後方及戰區開辦了不少中等學校，在校學生數較戰前增加近百分之八十。來自淪陷區的大專及中學生，大都給以貸金，後來改爲公費[91]。

至於一般青年及民衆的遷徙，亦極普遍。華北、華東、華南的知識青年，不顧日軍的炮火，偷過日軍封鎖線，長途飢寒跋涉，向政府

[89]　郭廷以《近代中國史綱》，頁六九六。
[90]　羅家倫〈炸彈下長大的中央大學〉。見《羅家倫先生文存》，冊一，頁五九六。民國六十五年，黨史會編印。
[91]　同[81]，頁三〇九～三一三。

區流亡。一般人民同樣不甘受敵人統治，千辛萬苦，扶老攜幼，肩挑手提，絡繹向後方轉移。民國二十六年至二十八年間，受政府救濟者，僅江蘇、浙江、安徽、江西、湖北、河南五省，已達四百餘萬人。家計稍裕自行設法者，及得親友之助或隨公私機關遷移者，約在一千萬人以上。到達後方之後，分別從事小本經營，墾闢荒地，加入工廠、軍隊、開築道路、河渠等。海外華僑的愛國心尤強，他們不僅踴躍捐輸，且歸國從軍，擔任駕駛、醫療等方面的技術工作。總之，絕大多數的中國人，不分男女，均爲國家民族貢獻力量，固然是爲了抵抗日本的侵略，湔雪多年的恥辱，同時亦促進了西南、西北的開發，打破了以往的地域之見❷。

二、不平等條約之廢除與國際新地位

中國對日抗戰的勝利，不僅湔雪了多年的恥辱，而其最大的成就，是廢除了百年來的不平等條約，使中國在國際上有了新的地位。

各國施於中國的不平等條約，始於清道光二十二年（一八四二）的中英江寧條約，至民國四年（一九一五）的中日「二十一條」，爲數當在三十種以上。這些不平等條約，像一條條鎖鍊，把中國人束縛得奄奄待斃。因此，解除不平等條約，實爲中國人的一致渴望❸。

北伐統一後，國民政府即向英美等列強交涉不平等條約之廢除，僅在關稅自主方面獲得成功。「九一八」事變後，國難嚴重，廢約交涉隨之停頓。抗戰發生後，中國沿海沿江條約口岸及重要城市，大多爲日軍佔領，英美在中國原有的特權，實際多已不能享受。復以日本聲言願「取消」在華領事裁判權，「歸還」租界。一九四〇至一九四一年

❷ 同❽，頁六九七。
❸ 李雲漢《中國近代史》，頁五四九。

間，英美亦宣佈在戰後將與中國商談取消在華特權，尚不肯立即廢止。太平洋戰爭發生，中國雖為同盟國之一，但未受到平等待遇。美國對中國的要求，除了一九四二年二月的五千萬美元借款外，餘皆靳而不予，反促中國力戰。五月，中國駐美代表熊式輝向白宮行政助理居里（Lauchlin Currie）建議，謂美國對華援助物資有限，正應取消不平等條約，給以精神鼓勵。美國政府認為這是惠而不費之舉，經與英國交換意見，遂於十月九日由美國務卿赫爾（Cordell Hull）通知中國駐美大使魏道明，準備與中國談判放棄在華特權及有關問題的條約，另訂新約。同日，英國亦有此表示。加拿大、荷蘭、巴西等國繼之。一九四三年一月十一日，中美、中英新約簽字，一百年來的不平等條約正式終止。治外法權、租界、內河航行權、軍艦駛入中國領海權、洋員管理海關行政權、北平使館區及北平至海口交通線駐兵權，都一一取消。但英國仍不肯放棄九龍租借地，中國聲明保留。美國為再表示對華友好，廢除歧視中國人的移民法案，准許華人入境、入籍❹。

　　中國國際地位之提升，始於太平洋戰爭發生後，一九四二年一月與美、英、蘇等二十六個國家發表反侵略共同宣言，以及蔣委員長被推為盟軍中國戰區最高統帥。次年一月，中美、中英等平等互惠新約的簽訂，使中國成為有完整主權的國家。十月，美、英、蘇三國外長集會莫斯科，討論世界安全問題，中國駐蘇大使傅秉常應邀代表中國參加，與三國外長共同簽字於四國宣言，至此中國開始列為世界四強之一。十一月二十二日至二十六日，中、美、英三國元首在開羅（Cario）舉行會議。會後發表宣言，表示:「三國之宗旨，在剝奪日本自一九一四年第一次世界大戰開始後，在太平洋上所奪得或佔領之一切島嶼，

---

❹　同❽⑨，頁七一二～七一四。

及使日本在中國所竊取之領土，如東北四省、臺灣、澎湖列島等歸還中華民國」。此外，並決定使朝鮮獨立。最後「三大盟國將繼續堅忍進行其重大而長期之戰門，以獲得日本無條件之投降」❾❺。故中國戰後收回東北四省及臺澎等地的領土，是在開羅會議中，已爲美、英等國所確認；而韓國之在戰後脫離日本統治而獨立，亦是蔣委員長（時已任國民政府主席）在會中的提議而爲美、英所同意的。

　　戰後的世界和平與安全之維持，實爲自由人類最關切的問題。聯合國的成立及其憲章的制訂，即是應運此一需要而產生。中華民國對聯合國之創立，不僅全力支持與推動，且曾提供諸多積極有效之建議，其被採納列入憲章者，均成爲成效顯著而影響深遠之特色。聯合國憲章草案爲一九四四年八至十月間在華盛頓舉行敦巴頓橡園會議（Dunbarton Oaks Conference）所制訂。於十月九日由中、美、英、蘇四國政府所同時公佈的。在草案制訂時，中國政府派顧維鈞爲首席代表。次年四至六月間，中、美、英、蘇、法五國代表舉行舊金山會議，以決定聯合國憲章。中國以宋子文爲首席代表，顧維鈞等十人爲代表，其中青年黨、國社黨、共產黨均派有代表。六月二十五日，大會通過憲章，次日由各國代表簽署，中國由顧維鈞代表率先簽字，相繼依次簽字者計五十國。一九四六年一月十日，第一屆聯合國大會在倫敦舉行，宣告聯合國正式成立。依憲章規定，中國爲安全理事會之常任理事國，中文亦被定爲聯合國使用之五種官方語言之一❾❻。

　　中國以抗戰犧牲之故，在國際上獲得榮耀的地位，但在一九四五年二月間的美、英、蘇三國元首舉行的雅爾達（Yalta）會議中，也曾受到極大的傷害。這一會議所協定的「密約」未經中國知曉和同意，

❾❺　同❾❸，頁五五四～五五五。
❾❻　同❾❸，頁五五八～五五九。

竟以「協助中國對日作戰」為條件，將中國的外蒙古送給蘇俄；將中國的大連、旅順港口，和中東、南滿鐵路，允許蘇俄以特權。這一悲慘的錯誤，是美總統羅斯福所做成的。他對此「密約」，極為保密。在他逝世後，直到六月十五日始由美駐華大使赫爾利（Patrick J. Hurley）通知中華民國政府。中國為使此一「密約」的傷害減至最低限度，希圖在犧牲下取得一些「保證」，乃派行政院長宋子文赴蘇交涉。由於八月六日美在廣島投下原子彈，蘇俄即在八月八日對日宣戰，實際則將大軍開入中國東北及內蒙，在無抵抗的情況下，東北及內蒙為蘇俄軍所佔有。中國赴蘇代表王世杰在忍痛的情況下，在八月十四日與蘇俄外長莫洛托夫（Vyacheslav Molotov）簽訂了「中蘇友好同盟條約」，中國承認外蒙「獨立」，中東、南滿鐵路由中蘇共管三十年，大連、旅順港口由中蘇共用三十年。蘇方「保證」給予國民政府以道義上及實質上之援助，承認中國在東三省之主權，並限期撤退其軍隊等。事實上，蘇俄並不遵約限期撤退軍隊，且支持中共擴大內戰，造成中華民國政府被逐出大陸的局面❽。

三、抗戰的歷史意義與檢討

中國經過八年之艱苦抗戰，終能獲取勝利，實非容易，亦非僥倖。其間可得而言者，依抗戰時期的參謀總長何應欽將軍的陳述，約有數端：

自「九一八」事變日軍佔我東北四省以後，其侵併中國、征服世界之野心，暴露無遺。其後五年，日本軍閥對我之壓迫，無所不用其極！惟我國財力薄弱，工業落後，一切國防建設，雖已著手進行，大

---

❽ 同前注，頁五六〇～五六三。

部尙未完成，政府乃不得不忍辱負重，委曲求全，一面愈益加緊整理軍隊，充實國防設施，作應戰之準備。至盧溝橋事變發生，乃振奮哀兵，以百折不撓之精神，與敵周旋。

自盧溝橋事變以至武漢會戰，日人初以估計我國國力過低，使用不充分之兵力，企圖速戰速決；繼已知我之不可輕侮，而又犯逐次增加兵力之忌，且其軍部計劃不良，不能與其政略相配合，圖逞一時之威，輕率開闢戰場，以致兵力分散，失卻戰機。我則在最高統帥精密籌劃之下，首先決定持久抵抗之方針，策定以空間換取時間之戰略，使敵愈益深入，愈益困難，終於陷入泥淖而不能自拔。我遂利用時間，整理部隊，恢復戰力，以備不斷之會戰。

二十九年（一九四〇）夏，歐戰劇變，法降英退，日本脅迫英、法封閉緬、越對我西南之交通，並進兵越南，使我作戰物資之內運與物資出口，完全斷絕。自此以後，我國財政日益困難，通貨日增，物價日漲，官兵生活，日益艱苦；一切軍需補給，亦因物資缺乏，交通不便，不能充裕籌給。自此時以迄三十三年（一九四四）秋，實爲我抗戰最艱苦之階段。

太平洋戰爭爆發後，我國由獨力作戰，變爲與英美併肩作戰，在政略上固收宏效，但軍事上所遭遇之困難，並未減輕。蓋英美之基本戰略，先歐後亞，直至三十四年春季以後，對我軍用物資運濟，始略有增加，其值共約合五億美元。較之供應盟邦共值二百億美元之數，所佔極微。但對中國抗戰末期之幫助，不無貢獻。

中國這次抗戰，軍民犧牲之大，財產損失之鉅，爲空前所未有。其經過之艱難與危機，事後思之，猶有餘悸。然卒能轉危爲安，轉弱爲強，獲致最後勝利者，實賴蔣委員長認識之明確，決心之堅定；尤足稱道者，爲統帥權之專一，使陸海空軍運用自如，政略戰略配合一

致；同時我全軍將士之忠勇效命，全國同胞之一致努力，其功績亦足與抗戰史冊同垂不朽[98]。

中國抗戰八年，也考驗了中華民族的精神與耐力。中國由獨力作戰四年半，而至與美、英併肩作戰，不僅使中國從此廢除了不平等條約，而且與諸國籌劃恢復戰後世界秩序，以促進世界的和平與安全。中國在抗戰結束後，在聯合國中與美、英、蘇、法並列爲五強，不是偶然的事。就中國所獲的實際利益而論，除廢除不平等條約以外，東北及臺澎的重歸我國版圖，歷史的意義尤爲重大。但抗戰也發生了不利的影響，即對中國經濟造成了嚴重的破壞，使戰後的通貨膨脹一發而不可收拾；同時，中共軍的擴張行動，演至戰後的國共戰爭，破壞了國家的統一。追源禍首，侵華的日本軍閥，固不能辭其咎[99]，但國人亦應知所警惕。

此外，中國對日抗戰，基本上是一種莊嚴的反侵略戰爭，也促起亞洲各國民族獨立運動的興起。如朝鮮、越南、緬甸、印度、印尼等國民族獨立運動，都曾受到中國對日抗戰的鼓舞和影響。日本投降後，亞洲各國如韓國(朝鮮)、菲律賓、印尼、印度、緬甸、新加坡、馬來西亞等，都先後獲得獨立，成爲民主自由的國家。

---

[98] 何應欽《八年抗戰》，頁三七三～三七六。
[99] 張玉法《中國現代史》，頁六六七～六六八。

第二節　蔣中正與抗日戰爭

壹、前言

　　中國對日八年抗戰(民國二十六年七月至三十四年八月)，直接的起因爲二十年（一九三一）的「九一八」事變。日本軍閥選擇最不利於中國的情況下，發動此一事變，造成中國方面的所謂「不抵抗主義」❶。到了二十一年（一九三二）上海「一二八」戰役和二十二年（一九三三)的長城戰役，中國則採取了短期而局部的抵抗。二十六年(一九三七) 七月盧溝橋事變後，採取了全面抗戰，而至二十七年（一九三八）武漢會戰後的長期抗戰。三十年（一九四一）十二月太平洋戰爭爆發，以至三十四年（一九四五）八月日本之敗降，中國之抗戰，取得最後的勝利。其間演變之過程，如就國民政府自「九一八」事變而至太平洋戰爭之爆發，使日本侵略者受到國際間反侵略的制裁，以至日本的敗降。中國在此情勢的演變中，顯然有與其一套政略❷。而負責其籌劃與運用的,則爲當時國民政府軍事委員會委員長蔣中正氏。

---

❶　「不抵抗主義」初見於東北邊防軍司令長官張學良於民國二十年九月十九日〈爲日軍侵入東三省之通電〉。電文云:「我軍抱不抵抗主義，毫無反應」。又同月二十四日致南京中央電文云:「爲免除事件擴大起見，絕對抱不抵抗主義」。兩電均見《革命文獻》，三十四輯，頁八九一及八九七（黨史會編印)。按此一名詞有欠恰當，尤不能稱之爲「主義」也。

❷　據國民黨方面一項文件解釋，所謂政略，是以政治力量，達到某種政治目的之方策。例如國內政治力量的團結、國際力量的爭取、全國人民的動員等等。倘運用適當，對於戰爭，直接間接都有很好的影響。見《抗戰方略述要》，頁二。中國國民黨中央訓練委員會編印，民國二十九年三月，《訓練叢書》之八，封面列爲「機密」。

中國抗日戰爭之能取得最後勝利，通常皆認爲是由於中國之實施持久戰略的成功。而此戰略，實與抗戰之政略有密切的關係。其間關係，蔣氏曾經指出：

> 講到策略上的運用，有所謂政略 (即國策) 和戰略兩種。就通常理論言，戰略一定要隨著政略爲轉移；戰略必須與政略一致，始可得到最後勝利❸。

又云：

> 兩國戰爭，最後勝敗關鍵，即在戰略與政略，如果戰略與政略失敗，無論戰術與武器如何優良，最後仍要失敗❹。

蔣中正對日抗戰之政略與戰略，可從內政、軍事、外交三方面來看，在內政方面，則爲安內攘外做好抗戰的準備；軍事方面，則爲持久抵抗，以空間換取時間；外交方面，則爲爭取友邦，以促成國際反侵略陣線之結合。三者共同目標，則爲爭取最後之勝利。惟在進行過程中，常因內外情況之變化，而須採取因應之措施，但其基本方針，仍在堅持其既定之政略與戰略。本文主旨，則就蔣之主持對日抗戰的過程中，在內政、軍事、外交等方面的籌劃與運用，以及當內外情況

---

❸　蔣中正〈論「政略」與「戰略」之運用〉，民國二十四年十二月十二日。見秦孝儀主編《總統蔣公思想言論總集》(以下簡稱《總集》)，卷一三，頁五五九。黨史會出版，民國七十三年。

❹　蔣中正〈抗戰檢討與必勝要訣〉(上)，民國二十七年一月十一日。《總集》，卷一五，頁九～一○。

有所變化時，所表現的「處變不驚」的精神，終能克服難關，完成既定的政略。

貳、安內攘外做好抗戰準備

「九一八」事變前，中國內部變亂迭起，適以長江流域發生大水災。日本軍閥趁我人禍天災之際，發動事變。身當其衝者，中央方面，則為蔣中正。蔣氏時任國民政府主席、中華民國陸海空軍總司令，並兼行政院長。地方當局，則為張學良，張氏時任東北邊防軍司令長官、中華民國陸海空軍副司令，坐鎮北平，握有東北及華北軍政大權。時廣東方面，為了立法院長胡漢民去職風波事，在廣州另立「國民政府」，與南京方面相對抗。「九一八」事變發生後，對日應付方針，不僅寧粵對立，即北平與南京之間，亦未能完全一致。事變發生時，蔣中正駐節南昌，指揮剿共軍事，聞變即回南京，商討對日方略，一面向國際聯盟及非戰公約諸國提出申訴，以求公斷；一面團結國內，共赴國難，決定忍耐至相當程度時，乃出以最後自衛之行動❺。其後則以國聯兩度決議促日撤兵，日本置之不理，且在東北擴大軍事侵略行動。蔣氏一度決定北上實行抵抗，以北平方面之諸多顧慮，而未能成行❻。復以當時國內民情沸騰，社會秩序失控，對日任何政策，都無法進行了，蔣氏則於二十年十二月中下野離開南京❼。然其處理事變，仍有一定

---

❺ 〈蔣主席召集會議決定對日方略紀事〉，民國二十年九月二十一日。見《中華民國重要史料初編──對日抗戰時期──緒編一》，頁二八一。黨史會出版，民國七十年。以下簡稱《緒編一》。

❻ 〈顧維鈞致張學良密電稿〉，一九三一年十一月二十三日及二十七日。見《民國檔案》，一九八五年第二期。《九一八事變後顧維鈞等致張學良密電選（下）》，中國第二歷史檔案館主辦，南京。

❼ 顧維鈞《回憶錄》，頁四二九。蒲公英出版社，民國七十五年，臺北。

之方針，即一面堅持不屈服，不訂損失領土國權之約，並盡力抵抗自衛；一面則訴之國聯，請其根據國聯盟約爲公道正義之處置，以保障世界之和平❽。此一方針，實即後來對日抗戰之軍事與外交政略之張本。

　　國民政府改組，孫科任行政院長，負實際政治責任，試圖對日直接交涉，仍無效果。二十一年一月，上海發生「一二八」戰役，政府再度改組，汪精衛任行政院長，行一面抵抗，一面交涉之策。蔣中正回到政府，任軍事委員會常務委員，負抵抗之責，指揮上海戰役。對日軍之侵略，採取堅決的抵抗行動，並予日軍以嚴重的打擊。終於在國際調解下，達成淞滬停戰協定，日軍由滬撤退。此對東北問題雖未能解決，但對中國在國際外交的活動，以及後來抵抗日本侵略的信心，大有增進。最重要的，則是經過此一戰役，產生了安內攘外的政策，對以後抗戰的準備，做到極爲良好的效果。

　　就國際外交方面而言，抵抗與不抵抗之間，實有極大之差異。「一二八」戰役前，各國對於中國雖勉說公道話，但卻很冷淡。最大原因，是中國自己本身不作抵抗之故，自「一二八」戰役後，世界輿論，即時改變，各國對華態度，亦好於以往❾。因爲專賴外交，而不決定自助方法，則其收效必微。「九一八」事變，我雖竭力呼籲，而國際上影響極少。迨「一二八」戰役，我軍奮勇抵抗，世界目光始爲之轉移；國際輿論，亦因改變，外交方面乃有活動之可能。此固由於日軍侵略上海與列強權利不能相容；而守土軍隊不畏強敵，盡力抵禦，有以致

❽　蔣中正〈東北問題與對日方針〉，民國二十一年一月十一日。《緒編一》，頁三一九。

❾　汪精衛〈悲壯抗敵以求民族生存〉，民國二十一年二月十九日。《革命文獻》，三十六輯，頁一五八〇。

之⑩。

　　就抗日信心而言，「一二八」戰役的結果，日本軍備之謎，亦爲中國之抵抗所揭破。蓋日本自明治維新以來，經過甲午中日戰爭、日俄戰爭，以及第一次世界大戰，均無往不利，成爲世界列強之一，且爲亞洲唯一強國。各國對其蠻橫，多所畏懼。迨「一二八」戰役，中國僅以第十九路軍及第五軍倉卒應戰，而日方海陸空軍一齊出動，數度增援，人數超過中國軍隊，激戰月餘，無所進展，最後尚是中國軍隊自動後撤。說明日軍攻擊力量，仍有限度，此對中國抵抗的信心，大爲增進⑪。

　　經過「一二八」戰役，中國亦深悟本身之諸多缺點必須加以克服，始能有效繼續抗抵日軍的挑戰。其中最重要的，則是地方軍人割據的狀態，必須打破。例如在「一二八」戰役發生時，國民政府軍事委員會曾就全國軍事範圍，大致就華北、華中、華東、華南、華西劃分爲第一、二、三、四及預備等五個防衛區，以備相互支援，對日進行抵抗。除華東區（淞滬）實際對日作戰外，其他各區均未能膺命赴援。最大原因，則爲多數地區軍人的抗命，其次則爲長江交通被日本軍艦的監視，以及江西中共紅軍的牽制。故淞滬戰役中僅有第十九路軍及第五軍的孤軍奮戰。終因日軍之增援，而後撤停戰。因此，淞滬戰役甫經停止，國民黨中央全會即於二十一年三月四日的會議中決定軍事與外交方針。在軍事上，切實施行軍事委員會所定全國防衛計劃；在外交上，根據國際聯盟公約、華盛頓九國公約、凱洛格非戰公約，要

---

⑩　伍朝樞、陳公博等〈向國民黨四屆三中全會抗日提案〉，民國二十一年十二月二十二日（黨史會藏檔）。

⑪　吳鐵城《抗戰言論集》，頁二五～二七。民國二十六年九月，廣州出版。按吳在「一二八」戰役時任上海市長。

求簽約各國，干涉日本之侵略行動⑫。這項軍事與外交方針，是根據淞滬戰役經驗所定下的安內攘外之策。在戰略運用上，軍事與外交相配合，以外交掩護軍事，以剿共掃除軍事之障礙。更以建設充實國力⑬。

　　爲推動前項軍事方針，南京中央於三月六日推選蔣中正爲軍事委員會委員長。

　　安內攘外政策之實施，分治標與治本兩大途徑。以剿共治標，以建設治本。以準備對日抗戰爲目標。此項工作，尤其自二十二年長城戰役以後，更爲加緊與積極。其在治標方面，即對江西地區之共軍，進行最後一次（第五次）的圍剿。到了二十三年十月，這次圍剿工作，大致成功。共軍自江西突圍西竄，越過贛、粵、湘、桂等省的邊境，而於二十四年經貴州、雲南、四川等省，竄往西北陝、甘地區。政府軍隊隨後追剿或攔截，亦進入西南及西北各省。其對安內攘外工作獲致以下幾項顯著的效果：(1)政府軍爲追剿共軍，所到之處如貴州、雲南、四川等省，亦即中央政府的勢力到達之地，打破了這些地區多年來割據的狀態，使兩年後的對日抗戰，有了鞏固的大後方。(2)江西地區共軍的肅清，使得長江中下游以南地區的交通系統得以興建完成，此對國防及後來抗戰的運輸，有極大之便利。故二十六年的淞滬戰役，不再有「一二八」戰役時交通之障礙與共軍在後方的牽制，此不僅促進西南地區的開發，亦使中央與地方的關係，臻於密切。(3)蔣中正在剿共工作中，調集各省軍政人員先後在江西廬山及四川峨嵋接受訓練，

---

⑫　〈中國國民黨四屆二中全會之施政方針報告〉，民國二十一年三月四日，洛陽。《革命文獻》，三十六輯，頁一五八四。

⑬　汪精衛〈兩年來關於救亡圖存之工作〉，民國二十三年一月二十三日（黨史會藏檔）。

此對統一中國及準備抗戰均有積極的功效❹。依蔣氏在二十六年十一月間的自述，他於二十四年剿共入川之時，乃定下對日抗戰的根本計劃。他說：

> 自從「九一八」經過「一二八」以至於長城戰役，中正苦心焦慮，都不能定出一個妥當的方案來執行抗日之戰。關於如何使國家轉敗爲勝轉危爲安，我個人總想不出一個比較可行的辦法。祇有忍辱待時，鞏固後方，埋頭苦幹。但後來終於定下了抗日戰爭的根本計劃。這個根本計劃什麼時候才定下來的呢？我今天明白告訴各位，就是決定於二十四年入川剿共之時。到川以後，我才覺得我們抗日之戰，一定有辦法。因爲對外作戰，首先要有後方根據地。如果沒有像四川那樣地大物博人力衆廣的區域作基礎，那我們對抗暴日，祇能如「一二八」時候將中樞退至洛陽爲止。而政府所在地，仍不能算安全。所以自民國二十一年至二十四年入川剿共之前爲止，那時候是絕無對日抗戰的把握。一切誹謗，祇好暫時忍受，決不能漫無計劃的將國家犧牲。眞正爲國家負責者，斷不應該如此。到了二十四年進入四川，這才找到了眞正可以持久抗戰的後方❺。

就安內攘外之治本方面來看，國民政府自二十三年長江下游剿共之戰告一段落後，對於國防建設的推進，悉力以赴。在軍事、財政、

---

❹ 蔣永敬〈對日抗戰之政略〉，頁三。民國七十六年「紀念抗戰建國五十年學術研究會」論文。
❺ 蔣中正〈國府遷渝與抗戰前途〉，民國二十六年十一月十九日。《總集》，卷一四，頁六五三。

經濟、交通、教育、學術等方面，都有相當的成就。在軍事方面，聘用大批德籍顧問，致力於陸軍的現代化；財政方面，改革幣制，實行法幣政策；經濟方面，進行農、工、商業的改進與增產；交通方面，公、鐵路、航空的發展，尤為快速；教育與學術方面，此時期的進步，可稱為是民國以來的黃金時代❶。

　　以建設作為安內攘外之治本，對於準備抗戰的關係。蔣中正在其所著《中國之命運》中曾指出：日本大陸政策之野心，既昭然若揭，其武裝侵略中國之行動，隨時可至。中國實無從容建設國防之時機。於是國民政府不得不以社會、交通、經濟等各種建設工作的方式，來掩護其軍事抵抗侵略的準備。在此期間，國民政府在忍氣吞聲、戰慄危懼、朝不保夕的險惡環境下，猶能促進國民經濟，使消費品進口逐漸降低，而機械工具進口逐漸增加，足以考見國內農工礦業進步的事實。而最顯著的成績，尤在交通與財政政策。使抗戰在軍事與經濟方面能立於不敗之地者，實賴於此❶。此外，蔣氏所倡導的新生活運動，其對抗戰的貢獻，可與軍事、財政建設的影響，同為重要。在抗戰發生後，日本首相阿部信行曾經指出：戰前中國有三件不可輕視的大事，那就是整理財政、建設軍事和新生活運動❶。

　　蔣氏在安內攘外的成就及其對準備抗戰的關係，史家亦有論述：

　　　　九一八事變後，蔣的安內政策，在先求國民黨自身的一致。他
　　　　之辭職，主要原因為促成廣州、南京的團結。一九三二年二月，

---

❶　郭廷以《近代中國史綱》，頁六六七～六七〇。一九七九，香港中文大學出版。
❶　蔣中正《中國之命運》，民國三十二年。《總集》，卷四，頁五九～六〇。
❶　李雲漢《中國近代史》，頁五〇九。臺北，民國七十四年，三民書局。

所擬訂的對日作戰全盤計劃，特別重視大後方的經營。鄂、豫、皖剿共軍事結束，即命他的基本部隊胡宗南師移駐甘肅，趕築公路，準備於開戰（對日）時將中央政府遷往西北。第五次圍剿勝利完成，一九三五年十月，整飭行政，推進建設，旋去成都，設行營於重慶，督導西南軍政，中央的權力遂及於西南三省。此為近二十年來未有之事。改定四川為將來抗日根據地[19]。

叁、持久抵抗以空間換取時間

　　持久抵抗，通稱持久戰略，或持久消耗戰略。這是利用我國優勢的人力與廣大的國土，而採取的抗日戰略。一面消耗敵人，一面培養國力，俟機轉移攻勢，擊破敵人，爭取最後勝利[20]。這種戰略，亦為針對日軍的速戰速決的戰略而來。因為日本的軍備雖然優越，但其國土不廣，資源不豐，人口不多，兵源補充不易；且為避免國際干涉，祇有速戰速決，才能適其國情。我國條件與其相反，唯有實行持久抗戰，逐次逐步的抵抗，去其優勢，爭取敵我力量的平衡，以空間換取時間[21]。蔣氏以為：日本侵略中國的最大弱點，即為時間問題。以過去事實來看，日本之發動「九一八」事變，是自日俄戰爭（一九〇四～一九〇五）以後即作佔領我東北的準備，為時將近三十年；但佔據東北後，並未能穩固其統治。如再進佔我內蒙及華北，至少亦須二十

---

[19]　郭廷以《近代中國史綱》，頁六六五。引文之「一九三二年」及「一九三五年」係原文「一九三一年」及「一九三四年」之改正。

[20]　何應欽《八年抗戰》，亦稱《日軍侵華八年抗戰史》，頁一三。國防部史政編譯局，民國七十一年。

[21]　徐永昌〈四年來敵我戰略戰術的總檢討〉。見《中國近代史論》，第一輯，冊九，頁一三三～一三四。民國四十五年，正中書局。

年或十年；何況當地民衆反抗的勢力和民族觀念，日趨強烈；且華北
各地與列強的歷史和利害關係，遠較東北爲複雜。在此長久的時間和
複雜的關係下，中國之有效的抵抗方法，即爲持久戰略❷。

　　日本爲積極推行其大陸政策，自「九一八」事變後，即不斷對我
內蒙與華北進迫。其方式，不外脅迫與誘服，企圖不戰而屈中國，以
達其侵略目的。例如二十四年（一九三五）十月，日外相廣田弘毅與
其軍方相互爲用，提出所謂「三原則」，來要中國接受。所謂「三原則」，
就是中日親善、共同防共、經濟合作。依蔣氏的解釋，所謂中日親善，
即是日本要在政治上合併中國；經濟合作，即是日本在經濟上獨佔中
國；共同防共，即是日本要以中國東北爲據點，蠶食中國領土，挾持
中國政府，與歐洲軸心諸國互相策應，來夾攻蘇俄❸。蔣氏深知廣田
「三原則」是其大陸政策的既定步驟，故始終堅決拒絕。其時適值四
川剿共已近尾聲，國民政府在滇、黔、川三省的權威已經樹立，決定
對日強硬，準備一戰，使其知難而退❹。

　　日本之不戰而屈的企圖，既難得逞，乃又施行武力脅迫。故有二
十六年（一九三七）七月七日盧溝橋事件的發生。企圖在「地方事件」
的名義下，以迅速敏捷的方法，截斷平漢路，佔領平津，劃永定河東
北爲其後方基地，北進攻取蘇俄西伯利亞❺。故其佔領平津後，即謀
與中國停戰，並要全盤調整中日邦交。其停戰條件，是要劃永定河爲
界；其調整邦交的要點是要中國承認「滿洲國」；中日訂立防共協定，

---

❷　蔣中正〈抵禦外侮與復興民族〉（中），民國二十三年七月二十日。《總集》，
　　卷一二，頁三三○～三三一。
❸　《中國之命運》。《總集》，卷四，頁六七。
❹　郭廷以《近代中國史綱》，頁六五七。
❺　同❸，頁六七～六八。

中國減低特定關稅，經濟提攜等。日方的要求，也是其多年來的企圖，中國一直是嚴詞拒絕的。如今佔領平津後竟想用這些條件來調整邦交，真是太輕侮中國了❷。

為打破日方之戰略計劃，蔣氏在八月七日的國防會議中，決定全面抗戰，採取持久消耗戰略❷。此項抗戰初期的戰略，在華北、華東兩戰場同時進行。目的為力保要地，消耗疲憊敵人，粉碎敵人速戰速決之企圖。在北戰場方面，於平綏、平漢、津浦沿線各要點，重疊配備，多線設防，逐次抵抗；東戰場方面，為我軍主力所在❷。則以八至十一月間的上海淞滬戰役為最激烈。

其時日本誇稱以十五個師團兵力，要在三個月內擊敗中國。但開戰以後，逐次增兵，半年已過，已增至二十個師團的兵力，戰事仍無結束的可能。經過三個月的激戰，上海雖告失陷，國民政府決遷都重慶，以示長期抗戰之決心。當國民政府宣佈遷都前夕，蔣氏特在國防最高委員會議中說明其持久抵抗的計劃。認為以四川為基地，敵如入川，至少三年。但在二、三年以後，敵即難維持下去❷。

隨著中國軍隊的後撤，戰場由華北、華東而移向華中和華南。到了二十七年（一九三八）底，中經上海、忻口、徐州而至武漢會戰。日軍雖然佔據了廣州和武漢等地，但戰爭的結束，更趨杳茫。依蔣氏的決心，祇要中國抗戰一天不停，日方就欲罷不能，而要跟著我方作

---

❷ 吳相湘《第二次中日戰爭史》，上冊，頁三七九。民國六十二年，綜合月刊出版社。

❷ 同前注，頁三八三。

❷ 何應欽《八年抗戰》，頁一三。

❷ 蔣中正〈國府遷渝與抗戰前途〉，民國二十六年十一月十九日。《總集》，卷一四，頁六五四～六五五。

被動的冒險；冒險前進，即是走向失敗的途徑⑳！

　　武漢會戰以後，戰局已演變爲長期化。日方政略亦隨著戰局而被動的一變再變，由「地方事件」而變爲「不擴大方針」；再變爲「長期作戰」；致其傳統的北進蠶食政策，亦走向南進的鯨吞政策。尤其自二十八年（一九三九）二月日軍佔據海南島後，其南進動向更加顯著。蔣氏當時即曾發出警告：這是太平洋上的「九一八」㉛！也是他大陸政策失敗的焦點㉜。

　　持久抵抗的效果，隨著戰爭的延長益趨顯著。根據從抗戰的第一年到第五年的檢討，就日方逐年使用兵力情形，以及歷次會戰經過時日、時間間隔、躍進距離等因素，來作比較，可以看出持久抵抗的效果情形如下：

　　⑴就日方逐年使用兵力的情形來看，其作戰兵力是在逐年不斷的增加，由第一年（一九三七）的二十個師團增至第五年（一九四一）的三十七個師團。此種現象，足以證明我軍的抵抗力逐年增強，而敵愈陷愈深。

　　⑵就歷次會戰經過時日來看，抗戰第一、二年每次會戰平均時日爲九十二天，第三、四年則爲三十七天，第五年更短。這是由於戰場擴散，敵之兵力疲憊，以致會戰時日遞減。

　　⑶就會戰時間間隔來看，前兩年每次會戰平均間隔爲六十天，後兩年則爲一七三天。這是由於初期日方可利用其固有之準備，緊密進行攻勢；後兩年非有半年以上的準備，即難集中多數兵力作大規模的

⑳　同前注，頁六五七。
㉛　蔣中正〈太平洋上的「九一八」〉，民國二十八年二月十一日。《總集》，卷三八，頁一一九。
㉜　《中國之命運》。《總集》，卷四，頁六九。

進攻。

　　⑷就會戰躍進距離來看，前兩年每次會戰平均躍距三二〇公里，以後僅爲九十公里。這是由於前兩年之地形及交通便利，故其進展至速。後來進入山地及湖沼地帶作戰，進展速度及衝力大減；且遭我軍反攻，多退回原線❸。

　　開戰以來，敵方則不斷增兵，企求速戰速決。我方則持久抵抗，戰而不決，疲憊其師，挫其士氣，悠悠五年，終至演變爲太平洋戰爭。日軍潰敗的命運，可謂注定。這正是持久抗戰在政略和戰略上所獲致的效果。正如蔣氏所云：「我國抗戰五年以來，已獲餘裕時間，消耗敵人，增強我軍戰力，進而與盟邦並肩作戰，化內線爲外線，在戰略及政略上，已收莫大之效果」❹。

肆、結合友邦促進國際反侵略陣線

　　中國對日抗戰之實施持久戰略另一重要目的，即爲促進國際形勢之轉變，以結合友邦，爭取外援，進而造成國際反侵略陣線，共同來制裁日本之侵略行動。因日本軍閥爲貫徹其佔領滿蒙混一東亞政策，不惜在國際上公然樹敵，此種情況，自「九一八」事變以來，造成其對中國一發難收的形勢，一面拒絕友邦的勸告，一面排斥國聯的決議，進而退出國聯。此在日本而言，則以爲本其獨自的立場，不受國際的約束；實際則得到孤立的結果❸。當時日本外相幣原喜重郎對其軍閥冒險行動曾有警告，謂「佔領滿洲，無異吞一炸彈。」蔣氏在「九一八」

---

❸　蔣中正〈抗戰形勢之綜合檢討〉，民國三十一年八月二十二日。《總集》，卷一九，頁二〇二～二〇四。

❹　同前注，頁二〇八。

❸　蔣中正〈敵乎？友乎？〉，民國二十三年秋。《總集》，卷四，頁一五九。

事變後不久亦曾聲言:「以東三省來做日本的炸彈,來收回東三省失地。進一步使日本爲東三省而亡」❸。

日本軍閥侵略中國所引起的問題, 並非單純的中日之間的問題,乃是整個東亞的問題, 亦即所謂太平洋問題。此種錯綜複雜的關係,蔣氏在抗戰前曾就「東亞大勢」分析如下:

> 當前世界有兩大勢力爭逐於東亞, 一爲利益均沾之均勢主義,以英、美爲代表;一爲利益獨佔之獨霸主義, 以日、俄爲代表。此兩種勢力, 正在縱橫捭闔急劇鬥爭之中。各國之利害關係及將來演變之趨勢, 要看日本在東亞擴張的步驟而定。蓋日本之國策有二:一曰北守南進之海洋政策;一曰南守北進之大陸政策。其最終目的, 皆在獨霸東亞。然以進展之方向不同, 在國際間的利害衝突亦異。如北守南進, 必與英、美發生正面之衝突;南守北進, 必與蘇俄發生不可避免的強烈鬥爭❸。

> 日本無論是南進或北進, 都須先解決中國問題, 以消除其背面或側面的顧慮。其解決的方式, 一以強力來控制, 使之無能爲患;一以協調和睦相處。但依日本一貫行動來看, 後者並無可能。日本如以強力控制中國, 亦有其絕大的危險性。如從海上控制, 須以海軍封鎖中國沿海, 此實與世界各國爲敵;如從陸上控制, 除製造「滿洲國」外, 或將製造「華北國」或「蒙古

<hr/>

❸ 蔣中正〈對「對日問題專門委員會報告」補充說明〉,民國二十年十一月二日。《緒編一》,頁三〇七。
❸ 蔣中正〈東亞大勢與中國復興之道〉,民國二十三年三月五日。《總集》,卷一二, 頁九五～九六。

國」，勢須動員大量陸軍，與中國正式作戰。此在戰略上將拋棄
其對美、對俄的主戰場，而將軍隊陷於對華的支戰場。如此下
策，實自取敗亡[38]。

因此，中日戰爭一旦展開，勢必牽動國際形勢的轉變。如中國運
用得當，必可增加極大之助力。於是如何促使遠東或太平洋有關係各
國，負起國際條約的義務，制止日本的侵略行動，同時能對中國提供
援助，實爲中國外交努力的目標。在「九一八」事變後，中國所制定
的外交方針，即爲「竭力從外交方面活動，以防制日本侵略之擴大，
如國際聯盟、非戰公約各國，及太平洋會議各國，均以正義及利害說
之」[39]。又上海「一二八」戰役後中央所制定之外交方針爲：「根據國
際聯盟公約、華盛頓九國公約、凱洛格非戰公約，要求簽約各國，干
涉日本之侵略行動」[40]。上項方針，一直是中國抵抗日本侵略堅定不
移的外交政策。其眞實的意義，蔣中正在其〈外交趨勢與抗戰前途〉
的報告中說明如下：

> 我外交方針的憑藉，一是九國公約，一是國聯盟約。兩者亦爲
> 我外交上的武器，有此武器，我之抗戰，乃能正大光明，更多
> 一種保障。我們極力擁護此兩條約，正爲保存我們的力量。
> 我們對此兩約作爲外交武器來使用，自「九一八」事變以來我
> 之外交路線，即在國聯；但使國聯盟約發生效力，一定要有九

---

[38] 同[35]，頁一四一～一四三。

[39] 中國國民黨中央執行委員會致中央政治會議函及抄附議案，民國二十年十
二月二十九日（黨史會藏檔）。

[40] 見[12]。

國公約。兩者聯合運用，我之外交計劃始能完成。

如何促成兩約之聯合使用？必須持久抗戰。敵人佔地愈多，我之抗戰愈久，自會促進兩約的聯合使用。國際形勢一定依著我們抗戰與否而轉變。促進英、美一致，俄、美一致，是我們外交上重要的目標。美、俄現在雖然尚無一致行動的表現；但是英、美並行行動則已逐漸明朗，蘇俄定會跟著進來。事實上，要解決日本問題，英、美不能不找到蘇俄。所以俄、美一致行動，也必會出現㊶。

上述信念，蔣氏早在抗戰之始即曾表示：侵略國家的對面，一定會產生一個英、美、法、蘇的反侵略聯合陣線出來。我英勇抗戰，定可改造國際形勢。如我繼續努力抗戰下去，定可達到各國在遠東敵視日本、包圍日本的目的，使日本陷於絕對的孤立㊷。民國三十年（一九四一）二月，蔣氏與美總統特使居里（Laughlin Curie）晤談時更明確的表示：「中、英、美、蘇四國之密切合作，為余一貫之主張。倘四國聯合抗日，擁護九國公約之政策能貫徹到底，則太平洋之永久和平從而樹不拔之基矣」㊸。

為求國聯盟約與九國公約的聯合使用，以促成中、美、英（法）、蘇之聯合，自盧溝橋事件起，中國即以戰略之轉移，不使日方單純以

㊶　蔣中正〈外交趨勢與抗戰前途〉，民國二十八年一月二十八日。國民黨五屆五中全會速紀錄。（黨史會藏檔）。此文《總集》未收。

㊷　同㉙。《總集》，卷一四，頁六五六。

㊸　蔣中正〈接見居里談話紀錄〉，民國三十年二月十日。《中華民國重要史料初編——對日抗戰時期》第三編，戰時外交㈠，頁五四九。黨史會編印，民國七十年。以下簡稱《戰時外交》。

中國為其作戰之對象，乃誘敵於東戰場，乃有「八一三」上海之會戰。因上海為一國際都市，中外商務利益廣泛，開戰之初，中國深盼利害關係各國，盡力維持該地和平。乃日方飛機在長江中下游及華南各大都市肆意轟炸，危及各國在華之利益，故英、美、法、德、蘇各國曾提出警告與抗議；歐美輿論對日暴行，亦多譴責。日仍悍然不顧。在國際輿論的共憤下，中國復向國聯申訴，控其暴行，並說明日本以武力侵略中國，非特侵犯中國之領土與主權，且足擾亂國際和平，危及國聯全體之局勢。深望國聯依據盟約解決糾紛；日若拒絕，則可依約給予經濟制裁或其他積極有效的辦法。國聯依據中國的申訴，曾一致決議對日嚴加譴責❹。惟對中國要求對日制裁問題，則為各國所勸阻。乃以邀請美國在比利時京城開九國公約國會議為塞責。當時國聯之「柱石」英、法兩國曾對中國明白表示：不願對日經濟制裁，理由是對歐洲局勢有所顧慮❺。比京九國公約國會議對日不惜委曲求全，要其參加會議，但日仍然拒絕。終未能採取切實有效辦法❻。

國聯與九國公約國會議之軟弱無能，實與英、美、法、蘇等幾個國家的態度有關。就英國言，對日本之宣告封鎖中國海岸及日機之肆意轟炸，雖明知其危及他在遠東的利益，然以本身軍備未充、歐局緊張為詞，故擬竭力拉攏美國，希望造成英、美對遠東合作的局面。就美國言，雖因日方一連串的刺激，美政府主張與英、法等國採取並行行動，但其民意欲避免捲入戰爭漩渦之勢力，甚為雄厚。故所謂英、

---

❹　〈中國國民黨臨全會有關當時外交情勢的報告〉，民國二十七年三月八日。《中日外交史料叢編㈣──盧溝橋事變前後的中日外交關係》，頁五～六。中華民國外交問題研究會編印，民國五十五年。

❺　汪精衛〈最近外交方針〉，民國二十七年九月二十日（黨史會藏原稿）。

❻　同❹，頁七。

美間之合作及並行行動，尚難有所表現。惟美對開放門戶及不承認原則，則甚堅持。就法國言，對中日問題，雖甚關切，然其實力不足以維護其遠東利益。故除與英、美、蘇合作外，不願自動有任何積極主張。就蘇俄言，中國受日本之武力侵略，各國中關係最密切者，當推蘇俄。故滬戰初起，即有中蘇不侵略條約之簽訂。自此對我有物質上的接濟，在國際上亦較主張公道。惟不願與日本直接衝突，故無意對我作實力之援助。但如英、美、法等國採取任何有效的聯合動作時，蘇俄亦必可參加。故就一般國際趨勢而言，除德、意因持侵略政策對我不利外，其他各國對中國之浴血抗戰，多寄予高度之同情；而國際現狀維持派如英、美、法、蘇等國，對我亦示好意。但如進一步的對日制裁，我在軍事上尚須自力繼續抵抗，在外交上仍須促使有關各國實行國聯及九國公約國會議之決議[47]。

　　國際姑息主義的瀰漫，適足以鼓勵日本軍閥作更大之冒險。是以隨著戰事的擴大與持久，日本的政略也在不斷的轉變，由所謂北進的大陸政策，逐步改向南進的海洋政策。一九三九年九月，歐戰發生時，日方尚聲稱「不介入歐戰」；但當一九四〇年五、六月間，德在歐洲勝利，日本趁機進兵越南。九月，又簽訂德、意、日三國盟約。次年（一九四一）四月，成立日蘇中立協定。六月，蘇德戰事爆發。日本至是完全放棄南守北進政策，決然施行先南後北的戰略。遂於十二月八日，走向太平洋戰爭之路。至是我國抗戰與世界上反侵略戰事乃匯合為同一洪流。這是我國自抗戰以來，經過四年半的奮鬥，全國軍民犧牲的結果。我國抗戰政略之成功，可謂到達頂點[48]。

[47]　同[44]，頁一〇～一三。

[48]　蔣中正〈本黨抗戰之成就與幹部同志革命建國之要道〉，民國三十年十二月二十三日。《總集》，卷一八，頁四六〇。

伍、處變不驚由危機而轉機

　　蔣中正持久戰略的目的之一，在使中日之間的戰爭，轉變爲太平洋國際戰爭，造成國際反侵略陣線，其間轉變過程，雖在蔣氏的預定計劃之中，但時因客觀情況的變化，也往往出現驚險的局面和嚴重的挑戰。其中最顯著的一幕，則爲二十九年（一九四〇）下半年，中國抗戰形勢面臨嚴重的危機，在蔣氏處變不驚及其愼謀能斷的情況下，使危機走向轉機。

　　這年六月，德在歐洲戰勝，法國投降，英軍退守英倫，其他一些國家相繼被德攻陷。日本受此鼓勵，決定一項應付世界新情勢的時局處理綱要（對外政策）方針。這是日本將其北進對俄作戰目標改變爲南進對英、美、法、荷作戰的轉捩點❹。日本在此方針下，六、七月間，壓迫法國和英國封鎖越南和緬甸對中國的交通，以切斷他國對華的援助和運輸。九月，派兵進駐北越；繼即成立德、意、日三國盟約，並謀調整對蘇邦交，期使中國在國際上陷於隔絕的境地，來壓迫中國的屈服。同時發動軍事進攻，佔據四川對外交通要道的宜昌；並對後方實行「疲勞轟炸」，重慶、成都、昆明等城市，受到不間斷的空襲，以圖瓦解我國抗戰的意志。此外，並對中國展開和平攻勢。中國在此壓力下，確曾面臨各種危機，其中最爲嚴重者，則爲外援的中斷、經濟情況的惡化、中共的趁機威脅等。

　　在外援中斷中，以空軍飛機的損耗而無法補充最爲嚴重，二十九年夏秋之際，四川天氣明爽無霧，日機從五月到十月的六個月間，長期轟炸戰時首都重慶，中國人稱之爲「疲勞轟炸」。被炸的地區且遍及

---

❹　吳相湘《第二次中日戰爭史》，上冊，頁五三六。

四川省內各空軍基地和資源地區❺⓪。轟炸重慶的日機，每天約有一一
〇架到一六〇架❺①。到了秋天，日本更使用新的零式飛機在二萬七千
英尺高空飛行，被擊落的中國飛機，尚不知被何物所擊落❺②。當時中
國的空軍飛機，主要來自俄援。這年蘇俄空軍志願隊撤銷，使中國原
有各型飛機二一五架減爲一六〇架，年底僅餘六十五架。日本用在中
國的則增至八百架以上，性能遠較中國所有的飛機爲優❺③。其嚴重情
況，蔣氏在十月間曾對美駐重慶大使詹森 (T. Nelson Johnson) 說：

> 七、八月，敵機來襲，我機尚能應戰。惟至今日，數量不充，
> 不能再令起飛禦敵矣。其結果，敵機狂施轟炸，橫行無忌，此
> 實使民衆轉側不安，尤以商民爲甚。常轉相問曰：無英、美援
> 助，我抗戰能維持多時耶？倘美機未到以前，國際交通遽告斷
> 絕，人心動搖，局勢恐有不易維持之虞❺④。

　　經濟情況的惡化，則與越、緬交通之封閉與宜昌的失陷有關。越
南交通之封閉，使中國原有大量貨物存放越南，既無法運出，而中蘇
易貨，亦生障礙❺⑤。緬甸的封閉，對我國影響，尤爲嚴重，不獨美國

❺⓪　同前書，下冊，頁五八五～五八八。
❺①　蔣中正〈最近國際大勢與中日戰局〉，民國二十九年六月十七日。《總集》，
　　卷一七，頁三六五。
❺②　陳納德著，陳香梅譯《陳納德將軍與中國》，頁八七。民國六十七年，傳記
　　文學出版社。
❺③　何應欽《八年抗戰》，頁三一〇～三一一。
❺④　〈蔣委員長接見美駐華大使詹森談話紀錄〉，民國二十九年十月十八日。《戰
　　時外交》㈠，頁一〇二～一〇三。
❺⑤　〈財政部長孔祥熙向國防最高委員會之報告〉，民國二十九年六月二十日(黨
　　史會藏該會紀錄)。

貨品無從進口，即蘇俄允許供給的貨品，亦告斷絕⑤⑥。至於日軍佔領宜昌後，截斷了四川、兩湖間的水運，對重慶的壓力至巨，兩湖戰區食鹽的接濟，亦生困難⑤⑦。加以該年稻穀收成減少，主要產區四川則減少百分之五十三⑤⑧。重慶稻穀價格指數逐月上漲，五月份的指數是戰前的二一三，十二月的指數即高達一、○○四，其他物價也跟著上漲⑤⑨。其嚴重情形，蔣氏在八月間曾致電在美國的宋子文說：

> 此時我國抗戰最大難關為經濟，而武器尚在其次，此時米價比去年已貴至八倍以上，通貨膨脹，不能再發，若不能在金融上設法調劑，則民生饑凍，加以共黨必從此搗亂，則抗戰必難久持⑥⑩。

中共之威脅，亦與局勢的變化有關。據中國駐法大使顧維鈞得自莫斯科方面的消息，說：「第三國際既利用中國饑荒，民生塗炭，令中共作反政府的活動」⑥⑪。二十九年七月七日中共中央〈關於目前形勢與黨的政策的決定〉（簡稱〈七七決定〉）其中關於軍事方面的決定：「敵人佔領區，主要的方針是鞏固；而在其他區域（按：當指按國民

---

⑤⑥ 同⑤④，頁一○○。

⑤⑦ 同⑤⑤。郭廷以《近代中國史綱》，頁七○八。

⑤⑧ 《戰時外交》㈠，頁五七四。

⑤⑨ 吳相湘《第二次中日戰爭史》，下冊，頁六三一。

⑥⑩ 〈蔣委員長致宋子文電〉，民國二十九年八月十一日。《戰時外交》㈠，頁二七七。

⑥⑪ 顧維鈞〈轉述法國駐蘇大使消息致外交部電〉，民國三十年一月六日。《中日外交史料》㈥，頁一二六。

政府區）的方針，主要的是擴大，並在擴大中鞏固之」[62]。換言之，中共的方針，在日軍佔領區是守，在政府區是攻。其在實際行動方面，中共的第十八集團軍在這年六、七月間，自河北的黃河北岸移兵南岸，攻擊政府軍孫良誠及高樹勳部，並佔據魯西後，即向豫東及皖北伸張，和自長江以南北渡的中共新四軍相呼應，向蘇、魯、皖、豫等省邊區節節進逼。八月，攻佔山東省政府所在地的魯南魯村。繼又南下，和新四軍會合。十月初，江蘇省政府主席韓德勤部第八十九軍在泰興黃橋被圍攻，軍長李守維以下官兵死者數千人，是爲黃橋事件[63]。其對政府威脅情形，蔣氏在這年十月間告訴美使詹森說：

> 近兩月，中國共產黨日見猖獗，陰謀顯著，即在蘇北亦尚作阻
> 礙抗戰之事，此爲敝國危機之一。
> 就目前狀況言，彼等（中共）於報面迄今尚無反對中央（政府）之
> 論調。然自滇緬路封閉之後，三個月來，口頭反對中央之辭，
> 乃日見沸騰。因此影響民心。目前人民抗戰精神已遜於去年矣。
> 我繼續抗戰之前途，實有此內在之威脅[64]。

從二十九年七月滇緬路封鎖以後到十月十八日重行開放以前，中國抗戰確已面臨嚴重的危機。外交部長王寵惠對此時期的危險情形曾經指出：

[62] 〈中共中央關於目前形勢與黨的政策的決定〉，一九四〇年七月七日。見郭華倫《中共史論》，冊四，頁一三一～一三五。中華民國國際關係研究所，民國六十年。
[63] 蔣永敬〈新四軍事件的前因〉。見《中國大陸》，九七期，民國六十四年九月。
[64] 同[54]。《戰時外交》㈠，頁一〇〇～一〇一。

在二十九年七、八、九三個月滇緬路封鎖期間，我國對外國際
路線，完全斷絕，危險情形，極其嚴重；且危險所在，不僅交
通一端而已。設三月期滿英國態度仍不改變，則影響我抗戰實
極重大⑥。

所謂「危險所在，不僅交通一端」，除前述外援中斷，經濟惡化，
以及中共的威脅外，尚有日本對我之和平攻勢；美國態度曖昧；蘇俄
對中國抗戰態度，日趨疏遠，在德國的拉攏下，企圖使之加入德、意、
日的軸心集團。雖未成功，但也產生了屆年四月間的日蘇中立協定。
此外，國民心理的變化，尤足憂慮，即以當時國民政府中的高階層人
士心理而言，對抗戰前途，頗呈悲觀動搖的現象。例如中宣部長王世
杰在二十九年七月十二日的日記中記云：「近日政府中人頗多氣餒者。
今日張公權（張嘉璈，交通部長）在參政會報告交通情形，極為悲觀。
王亮疇（王寵惠，外交部長）、孔庸之（孔祥熙，行政院副院長兼財政
部長）諸人均為悲觀而氣餒者」⑥。又七月十七日的日記云：「晚間王
亮疇、孫哲生（孫科，立法院長）約談；哲生主張撤回駐英大使，退
出國聯，親蘇聯德。予（王）覺此有投機冒險舉動，未表同意」。又十
八日記云：「今晨國防最高委員會，孫哲生提出其昨晚之主張，惟吳稚
暉先生表示反對，餘多附和」⑥。這天，正是英國宣佈自即日起，封
閉滇緬路對中國運輸三個月。今查國防最高委員會會議錄，孫科在會

---

⑥ 王寵惠〈外交部工作報告〉，民國三十年三月二十五日（黨史會藏檔）。
⑥ 《王世杰日記》手稿本，冊二，頁三〇六。民國七十九年，中央研究院近
   代史研究所影印本。
⑥ 同前註，頁三一〇。

中提出的意見略爲：

> 我國外交政策日趨困境，似不能再以不變應萬變之方法應付危
> 局。因法既屈服，英又將失敗，美亦勢必退出太平洋，放棄遠
> 東。我之外交路線，昔爲英、美、法、蘇；現在英、美、法方
> 面均已無能爲力，蘇雖友好而不密切。今後外交應以利害關係
> 一變而爲親蘇聯德。進而再謀取與意友好之工作。

吳敬恆（稚暉）對孫科的意見，表示如下：

> 德、意、日聯合之軸心國家，一時似牢不可破，我欲聯德，恐
> 非許可。過去我之對蘇，可謂鞠躬盡瘁。現在敵人欲拔泥足，
> 侵略南洋，蘇應從速制日。否則，德、意、日軸心益堅固，勢
> 必威脅美國，而蘇聯亦危⑱。

處此危險的局面與內部的挑戰情況下，蔣氏的態度如何？據王世
杰七月二十日的日記：

> 今午在黃山蔣先生居邸，商討外交政策，孫哲生、王亮疇、何
> 敬之（何應欽，軍委會參謀總長）、孔庸之、白健生（白崇禧，副參謀
> 總長）、張岳軍（張羣，國防最高委員會秘書長）等在座。討論結果，
> 蔣先生不主張召回我駐英大使，亦不主張退出國聯⑲。

---

⑱　〈國防最高委員會常務委員會議第三十六次會議紀錄〉，民國二十九年七月
　　十八日（黨史會藏檔）。
⑲　同⑯，頁三一二。

　　蔣氏上項主張，在七月四日的國民黨中全會中已有詳細的說明。
茲概略如下：

> 　　近來外面謠言敵人對安南、香港、緬甸之企圖，以及宜昌失守，
> 大家對抗戰前途發生疑慮。此為敵人故意來搖動我們抗戰的心
> 理，我們不可中其詭計。我們抗戰已滿三年，第一年、第二年
> 都不能滅亡我們，以後更無辦法滅亡我們。
> 　　我們外交方針是以去年（二十八年）六中全會所講〈中國抗戰與
> 國際形勢〉為根據，其中最要緊的話為「我們抗戰的目的，就
> 是要與歐洲戰事同時結束；亦即是說中日問題亦與世界問題同
> 時解決。」這是從前所定的外交原則，現仍堅定不變。
>
> 　　有謂現在法國投降，歐戰顯有很大的變化，上項計劃似乎不能
> 實現。但法之投降，仍舊影響不了遠東，我外交原則，仍無變
> 更必要。因為英、法在太平洋的力量有限，其主要勢力是在美
> 國與蘇聯。美、蘇並未捲入歐戰漩渦，其在太平洋的勢力仍無
> 變化。就是英、法失敗，遠東問題仍不會有變遷。故我抗戰和
> 外交，仍按預定目標進行，無改變之必要。
>
> 　　現在美、蘇積極練軍，日本欲與美、蘇齊頭並進；但以對華戰
> 事不能結束，軍費無法籌措，以及種種環境之不允許，如此二、
> 三年下去，太平洋一定無其立足之地。所以我們拖延戰爭，固
> 然不免困難，而敵之痛苦比我更大。故無論國際如何變化，對
> 日祇有增加危險。不僅海、陸軍不能與美、蘇並進，而且天天
> 消耗，不能維持現狀。故我抗戰與外交，只要照原定計劃和預

　　　定方向進行，即可達到目的❼。

　　方針既定，則其所有問題及困難，均循此方針求其解決與克服。惟一目標，即使抗戰能夠繼續支持下去。此時特別加強對美關係。到了十月，國際情勢大有轉機。其重要原因，乃爲美對德、意、日三國盟約的簽訂，有強烈的反應。駐美大使胡適在十月十二日致重慶中央的電報中說明當時世局以及美國情況的變化，謂「最近一月中，重大演變多端」，其中有如：「美國實行建造兩大洋海軍，增加海軍實力一倍」；「日本侵入安南，使美國立時宣佈對華二項借款，廢鐵全部（對日）禁運」；「德、意、日三國同盟，使美國人民更明瞭此三個侵略者對美之同樣仇視」；「美政府遠東各地美僑準備即時撤退」；「十月八日英國正式宣佈十七日滇緬路重開」；「美國會通過空前之平時兵役法」等。胡氏且謂：凡此「在一月內急轉直下，使人有水到渠成、瓜熟蒂落之感」。不過他也認爲：「我國苦撐三年餘，功效雖已甚明顯，但今日尚未可鬆懈」❼。

　　從此國際情勢的轉變，對中國抗戰愈來愈爲有利。日本要想擊敗中國，更爲渺茫了。外交部長王寵惠在其〈外交工作報告〉中指出：

　　　　形勢演變至此，從前援助我們的友邦，向來認爲歐洲戰爭與遠東戰爭爲兩回事者，現已打成一片了。英、美現在不但承認對

────────────

❼　蔣中正〈對於外交之指示〉，民國二十九年七月四日。國民黨五屆七中全會速紀錄（黨史會藏檔）。

❼　〈駐美大使胡適電〉，民國二十九年十月十二日。《中日外交史料》㈣，頁三四三～三四四。吳相湘《中日第二次戰爭史》，下冊，頁七二〇～七二一。《史料》原電記爲「四月十二日」，吳改正爲「十月十二日」。

日緩和之非計，並已承認歐洲的反侵略戰爭與遠東的反侵略戰爭，實在是整體的一件事。無所謂歐戰，亦無所謂遠東**❼❷**。

三十年一月初，胡適自美致電重慶的陳布雷說道:「抗戰開始以來，介公（蔣中正）深謀遠瞻，毅然主持長期抗戰根本大計，雖歷經艱危，始終不渝。至今日此根本大計之明效始大顯」**❼❸**。衡諸事實，胡氏之言，誠非虛語。

陸、渡過艱險邁進勝利

中國持久抗戰進入第四個年頭，勝利的曙光已經出現了，三十年（一九四一）一開始，戰時首都重慶便出現一番迎接勝利的景象。王世杰的三十年元旦的《日記》記云:

今日天氣晴暖。重慶市雖遍地頹垣敗石，今日全市卻虎虎有生氣。美總統羅斯福於兩日前作所謂「爐邊閑話」的播講，稱中國抗戰係一偉大的保衛自由之戰，亦頗使吾人聞而興奮。市中遍貼迎接勝利年之春帖**❼❹**。

這年國際局勢的變化更加劇烈。美國對中國的抗戰，提供了一連串的援助，同時加緊對日經濟制裁。從四月間開始，日本對美進行談判。中間雖曾有一度諒解妥協的可能，但為蔣氏及英首相邱吉爾

---

❼❷　同**❻❺**。
❼❸　〈駐美大使胡適致陳布雷轉呈蔣委員長電〉，民國三十年一月十日。《戰時外交》㈠，頁一二七。
❼❹　《王世杰日記》手稿本，冊三，頁一。

（Winston S. Churchill）所強烈反對。終因美、日談判決裂，在十二日八日爆發了太平洋戰爭。據王世杰的《日記》：

> 此次美、英兩國之捲入戰爭，係因拒絕對日作任何妥協；美政府態度如此堅決，大半係因中國反對妥協（原注：前月蔣委員長致羅斯福之電尤有重大關係）⑮。

太平洋戰爭發生之日，確為人類歷史轉變「劃時代」的一天。中國方面如何迎接這一天的來臨？蔣氏的反應如何？可看王世杰當日的《日記》：

> 今晨（十二月八日）一時餘（此為重慶時間；華盛頓時間約為昨（七）日正午；檀香山時間為昨日上午七時餘。）日本突以飛機五十架攻夏威夷。此訊到華盛頓時，日使野村、來栖尚在美國國務院。予（王）於今晨三時半左右接國際宣傳處董君顯光電話，告以從倫敦廣播電臺接到上項消息。予即一面通知中央日報，告以此係日本「切腹」行動之開始。晨六時續接中央社消息，知日空軍並已攻擊菲律賓、香港；晨八時半左右接上海電，知敵軍已強迫接收上海公共租界警察；並在馬來半島方面敵軍已自卡拉海峽 Kra 附近登陸。日本大本營今晨宣告，自今晨六時起與英、美入於戰爭狀態。

> 今日為星期一，八時國府及中央黨部在國府舉行紀念週，孫哲生（科）演說，主張對德、義宣戰。十時後中央常會開特別會議，

---

⑮　同前注，頁二○四。

蔣先生主持。討論日本對美、英宣戰問題。孫哲生之主張與其
紀念週之演說同，郭復初(郭泰祺，外交部長)之意見亦大致相同。
蔣雨岩(作賓)、殷書貽(錫朋)、朱騮先(家驊)均不主張立即對
德、義宣戰。戴季陶(傳賢)對於對日宣戰一事，認爲應慎重考
慮措詞。予當時發言最多。予主張對日、德、義宣戰，認爲此
事最好即日宣告；並主張由蔣先生召集蘇、美、英三使，告以
反侵略國應一致對軸心集團各國宣戰(即蘇聯尙應對日宣戰，美國
除對日宣戰外，亦應對德、義宣戰)，並囑各該使轉電斯達林、羅斯
福、邱吉爾三氏。蔣先生對余之主張大體同意，惟認爲實際宣
戰應在蘇聯答覆我之主張以後。予頗覺此種等待不適宜。

午後蔣先生依復初(郭泰祺)及余之議，通知美、英、蘇三使，
告以我政府決定對日、德、義宣戰，並主張美、蘇分別對德、
義及對日本宣戰，對於今後反侵略國共同行動問題，主張締結
不單獨媾和及軍事同盟之約⑯。

　太平洋戰爭爆發後，日本覆滅的命運雖已注定，但距離我國抗戰
的勝利，尙有一段路程，其困難的程度，往往超過單獨對日作戰的時
期。其最顯著的事實，即中國戰場所承受日軍的壓力，並未減輕；盟
國物資的援助，亦未增加。相對的，由於中國尙須支援盟軍在緬作戰，
負擔更爲加重。這種情況，一直到三十三年(一九四四)更爲嚴重。
其主要原因，則是美、英所決定的大戰略，是先擊敗德國，然後再擊
日本，即所謂「重歐輕亞」或「先歐後亞」戰略。因此，美國所有軍
火物資的分配，多以歐洲戰場爲優先；同時，由於美軍代表史迪威

⑯　同前注，頁二〇一～二〇四。

(Joseph C. Stilwell)雖爲中國戰區統帥蔣氏的參謀長，卻控制了美援物資的分配權，多以緬甸作戰爲需要；加以緬甸的失陷，中國對外交通的困難，所以國內戰場所能得自美國物資的接濟，爲數實在有限。

民國三十三年(一九四四)，中國對日抗戰進入第七個年頭。由於長期戰爭的消耗，內外壓力的加重，使中國抗戰以來面臨最艱險的一年。這年日本爲確保南洋與陸上的交通，牽制中國遠征軍反攻緬甸，自其本土及東北調集五十餘萬兵力，對河南及湘、桂發動大規模的攻勢。四月中，日軍自豫北渡過黃河，揭開了大戰序幕。從打通平漢路到西陷洛陽；再陷長沙，而至衡陽，經桂林、柳州，到十二月初，攻佔距貴陽六十公里的獨山。西南大後方爲之震動。中國急從西北調軍應援，戰局稍趨穩定。

正當日軍自湖南進攻廣西時，蔣中正命遠征軍向滇緬邊境的八莫進攻，以期減輕日軍對滇西及廣西的壓力。史迪威拒絕執行。時史在緬北指揮作戰，自攻克密芝那後，氣焰益盛，且謀奪中國戰區指揮權。他建議美國要將中國戰場的軍隊，包括中共軍在內，都要交給他來指揮。獲得羅斯福的允准。史持羅函直接見蔣，要求把指揮權交出；否則須對戰局的惡化負責。蔣怒甚，要求美國召回史迪威。羅派來中國的特使赫爾利(Patrick Hurley)不以史之行爲爲然，乃電告羅斯福，謂如美國支持史迪威爭指揮權，不僅失去蔣的友誼，且將失去中國盟邦。十月十九日，羅召回史氏，而以魏德邁(Albert C. Wedemeyer)接替⑰。

史迪威去職後，中美合作的障礙爲之消減。三十四年(一九四五)一月，遠征軍與緬北的中國駐印軍會師芒友，中印公路從此打通，戰

---

⑰ 郭廷以《近代中國史綱》，頁七二五～七二八。

略物資得以源源供應。中國並採行魏德邁的整軍計劃，編組三十六個攻擊師，九個防禦師，分在雲南、貴州、廣西、湘西訓練，美國負責裝備給養，美軍官擔任教練。緬北美軍亦調入中國，準備先攻廣西柳州、南寧、桂林及廣東雷州半島，再攻廣州、九龍。四、五月間，日軍進攻湘西芷江，爲中國新軍擊退。日以琉球戰局吃緊，命華南日軍調往上海、粵南，防美軍登陸。我國新軍乘機推進，收復柳州、桂林⑱。準備於八月開始反攻，而日本投降⑲。

---

⑱　同前注，頁七三二。
⑲　何應欽《八年抗戰》，頁二六八。

第二章 「九一八」事變

第一節 顧維鈞與外委會之處理「九一八」事變

壹、「滿洲問題」的國際化

從一九三七年的盧溝橋事變，一九四一年的珍珠港事件，而至一九四五年日本的毀滅，皆導因於一九三一年的「九一八」事變，此不僅為歷史所認定，也為國際軍事法庭裁定戰犯的起點。

「九一八」事變所導致的亞洲與國際的危機，在事變之始，日本有識之士，即已提出警告。當時的外相幣原喜重郎曾說：「佔取滿洲，無異吞一炸彈」。中國方面，面臨此一巨變，在當時諸多不利的情況下，既無實力作有效的抵抗，祇有冀望「以東三省來做日本的炸彈，來收回東三省，進一步使日本為東三省而亡。」❶此話在當時看來，或不免視為「誑言」，十四年後則成為事實。

其癥結所在，乃以「滿洲問題，非僅中國之問題，乃一國際之問

---

❶ 蔣中正〈對「對日問題專門委員會報告」補充說明〉，一九三一年十一月二十日。中國國民黨四全大會速記錄。見《革命文獻》，三十五輯 (以下簡稱《文獻》三五)，頁一二五四。國民黨黨史會編印，臺北。

題」。此為當時負責處理「九一八」事變之國際外交事務的顧維鈞，在其〈為日本侵佔東三省對世界宣言〉中對於這一事變性質的描述。因為「滿洲在國際交通上地位重要，若為他國佔領，則國際勢力之均平必見破壞，而沿太平洋岸各國之地位，必發生重大危險，且勢必引起國際戰爭」❷。

中國方面既視「九一八」事變為一國際問題，故其處理的方針，亦求其國際化。事變一開始，便訴諸國際聯盟，希從國際外交方面來抵制日本的侵略行動。此項工作，就顧氏之經驗而言，正是最適合的人選之一。當時南京國民政府為了因應「九一八」事變對外政策的策劃，設立了一個「中央政治會議特種外交委員會」（簡稱外委會）。顧氏為外委會的重要成員之一，並兼任該會的秘書長，負責實際事務的運作。稍後，又擔任國民政府的外交部長，負責執行外委會的有關決策。

在顧氏參與外交決策及其執行的過程中，雖然需要依據實際的情況，有進有退，或強或弱，但其基本的方針，則是「一方堅持不屈服，不訂損失領土國權之約」，「一方則訴之國聯，請其根據國聯盟約為公道正義之處置」。至「若國際之約束無效，交涉之結果不利，日本帝國主義者復怙惡不悛，非完成其侵略壓迫之野心不止，則我亦唯有本不屈服之決心，始終不與之妥協，……決不為喪權辱國之簽字，使暴日在東北侵略之權利，始終為盜劫之行為，無任何法律上之根據」❸。上項公開揭示的方針，雖有宣傳的意味，但與實際情況，尚無太大距離。

---

❷　外交部長顧維鈞〈為日本侵佔東三省對世界宣言〉，一九三一年十二月二十日。《文獻》三五，頁一二八五。

❸　蔣中正〈東北問題與對日方針〉，一九三二年一月十一日。《文獻》三五，頁一二九五～一二九六。

　　以下則就顧氏與外委會參與處理「九一八」事變對國際外交事務的過程加以探討。在時限上，含事變前後而至同年十二月辭去外交部長的職務時爲止。並簡述其後爲東北問題而繼續奮鬥。

貳、事前防止努力的無效

　　一九三一年六、七月間，東北相繼發生中村事件及萬寶山事件之後，中日在東北的關係即呈緊張之勢。時顧氏在北戴河避暑，看到來自日本方面的新聞報導，談到有關日本政局，特別是軍事當局的部署，相當激蕩人心。有日本羣衆集會抗議中國當局，特別是東北當局的行爲，有所謂少壯派軍人團體接連煽動羣衆集會抗議幾個懸案，特別是中村「被害」事件。顧氏對於日本方面的此種情況，深感不安。這時常來北戴河的東北要人如劉尙淸、王樹翰、臧式毅等，顧即提醒他們要充分注意來自日本的報導要解決所謂三百件懸案問題作爲藉口，關東軍可能採取激烈的行動，而成爲嚴重事件；從所有的消息來判斷，日本人也許會用武力奪取瀋陽，進行恫嚇，以迫使我方就範。經過顧氏的分析，劉等深感事態嚴重，力促顧氏即往北平與張學良深談。時張以東北邊防軍司令長官兼中華民國陸海空軍副司令的地位，坐鎭北平。握有東北及華北軍政大權。顧以在野之身，與張保持良好的關係。顧雖未能接受劉等建議即去北平，但他當即寫了一封信給張。兩天後，張派飛機接顧去北平。迨見面後，顧發現張對東北局勢的感覺，非如顧所認爲的那樣嚴重，顧遂留函而別❹。

　　張學良對顧氏的建議，是否加以認眞的考慮，殊不可知。惟根據多方面的訊息，日本對東北的企圖，愈來愈爲嚴重。例如遼寧省政府

---

❹　《顧維鈞回憶錄》，頁四一七～四一八。蒲公英出版社，一九八六，臺北。

主席臧式毅早在六月二日即派財政廳長張振鷺赴北平向張學良報告，
說日本新任滿鐵總裁內田康哉向臧表示：中日重要鐵路交涉懸案必須
有相當解決，否則日本少壯派軍人將有暴動發生，盼與張學良面談。
張接見張振鷺時，謂身體不適，明日再談。次日，張病重入醫院，未
獲晤面❺。七月十日，張振鷺再為此事到平促張早日回瀋陽處理，張
應允。旋以石友三叛變，遂中止❻。八月以後，情況更加嚴重，十五
日，南京方面接得大連情報員的報告，說關東軍將在東北誘發軍事行
動❼。

　　有關東北情況的處理，張學良在萬寶山事件後，也曾經和國民政
府主席，也就是中華民國陸海空軍總司令，並兼行政院長蔣中正交換
避免和日本衝突的意見。七月六日，張電告東北政務委員會說：「此時
如與日本開戰，我方必敗，敗則日方對我要求割地償款，東北將萬劫
不復，亟宜力避衝突，以公理為周旋」。十二日，蔣致電張：「此非對
日作戰之時」。于右任在十三日亦電張云：「中央現在以平定內亂事為
第一，東北同志宜加體會」❽。

　　八月十三日，南京國民政府任命蔣作賓為駐日本公使，就是要注
重直接交涉，緩和局勢。蔣赴任時，特別取道東北和朝鮮，了解實況。
但正在途中就聽到瀋陽事變的消息❾。

　　九月上旬，張學良亦打算回瀋陽，親自處理中村事件。傳關東軍

❺　郭廷以《中華民國史事日誌》，冊三，頁四一～四二。中央研究院近代史研
　　究所，一九八四，臺北。

❻　同❺，頁五四。

❼　同❺，頁六六。吳相湘《第二次中日戰爭史》，上冊，頁八〇。綜合月刊社，
　　一九七三，臺北。

❽　吳相湘，前書，頁八四。

❾　吳相湘，前書，頁八五。

將實行暗殺，因之取消。國民政府財政部長宋子文再晤日本駐華公使
重光葵，約定同去東北晤滿鐵總裁內田康哉❿。但這一切的努力，都
爲時已晚，「九一八」事變終於發生了。

　　有謂中國方面對此一事變未能有效防止，乃因一九三〇年中原大
戰，張學良率領東北軍入關，使東北的兵力空虛，給了日本人自由行
動的良機。一九三一年五月，廣州藉胡漢民被扣於湯山事件，擁胡人
士在廣州另立「國民政府」，和南京國民政府對立。七月，長江流域發
生了大水災，人禍天災，接連而來。日本軍人自然不放過這一大好機
會⓫。中國方面對此一事變的來臨，也就束手無策了。蔣中正在事變
之後的不久即曾說道：「日本侵略我東三省，不是從九月十八日起的，
我們早已知道這回事；奈因國內叛變疊出，沒有功夫去顧到，以致今
日才有這一回的事（按指「九一八」事變）發生」⓬。

　　不論如何，作爲當政者或方面負責者，未能防患於未然，自屬難
免有失察之咎。

叁、往返平京溝通意見

　　「九一八」事變發生時，顧氏已由北戴河回到北平。九月十九日
的早晨約六點鐘，接到張學良問端納（W. H. Donald）的電話，告以
這個不幸的消息。兩三分鐘後，張學良亦來電話，請他立刻前往會晤。
顧到後，大約有十二位東北集團的領袖們正在開會，他們已從夜間一
點開始討論，顯得疲憊不堪，說事情很嚴重，很想聽聽顧的意見，顧
即提出兩項建議：

---

❿　郭廷以，前書，頁七五～七六。
⓫　吳相湘，前書，頁八三。
⓬　同❶，頁一二五三。

第一，立刻電告南京，要求國民政府向國際聯盟行政院提出抗
議，請求行政院召開緊急會議，處理這一局勢。第二，立刻派
一位能說日語的人設法去找日本旅順總督（原注：我想此人是
兒玉），並且也找當時南滿鐵路總裁內田康哉，他是前日本外相
⑬。

　　據顧氏的回憶，張學良和與會的人都立刻贊成第一個建議；至於
第二個建議雖有人贊同，但張認為「那是無用的」。但顧認為，要想解
決問題，還是有賴於第二個建議。經過顧的反覆陳述，張始勉強同意
找一位密使前去觀察和探聽日本軍事當局的意向⑭。

　　惟據另一方面的資料顯示，張學良對於提出國聯以求解決，似乎
缺乏信心，而傾向於直接交涉，速行了結。

　　南京方面，接到事變的消息，即電南昌蔣中正。蔣於九月二十一
日抵京，即召開會議，主張先行提出國聯與簽訂非戰公約諸國；一面
則團結國內，共赴國難。當即決定設立特種外交委員會，為對日決策
研議機關⑮。以戴傳賢為委員長，宋子文副之，顧維鈞為秘書長。委
員有蔣中正、于右任、李煜瀛、丁惟汾、顏惠慶、吳敬恆、陳立夫、
陳布雷、程天放、邵力子、邵元沖、朱兆莘、朱培德、賀耀組、孔祥
熙、劉哲、羅文榦等多人⑯。其中顧與劉哲、羅文榦和張學良保持密

⑬　《顧維鈞回憶錄》，頁四一九。
⑭　同⑬，頁四一九～四二一。
⑮　〈蔣主席召集會議決定對日方略紀事〉，一九三一年九月二十一日。見《中
　　華民國重要史料初編——對日抗戰時期——緒編一》（以下簡稱《緒編一》），
　　頁二八一。國民黨黨史會，一九八一年，臺北。
⑯　外委會委員姓名見該會第十六次（十月十七日）及二十五次（十月二十九

切的聯繫。尤其顧在溝通南京與北平之間的意見上，扮演了極為重要的角色。

蔣到南京時，即電張學良，要他即來南京，「對外交事須待面商」⓱。張則派其東北邊防軍副司令長官萬福麟到南京，顯然帶來了張對處理事變的意見。從蔣在九月二十三日的《日記》所記與萬談話的要旨，可以明顯看出蔣、張對事變處理意見不同。《日記》云：

> 告以外交形勢，尚有公理，東省版圖，必須完整，切勿單獨交
> 涉，而妄簽喪土辱國之約；且倭人狡橫，速了非易，不如委諸
> 國聯仲裁，尚或有根本收回之望。否則，亦不惜與倭寇一戰，
> 雖敗猶榮也⓲。

就已見的資料來看，蔣、張對事變的性質與日軍意圖的判斷，顯然亦有不同。張在九月二十四日給蔣的電文說：「日軍此舉，不過尋常尋釁性質。為免除事件擴大起見，絕對抱不抵抗主義」⓳。蔣則認為：「日本侵略東三省，不是把瀋陽佔領了幾天，就隨隨便便退出去，他的傳統政策，是以佔領瀋陽為擾亂中國的根據地」⓴。

國聯行政院根據中國的提議，於九月三十日一致決議，限令日本撤兵，並在十月十四日以前撤兵完成。日本出席國聯代表聲明接受此

日）會議紀錄。《文獻》三五，頁一二一九、一二二五。

⓱　〈蔣主席邀張學良副司令來京面商外交電〉，一九三一年九月二十一日。《緒編一》，頁二八一。

⓲　〈蔣主席日記一則〉，一九三一年九月二十三日。《緒編一》，頁二八七。

⓳　〈張學良為報告日軍入侵東省經過呈中央電〉，一九三一年九月二十四日。《文獻》三四，頁八九七。

⓴　同❶，頁一二五三。

項決議❷。這對中國而言，顯然是一極爲興奮的消息。顧氏亦膺張學良的推薦，於十月一日由北平到了南京。十月二日，南京令張提出接收東北的人選。經張選派張作相、王樹常爲接收委員。五日由中國駐日公使蔣作賓照會日本外相幣原❷。但日方遲至九日始有答覆，而且是先談條件，才能撤兵；並且抗議中國有「排日」的舉動。在此同時，日本兵艦大舉來滬。張則迭電南京，希求速行了結。十月六日，顧膺蔣之託，由寧去平，向張說明南京方面的意見。蔣且電告張氏：

> 日本屆期(按應爲十月十四日)延不撤兵或更別有暴行，自在意中。我方如何應付，此時正在研究。並須視彼時國聯行政院開會後如何解決而定。蓋國聯雖不可盡恃，亦非盡不可恃。此案發生後，中央所以盡力於使國聯負解決此案之責任者，因維持中國在國際上之地位，與減少日本直接壓迫中國之力量，途徑惟在於此❷。

顧在十月十二日回到南京，即加入外委會❷。當日即致電張學良，報告外委會答覆日方照會情形。十三日，根據蔣作賓的來電，向張報告日本報載日本政府對華要求大綱五條。外委會多數主張不與日本直

---

❷ 〈國聯的決議〉。《緒編一》，頁三二七～三二八。同見〈中國國民黨第四次全國代表大會對外宣言〉，一九三一年十一月十四日。同上書，頁三〇一。
❷ 〈駐日公使蔣作賓爲撤兵問題致日外相幣原照會〉，一九三一年十月五日。《文獻》三四，頁九〇三。
❷ 〈蔣主席致張學良副司令告以對日交涉方針電〉，一九三一年十月六日。《緒編一》，頁二九一。
❷ 郭廷以，前書，頁九一記：「中央政治會議議決，以顧維鈞爲特別外交委員」。

接交涉❷。張學良亦知這是日本內閣藉軍人強梁之勢，欲求克遂其對東北不當權利的要求；但他卻認爲這時亟應忍痛接受，可以迅速解決問題；否則事態愈延長，中國必然愈吃虧❷。因此，他連日致電他在南京參加外委會人員顧維鈞、劉哲等，希望「速了」。十六日，顧向張轉達他與蔣中正約談的情況如下：

> 今晨七時，蔣主席在陵園約談要點：一、對日擬根據弟（顧）之草案以東亞和平爲基礎，提出大綱若干條。二、謂閻敬與（劉哲）與兄（張）昨呈兄處拍來各電，悉兄焦急萬分，希望速了。惟日本軍部對人問題態度堅決。外務省爲遷就軍部計，亦已同意。觀日政府對於我方責成兄派遣代表接收一節，置之不理，反要求另派負責代表，其意顯然。中央亦願速了，但操之過急，徒使日方氣焰益高，轉增我對外對內之困難。不如從容應付，俾可設法疏解或加派接收人員。囑弟電陳吾兄，以紓錦慮。弟謂兄意對日始終與政府一致；雖此事關係我國甚大，恐不能全恃國聯，亟望政府遠定具體方針與步驟，庶不至拖延愈久，收拾愈難。三、撤兵後，如能得國聯或第三國之代表加入爲公證人，亦可開始交涉云❷。

❷ 〈顧維鈞致張學良密電稿〉（以上簡稱〈密電稿〉），一九三一年十月十三日。見《民國檔案》（南京第二檔案館編印）（以下簡稱《檔案》），一九八五(1)，頁一〇～一一。大綱五條爲：一、東省土地商租問題。二、禁絕排日教育及運動。三、禁止東省不當課稅。四、大連、安東海關與營口海關之地位問題。五、鐵路問題：甲、打通吉海、瀋海之處理及將來保障；乙、履行華路對滿鐵之債務；丙、完成吉會鐵路；丁、敷設新路之長大線等。

❷ 司馬桑敦《張學良評傳》，頁一七五。版本未詳。原引王卓然《張學良到底是個怎樣的人》（一九三七，北平），頁一一～一二。

❷ 〈密電稿〉，一九三一年十月十六日。《檔案》，一九八五(1)，頁一三。

　　上電把張、蔣對於事件的不同意見和態度，表露得相當眞切。電中所謂「對人問題」，即日本對張學良的排除。張願辭職，蔣謂：「此時萬勿可生此，而使政府爲難。如因謙遜爲懷，亦宜俟日軍完全撤退後稍爲表示」㉘。

　　張在東北的地位，不僅日本軍部聲稱要剷除其軍政勢力；即廣東方面亦要藉對日直接交涉以驅除之。例如胡漢民當時即曾主張中日直接交涉，認爲「政府必須撤換東北邊防司令長官張學良和外交部長王正廷」㉙。王已去職，張雖表示請辭，蔣不允可。但其處境，實陷於內外夾攻之中。顧氏調處其間，煞費苦心。

肆、對日「大綱」的對案

　　日方對中國要求撤兵的答覆，是提出「基本大綱」五條，堅持中日直接交涉，先訂大綱協定，然後撤兵。顧自十月十二日加入外委會以後的十天，幾乎每天都在討論這個大綱的對案。日方提出大綱，始於日本外相幣原十月九日答覆蔣作賓要求撤兵的照會。幣原的覆文中說：「兩國間應速協定可爲確立通常關係之基礎之大綱數點。此項大綱協定後，國民感情見緩和時，日軍始能全行撤退於滿鐵附近屬地內」。又云：「日本政府隨時可與負責任之中國代表會商前項之根本的大綱」㉚。

　　大綱之內容爲何？日方遲未正式提出。十月十三日的報載內容與

㉘　〈密電稿〉，一九三一年十月十九日。《檔案》，一九八五(1)，頁一五。

㉙　胡漢民〈論中日直接交涉〉。載《三民主義月刊》，二卷，五期。一九三三年十一月，香港。

㉚　〈日本外相幣原覆駐日公使蔣作賓照會〉，一九三一年十月九日。《文獻》三四，頁九〇四。

十六日日方密告國聯行政院主席白里安（M. A. Briand）的，並不相同。後者的內容是：「一、彼此不事侵略。二、彼此制止國內敵視行動。三、日本尊重中國領土之完整。四、中國確實保護在滿洲各處居住或經營事業之日僑。五、在滿之中日鐵路避免競爭與根據條約之各項路權問題之提議，投票反對」❸。

當外委會討論到與日談判大綱問題時，有幾位委員發言反對，理由是日本應該遵守國聯行政院的決議，實行撤兵。但顧認為：要日本遵守國聯行政院的決議是不可能的；要想解決中日間的問題，應在國聯的監督、幫助之下，由兩國進行談判才行。理由是：

> 談判是解決國際爭端的正常方法；不管這些爭端是多麼嚴重。正因為如此，日本儘管是侵略滿洲的禍首，也希望作出願意同中國談判的姿態。如果中國對日本的建議給予完全否定的回答，拒絕和日本談判，那麼就正中日本之計，使日本可以遂行其抗拒國聯的策略❸。

顧的意見，獲得宋子文和戴傳賢的支持，也有幾位外交界和外交有關的委員表示贊同，使贊成談判的意見佔了上風❸。

顧氏認為日本堅持直接交涉，先訂大綱協定，然後撤兵，似為日本固定方針，而其陸軍盤據遼、吉相機擴大，其海軍駛入我國江海要口以示威，各處日僑復遊行以尋釁，是彼外交、軍事雙方並進，著著逼我，以圖解決。我方若不速定全盤方針，擬就具體辦法從容逐步應

---

❸　〈密電稿〉，一九三一年十月十六日。《檔案》，一九八五(1)，頁一四。

❸　《顧維鈞回憶錄》，頁四二二。

❸　同❸。

付，轉瞬之間失卻國際同情，而形勢轉趨嚴重，單獨應付更感不易❸❹。
經過連日不斷的討論、協調、修改，到了十月十九日的早晨，顧與蔣
中正、戴傳賢、宋子文、顏惠慶作最後之商討，完成一個「具體方案」。
在二十一日的外委會上由戴傳賢提出口頭報告。內容大致如下：

甲、關於撤兵者：

一、日本趕速撤兵（十日內）。二、日本撤兵後，我方即須接收，
須有中立國人員監視。三、日軍未撤完前，國聯行政院不能閉
會。四、日本撤兵的時間和地點，應有商議，中立國人員也要
參加。

乙、關於大綱對案五款：

一、保持中國領土主權之完整及行政之統一。二、東北門戶開
放，機會均等，日本不能破壞此原則。三、以後兩國間無論有
何事故發生，不能以武力為解決之手段，宜遵從國聯盟約和非
戰公約，以及其他國際公約。四、中日間一切問題，都要根據
以上三項原則，由兩國政府將過去條約酌量修改。五、在國聯
協贊下，中日兩國不能解決之問題時，要用其他國際方法解決。

丙、關於日方之基本大綱問題：

到十月二十一日為止，中國或國聯方面尚未接到日方正式提案。
十月十三日蔣公使根據日方報載和十六日日方密告白里安的內

---

❸❹ 〈密電稿〉，一九三一年十月十四日。《檔案》，一九八五(1)，頁一一。

容，既不相同；而二十一日的日本報載，又有不同。戴認爲，
當日報上所載五條，「前三條說得冠冕堂皇，沒有什麼；第四、
五兩條，便如毒藥一般」❸。

上列乙項關於大綱對案五款，顯然是針對日方十月二十一日報載
的「基本大綱五條」的內容而訂。

外委會根據顧氏的意見，不惜以全部精力，投注於日方所提大綱
的對案，而產生一個全盤的「具體方針」，目的是希望藉由國聯以及第
三國的監督、幫助，達成撤兵與談判。亦爲將「滿洲問題」成爲「國
際問題」的必要策略。就長遠目標而言，有其一定的影響。

伍、「兩全途徑」的不通

根據外委會的對案，經由中國出席國聯代表施肇基的努力以及政
府當局向各國的活動，在十月二十四日國聯行政院的會議中，除日本
外，一致通過決議，限日本在十一月十六日以前完成撤兵❸。此爲國
聯第二次決議限令日本撤軍案。

國聯第二次的決議因當事國日本之反對，其實現的可能性更爲渺
茫。顧致張電云：「國聯結果，道德上固屬勝利，實際成爲僵局，未免
令吾進退維谷」❸。日方在十月二十六日對國聯決議案聲明書中正式
提出中日直接交涉基本大綱五條。此與十月十六日日方密告國聯白里
安的不同之點，則爲第五條改爲「尊重條約上所規定日本在滿洲之一

---

❸　〈戴傳賢在特種外交委員會對日交涉辦法報告〉，一九三一年十月二十一
　　日。《文獻》三五，頁一二二〇～一二二二。

❸　〈國民黨四全大會對日宣言〉。見《緒編一》，頁三〇二。

❸　〈密電稿〉，一九三一年十月二十五日。《檔案》，一九八五(1)，頁一九。

切權益」❸。

顧氏細閱日本聲明書後，尚不絕望，認爲該聲明書「末段措詞，日方似已稍讓步，將其基本大綱與撤兵接收事宜併爲一談，準備與吾國開議。如果日本誠意轉圜，不難就其提議謀一無損雙方體面而有利吾國主張途徑，以避僵局」。顧的意見，向蔣中正做了說明，蔣亦深以速覓兩全之途徑爲然❸。

但主要的問題，日本是否有「誠意轉圜」。十月二十九日，外委會就此問題詳加討論。在會中，蔣中正先作報告，認爲「日本對於此次國聯決議，堅不接受，已甚明顯，以後情勢實較未決議前更爲嚴重」。至於以後情勢如何？蔣認爲：「自日本對華傳統政策上看，退步必所不甘，自非更進一步不可。以後情勢如何變化，正難逆料。本莊宣言，所謂頭可斷，兵不可撤。非故作悲壯，其居心確實如此」。中國的立場和辦法如何？蔣的意思是：

> 吾人處此情況下，單獨對付既有許多顧慮，而一方在國際上已得到一致同情以後，自應信任國聯，始終與之合作。而爲國聯本身設想，倘此事無法解決，以後世界和平一無保證，國聯即可不必存在。對外宣言中應將此層意思明白表示。

經過討論，決議由顧及顏惠慶、宋子文等八位委員就外交部所擬對外宣言稿會商修正，加入下列意思：

---

❸　〈日本政府對國聯行政院決議案宣言〉，一九三一年十月二十六日。《文獻》三九，頁二八三一。

❸　〈密電稿〉，一九三一年十月二十八日。《檔案》，一九八五(1)，頁二〇。

一、尊重本（十）月二十四日國聯行政院決議。

二、決議如失敗，即是國聯信用破產，國際和平破裂。

三、引用華府會議以來各種國際公約，尊重國家主權獨立領土
　　完整，及保障和平，維持門戶開放，機會均等之約言。

四、日人在東省擾亂事實。

五、關於條約問題，已由施代表建議仲裁辦法。

六、引用總理（孫中山）對中日關係之遺訓，表示我國固有方針
　　❹。

　　上列一至四各點，雖示強硬不屈，但五、六兩點表示仍有轉圜餘
地。

　　這時張學良由北平到南京。三十一日返平。顯為商量接收東北的
人選。十一月一日，國府派顧維鈞、張作相、吳鐵城、張羣、羅文榦、
湯爾和、劉哲為接收東北的委員，顧為委員長❹。以表示對日方的「對
人問題」有所回應。例如其中的吳鐵城即代表廣東方面。主張直接交
涉的胡漢民則批評不可能為日方所接受❹。

　　十一月二日，蔣中正邀顧及戴傳賢、李煜瀛、于右任、吳敬恆諸
委員商談，確定：「政府方針大致：日軍未撤盡以前，不與日方作任何
接洽；即將來撤兵後如何開議，手續問題亦不擬先表示。另用間接方
法催促撤兵」。當日下午顧去上海與宋子文詳談，宋謂：「因種種關係，
對日以持鎮靜態度為宜」❹。顯然，國府對日態度，轉趨強硬。此一

❹　〈中央政治會議特種外交委員會第二十五次會議紀錄〉，一九三一年十月二
　　十九日。《文獻》三五，頁一二二六。

❹　郭廷以，前書，頁一〇〇。

❹　胡漢民〈論中日直接交涉〉。

❹　〈密電稿〉，一九三一年十一月二日。《檔案》，一九八五(1)，頁二〇。

轉變，在顧的回憶中，說是由於國聯派在中國的國聯衛生局主任波蘭人拉西曼的建議，而使外委會在十月底改採強硬的決定❹。不過根據其他有關資料，顯然由於十月底上海的寧粵團結會議在外交方針上有了協議，即一、外交仍由南京負責。二、如果日軍來攻，應該抵抗。三、不對日宣戰。四、不退出國聯❺。此外，日軍對華意圖，已示日方沒有「轉圜」的誠意和可能；而日方所提基本大綱的第五條所謂「尊重條約」，尤非中國所能接受。

關於日軍的意圖，關東軍在十月二十四日即曾擬定〈解決滿蒙問題之根本方案〉，以建設「獨立滿蒙國家爲目的」，其實權操之於日本手中，並以東北四省（加熱河）與內蒙古爲領域❻。法國駐華公使韋禮德（Wilden）在十一月十六日訪問顧氏時，對日本在東北建立政權事探詢顧之意見，他說：「如日本先將東北交付所成立之新政權，再由中國向東北新政權自行收回，或係一種辦法」。顧氏當即告以「此種辦法，直與不交還無異。蓋所謂東北新政權，即係日本方面挾持操縱而成立者。日本果有此意，是欲愚弄世界各國」。關於所謂「尊重條約」，韋禮德亦向顧氏探詢意見說：「日本所堅持之尊重條約，或將要求履行民四（一九一五）條約，中國方面態度如何」？顧答：「〈二十一條〉之約，訂於武力脅迫之下，舉國痛心，至今不忘，此爲十餘年來國民一致所力爭者，如再提出，恐將使東北問題益難解決」❼。

至此，所謂「兩全之途徑」，顯然已行不通了。

---

❹　《顧維鈞回憶錄》，頁四二三。

❺　〈中央政治會議第二十四次臨時會議速紀錄〉，一九三二年一月二十八日，汪精衛的報告。

❻　日本參謀本部〈滿洲事變機密作戰日誌〉。《文獻》三四，頁一○二三。

❼　〈密電稿〉，一九三一年十一月十六日。《檔案》，一九八五(1)，頁二二。

陸、錦州防衛與中立的幻滅

「兩全的途徑」既行不通，惟有退而求其次，希能保全錦州。蓋自「九一八」事變瀋陽失陷後，遼寧省政府及東北其他一些軍政機關，即遷移至錦州，以示保持東北主權的決心。但日軍爲徹底消滅中國在東北的軍政勢力，除攻取黑龍江省外，即不斷集中兵力向錦州示威。是以錦州的爭奪，亦爲整個東北最後的爭奪。其重要性，顧在十一月二十五日致張學良的電中說道：

> 近日國聯形勢惡化，錦州情形又急，日本所云無意進攻，恐不足信。弟（顧）意錦州一隅如可保全，則日人尚有所顧忌。否則東省全歸掌握，彼於獨立運動及建設新政權等陰謀必又猛進。關係東省存亡甚巨❹❽。

至於如何保全東北，顧亦表示其個人的意見以及外委會的決定如下：

> 錦州一帶地方，如能獲各國援助，以和平方法保存，固屬萬幸；萬一無效，只能運用自國實力以圖保守。今（二十五日）晨外委會討論，眾意僉同。頃見蔣主席（中正）熟商，亦如此主張❹❾。

爲了藉和平的方法來保全錦州，國民政府即將此一任務交由顧氏執行。十一月二十三日發表顧氏代理外交部長，旋於二十八日改爲署

❹❽ 〈密電稿〉，一九三一年十一月二十五日。《檔案》，一九八五(2)，頁四。
❹❾ 同❹❽。

理。顧的計劃是：先維持錦州的中立。由顧會晤美、英、法三國駐華公使，商量避免中日在錦州衝突之臨時辦法。由中國方面提議：倘日方堅持要求華軍撤退，華軍可自錦州退至山海關；但日本須向美、英、法各國聲明，擔保不向錦州至山海關一段區域進兵，並不干涉該區域內中國之行政機關及警察。此項擔保須經各國認爲滿意。三國公使均認爲善策，允向其政府請示❺❶。同時國聯方面，亦根據中國的聲請，決議在錦州一帶劃設中立區❺❶。

爲了表示以「實力」保全錦州的決心，蔣中正在十一月十九日國民黨四全大會上提出兩點建議：第一，自己願意親自北上，站在國民前面去救國；第二，希望容納廣東方面同志的主張，聯合起來，團結起來。蔣且表示：「如果大家都贊成對本黨（國民黨）表示容納退讓，對日本就積極抵抗，絕對不屈服」❺❷。大會即於二十日通過聞鈞天等七十八人臨時緊急動議如下：一、請蔣中正同志速即北上，保衛國土，收復土地；二、請大會代表同具決心，共濟國難❺❸。爲了響應國民黨「四大」的決議，即有第九軍軍長陳誠於二十三日轉呈所部官兵羅卓英等請纓抗日電：「請願北上，與倭奴決一死戰」❺❹。蔣在這天亦致電張學良，告以「警衛軍擬由平漢北運，以駐何處爲宜？中（正）如北

❺❶ 〈密電稿〉，一九三一年十一月二十四日。《檔案》，一九八五(2)，頁四。

❺❶ 〈密電稿〉，一九三一年十一月二十七日。《檔案》，一九八五(2)，頁五。

❺❷ 蔣中正〈對中國國民黨四全大會報告詞〉，一九三一年十一月十九日。《文獻》三五，頁一二四八。

❺❸ 〈國民黨四全大會臨時緊急動議〉，一九三一年十一月二十日。同前書，頁一二五〇。

❺❹ 〈第九軍軍長陳誠轉呈所部請纓抗日上中央電〉，一九三一年十一月二十三日。同前書，頁一二六八。

上，將駐於石家莊，兄（張）駐北平，則可內外兼顧」**㊾**。按「警衛軍」爲當時中國最精銳的軍隊之一。後在上海「一二八」戰役時編爲第五軍，與第十九路軍協同對日軍作戰，表現英勇，迭挫日軍。

同一天，總部參謀長熊式輝訪晤顧及劉哲，說明蔣的北上決定。顧、劉顯然體會張學良的意旨，均不贊同蔣的北上。顧的理由是：北上必使世界觀聽爲之一震，促起各國注意，俾得速謀解決之一道；然日方正在肆意侵略，借題發揮，藉口自衛，在外交或須更費唇舌。是歐美之有利於我者未可逆睹；而日之藉口，不可不防。劉的理由是：北方治安有張坐鎭佈置，已極周全。蔣如北上至平，猶不足饜國人之意，若一至關外，則引起日人反感，比較害多而利少。當晚，蔣又約見顧、劉，兩人仍以上述意見相告。蔣謂：「此行仍屬重在對內。北上時，擬即駐順德、石家莊一帶，以資居中籌控」。劉謂：「青島日軍隨時有出動之可能，東北方面即著眼在此，應請特加注意」。蔣謂：「余駐順、石，即是控制青島之意」。並即派熊式輝及隨員約六、七人，預定二十五日晨到平，與張「面商種切」**㊿**。

以後蔣氏並未北上，顯然由於張的意見所致。根據顧在十一月二十七日給張的電文中，可以看出張對蔣的北上，有所「顧慮」，而側重「和平方法」。顧的電文云：

　　感寅電奉悉。尊論所顧慮各節，均屬實情。昨（二十六）與壽山
　　（萬福麟）、志一（鮑文樾）、敬輿（劉哲）諸兄同見蔣主席（中正），
　　所談大致相同。近日施使（肇基）在國聯方面之工作，並此間與

㊾　〈蔣主席致張學良副司令電〉，一九三一年十一月二十三日。《緒編一》，頁三〇九。

㊿　〈密電稿〉，一九三一年十一月二十三日。《檔案》，一九八五(2)，頁三。

英、美、法諸使所往復商榷者，無非仍欲維持和平方法，不使
事態益致糾紛❺。

和平方法迅即失敗，美、英、法三國政府對擔保一事，均不允可。
日對國聯決定，亦不受理❺。日方則強迫我方將錦州軍隊撤退，其用
意則在「迫我一切軍隊退入關內，以完成其東省另建立政權之陰謀」。
張氏面對此種壓力，深感難以支持下去，擬將駐錦軍隊抽調一部分入
關。宋子文及顧連續電張，力請「萬勿實行」。認為「吾若抽調一部後
退，仍不能阻其進攻，不如堅守原防，以貫徹行政院（國聯）雙方各
守現駐地點之主張，而免引起國內糾紛。此事對內對外關係非鮮」❺。
同時，蔣亦電張：「錦州軍隊，此時切勿撤退」❻。此為十二月八日的
情況。

錦州中立計劃另一嚴重阻力，則是來自國內民眾的反對，尤其是
各大都市的學潮，使社會秩序處於失控的狀態。各地學生湧向南京請
願，鐵路交通為之堵塞。這種混亂情況使得任何認真的談判都不能進
行。國聯代表施肇基在巴黎也同樣受到中國留學生代表攻擊而提出辭
職。同樣的，北平、天津、上海、廣州和漢口的形勢都極為混亂，整
個國家都處於動亂不安之中。顧請辭職，未獲批准。到了十二月十五
日，蔣中正宣佈下野❻。顧在二十二日亦辭去外交部長。錦州的軍隊
拖到次年一月三日全部撤退。

❺　〈密電稿〉，一九三一年十一月二十七日。《檔案》，一九八五(2)，頁五。

❺　〈密電稿〉，一九三一年十二月二日。《檔案》，一九八五(2)，頁八。

❺　〈密電稿〉，一九三一年十二月八日。《檔案》，一九八五(2)，頁一二。

❻　〈蔣主席致張學良副司令電〉，一九三一年十二月八日。《緒編一》，頁三一
　　二。

❻　《顧維鈞回憶錄》，頁四二九。

同時，日本的情況也有了改變。若槻內閣無力駕馭軍人，於十二月一日請求總辭。十三日，犬養內閣成立，更無力駕馭軍人。其陸相荒木在十七日的內閣會議中提議將東北四省劃爲「綏靖區域」，並增派軍隊移駐東北[62]。

柒、繼續的奮鬥

南京國民政府改組，顧辭外交部長，但「九一八」事變問題，並未結束。顧氏仍然本其關心國事的初衷，繼續爲東北問題而努力。在一九三二年上海「一二八」戰役的交涉中，極力主張上海要與東北問題一併解決。但格於形勢，未能如願。稍後參加國聯「李頓調查團」，不避日本的威脅，毅然隨團至東北參加調查工作，提供調查資料。其後出使駐法公使及國聯大會代表，其主要的使命，都是爲東北問題而繼續奮鬥。

在一九三二年十一月二十一日國聯行政院的會議中，討論李頓調查報告問題時，日本代表松岡發言，極言中國混亂，日本必須自衛。其對李頓調查報告書，謂有錯誤、有偏見；認爲「滿洲國」非日本人所造成，故堅持必須承認「滿洲國」，方能覓得解決。顧即駁斥松岡謬說，謂日本常指責中國不統一，實際上日本一貫政策即在阻撓中國統一；日本人以爲中國統一，足以妨礙其獨霸世界的野心。乃極言日本志在逐步推行其大陸政策。顧氏申言：滿洲問題的解決，必須依照國聯憲章、非戰公約、九國公約各項規定，此原則爲中國所接受；至於承認「滿洲國」爲解決之基礎，則爲中國所拒絕[63]。

[62]　吳相湘《第二次中日戰爭史》，上冊，頁九二～九三。
[63]　金問泗《從巴黎和會到國聯》，頁一〇五。傳記文學出版社，一九六七，臺北。

一九三三年二月二十四日，國聯大會以二十四票對日本的一票通過十九國委員會報告書，接受該會不承認「滿洲國」的建議，並請非國聯會員國美、俄兩國的贊同與合作⑭。這樣，日本強佔東北，卻造成自絕於國際的形勢。按照中國當局在事變時的說法：

> 世界非僅一日本，國際非僅恃強權。日本佔領東三省(後增熱河)，就是破壞東亞和平，破壞世界和平。日本軍閥不明此理，無異自絕於世界⑮。

日本代表松岡在面聆國聯大會決議後，即發表簡短演說。然後招其本國同僚及隨從三十餘人，魚貫步出會場。此時全場寂靜無聲，空氣極度緊張，無人不感到事態益見惡化。史家有謂「全場屏息側目，咸知柳條溝（湖）一隅之事變，將掀起太平洋整個之波瀾」。實為中肯之論⑯。

---

⑭ 郭廷以《中華民國史事日誌》，冊三，頁二二九、二三五。

⑮ 蔣中正〈擁護公理抗禦強權〉，一九三一年十月十二日。《緒編一》，頁二九四。

⑯ 同⑬，頁一一八。

第二節　從「九一八」事變到「一二八」事變中國對日政策之爭議

壹、事變之概述

　　民國二十年（一九三一）九月十八日晚間十時三十分，中國遼寧省瀋陽市柳條湖北面南滿路軌上，忽聞爆炸聲，炸缺鐵軌三十一英寸，六小時後，整個瀋陽市、兵工廠、北大營，暨其他衙署，悉為日本關東軍及其鐵路守備隊所佔領。舉世震驚之九一八事變，遂以發生❶。

　　日軍以武力奪取中國東北，在關東軍的一批幕僚中，早有計劃。例如早在一九二八年（民國十七年）十二月，石原莞爾擔任關東軍參謀初期，就秘密擬訂了一個攻略奉天的計劃。一九三〇年十二月，他又完成了「滿蒙佔領統治研究」，要點是：㈠平定階段——將中國在滿洲的政治經濟體制完全覆滅；㈡統治階段——使朝鮮人經營水田，中國人經營小商業，日本人經營大企業；㈢國防階段——整個滿洲的收入足夠擴充佔領費用，且有剩餘。一九三一年三月，他又完成了「解決滿蒙問題戰爭計劃大綱」。託名滿蒙，實際是全力應付對美國持久作戰的計劃，主要目的是要阻止中國聯美抗日。同年五月，關東軍高級參謀坂垣征四郎也製成了「滿蒙問題處理案」，它是著重實行的方法，內容是：㈠蒙古獨立；㈡間島獨立；㈢北滿騷擾三種。目的都在製造滿洲反日大暴動，便利關東軍出兵，這可以說是一種反間苦肉計。瀋

---

❶　梁敬錞《九一八事變史述》，頁一（臺北，世界書局，民國五十七年四版）。梁書原文指爆炸聲在「柳條溝(湖)」北面南端路軌上，似應為「南滿」路軌上。

陽柳條湖計劃就是北滿騷擾案的一部分❷。

柳條湖的爆炸時刻，爲坂垣所選定，是想顛覆十時四十分從長春南下過軌的火車，乘亂起事，來掩飾他們發動事變的痕跡。不料列車跳躍而過，並未傾覆。但坂垣仍按原定計劃行事，命令各部進攻北大營及瀋陽城。駐旅順之關東軍司令官本莊繁在事變發生一小時後，應作戰課長石原莞爾之要求，命令遼寧、吉林兩省各地駐軍出動。朝鮮司令官林銑十郎亦應要求出兵東北❸。數日之間，遼、吉兩省重要城市如鞍山、海城、開原、鐵嶺、撫順、四平街、長春、寬城子、營口、安東、本溪、昌圖、遼源、通遼、洮南、吉林、蛟河、新民等地，悉被日軍佔領。十一月中，進攻黑龍江。黑省代理主席馬占山率軍抵抗，經過激戰，省城齊齊哈爾於十一月十九日失陷。馬氏率部退守海倫。時錦州、哈爾濱尚未失陷，爲遼、吉省府所在地。是時三省雖不完整，仍保有政權形式。到二十一年（一九三二）一月三日及二月五日，錦、哈兩地又相繼失陷。前者是自動撤退，後者經過守軍李杜、丁超的抵抗。從此東三省廣大地區，除有中國之義勇軍的活動外，大部淪於日軍之手❹。三月九日，「滿洲國」出現於長春，都名「新京」。

九一八事變後的四個月又十天，即民國二十一年一月二十八日，日軍又在上海發動事變。這是日本海軍在中國心臟部位所發動的軍事行動。這個行動，和在東北發生的九一八事變，具有密切的關連。此

❷　同上書，頁四八～四九。吳相湘《第二次中日戰爭史》，上冊，頁七六（臺北，綜合月刊社，民國六十一年）。

❸　梁敬錞，前書，頁六六～六七。吳相湘，前書，頁八一～八二。

❹　國史館編《第二次中日戰爭各重要戰役史料彙編——東北義勇軍》，頁八～一八（民國七十年出版）。原書本文錄自國防部史政局編《抗日戰史——九一八事變及遼吉黑三省之淪陷》。

爲日本軍部用來轉移國際間對於東北方面的注視，而趁隙製造其「滿洲國」。就這方面說，一二八事變乃是爲了侵略東北而策劃的一種「伴動動作」❺。

由於九一八事變之發生，中國人對於日本的感情日益惡化；尤其是在國際都市的上海，市民抗日情緒爲之沸騰，逐日不斷舉行各種抗日集會。居住上海的日僑，對於中國人之反日情緒，亦採取對抗的行動。自一九三一年十月十一日以後，上海日僑即曾不斷舉行各種集會和遊行，要求日本當局對華採取斷然措施。上海情勢更爲緊張。時日本駐上海副武官田中隆吉在關東軍人員的聯絡下，要利用上海的情勢，製造事件，以掩護關東軍準備佔領哈爾濱與實現滿洲「獨立」之企圖。一九三二年一月十八日上海的五名日本和尚被毆事件，即是田中收買中國流氓所導演的苦肉計，因而引起日本人在上海的暴動❻。國人經營之三友實業社被日人縱火焚燒。日駐上海總領事村井倉松更向上海市政府提出蠻橫要求❼。上海市長吳鐵城雖完全接受其要求，村井亦表示滿意，但日本海軍陸戰隊卻於一月二十八日晚間十一時五十分攻擊上海閘北地區，中國守軍第十九路軍軍長蔡廷鍇立即下令抵抗，是爲一二八事變之發生。

第十九路軍的抵抗，粉碎了日軍要在四小時佔領閘北的夢想，也

---

❺ 古屋奎二《蔣總統秘錄》，冊八，頁一三三～一三四（臺北，《中央日報》譯印本，民國六十五年）。作者爲日本《產經新聞》的編輯，原書爲日文，所用資料未註來源。

❻ 《蔣總統秘錄》，頁一三五～一三八。吳相湘，前書，頁一〇一。

❼ 日駐上海總領事村井倉松於一九三二年一月二十日向上海市長吳鐵城提出的要求爲：㈠市長道歉。㈡逮捕兇犯。㈢賠償損害及醫藥費。㈣取締排日運動，解散抗日團體。

恢復了中國軍能夠抗拒現代化日本軍的信心❽。更重要的，確定了從九一八事變以來的對日政策。

面臨如此鉅變，中國方面如何應變？九一八事變發生之初，負責對日政策之決定與執行者，中央方面，則爲南京國民政府主席兼中華民國陸海空軍總司令蔣中正氏，並兼行政院長；東北地方當局，則爲東北邊防軍司令長官張學良氏，並兼中華民國陸海空軍副司令，坐鎭北平。此時寧粵分裂，廣州方面以粵人爲主的曾於民國二十年五月間亦有一「國民政府」之組織，對南京與北平方面採取敵對之立場。尤自九一八事變以後，雙方對日政策，頗有爭議；即南京與北平之間的對日意見，也未盡一致。蓋事變發生以後，張學良所持態度，自始至終，即是所謂「不抵抗主義」；南京國民政府蔣中正主席除將日方在東北之軍事行動訴諸國際聯合會（以下簡稱國聯）以促日方撤兵外，對張學良之不抵抗雖予默認；同時亦準備作必要之抵抗。後者似未獲得張學良之支持。至粵方人士對日意見，亦非完全一致，除對不抵抗加以抨擊外，有主張直接交涉而反對依賴國聯者；有主張一面抵抗、一面交涉，而以國聯爲助者。前一主張可以胡漢民爲代表，後一主張可以汪精衛爲代表。前者在孫科行政院長時期（二十一年一月）一度嘗試而失敗；後者則爲汪氏繼任行政院長後之對日政策，亦即一二八事變後之對日政策。

從九一八事變到一二八事變，除東北地方當局張學良始終抱持所謂「不抵抗主義」外，南京中央政府對日政策，曾經三次變易。政府的主持人，亦有三個不同的階段。從九一八到二十年十二月中爲蔣中正主政時期，其對日政策爲一面申訴國聯，一面準備作必要的抵抗。

---

❽　吳相湘，前書，頁一〇二。

前者以日本軍人不理國聯決議而未能收效，後者亦未及實行，蔣中正即宣告辭去政府本兼各職。孫科任行政院長，行「責任內閣」❾，以陳友仁為外交部長，其對日政策，則為直接交涉。適以日軍既佔錦州，上海復有日人之暴動，交涉無成，孫政院因之瓦解。一二八事變發生，汪政院遂之成立，以宋子文為行政院副院長兼財政部長，羅文幹為外交部長，蔣中正亦回京任軍事委員會常務委員，行一面抵抗、一面交涉之策。前者實由蔣氏負責，後者則由汪氏任之，一般所謂「汪蔣復合」❿。至此對日政策乃告確定，一直維持到二十六年七月對日抗戰發生。

　　以上對日政策的演變，曾經各方之爭議，各有其原因與背景。本文試就演變之過程與爭議之要點，分別探討之。

貳、申訴國聯與準備抵抗

　　九一八事變發生，身當其衝者，則為東北邊防軍司令長官張學良氏。張氏時以中華民國陸海空軍副司令名義坐鎮北平，握有東北與華北軍政大權，對於事變之態度與應付，自有重要之影響與責任。而張氏當時對事變的反應，就是所謂「不抵抗主義」。此一似通非通的名詞，首見於張氏在事變之次日的一項通電中，謂「日兵自昨晚十時開始向我北大營駐軍實行攻擊，我軍抱不抵抗主義，毫無反響。日兵竟致侵

---

❾　民國二十年十月二十七日至十一月四日寧粵雙方在上海舉行團結會議，對政府體制之改變有所決議，即國民政府主席不負實際政治權責，而由行政院長負責。見梁敬錞，前書，頁一三一。

❿　汪精衛與蔣中正之初合為民國十四年七月汪出任廣州國民政府主席時期，至十五年因三月二十日事件而分離。直至二十一年一二八事變發生汪至南京任行政院長，二人再度合作。

入營房，舉火焚燒，並將我兵驅逐出營」❶。北大營駐軍之不抵抗，
係事先奉張之命而行。據張於九月二十四日致南京國民政府蔣中正主
席之電有云：

> 先是我方以日軍迭在北大營等處演習示威，行動異常，偶一不
> 慎，深恐釀起事端，曾經通令各軍，遇有日軍尋釁，務須愼重
> 避免衝突。當時日軍突如其來，殊出意外，我軍乃向官方請示
> 辦法，官方即據前項命令，不許衝突。又以日軍此舉，不過尋
> 釁性質，爲免除事件擴大起見，絕對抱不抵抗主義❷。

緣自這年七月以還，東北因發生萬寶山事件及中村事件，中日關
係趨於緊張，蔣中正和張學良也曾交換避免和日本衝突的意見。七月
六日，張氏電告東北政務委員會說：「此時如與日本開戰，我方必敗。
敗則日方將對我要求割地償款，東北將萬劫不復。亟宜力避衝突」。十
二日，蔣密電張氏：「此非對日作戰之時」❸。惟開戰與抵抗，尚非異
詞而同意❹。蓋張學良之不抵抗，其主要原因，除爲保存本身實力外，

---

❶　〈張學良爲日軍入侵東省事通電〉，民國二十年九月十九日。原載同年九月
　　二十日天津《大公報》。《革命文獻》，三十四輯，頁八九一。按張電係轉其
　　參謀長榮臻之電文。

❷　〈張學良爲報告日軍入侵東省經過呈中央電〉，民國二十年九月二十四日。
　　《革命文獻》，三十四輯，頁八九七。

❸　吳相湘，前書，頁八三～八四。梁敬錞，前書，頁一〇七～一〇八。

❹　蔣中正於二十一年一月十一日講〈東北問題與對日方針〉時指出：「夫暴日
　　對我之侵略，既以戰而不宣之方式出之，則我欲對之抵抗，何嘗不可襲用
　　其方法，此乃正當之防衞與有效之抵抗，……是無戰之害，有戰之利者也。」
　　見《革命文獻》，三十五輯，頁一二九三～一二九四。又汪精衞之說明（〈老
　　話〉，民國二十二年四月二十八日）：「因爲不能戰，所以抵抗」；「但抵抗與

意圖沿兩年前中東路事件故事❶，進行單獨交涉，以冀回復原狀。蔣主席對此辦法頗表懷疑。其時張學良在事變發生後不久，即派其東北邊防軍副司令長官萬福麟至南京晉見蔣中正，顯然帶來了張氏對事變處理的意見。蔣在九月二十三日的自記日記中，記其談話要旨有云：

> 告以外交形勢，尚有公理，東省版圖，必須完整，切勿單獨交涉，而妄簽喪土辱國之約；且倭人狡橫，速了非易，不如委諸國聯仲裁，尚或有根本收回之望。否則，亦不惜與倭寇一戰，雖敗猶榮也❶。

可知蔣與張學良在事變之始，對事變處理之意見，即有相當之距離。其有距離之原因，顯因兩人對事變的性質與日軍的意圖，有不同的看法。張氏的看法，在其九月二十四日上給蔣的電文中，即已認為：

> 日軍此舉，不過尋釁性質。為免除事件擴大起見，絕對抱不抵抗主義❶。

宣戰不同，宣戰是要量力而為，抵抗則不必量力而為」；「不但不必量力，而且不當量力」。見陸俊〈中日簽訂華北停戰協定〉。《外交部公報》，卷六，期二（南京，民國二十二年四至六月）。

❶ 中東路事件，為張學良於民國十八年七月收回中東路，俄出兵東北，東北軍戰敗，由張學良密派代表與俄交涉，十二月二十二日簽訂〈伯力協定〉。中東路回復原狀，俄允撤退軍隊。

❶ 〈蔣主席日記一則〉，民國二十年九月二十三日。《中華民國重要史料初編——對日抗戰時期——緒編一》，頁二八七。黨史會出版，民國七十年。以下簡稱《緒編一》。

❶ 同❶。

張氏的看法，亦足反映當時東北一般民衆的心理，以爲這種事變，不致擴大；日本兵也不致長久佔據東北的土地。只要他要求的條件，得到滿意的答覆，便可退兵。又加當時東北經濟，尚未十分破壞，秩序尚未十分紊亂，大家都等待和平解決，所以當時沒有十分顯著的抗日行動⓲。

蔣中正對於事變性質和日軍意圖的看法，便與張氏不同。蔣認爲：

> 日本侵略東三省，不是把瀋陽佔領了幾天，就隨隨便便退出去。他的傳統政策，是以佔領瀋陽爲擾亂中國的根據地。

他相信：

> 如果中國自己沒有充分自衛的力量，國際間又沒有很大的決心制止暴力，日本不光是在一星期內不撤兵，恐怕一個月甚至一年，還不能撤兵的⓳。

基於以上之看法，故對事變之處理，一面訴諸國聯，一面準備作必要之抵抗。

九一八事變發生之日，蔣適在江西南昌指揮剿共軍事。接到事變消息，即於九月二十日回到南京。二十一日，在陵園官邸召集黨政軍首要，磋商應付方略，決定：㈠外交方面：加設特種外交委員會，爲

⓲　朱霽青〈報告義勇軍抗日經過〉，民國二十一年八月一日，南京。《革命文獻》，三十五輯，頁一二九八。

⓳　蔣中正〈對「對日問題專門委員會報告」補充說明〉，民國二十年十一月二十日國民黨四全大會速記錄原稿。《革命文獻》，三十五輯，頁一二五三。

對日決策研議機關。㈡軍事方面：抽調部隊，北上助防；並將攻粵部
隊及剿共計劃，悉予停緩。㈢政治方面：推出蔡元培、張繼、陳銘樞
專程赴粵，磋商統一團結禦侮辦法。㈣民眾方面：由國民政府及中央
黨部分別發佈告全國軍民書及黨員同志書，要求國人鎮靜忍耐，努力
團結，準備自衛，並信賴國聯公理處斷⑳。上項決定所含對日政策，
即是一面訴諸國聯以求公斷，一面準備自衛以謀抵抗。九月二十二日，
蔣向南京市國民黨黨員大會講話時申述以上兩點決策：㈠關於訴諸國
聯者：現在日本暴行，發生已將五日，中央政府已作嚴密之研究，決
定應取之步驟。此時世界輿論，已共認日本為無理，我國民此刻必須
上下一致，先以公理對強權，以和平對野蠻，忍痛含憤，暫取逆來順
受態度，以待國際公理之判斷。㈡關於準備抵抗者：如至國際條約信
義一律無效，和平絕望，到忍耐無可忍耐，且不應忍耐之最後地步，
則中央已有最後之決心與最後之準備,屆時必領導全體國民寧為玉碎，
以四萬萬人之力量，保衛我民族生存與國家人格㉑。

　　所謂以待國際公理之判斷，其進行之方針，就是「立即將日人之
暴行，報告於國聯，並要求第一步先使日軍立刻撤退」；「一俟日軍撤
退，應立即設法對此蠻橫事件，謀一正當之解決」㉒。依此方針，就
是日方先撤兵，而後交涉。當時民眾亦高呼「不撤兵、不交涉」。事後
頗有批評此一方針之失當者㉓。其後國聯行政院於九月三十日及十月

㉒　梁敬錞，前書，頁一〇八～一〇九。

㉑　蔣中正〈一致奮起共救危亡〉，民國二十年九月二十二日，南京。《革命文
　　獻》，三十五輯，頁一一九六。

㉒　〈國民政府告全國國民書〉，民國二十年九月二十三日，南京。《革命文獻》，
　　三十五輯，頁一一九九。

㉓　胡適〈論對日外交方針〉。《獨立評論》，第五號，頁二，民國二十一年六月
　　十九日，北平。

二十四日兩次決議限期日本撤兵，日軍不但不予理會，且在東北擴大
其軍事的侵略行動。如十月八日之日機轟炸錦州；十一月中日軍之進
攻黑省。國聯決議既失效用，而其信用亦爲之動搖。南京國民政府之
處境，益加困難。北平與南京之間的意見，既有距離；而廣州方面反
對之聲勢益振；青年學生反政府之示威與對日宣戰之要求，愈演愈烈。

　　對於日軍不理國聯限期撤兵的決議，南京與北平之間的反應，顯
有不同。在國聯之第一次的決議後，張學良似即迫不及待，除派張作
相、王樹常爲接收委員外，並曾連日送電蔣中正，內容雖不可知，但
急於尋求對日交涉時機，似可確定。顯然使蔣難以作答。直至十月六
日，蔣始有長電向其說明困難情形：

> 微酉、歌戍兩電敬悉，迭奉冬、江、支各電，並非遲不裁答。
> 少川兄（按即顧維鈞）北返，已托其代達一切。目前形勢危急，
> 非只東北爲然，日艦大舉來滬，且有即日在華界上陸之報。苟
> 有緩和方法或解決途徑，自當盡力設法，不使錯過時機。外部
> 於支日電達蔣公使（作賓）告以尊處已派定張作相、王樹常接收
> 日軍撤退後之各地，囑其即時通知日政府，轉令前方軍隊，與
> 我所派接收長官接洽，本爲希望闢一交涉之途徑。如果日方於
> 接洽撤兵之際，或對於蔣公使有希望交涉之表示，我方自可迎
> 機與之談判。否則我愈著急，彼愈蠻橫，不僅無補危機，且恐
> 益陷絕境㉔。

　　張氏此時顯在急於尋求對日交涉之途徑。蔣雖無否決之意，但表

─────────

㉔　〈蔣主席致張學良副司令告以對日交涉方針電〉，民國二十年十月六日。《緒
　　編一》，頁二九一。

示有所困難。蔣認爲：仍應盡力於使國聯負解決此案之責任。蓋國聯雖不可盡恃，亦非盡不可恃。如此既可維持中國在國際上之地位，復可減少日本直接壓迫中國之力量❷❺。

日軍不理國聯撤兵之決議，益使南京中央相信對於日軍意圖判斷之正確。當國聯行政院第二次決議促日撤兵時，蔣即於南京中央特種外交委員會中指出：

> 日本對於此次國聯決議，堅不接受，已甚明顯。以後情勢，實較未決議前更爲嚴重。自國聯決議案經行政院會員國除日本外，全體一致通過。日本態度非退即進。自日本對華傳統政策上看，退步必所不甘，自非更進一步不可。以後情勢如何變化，正難逆料❷❻。

同時，南京中央特種外交委員會判斷：

> 日本之軍事政策，必定要達到完全佔領東三省之目的而後已。其外交當局，最初與軍事當局意見不同，但在第二次行政院(國聯)決議之後，外交當局，便已逐漸追隨軍部行動。現在外交完全爲軍略所支配❷❼。

---

❷❺ 《緒編一》，頁二九一。

❷❻ 〈中央政治會議特種外交委員會第二十五次會議紀錄〉民國二十年十月二十九日，南京。《革命文獻》，三十五輯，頁一二二六。

❷❼ 〈戴傳賢任特種外交委員會委員長時上中央政治會議報告〉民國二十年十一月，南京。《革命文獻》，三十五輯，頁一二二七。

上項判斷，衡諸實情，相當精確❷。

南京中央對日判斷雖無改變，但期經由國聯以迫使日本讓步，已不可能。由於日本武力政策之猛進，國聯陷於困境。但南京中央以爲：只要國聯存在一日，仍有利用之價值。其價值不在約束日本之侵略，而在分擔中國失敗之責任，爭取各國之同情，以爲他日之助。因此：「仍須盡力表示中國政府完全信任國聯之意思，並須設法顯出時局益趨危險，由於國聯不能完全盡責，不肯採取有效制裁方法，以致日軍愈無顧忌，國聯權威愈加喪失。如此，第一對於國內可減少人民責備政府之心理；第二不致傷各國之感情；第三將來運用九國條約，而對美國做工夫時，較易說話。因國聯重要各國，即九國條約之簽字國，若中國方面不情到禮到，做盡工夫，將來改變方向時，不易得各國之同情」。依此方針，南京中央相信：「中國在國際上，必得最後之勝利」。而此時一切政策，以固結民心保持政府人民之信任爲根本要圖。對外策略，第一、中國無論如何，決不先對日本宣戰；第二、須盡力維持各國對我之好感；第三、須盡力顧慮實際利害，但至萬不得已時，雖在軍事上爲民意而犧牲，亦所不邮，惟必須籌劃取得眞實之犧牲代價。故對於錦州方面，如日軍來攻，只有盡力抵抗，以樹立今後政府在人民間之信仰，維繫全國人心，俾中國不致因全國瓦解而亡；且必須如此，方能取得國際上較好之地位也❷。這是南京中央由借助國聯而轉向於偏重自助，對日容忍之限度，而以錦州爲止境❸。此一抵抗政策能否付諸實施，張學良之態度與決心，極爲重要。因錦州仍爲張學良邊防軍之防區也。

---

❷　梁敬錞，前書，頁一一二。

❷　同❷，頁一二二七～一二二八。

❸　梁敬錞，前書，頁一一二。

　　為推行抵抗政策，國民政府蔣中正主席首對馬占山將軍在黑省之抵抗行動致電嘉勉，實等於宣示所謂「不抵抗主義」即將改變。其於民國二十年十一月十二日致電馬占山有云：

> 此次日本藉口修理江橋，忽復進寇黑省，我方採取自衛手段，甚屬正當。

　　十九日又致電馬氏云：

> 我軍連日奮戰，為國爭光，威聲遠播，中外欽仰，正堪嘉慰[31]。

　　為求抵抗政策獲致國民黨內部的一致支持，蔣中正於十一月十九日向國民黨四全大會提出兩點建議：第一、自己願意親自北上，站在國民前面去救國；第二、希望容納廣東方面同志的主張，聯合起來，團結起來，無論什麼條件，都可以容納，以表示團結之誠意[32]。蔣並向大會表示：「如果大家都贊成對本黨表示容納退讓，對日本就積極抵抗絕對不屈服」[33]。大會即於十一月二十日通過聞鈞天等七十八人臨時緊急動議案如下：一、請蔣中正同志速即北上保衛國土，收回失地；二、請大會代表同具決心，共濟國難[34]。

---

[31] 〈蔣主席致馬占山代主席獎勉我軍奮勇摧敵電二件〉，民國二十年十一月十二日及十九日。《緒編一》，頁三〇〇～三〇一。

[32] 蔣中正〈對中國國民黨第四次全國代表大會報告詞〉，民國二十年十一月十九日，南京。《革命文獻》，三十五輯，頁一二四八。

[33] 同[32]，頁一二五〇。

[34] 〈中國國民黨第四次全國代表大會臨時緊急動議〉，民國二十年十一月二十日，南京。《革命文獻》，三十五輯，頁一二五〇。

南京中央抵抗政策既定，即有第九軍軍長陳誠於十一月二十三日轉呈所部官兵羅卓英、周至柔等請纓抗日電，向中央請願北上，與倭奴決一死戰[35]。同日，蔣致電張學良，告以：

> 警衛軍擬由平漢北運，以駐何處爲宜？中如北上將駐於石家莊，兄（按指張學良）駐北平，則可內外兼顧，未知兄意如何？警衛軍可否駐石莊及其以南地區，望即示復[36]。

南京中央既有抵抗之決心與準備，日軍如犯錦州，雙方即有發生戰事之可能。此時關東軍與天津之日本駐屯軍亦在陰謀擴大事變，以圖推倒張學良之軍政勢力。十月間，關東軍特務機關長土肥原賢二秘密來津，除劫持溥儀做爲製造僞滿之傀儡外，即爲製造天津暴亂事件，使關東軍西下錦榆掩有華北之藉口，故有十一月八日與二十六日兩次事件之發生。前者當日失敗，後者雖未成功，而關東軍已沿北寧路西進，藉援津之名，行攻錦之實。適東京參謀本部於十一月二十七日連發四道「臨參委命」[37]，以制止關東軍之行動。而其西進之軍，遂調至遼河以東[38]。

東京制止關東軍出動遼西之原因，據東京參謀本部方面十二月一

---

[35] 〈第九軍軍長陳誠轉呈所部請纓抗日上中央電〉，民國二十年十一月二十三日。《革命文獻》，三十五輯，頁一二六八。

[36] 〈蔣主席致張學良副司令告以擬派警衛軍北上並擬親駐石家莊電〉民國二十年十一月二十三日，南京。《緒編一》，頁三〇九。

[37] 〈臨參委命〉，係臨時參謀總長委任命令之簡稱。此制創自明治日俄戰爭時代，即天皇准將其統帥權之一部分，於奏准範圍之下，暫委參謀總長代行御旨之意。梁敬錞，前書，頁九七～九八。

[38] 梁敬錞，前書，頁一〇二～一〇四。

日電令之說明，謂「遼西作戰中止者，乃係根據參謀總長鑑於在此之前中國方面已提出撤退錦州方面附近中國軍至關內之提議而發出之」❸❾。但中國出席國聯行政院會議代表則於是日否認錦州自動撤退之浮言❹⓿。日方則於一項聲明中指出：「十一月二十四日國民政府外交部通告日本及各國使臣，稱爲避開中日之衝突，有意將華軍撤入關內之事，而張學良又再三約言錦州軍將自動的撤入關內」❹❶。惟南京中央尙於十二月二日決定：

> 錦州問題，如無中立國團體切實保證，不盡緩衝地帶。如日軍進攻，應積極抵抗❹❷。

可知中國方面如有自錦州撤軍之提議，顯非出自南京中央。據東京陸軍省與參謀本部十二月五日所決定的「錦州方面之對策案」，要其駐北平之矢野參事官向張學良交涉，要張承認撤退錦州政權及軍隊，否則將出動日軍至天津，及驅逐錦州之政權與中國軍至山海關以西❹❸。駐日公使蔣作賓七日亦自東京向南京中央報告：

> （日本）軍閥方面則以錦州我軍一日不撤退，東三省新政權即一

❸❾ 日本參謀本部〈滿洲事變機密作戰日誌〉。《革命文獻》，三十五輯，頁一三四五。
❹⓿ 梁敬錞，前書，頁一〇四。
❹❶ 〈日本政府聲明〉，一九三一年十二月二十七日。《革命文獻》，三十四輯，頁一一二四。
❹❷ 〈中央政治會議第二九七次會議決議案〉，民國二十年十二月二日，南京。〈中央政治會議致國民政府函〉，民國二十年十二月十日（黨史會藏原件）。
❹❸ 同❸❾，頁一三四九。

日不能順利進行，日來對我錦州軍隊作種種之反宣傳，或用種種威嚇，務求達到東三省無一我軍而後已。否則出以最後攻擊，恐亦有所不免❹。

日軍如此威脅，蔣於八、九兩日連續致電張學良，似在為之打氣。八日之電則云：「錦州軍隊，此時切勿撤退。近情如何？盼覆」。九日之電云：「航空第一隊已令其限三日內到平，歸副司令指揮」❺。此時日軍尚未來攻，尚無撤退與抵抗之必要。但張無抵抗決心，似無疑義。例如吳敬恆在慰勉張學良的一項電文中，對於張之躊躇不前，有勸責之意。謂「當此外不見容於強盜之倭賊，內不見容於賣國之國賊，而錦州力抗，孤注一擲，尚何待於再計」？又云：「自古無不死之人，亦無不亡之國，何足躊躇哉」❻？可知張學良對南京中央準備抵抗之決策，似無堅定支持之決心。

　　蔣中正訴諸國聯的方針與措施，既以日軍之猛進而無效；其準備抵抗亦因張學良之退縮而不行，致使南京國民政府遭受各方之責難；而來自粵方的責難為尤甚。蔣為表示負其責任，因於二十年十二月十五日宣佈辭去本兼各職，而以粵方人士所組成的孫科內閣，來接管南京中央政府。其對日政策，因亦有所改變。

叁、直接交涉

---

❹　〈駐日公使蔣作賓自東京報告日軍圖侵錦州電〉，民國二十年十二月七日。《緒編一》，頁三一一。

❺　〈蔣主席致張學良電〉民國二十年十二月八、九日，南京。《緒編一》，頁三一二～三一三。

❻　〈吳敬恆勉張學良電〉，民國二十年十二月二十四日。《革命文獻》，三十五輯，頁一二八六。

　　蔣中正之去職，係應胡漢民等粵方人士之要求❹。胡對蔣之對日政策責難至苛，指爲「不交涉、不抵抗」。對其訴諸國聯之措施，堅決反對。堅主對日直接交涉。孫科任行政院長後，以陳友仁爲外交部長。陳爲直接交涉之支持者。迨其就任外交部長時，即於二十一年（一九三二）一月一日發表宣言，聲稱仍要張學良固守錦州，積極抵抗；同時也要努力「消滅戰禍」❽。但前者張氏立即報以「不抵抗主義」，而於一月二日自動的將其軍隊撤出錦州，並退出山海關。後者「消滅戰禍」之努力，則爲對日直接交涉之進行。

　　中日直接交涉，中日兩方均有倡議者。惟各方倡議之動機與內容，極不一致。中國方面倡議最堅者，則爲胡漢民氏。胡原爲南京國民政府委員兼立法院長，北伐統一後南京國民政府實施之訓政，即爲胡氏之主張。十九年多，因反對國民會議制訂約法，而與蔣主席發生衝突，遂於二十年三月一日辭去立法院長，然被蔣主席留置南京。粵方人士起而抗爭，並於五月間在廣州另組「國民政府」，陳友仁任「外交部長」。爲了對抗南京國民政府與打擊支持南京之張學良，當東北發生萬寶山及中村事件時，陳即以廣州政府之「代表」，赴東京進行直接交涉。訪其外相幣原喜重郎，會談三次，欲以承認日本在滿蒙既得權益，爲換取泰平組合供給粵政府武器之代價❾。九一八事變發生，陳氏面告日駐廣州領事須磨，謂「倒蔣去張（學良）」之主張，粵府與日本並無二

---

❹　粵方人士胡漢民等於民國二十年十二月五日通電要求蔣主席下野，解除兵柄。見〈國民政府蔣主席爲求全國統一辭職通電〉，民國二十年十二月十五日。《革命文獻》，三十五輯，頁一二八二。

❽　〈外交部長陳友仁宣言〉，民國二十一年一月一日。《革命文獻》，三十五輯，頁一二八九。

❾　梁敬錞，前書，頁一二九。蔣永敬〈九一八事變中國方面的反應〉。《新時代》，卷五，期十二。民國五十四年十二月，臺北，正中書局。

致⑩。時胡氏尙留南京，見報得知事變之發生，即對事變的內容加以
考查，並探索解決的途徑，初作如下之假定判斷：

(一)日本雖有其一貫的侵華政策，但這次九一八事變，必是少數
　　軍人的偷難行爲。

(二)九一八事變，並不是一個重大的問題，至多祇相等於濟南慘
　　案。運用外交的力量，已足以應付有餘⑪。

胡氏對於九一八事變性質的判斷，與蔣氏之看法，大異其趣。胡
氏之判斷，係基於以下之情況：

(一)日本軍部與內閣的衝突，因東北事變而突趨尖銳。內閣討論
　　對策，亘二日不決。外相幣原且說：「佔取滿洲，無異吞一炸
　　彈」。一再申言九一八事變祇是地方軍人的錯誤，沒有侵略土
　　地的野心。

(二)日本社會不寧，人心浮動，證券股票，都一再跌價。其嚴重
　　形勢，爲尋常所未有。輿論界也以爲事太孟浪，希望政府以
　　審慎持重的態度，力圖補救⑫。

胡氏認爲東北事變，祇是一部分野心軍人如本莊繁、土肥原賢二
之類，看到東三省，早已饞涎欲滴，便伺隙而動，大偷其雞而已。至

----

⑩　蔣永敬，前文。
⑪　胡漢民〈論中日直接交涉〉。《三民主義月刊》，卷二，期五。民國二十二年
　　十一月，香港。
⑫　同⑪。

於日本軍人何以敢伺隙而動? 一言以蔽之: 完全起於中東路事變的惡例。此一事變之釀成, 實衹外交部長王正廷與張學良兩人之盲動。

基於以上之判斷與情況, 胡氏主張應由中日直接交涉, 以謀事變之迅速的解決。其方式如下:

㈠以最嚴正堅強的態度質問日方, 是否有侵略土地野心? 如無, 則限其駐軍立刻退回鐵路線, 恢復瀋陽秩序。

㈡為表示中國的決心, 政府必須撤換東北邊防司令長官張學良和外交部長王正廷。

㈢中國政府應於撤換張學良後, 迅派幹員前往東北恢復地方秩序, 並與日方辦理地方交涉諸事❸。

胡氏上項意見, 曾於九月二十一日向參與南京中央決策諸人如戴傳賢、吳敬恆、邵元沖等來訪時提出, 未見接納。彼於十月中離京赴滬後, 仍從事直接交涉之努力。

日本方面, 在事變發生的第二天, 日本駐華公使重光葵即在上海晤國民政府財政部長宋子文, 作直接交涉之嘗試。當時由宋提出由中日各派高級委員三人, 組織共同委員會, 赴瀋制止事變之擴大, 並就地覓取滿蒙問題解決辦法。重光當日兩電其外相幣原喜重郎, 幣原於九月二十日專電同意。而中國民氣已經沸騰, 政府慮低調外交將使青年羣衆接受共黨之指導, 遂不果行❺。九月二十二日, 中國出席國聯代表施肇基向國聯控訴日軍在東北之侵略行動時, 日本代表芳澤謙吉為抵制施氏之控訴, 謂中國方面已有重要官員贊成由中日兩國自行解

---

❸ 胡漢民〈論中日直接交涉〉。《三民主義月刊》, 卷二, 期五。
❺ 梁敬錞, 前書, 頁一一三。

決，施氏聲明否認。迨國聯第一次決議促日方撤兵，而中國依據國聯決議告知日方派員接收東北時，日方之答覆，則爲先交涉後撤兵。日外相幣原十月九日覆中國駐日公使蔣作賓照會云：「兩國間應速協定可爲確立通常關係之基礎之大綱數點，此項大綱協定後，國民感情見緩和時，日軍始能全行撤退於滿鐵附屬地內」；且「日本政府隨時可與有責任之中國代表會商前項之根本的大綱」⑮。但交涉之對象及內容如何？日本政府與其軍方意見極不一致。外務省有以南京國民政府爲交涉對手之意向，條件較少；參謀本部認爲不可以南京政府爲交涉之對手，在方針上應以在滿蒙樹立之新政權爲交涉之對手，其條件亦至廣泛，直使滿蒙新政權在其關東軍統制之下⑯。迨國聯第二次決議促使日本撤兵時，日本政府乃於十月二十六日對國聯行政院決議案宣言中，提出中日直接交涉基本大綱五條如下：

　　㈠否認雙方之侵略政策及其行動。

　　㈡保證中國領土之完整。

　　㈢對妨礙雙方之通商自由，及破壞國際友好感情之任何有組織的運動，均應予以嚴格取締。

　　㈣有效保護滿洲各地日本人民之一切和平業務。

　　㈤尊重條約上所規定日本在滿洲之一切權益⑰。

---

⑮　〈日外相幣原覆駐日公使蔣作賓照會〉，一九三一年十月九日。《革命文獻》，三十四輯，頁九〇四。

⑯　日本參謀本部〈滿洲事變機密作戰日誌〉。《革命文獻》，三十四輯，頁九九五～九九六。

⑰　〈日本政府對國聯行政院決議案宣言〉，一九三一年十月二十六日。《革命文獻》，三十九輯，頁二三八一。

根據國聯行政院主席白里安（Aristide Briand）覆日本代表芳澤謙吉函，兩國對一至四條可謂「完全同意」，其第五條依中國代表施肇基之來函，有關條約解釋之一切爭議，應提交公斷或司法解決❺❽。蓋第五條所謂「尊重條約」，實指一九一五年（民國四年）之二十一條而言。

當時中國方面對於日方所提基本大綱五條來做交涉的基礎，曾有正反兩方面的意見。大體言之，南京中央鑒於民情之激昂，持以反對的意見；粵方主張直接交涉者，持以贊同的意見。如南京中央方面於十二月十一日覆粵方之汪精衛、胡漢民等電云：「日本之蠻橫，為諸先生所深知，若在日軍未撤之先，與之直接交涉，恐將成為城下盟之變相。中央始終不取此途」❺❾。南京中央特種外交委員會委員長戴傳賢氏亦力闢直接交涉之非，謂「時人頗有唱直接交涉者。夫日本既以武力來侵，非俟其完全退兵，國際條約之和平效力完全恢復後，尚何交涉之可言？直接間接，更無可論。」❻⓿主張直接交涉者除粵方人士外，北京大學教授胡適亦主張之，彼於十一月二十五日曾作長函致宋子文氏，主張承認一九一五年之中日條約為開始交涉地步。但宋無答覆❻❶。

蔣中正去職後，南京中央政府實由粵方人士接替。同時日本若槻內閣總辭後，由政友會總裁犬養毅出而組閣，芳澤謙吉繼幣原出任外相。犬養內閣對軍人之駕馭雖遠遜於前任，但犬養本人曾為孫中山先

---

❺❽ 〈國聯行政院主席白里安覆日本代表芳澤謙吉函〉，一九三一年十月二十九日。同上書，頁二三八四。

❺❾ 〈中國國民黨中央秘書處覆汪精衛等電〉，民國二十年十二月十一日(同日南京《中央日報》)。

❻⓿ 〈戴傳賢覆某君電〉(民國二十年十二月十一日，南京《中央日報》)。

❻❶ 〈胡適致外交部次長唐有壬函〉，民國二十一年七月四日。中央政治會議特種會議檔（黨史會藏）。

生的故友，與中國國民黨一些元老具有良好的友誼，且素主中日親善；
其外相芳澤亦係主張直接交涉者。中國方面則以粵方人士孫科組閣，
而以支持胡漢民之對日直接交涉主張的陳友仁爲外交部長⑫。此一人
事上的安排，顯示中日直接交涉有進入實際行動的可能。故在犬養組
閣之後，胡漢民即於十二月十九日派陳中孚及日本同志山田純三郞攜
其親筆函到東京往見犬養。胡致犬養函中有云：

　　　囊者承敎之頃，每聞閣下中日親善之說，亦即所以維持東亞和
　　　平；尤同佩於總理中山先生提攜互助之宗旨。所謂唇齒之邦，
　　　休戚與共，此不刊之論，或當不間今昔。尙冀毅然主持正義，
　　　凡所以爲邦交障礙者，即予敎正。以閣下之重望，或不難於咄
　　　嗟之俄頃，解此無限之糾紛。兩國和平福祉，惟閣下是賴⑬。

犬養亦曾以長函答覆胡氏，詳析中日糾紛癥結，表示願以最大努力，
解除中日間之危難。在實際行動方面，犬養在其組閣後，即派萱野長
知來華。萱野爲中山先生的信徒，與國民黨元老多爲舊友。萱野到上
海後，代表犬養向居正及鄒魯等秘密表示，謂九一八事變，不特是中
國的不幸，也是日本的不幸，如果日本軍人得逞其志，日本正常的政
治，將爲軍人所摧毀。故願以私人友誼，交換意見，就東三省問題，
硏究和平解決辦法，商討就緒，然後以正式出之。其要點爲日本撤兵，
將東三省主權歸還中國；但中國承認日本在東三省之商租權（即二十

---

⑫　胡漢民〈論中日直接交涉〉。胡在該文中指出彼之對日交涉主張，陳友仁首
　　先贊成，陳且對胡之主張，認爲「見解獨到」云云。
⑬　蔣永敬《胡漢民先生年譜》，頁五一二。民國七十年。臺北，商務印書館。
　　此函原據黨史會藏鈔件。

一條第二號第一、二款，略爲日本臣民在南滿及東蒙爲耕作及工商業，享有土地之租借權或所有權，以及經營工商業及來往居住之權）。當時居、鄒等以爲這樣辦法很可以商量，即由行政院長孫科撥給一萬元與居正，作爲招待萱野的費用❻。其時，日軍雖於二十一年一月三日佔據錦州，外交部長陳友仁對此交涉仍持樂觀態度，彼於一月四日與美駐南京總領事派克（Peck）談話時，謂日本內閣總理犬養毅已與彼作非正式之接洽，來商討關於滿洲問題。陳且表示彼已尋求一些途徑來與日本交涉，對於未來結果表示樂觀，更希望列強特別是美國能予友好的幫助❻。儘管犬養個人有解決中日問題的誠意，但日本軍部仍蓄意破壞之。其軍方所擬方案中，除積極推動僞滿政權外，對於「與中國本部政權直接交涉該有關問題事，儘可能採取拖延方策。如若該政權在最近之將來提議直接交涉時，則以要求大正四年（一九一五）條約，其他一切條約、協約與協定等之再確認以及排日抵制日貨之絕滅之具體實現，以對抗之」。又如要求不遂，則採取必要而有效之措置❻。不久，犬養亦爲日本軍人所暗殺。

孫科政院之秘密的直接交涉，所產生之影響，反視訴諸國聯爲退步。外交部長陳友仁竟主張對日絕交，藉以引起世界的注意，俾東三省事件用外交方式解決。此種危險的措施，不僅引起寧方人士的反對，即粵方部分人士亦難同意。蔣中正以在野之身，於二十一年一月十一日在奉化故里發表對日方針的意見，指斥對日絕交之危險性。汪精衛

❻ 鄒魯〈犬養毅確曾致力中日和平〉。《澄廬文選》，頁一五三～一五五，民國三十七年，正中書局。

❻ *U.S. Foreign Relations, 1932,* Vol. III., The Far East, pp.3～4. (Washington, D.C., 1948).

❻ 日本參謀本部〈滿洲事變機密作戰日誌〉。《革命文獻》，三十五輯，頁一三七五。

對於蔣中正的意見，表示贊同。汪於一月十六日至十八日，會晤蔣氏於杭州，孫科院長及黨內要員張繼、張人傑、何應欽、邵元沖等均集杭州，討論對日政策，悉認去年十月間在上海的團結會議中所協議的外交原則，不容變更。二十一日，汪至南京，次日在南京勵志社舉行中央委員談話會，與會者除汪氏外，有孫科、陳友仁、陳銘樞（行政院副院長）、張繼等。會中除孫科、陳友仁外，對於對日絕交問題，多一致反對。孫、陳遂即離開南京而往上海[67]。孫科政院實際已告結束。時上海情勢，極爲緊張，交涉旣告無望，財政尤陷困境[68]。以言抵抗，更屬無從著手，惟有掛冠以去。

肆、一面抵抗一面交涉

上海一二八事變發生，汪精衛出任行政院長，宋子文爲副院長兼財政部長，羅文榦爲外交部長。一月二十九日，南京中央推選蔣中正爲軍事委員會常務委員，負責指揮軍事，抵禦進犯淞滬的日軍，行一面抵抗、一面交涉之對日政策。此一政策的由來，原係去年十月間寧粵雙方代表在上海舉行團結會議時，商討對日問題時，曾經定下幾項原則，即㈠立即將外交統一起來，對外交涉由南京中央負責，廣州方面不辦外交；㈡如果日軍來攻，應該抵抗；㈢不主張對日宣戰；㈣不主張退出國聯。以上幾項原則，是爲寧粵兩方所協議的共同對日方針

---

[67]　〈中央政治會議第二十四次臨時會議速紀錄〉，民國二十一年一月二十八日，南京。汪精衛之報告（黨史會藏會議錄）。

[68]　何應欽於民國二十一年三月四日在國民黨四屆二中全會之軍事報告中指出，二十年十一月份以前中央軍費月支二千三百餘萬元，十二月份領到一千一百一十萬元。二十一年一月僅領到五百五十一萬元（其中一百二十一萬元爲財政部前任宋子文部長任內。孫內閣黃漢樑部長任內四百三十萬）。十二及一月份兩月積欠軍費達二千萬元之鉅（黨史會藏會議速紀錄）。

❻。是以南京中央特種外交委員會委員長一職亦改由粤方伍朝樞接替。
伍氏於二十年十二月間向國民黨四屆一中全會報告關於東三省事件擬
定應付方針如下：

（一）竭力從外交方面活動，以防制日本侵略之擴大，如國際聯盟、
非戰公約各國，及太平洋會議各國，均以正義及利害說之。

（二）日本軍隊無論向中國何處侵擾，守土軍隊應實行正當防衛，
但政府此時不必宣戰。

（三）即日設法進行收復東三省失地，並使東三省今後隸屬於中央
統一政令之管治❼。

上項方針，雖為寧粤雙方共同之協議，胡漢民仍有異議，陳友仁
附和胡之意見，意在「倒蔣去張（學良）」。而汪精衛、伍朝樞等則無
異議。故上項方針，亦為「汪蔣復合」之基礎。對於上項方針，汪之
說明概略如下：

我們所持的對日方針，是一面抵抗，一面交涉。因為中國的國
難，並非偶然，故要預備長期的抵抗，同時也要盡力的交涉。

就抵抗言，日本為一富國強兵的國家，中國為一廣土眾民的國
家，如果專在一地打，中國是打不過日本的；若要抵抗日本，
上海一隅是不夠的，須以全國抵抗。例如日本運兵到上海，從

---

❻ 同❼。

❼ 〈中國國民黨中央執行委員會致中央政治會議密函及抄附原案〉，民國二十
年十二月二十九日，南京（黨史會藏原件）。

長崎出發，只要兩天就到了。但是中國交通未便，運兵反不如日本便利。若全國抵抗便不同了，例如日本可以將二、三萬人從吳淞上陸，但不能將二、三萬人分佈到蘇州、鎮江；若要如此，非增兵幾倍不可。至於星羅棋布於全國，則非幾十倍幾百倍不可。我們現在祇有以廣土眾民的中國，與富國強兵的日本長期抵抗，處處抵抗，人人抵抗。如此，則日本必有精疲力盡之一日，我們就可以得到最後的勝利了。

就交涉言，這次中日問題，中國是有十足的理由來要求國際來干涉日本的。因為日本是破壞了國聯公約、九國公約、非戰公約的。我們在外交上既有充分的理由，則何必要放棄外交的方法呢？何必驅使各國守中立呢？我們有國家，則有交涉的權利；我們還未亡國，為什麼不能交涉呢？如果日本放棄無理的要求，則我們無論何時都可以交涉的。

所以一面抵抗，一面交涉，同時並行。軍事上要抵抗，外交上要交涉，不失領土，不喪主權。在最低限度之下不退讓；最低限度之上不唱高調，便是我們共赴國難的方法❼❶。

　　汪氏上項觀點，正是六年以後盧溝橋事變後對日採取長期消耗戰略的張本。汪氏亦深知：一旦對日本以武力抵抗，必會立即遭致中共軍的乘火打劫。這是汪於一月二十四日在南京對法國駐華公使韋禮德（Wilden）所言❼❷。

❼❶　汪兆銘(精衛)〈政府對日方針〉，民國二十一年二月十五日，徐州。《革命文獻》，三十六輯，頁一五七〇～一五七二。

❼❷　*U.S. Foreign Relations, 1932,* Vol. III., The Far East, p. 6.

日軍如在淞滬滋事，中國必予抵抗，此在九一八事變之初，蔣中正即有此決心。例如二十年九月二十二日熊式輝參謀長自上海龍華呈請，謂「淞滬為通商巨埠，日艦駐泊甚多，交涉萬一不能迅速解決，日方擴大行動，對我要塞、兵工廠及重要各機關施行威脅或襲擊時，我陸海軍究如何行動」❼❸？蔣復云：「應正當防範，如日軍越軌行動，我軍應以武裝自衛可也」❼❹。十月六日，日艦大舉來滬，且有即日在華界登陸之報❼❺。蔣因電指示上海市長張羣，謂「日本軍隊如果至華界挑釁，我軍應預定一防禦線，集中配備，俟其進攻，即行抵抗。希與天翼兄（按即熊式輝）妥商決定」❼❻。故一二八事變之發生，蔣中正復任軍職。其負責指揮軍事抵抗，足證早有計劃。為集中全國力量，以從事有效抵抗起見，一月三十日遷都洛陽，二月二日在洛陽行都議定「全國防衛計劃」如下：

(一)第一防衛區：黃河以北，司令官張學良，徐永昌副之。統率東北軍及晉綏各軍。

(二)第二防衛區：黃河長江間，司令官蔣中正，韓復榘副之。指揮在魯、豫及蘇、皖北部之軍隊。

(三)第三防衛區：蘇南及浙閩，司令官何應欽，陳銘樞副之。除指揮第十九路軍及第五軍外，並由贛調五師增援淞滬，由湘出二師、粵出一部入贛，監視贛南共軍。

❼❸ 〈熊式輝參謀長自龍華呈蔣主席電〉，民國二十年九月二十二日。《緒編一》，頁二八五。

❼❹ 〈蔣主席覆熊式輝參謀長電〉，民國二十年九月二十三日。同上書，頁二八六。

❼❺ 〈蔣主席致張學良副司令電〉，民國二十年十月六日。同上書，頁二九一。

❼❻ 〈蔣主席致張羣市長電〉，民國二十年十月六日。同上書，頁二九〇。

㈣第四防衛區：廣東廣西，司令官陳濟棠，白崇禧副之。統率
　在粵桂之軍隊，並派兵入贛剿共。

㈤預備區：四川，司令官劉湘，劉文輝副之。令準備五師以上
　兵力，集中鄂東待令⑰。

　　以上五區的兵力，至少有二百四十餘萬。其調遣方法，是將第三
區的兵力用於淞滬作戰，以第二區兵力爲繼；同時要第一區向東三省
出兵，以牽制日軍，使不得專意於淞滬。調湖北駐軍接防江西，調四
川軍隊接防湖北，調廣東軍隊進入贛南。上項計劃既定，除密電各區
正副司令官外，並分別派員前去詳細說明。派李濟琛、陳公博至北平
見張學良，說明如果現時河北、熱河兵力不足，尚有宋哲元、商震、
龐炳勳、孫魁元等部，都願開往前方作戰。但張學良以「鞏固後方，
推進前方，保護地方，擁護中央」四句不著邊際的話答之。李、陳頹
然而返。四川方面，派張篤倫前去，並攜有汪與蔣之信函。當張抵漢
口時，劉湘即致電湖北綏靖公署主任何成濬，請其阻止張氏入川；去
則槍斃。因劉湘防地在重慶，畏張到川傳令出兵，劉文輝等借令出兵，
假道重慶，奪其地盤。張氏只得中途而返。廣東方面，雖嚴屬責備中
央不以大軍赴援淞滬，但中央令其出兵贛南時，卻按兵不動。因川、
粵未能合作，致江西剿共之軍隊不能迅速開拔，如蔣鼎文之第九師限
其在二月二十日以前到達淞滬前線，然以交通梗塞，加以共軍跟蹤追
擊，由贛沿閩邊入浙，且戰且走，及至開到前方，已是三月七日，而
淞滬已失。長江以南，既無兵可用，乃調駐豫之胡宗南第一師。惟以
長江佈滿日艦，乃改裝平民，化整爲零，晝伏夜行，柴船偷渡，費時

---

⑰　何應欽〈軍事報告〉，民國二十一年三月四日，洛陽。國民黨四屆二中全會
　　速紀錄（見㉘）。

二十多天，始至南京集中，而時機又失。否則淞滬戰役，情況自有不同[78]。

　　儘管援軍不能來，第十九路軍和第五軍在淞滬前線仍舊是愈戰愈勇。日方初以海空軍攻擊，遭遇十九路軍的堅強抵抗。日增派第九師團來滬，二月十五日登陸完畢，於十八日要求中國軍在二十日下午六時前撤退二十公里，並永久廢除吳淞砲臺及其他軍事設備。中國拒之。自二十日起，戰事更趨激烈，如第五軍二月二十二日戰鬥要報所記：

> 敵自二十日開始攻擊以來，亙三日夜，至今(二十二)日則傾巢來犯，眾在一萬五千以上，雙方激戰之烈為開戰以來所未有。辛因我官兵沉著應付，敵終未得逞。而廟行、江灣間我陣地前敵屍山積，其損失之大可以想見。我八十八師損失亦鉅，錢旅長倫體、陳副旅長普民均重傷，營長傷亡六員，連排長傷亡八九十員，士兵傷亡一千餘名。八十七師傷亡官兵六百餘人[79]。

　　二月二十四日以後，日本又增派第十一、第十四兩師團來上海增援。中國軍腹背受敵，於三月一日自動撤往南翔嘉定之線。五月五日，中日雙方代表在英、美、法公使及意大利代辦的見證下簽訂「中日上海停戰及日方撤軍協定」。

　　上海一二八事變，中國對日軍之侵略採取堅決的抵抗行動，並予日軍以嚴重之打擊，在國際調解下，簽訂停戰協定，日軍由滬撤退。

---

[78] 汪精衛〈兩年來關於救亡圖存之工作〉，民國二十三年一月二十三日在國民黨四屆四中全會之政治報告（黨史會藏原稿）。

[79] 〈淞滬抗日戰役第五軍戰鬥要報〉，民國二十一年二月二十二日。《革命文獻》，三十六輯，頁一六二六。

此對中國之國際地位，以及抵抗日本侵略的信心，大有增進。國聯調
查團報告書對此役之影響有如下之評述：

> 上海事件自大有影響於滿洲之情勢。日軍能不費力而佔據滿洲
> 之大部分與中國軍隊之毫不抵抗，不特使日本海陸軍界相信中
> 國軍隊戰鬥力之極爲薄弱，且使全中國人民亦大爲沮喪。自十
> 九路軍在上海開始奮勇抵抗，繼以警衛軍（第五軍）第八十七師
> 與八十八師之助戰，一旦戰情披露，舉國狂熱。原有之三千日
> 本海軍加以三師團與一混成旅之補充，血戰六星期後，始將中
> 國軍隊擊退，此足以予中國民氣以一種深切之印象。於是全國
> 均覺中國非自救不可。中日衝突之事傳佈全國，各處輿論緊張，
> 抵抗精神增加，以前所抱之悲觀主義忽而變爲同等過甚之樂觀
> 主義。上海消息傳入滿洲，使其仍在抵抗中之散漫軍隊增加勇
> 氣，馬占山亦因是而再起抵抗，並激起寰球華人愛國之心，義
> 勇軍之抵抗力亦由此而增加。日方遣軍遠征，亦無勝利可言，
> 在數處日軍反取守勢，且有時受攻擊之各鐵路不得不加意佈防
> ⑧。

　　就外交情勢言，抵抗與不抵抗之間，實有極大之差異。一二八事
變以前，各國對於中國雖勉說公道話，但卻很冷淡，最大原因，是爲
中國自己本身不作抵抗之故。自一二八事變抵抗以後，世界輿論，即
時改變，各國對華態度，亦好於往昔⑧。蓋專賴外交，而不決定自助

⑧　《國聯調查團報告書》（中譯本），頁一六六（上海，神州國光社，一九三二）。
⑧　汪精衛〈悲壯抗敵以求我民族生存〉，民國二十一年二月二十九日。《革命
　　文獻》，三十六輯，頁一五八〇。

方法，則其收效必微，九一八之變，我雖竭力呼籲，而國際上影響極少。迨一二八上海之役，我軍起而奮抗，世界目光始爲之轉移；國際論調，亦因改變，外交方面乃覺有活動之可能。此固由於日軍侵略淞滬與列強權利不能相容；而守土軍隊能不畏強敵，盡力抵禦，有以致之[82]。

上海一二八戰役的結果，日本軍備之謎，亦爲中國之抵抗所揭破。蓋日本自明治維新以來，經過甲午中日戰爭、日俄戰爭，以及第一次世界大戰，無往不利，已爲世界列強之一，且爲亞洲之唯一強國，其軍備狀況，成爲世界之謎，各國對其蠻橫，多所畏懼。迨一二八戰役，中國僅以第十九路軍及第五軍倉卒應戰，而日方海陸空軍一齊出動，數度增援，激戰月餘，無所進展。最後尚是中國軍自動後撤。例如吳淞要塞，建於清末，設備陳舊，中國守軍不及一團，日以三軍聯合攻擊，久不能下，最後還是中國軍自動放棄，爲日所毀。日軍所呈現之弱點，對中國抵抗的信心，大爲增進[83]。

經過這次抵抗，中國方面之抗日信心，雖爲之奠定，但亦深悟本身之諸種缺點必須加以克服，始能有效繼續抵抗日軍之挑戰。其要者有如地方軍人割據狀態之打破，交通運輸困難之解決；特別是共軍在後方牽制之消滅。此外如國際關係之運用，對日交涉之限度與方法，

---

[82] 〈伍朝樞、陳公博等向國民黨四屆三中全會抗日提案〉，民國二十一年十二月二十二日中央執行委員會致政治會議函（黨史會藏原件）。

[83] 吳鐵城《抗戰言論集》，頁二五～二七（廣州，民國二十六年九月）。按吳在一二八戰役前後任上海市長。又日本參謀本部〈滿洲事變機密作戰日誌〉中關於淞滬事變記載記有吳淞要塞作戰經過。例如一九三二年二月八日記載，謂其攻擊吳淞時：「敵（華軍）之射擊巧妙，未經大戰鬥，海軍（日方）已傷亡五十名官兵。數度以砲兵及步兵砲撲滅之。機關槍不久又抬頭出現，抵抗極爲頑強。」《革命文獻》，三十六輯，頁一六八九。

均從這次抵抗中取得良好的經驗。因此，淞滬戰役甫經停止，國民黨中央全會即於二十一年（一九三二）三月四日的會議中對於軍事與外交方針有如下之決定：

軍事（密）：

㈠切實施行軍事委員會所定全國防衛計劃。

㈡全國軍隊，應以國防爲主目的，剿匪爲副目的，同時並當積極改進，務適於國防之用。

㈢以科學的應用，求武器及兵工材料之充實。

外交（密）：

㈠根據國際聯盟公約、華盛頓九國公約、凱洛格非戰公約，要求簽約各國，干涉日本之侵略行動。

㈡對於日本之交涉，以決不屈服於喪權辱國之條件爲主旨，其方法取公開的及系統的行動[84]。

以上方針，是一二八事變後淞滬戰役中國所確立的對日政策。在軍事方面，則是準備有計劃的抵抗；外交方面，則取公開而有系統的交涉。軍事與外交相配合，以外交掩護軍事，以剿共掃除軍事之障礙，更以建設充實國力[85]。至是南京中央對日政策乃告確立。

伍、結論

從九一八事變到一二八事變，而至淞滬停戰，前後爲時不到半年。

---

[84] 〈中國國民黨四屆二中全會中之施政方針報告〉，民國二十一年三月四日，洛陽。同上書，頁一五八四。

[85] 同[78]。

對日政策，三易方針。由申訴國聯而直接交涉，再至一面抵抗、一面交涉。其時中國雖告統一，實際仍處於分裂之狀態，經濟落後，社會動盪，與強敵日本比較，實力大相懸殊。中國面臨此一鉅變，應變之方為何？回顧清季以來，中國屢遭外敵侵略，其應變之方，不外和、戰兩途，有時以和避戰，然多戰而後和；但戰則必敗，和則割地賠款，或簽喪權之約。這次日軍入侵，中國內部之動盪，國際環境之險惡，敵人之橫暴，實較往昔為嚴重[86]。九一八變起，民情沸騰，尤以青年學生為甚，激於義憤，要求對日宣戰，罷課請願，有以「不宣戰、不開課」為揭示者；有以「出兵」與「讀書」並論者；有隻身請求入伍者，有自殺以殉國難者[87]。青年學生主戰，類多出於愛國熱忱；但反政府分子亦有藉此使政府為難，以圖顛覆政府者[88]。惟據軍事專家推測，如在東北作戰，前方一經接觸，至多恐不過維持一星期左右。而關內隊伍無論從何方面計劃，皆無出關援助之可能[89]。至於和，即所謂直接交涉者，有主張以「絕對不屈伏於任何暴力之下」與「絕對不能喪失國家之權利」為原則者；有主張承認一九一五年之二十一條為交涉地步者。前者為胡漢民之主張[90]，後者為胡適的意見[91]。前者高調，不符實際；後者低調，政府不敢為。故如何能在和、戰兩途之外，

---

[86] 胡漢民於二十年十月十四日由滬致電廣州唐紹儀等謂「現在外患急迫，不弱於甲午；而國內不調整之現象，則為甲午所未有。」蔣永敬《胡漢民先生年譜》，頁五〇九。

[87] 〈中國國民黨中央執行委員會告全國學生書〉，民國二十年九月二十八日，南京。《革命文獻》，三十五輯，頁一二〇三～一二〇四。

[88] 〈中央政治會議特種外交委員會第五十九次會議紀錄〉，民國二十年十二月八日，南京。朱培德之發言。同上書，頁一二七六。

[89] 同[88]。

[90] 胡漢民〈論中日直接交涉〉。

[91] 〈胡適致唐有壬函〉，見[61]。

尋求第三個解決的途徑，實為當時對日政策問題關鍵之所在。因此，訴諸國聯，不失為和、戰之外的另一途徑。如戴傳賢之所言：

> 昔時因無國際組織，各國間亦無相互遵守之公約，故對於外國之侵略，只有和戰兩途；現在世界既有國際組織，有國際公法，則當然於和戰之外，有正當之第三途徑，此非中國不武，而實尊重國際信義者所當然應由之道也[92]。

訴諸國聯亦有對外與對內兩種實際作用，對外是用以維持中國在國際上之地位與減少日本直接壓迫中國之力量[93]。同時亦冀經由國聯而促進華盛頓九國公約國對日侵略行為之干涉；特別是對美國做工夫時，較易說話。因國聯各重要會員國，皆為九國公約之簽字國也[94]。對內作用，在使國聯承擔若干失敗的責任，以減少人民責備政府之心理[95]，這也是推卸責任的一種手段。

惟運用國聯亦有其限度，因國聯本身並無力量，僅恃三數強國之力以為己力；而強國中如英、法者，與日本均有相互的重要關係，如雙方貿易及遠東殖民地等問題；復有對俄對德之國際政治等問題。故英、法在理想上雖與我表同情，而實際上不敢開罪日本，此為自然趨向無可如何者也[96]。當國聯決議促日撤兵無效時，反對申訴國聯者的

---

[92]　〈戴傳賢為述中央外交方針覆某君書〉，民國二十年十二月。《革命文獻》，三十五輯，頁一二七八。

[93]　〈蔣主席致張學良副司令電〉，民國二十年十月六日。《緒編一》，頁二九一。

[94]　〈戴傳賢任特種外交委員會委員長時上中央政治會議報告〉，民國二十年十一月。《革命文獻》，三十五輯，頁一二二八。

[95]　同[94]。

[96]　〈伍朝樞、陳公博等抗日提案〉，見[82]。

理由更爲充足。如胡漢民認爲國聯是一個華而不實、空無內容的組織，它支柱在英、法、日、意等國利益的協調上，希望國聯來排難解紛，只是癡人說夢[97]。

胡氏認定國聯旣不可恃，因有直接交涉之主張。惟此主張所依據的對事變性質與日軍意向之判斷，未免過於樂觀；同時對內亦有被利用爲「倒蔣去張（學良）」之嫌，故吳敬恆對張學良有「守非戰盟約而不渝，庶拒直接交涉爲可能」之警語[98]。日本若槻與犬養前後兩內閣原有直接交涉之意向，然以中國民氣之沸騰，日本軍人之囂張，曾兩度秘密嘗試而中止。

訴諸國聯旣失其效，直接交涉亦未成功，代之而起者則爲一面抵抗、一面交涉。這是在和、戰兩途以外，所產生的另一途徑。此一政策之擁護者，則以汪精衛爲主。汪氏對此策的說明是：因爲不能戰，所以抵抗；因爲不能和，所以交涉。政府應付國難的態度，不是「不和不戰」，而是「抵抗與交涉並行」[99]。此策之意義，是以自助爲主動，亦不忽視他助。以外交掩護軍事，以剿共掃除軍事之障礙，以建設充實國力。這是從一二八事變與淞滬戰役中所獲得的寶貴經驗。

由南京中央政府人事之遞嬗，來看前述對日政策變易之過程，足以顯示中國之分合，與對日政策之變易，具有密切之關係。例如九一八事變之初，寧粵分裂，對日政策亦異，一主申訴國聯，一主直接交涉。迨前者失效，後者乘之，南京中央政府因之改組，代以粵方人士。迨後一政策失效，寧粵漸合，乃行一面抵抗、一面交涉之策，對日政策，始趨穩定。

[97] 胡漢民〈論中日直接交涉〉。

[98] 〈吳敬恆勉張學良電〉，見[46]。

[99] 汪精衛〈老話〉，見[14]，全文並見《革命文獻》，三十八輯，頁二二二二～二二二四。

第三節 「九一八」事變後的熱河防守問題

壹、前言

熱河防守問題是繼「九一八」事變發生後日本製造偽滿洲國所衍生的問題。即日本在成立偽滿的同時，也把熱河省列入偽滿領域之內。中國為存恢復東三省主權的希望，必須防守熱河。為此問題，南京國民政府行政院長汪精衛與北平綏靖公署主任張學良於民國二十一年（一九三二）八月發生公開衝突。結果汪請假出國，張辭綏靖公署主任，公署亦隨之撤銷。但張易為軍事委員會北平軍分會代理委員長的名義，仍然坐鎮北平，統有華北。到了民國二十二年（一九三三）一開始，日軍便作進攻熱河的佈置，熱河防守問題再度興起。駐守熱河的東北軍將領湯玉麟，亦如張學良之應付「九一八」事變的方式，不作抵抗而退出熱河。張因此去職，而由何應欽接替，乃有長城戰役的發生。

本文主旨，在討論「九一八」事變後中國對日政策之演變與熱河防守問題，以及汪、張為熱河問題而發生衝突。汪去張留，以宋子文代理汪之職務，宋與張合作，支持其防守熱河，但仍無能為力。本文要點為「九一八」事變後的對日政策；在此政策下的熱河防守問題；以及熱河的失陷與張學良之去職。至長城戰役，不在本文討論範圍之內。

貳、「九一八」事變後的對日政策

民國二十年（一九三一）「九一八」事變發生，負有東北及華北軍

政大責的張學良氏，時為東北邊防軍司令長官及中華民國陸海空軍副司令，坐鎮北平，遙控東北，對事變的處理，採取所謂「不抵抗主義」。此一用詞，首先見於張在事變的第二天的一項通電中，謂：「日兵自昨（十八）晚十時開始向我北大營駐軍實行攻擊，我軍抱不抵抗主義」❶。九月二十四日，張又電南京國民政府云：「為免除事件擴大起見，絕對抱不抵抗主義」❷。南京國民政府主席、中華民國陸海空總司令、並兼行政院長蔣中正氏，對於張的「不抵抗主義」予以默認，表示「暫取逆來順受態度，以待國際公理之判斷」❸。乃將日軍侵入我東北事向國際聯盟申訴，以求解決。但國聯先後兩次決議促日限期撤兵，均告無效。蔣於二十年十二月中宣佈下野，張之職務亦隨之撤銷，改為北平為綏靖公署主任的名義，但職責如故。二十一年一月初，遼寧省最後的據點錦州亦不作抵抗而撤退❹。

蔣中正去職，國民政府改組，孫科任行政院長，仿「內閣制」，以陳友仁掌外交，試圖對日直接交涉，亦未能成功❺。隨之由汪精衛繼任行政院長，以羅文榦掌外交，並邀蔣中正回京，任軍事委員會常務委員，負責軍事，行一面抵抗，一面交涉對日政策。有稱之為「汪蔣

---

❶ 張學良〈為日軍入侵東省事通電〉，民國二十年九月十九日。見《革命文獻》，三十四輯，頁八九一（黨史會編印）。按張電係轉其參謀長榮臻之電。

❷ 張學良〈為報告日軍入侵東省經過呈中央電〉，民國二十年九月二十四日。《革命文獻》，三十四輯，頁八九七。

❸ 蔣中正〈一致奮起共救危亡〉，民國二十年九月二十二日。《革命文獻》，三十五輯，頁一一九六。

❹ 日軍陷錦州，在二十一年一月二日。

❺ 蔣永敬〈從九一八事變到一二八事變中國對日政策之爭議〉，中央研究院近代史研究所編《抗戰前十年國家建設史討論會論文集》，頁三七〇，民國七十三年出版。

合作」政策的❻。此一政策的由來，是在「九一八」事變後，南京與廣州之間，正處於對抗狀態，雙方爲求團結，以應付國難，汪等代表廣州方面於二十年十月間在上海與寧方代表舉行團結會議，其中所協議的對日政策爲：(1)統一外交，南京中央負責交涉；(2)如果日軍來攻，應即抵抗；(3)不主張對日宣戰；(4)不主張退出國聯❼。南京中央即根據上項協議所制定的對日政策爲：(1)竭力從外交方面活動，以防制日本侵略之擴大。(2)日本軍隊無論向中國何處侵擾，守土軍隊應實行正當防衛，但不必宣戰。(3)設法進行收復東三省失地❽。上項政策，簡稱一面抵抗，一面交涉政策❾。

　　二十一年一月二十八日。日軍進犯上海，中國守軍第十九路軍立即實行抵抗，予日軍以嚴重打擊。日軍增援一個師團，中國亦派第五軍增援。雙方激戰，都有極大傷亡。日軍再行增援兩個師團，中國軍腹背受敵，乃於三月一日自動撤往南翔嘉定之線(上海近郊)。在國際調解下，簽訂停戰協定，日軍由上海撤退。

　　上海「一二八」戰役由抵抗而至交涉停戰，對中國在國際外交之活動與抵抗日本侵略的信心，實大有增進。汪氏曾謂：就外交情勢言，抵抗與不抵抗之間，實有極大之差異。「一二八」事變以前，各國對華

---

❻　胡適《胡適的日記》，手稿本 (十一)，民國二十二年六月十三日記，謂塘沽協定與上海協定都足證明「汪蔣合作」的政策是不錯的。遠流出版公司出版，民國七十九年。

❼　中央政治會議第二十四次臨時會議速紀錄，民國二十一年一月二十八日，汪精衛之報告 (黨史會藏檔)。

❽　中國國民黨中央執行委員會致中央政治會議密函及抄附議案，民國二十年十二月二十九日 (黨史會藏檔)。

❾　汪兆銘〈政府對日方針〉，民國二十一年二月十五日。《革命文獻》，三十六輯，頁一五七〇～一五七二。

雖勉說公道話，但卻很冷淡。最大原因，是因中國自己本身不作抵抗
之故。自「一二八」事變抵抗以後，世界輿論，即時改變，各國對華
態度，亦好於往昔❿。外交部長羅文榦亦曾指出：日方願在上海停戰，
因經濟之壓迫，其調兵至滬，軍費竭蹶。此日使重光葵屢有表示者。
日方初意三日可取上海，後經三十日尚未得手。我軍雖退，而日軍進
攻亦難，故願停戰。又上海戰事初起，英出調停；及日援兵至，則復
戰，如此者四。及三月十一日國聯決議停戰，日本接受，乃自身無法
維持，非受英國調停之力也⓫。

　　上海戰役與停戰協定，使中國一面抵抗，一面交涉政策產生效果
與信心。所以上海戰事甫經停止，國民黨中央全會即於二十一年三月
四日決定一項對日的軍事與外交方針，在軍事方面，切實施行全國防
衛計劃；改進全國軍隊適於國防之用；充實武器及兵工材料。外交方
面，運用國際組織及條約，使之干涉日本之侵略行動；對日交涉，決
不屈服於喪權辱國之條件，其方法取公開的及系統的行動⓬。根據上
海「一二八」戰役與實施全國防衛計劃所遭遇的困難，決定以剿共爲
副目的，以掃除軍事之障礙；加緊經濟建設以充實國力⓭。故亦稱爲
「安內攘外」政策。爲推動上項軍事方針，中央政治會議於三月六日
推選蔣中正爲軍事委員會委員長。

---

❿ 汪精衛〈悲壯抗敵以求我族生存〉，民國二十一年二月二十九日。《革命文
　獻》，三十六輯，頁一五八〇。
⓫ 羅文榦〈上海停戰協定經過報告〉，民國二十一年七月九日專家談話會速紀
　錄（黨史會藏檔）。
⓬ 中國國民黨四屆二中全會之施政方針報告，民國二十一年三月四日。《革命
　文獻》，三十六輯，頁一五八四。
⓭ 汪精衛〈兩年來關於救亡圖存之工作〉，民國二十三年一月二十三日在國民
　黨四屆五中全會之政治報告（黨史會藏檔）。

叁、熱河防守問題

　　上海「一二八」戰役時，國民政府的抵抗政策，亦包括東北在內。當時曾將全國劃分為四個防衛區，以張學良為第一防衛區司令官。為牽制日軍，使不得專意於淞滬，中央曾要張學良向東北出兵。但張以「鞏固後方，推進前方，保護地方，擁護中央」四句不著邊際的話答之❹。上海停戰後，熱河的防守問題立即呈現出來。因上海停戰不到十天，即二十一年三月九日，偽「滿洲國」即成立於長春。依照日軍的計劃，也將熱河省列入偽滿的領域。故日軍之進取熱河，自是意料中的事。南京方面對於熱河的防禦，在這年三月初即在積極計劃之中。五月五日，上海停戰協定簽字，日軍即調至東北，同時即對山海關及熱河方面進行侵擾。顯示北方問題趨於緊張。六月中，汪赴北平，與張商討防務問題。汪云：

　　　　日本從前以兩手來打我們，一手叉住我們的喉嚨，一手搥我們
　　　　的胸。如今兩手聚在一處，我們也當然以兩手來抵抗。因此，
　　　　日本調兵到東北，我們也當調兵去抵抗❺。

　　其時汪去北平的任務，是會晤自東北調查以後到達北平的國聯調查團，陳述中國方面對於東北的立場，要求張對東北進兵，以示中國維護東北領土主權的決心。同時東北的義勇軍因受上海戰役的鼓勵，

❹　同❸。
❺　汪精衛〈在中央黨部南京辦事處紀念週報告〉，民國二十一年八月二十九日。
　　見南京《中央日報》，同年八月三十日。

已再度起而抗日❶。

　　當時在東北的義勇軍總數在三十萬人以上。南京、北平均有接洽
聯絡機關，對其武器運送路線為山海關與熱河，如此兩路不保，義勇
軍在武器來源斷絕之後，唯有依靠蘇俄的援助。這是南京方面所不願
見到的事實。為了使東北義勇軍後援不斷，必須防守熱河與山海關。
汪在北平與張所討論的防務問題，重點即在如何防守熱河問題。汪認
為日軍如果進攻，東北軍須要拼命抵抗。而且汪在去平以前，曾赴盧
山與蔣中正委員長詳細討論，蔣有親筆信給張❶。

　　防守熱河，支援東北義勇軍的抵抗，亦為配合對日交涉的目的。
當時主張對日交涉，期以收回東北的，尚有胡適等人士。但熱河防守
的障礙，則為駐防熱河的東北軍第五軍團長兼熱河省政府主席湯玉麟，
外交部長羅文榦認為湯是「國可亡，家可破，錢同命是捨不得的」代
表性人物。既不能抵抗，何能有交涉的條件❶。所以汪亦感慨的說：
「熱河湯玉麟的軍隊祇知道運鴉片，那裡知道國防，那裡懂得抵抗。
現在中央也沒有方法去調換。現在東三省義勇軍能夠有一點小勝利，
全靠『青紗帳』。……如果再過二個月『青紗帳』過了，義勇軍沒有方
法避免日軍的攻擊。所以我們盡力量援助義勇軍」❶。

　　關於熱河湯玉麟問題，就是湯的直接上司張學良也對他毫無辦法。
丁文江在南京參加「專家談話會」中指出：

❶　《國聯調查報告書》（中譯本），頁一六六。神州國光社出版，一九三二，
　　上海。

❶　汪兆銘〈東北義勇軍情形報告〉，民國二十一年七月九日，專家談話會速紀
　　錄（黨史會藏檔）。

❶　〈羅文榦致胡適〉，民國二十一年九月十九日。見《胡適來往書信選》，中
　　冊，頁一三五。一九八三年，香港，中華書局出版。

❶　同❶。

湯玉麟是東北最壞不過的一個人。本席問張學良對於湯玉麟的
問題，他說現在沒有辦法，滿洲國成立以前，湯玉麟是東北政
務委員，如果用武力去進攻，他立刻合併（入）滿洲國。最近有
人去問湯玉麟：假使日本人來進攻熱河，你究竟抵抗不抵抗？
他說如果日本人真是有一天來進攻，我祇有後退；如果天津抵
抗，我可以共同抵抗。否則，單獨抵抗是無用的。九一八事變
東三省有這麼多的軍隊不能抵抗，我怎好抵抗呢？照現在的情
形，張學良是怕湯玉麟加入滿洲國，所以沒辦法[20]。

　　為解決熱河問題，蔣中正委員長亦不斷致電張學良，促其從速進
行。七月五日，蔣電覆駐平參議蔣伯誠，要他告知張學良：「以內外情
勢，對熱河問題，不得不從速解決，以後治亂關鍵，全在乎此。請漢
兄（張字漢卿）決心進行，雖至冒險亦無如何也」[21]。七月七日，又
電蔣伯誠謂：「如漢兄決心實行，則此事萬不可預先商湯（玉麟），否
則無異使湯預召倭軍佔熱也。且此事如決行，則務須從速，先派兵三
旅用夜間動作到熱河附近，使倭與湯皆不及防，一俟我軍接近熱河，
再調湯至察省，則湯必遵行，倭亦無法。如漢兄以為此著冒險，則中
意寧可先佔熱河，而暫棄平津，亦所不惜」[22]。但張猶豫不決，且與

---

[20]　丁文江〈關於熱河湯玉麟問題〉，民國二十一年七月七日，專家談話會速紀
　　錄（黨史會藏檔）。

[21]　〈蔣委員長覆蔣伯誠參議電〉，民國二十一年七月五日。見《中華民國重要
　　史料初編——對日抗戰時期——緒編一》，頁五五九。秦孝儀主編，黨史會
　　出版，民國七十年。以下簡稱《緒編一》。

[22]　〈蔣委員長致蔣伯誠參議電〉，民國二十一年七月七日。《緒編一》，頁五五
　　九。

湯玉麟之子相商。蔣委員長於七月十日電張云:「此事既與湯子提出,則萬不可再事延緩」。蔣認爲「如必須與湯商妥再行,則無異與虎謀皮,不特其事難成,而害必隨之」❷❸。張仍無動作。蔣又派張羣赴平與張學良商談進兵熱河問題。據張羣七月十八日呈蔣之電說:「頃據漢卿云:動員部隊正照計劃進行。惟湯處已去兩電,尚未得覆,不無可慮」❷❹。這顯然是採取敷衍的態度。張學良也對日方懷有僥倖的心理,他向張羣表示:日方現尚無動靜,據彼觀察,如日方不再增兵東省,或不致即對關內用兵。當時北平方面,也有「一般人之意見,以爲熱河如有軍事行動,漢卿必須離開平津,消去日方目標,方易維持」。何以有這種「意見」?顯然是由於日軍的侵略藉口,是要驅除張學良在華北的勢力。因此,他們認爲只要張能離開平津,即可「消去日方目標」,解除日軍的威脅了。這種想法,顯然不切實際。所以張羣「連日力說漢卿及其左右對華北軍政作一整個打算」❷❺。經過張羣的溝通,決定派兵五旅集中熱邊的計劃。這個計劃,是否付諸實施,並無下文。蔣委員長在七月二十三日去電追查,說:「無論如何,請漢兄迅照預定計劃解決熱河,以安北局」❷❻。似乎仍無結果。這使蔣氏對他一向所倚重的張學良,也不能不感到無奈。蔣在其八月九日的《日記》中記云:

> 近日東北義勇軍攻擊牛莊,截斷南滿鐵路之運輸,而日軍海陸
> 並進,尚不能抵抗,當此日寇手足無措之時,正張學良收復熱

❷❸ 〈蔣委員長致張學良主任電〉,民國二十一年七月十日。《緒編一》,頁五五九～五六〇。

❷❹ 〈張羣自北平呈蔣委員長電〉,民國二十一年七月十八日。《緒編一》,頁五六〇。

❷❺ 同❷❹。

❷❻ 〈蔣委員長致張羣電〉,民國二十一年七月二十三日。《緒編一》,頁五六一。

河，策應義勇軍最佳機會，亦所以表明心跡，爲國爲民也。復何懼他人狂言哉？而張學良乃猶豫依違，不敢前進，是誠不足與共事[27]。

所謂「一般人之意見」，張學良必須離開平津，北方局面方易維持。此「一般人」究係那些人？頗引起蔣委員長的注視，他在張羣的來電中批覆：「所謂據一般人之意見者，指何人而言？是否漢卿兄左右亦有此意？」按照張羣的原電「力說漢卿及其左右」[28]。張的左右有此意，不無可能。這種意見，不論來自何方，或其動機如何，倒使汪精衛大爲衝動，竟不惜以行政院長爲賭注，公開驅張。汪乃於八月六日發出五通電報，提出辭職。其中一電，對張嚴加指責，責張「去歲放棄瀋陽，再失錦州，致三千萬人民，數十萬里之土地，陷於敵手，致敵益驕，延及淞滬」；今又「未聞出一兵，放一矢，乃欲藉抵抗之名，以事聚斂」。表示惟有引咎辭職，以謝張學良一人；並望張亦辭職以謝四萬萬國人，無使熱河平津爲東北錦州之續[29]。

汪電一出，迅即引起國內的震撼。張在北平對記者談話，聲淚俱下，謂決辭職。汪再發電責張，請中央允其辭職，以爲打破軍人割據局面之發軔[30]。胡適在《獨立評論》發表〈汪精衛與張學良〉一文，對汪和張都有批評，但責張過於責汪，主張張去而汪留。他說：「我們很贊成張先生（學良）的辭職」。他認爲：「以身敗名裂的人（指張）

---

[27] 〈蔣委員長日記二則〉，民國二十一年八月九日。《緒編一》，頁五六一。

[28] 同[24]。

[29] 胡適〈汪精衛與張學良〉。見李雲漢：《抗戰前華北政局史料》，頁一五～一六。正中書局出版，民國七十一年。以下簡稱《華北史料》。

[30] 郭廷以《中華民國史事日誌》，冊三，頁一八一。中央研究院近代史研究所印行，民國七十三年。

妄想支持一個不可終日的危局，將來再要尋一個可以從容下臺的機會，怕不容易得了」 **㉛**。

汪、張衝突的解決辦法，是張辭北平綏靖公署主任職，北平綏靖公署撤銷，另外成立軍事委員會北平分會，分會委員長由蔣中正兼。立即引起東北軍人的反彈，結果由張代理北平軍分會委員長。行政院長由副院長宋子文代理，汪出國。湯玉麟仍把持熱河如故，張只是換了一個名義。是汪、張的一吵，不過爾爾。蔣委員長對汪之發電責張，覺其「鹵莽」。其《日記》記云：

> 如魚（六）日能略加忍耐，不發表攻擊電文，則出兵之計可成。今竟激成北方將領之怨憤，而使此計中阻。未審汪氏能自悔鹵莽否也 **㉜**。

實際言之，張之未能派兵入熱，與汪之攻擊電文似無關係。但汪去張留，張仍未出兵。迨日軍攻熱，張雖有抵抗之表示，但仍躊躇不前，遂致熱河不戰而失。

肆、熱河失陷與張學良去職

汪精衛與張學良衝突後，即於二十一年十月間出國，由宋子文代理行政院長，張代理北平軍分會委員長，宋對張是充分的支持者。這是南京中央方面對張的讓步，目的是希望張對防守熱河作出積極的措施。其時張所統轄的東北軍計為四個軍，十七個步兵師，三個騎兵師，二個砲兵旅，四個砲兵團，以及其他特種部隊。另有歸張指揮的晉軍

㉛ 同㉙，《華北史料》，頁一九。

㉜ 同㉗，民國二十一年八月十日記。

一個軍，四個步兵師，一個騎兵師；西北軍兩個軍，四個步兵師，一個騎兵師❸。兵力應在二十萬到二十五萬之間。到了二十一年底及二十二年初，日軍進攻熱河時，出動兩個師團和兩個旅團，以及其他特種部隊，合約八萬人。另有一部僞滿軍❹。

　　二十一年十二月二十三日代表西北軍方面的蕭振瀛致函蔣委員長，說是「迭接平津來電，日本圖熱日急，今派定兩師團兵力，協同僞國軍進襲熱河，其勢甚危。查熱河防軍及義勇軍素少訓練，又不耐勞，勢必誤事」❺。蔣委員長即於二十五日電知張學良，告以「倭寇北犯侵熱，其期不遠」。中央方面已密備六個師隨時可運輸北援。甚望張「照預定計劃火速佈置」❻。並決定調第二（黃杰）、第四（王金鑛）、第二十五（關麟徵）、第三十二（梁冠英）、第五十六（劉和鼎）、第八十三（劉戡）六個師北上❼。但這六個師並未即時北調，可能是張對中央軍北調有所顧慮。例如二十二年一月二日日軍進攻楡關時，張尚認爲：「日軍此舉並非即欲作眞面目之戰鬥，仍爲藉此對我方軍事部署加以探試」❽。不到兩天，楡關竟告失守。當時守軍不足一團（實際祇有兩個營）❾。楡關旣失，張似乎認爲情況尙不致嚴重到需要中央

---

❸　劉鳳翰《抗日戰史論集》，頁七一。東大圖書公司印行，一九八七。

❹　同❸，頁六九～七○。

❺　蕭振瀛〈報告日軍圖熱日急情形呈蔣委員長函〉，民國二十一年十二月二十三日。《緒編一》，頁五六一～五六二。

❻　〈蔣委員長致張學良電〉，民國二十一年十二月二十五日。《緒編一》，頁五六三。

❼　〈蔣委員長致林蔚電〉，民國二十一年十二月二十五日。《緒編一》，頁五六三。劉鳳翰，前書，頁九○。

❽　〈張學良自北平呈多申電〉，民國二十二年一月二日。《緒編一》，頁五六七。

❾　金以林〈論長城抗戰〉。見《抗日戰爭研究》，一九九二年第一期，頁一三三，中國社會科學院近代史研究所編輯。

軍的北上，所以他在一月五日致蔣委員長的電報中說:「前方情況無變
化，後方各部正在積極集中，目前最切要者即糧秣一項」。幸宋子文已
匯借五十萬元，張乃要求迅速籌撥四、五百萬元❹。顯然，兵不成問
題，祇是「糧秣一項」而已。到了一月十七日，張迭據各方探報，熱
邊情況日趨緊急，他派了東北軍四個旅進入熱河，其防線在凌源、凌
南一帶，大都偏於南部。這是靠近河北省而交通便捷的地區。至於東
部的開魯、赤峰一帶，因各軍雜處，意見分歧，情形極為複雜，張請
電調中央軍及晉軍即日開赴熱東一帶，以增實力。熱北方面，調孫魁
元部（西北軍）前往該處❹。張之此種佈置，顯然充滿私心，所以閻
錫山表示:「晉步兵集團亦已準備，但不願開赴熱河，此外任何地點均
可照辦」❹。張對中央軍北調的態度，原無表示，現因情況緊急，要
中央軍開到偏遠的熱東，顯對中央軍存有戒心。蔣委員長在批覆宋子
文的來電中，對張顯有不愜之處。其批示云:

> 中央部隊如北上為預備，恐友軍多慮，以漢卿（張學良字）前屬
> 伯誠（蔣）電中，如中央軍不加入前（線）不如不來之語，此果
> 為何人之意？其電中並未詳明。故未開戰前，中央軍不如緩上
> ❹。

---

❹　〈張學良呈蔣委員長電〉，民國二十二年一月五日。《緒編一》，頁五七三。

❹　〈張學良呈蔣委員長電〉，民國二十二年一月十七日。《緒編一》，頁五八〇～
　　五八一。

❹　〈張學良呈蔣委員長電〉，民國二十二年一月二十九日。《緒編一》，頁五八
　　七。

❹　〈蔣委員長批覆宋子文來電〉，民國二十二年二月十四日。《緒編一》，頁五
　　九五。

　　華北非東北軍系的將領對於張學良的領導作風，顯然甚為失望而痛心，宋哲元、馮治安、劉汝明、張自忠、商震、龐炳勳等向蔣委員長派在北平的參議蔣伯誠表示：「此次對日作戰，非鈞座（蔣委員長）北來，前途不堪設想。言時聲淚俱下，意極懇切」❹❹。張學良實在處於既不能令，又不受命的情況下。

　　二月十七日，日本關東軍發動了對熱河的進攻。張對熱河的防務仍無全盤的規劃和調度。二月二十三日，關東軍下達總攻擊令後，駐守開魯、朝陽的湯玉麟的部隊崔興武、董福亭兩旅早已秘密向日軍投降，所以董旅不戰而降，崔旅只守一天便撤出陣地。日軍從二十三日到二十五日之間，連日佔領北票、開魯、朝陽，二十七日分三路總攻。湯玉麟佯稱赴前線督戰，暗地征集車輛，滿載鴉片，竟於三月四日放棄承德潛逃。日軍僅以一百二十餘名騎兵輕取承德❹❺。

　　至於張派往熱河南部的軍隊，在三月一日已撤出凌南。張在三月二日晚間接待胡適晚餐時，告訴胡氏說：凌南已失了。他說：人民痛恨湯玉麟的虐政，不肯與軍隊合作，甚至危害軍隊。此次他派丁旅（一○八旅，丁喜春）進入熱境，即有二營長不知下落，大概是被人民「做了」（殺害之意）❹❻。東北軍之如此不堪一擊，非僅湯玉麟之第五軍團為然；東北其他各軍的表現，也殊使人失望。當時胡適在《獨立評論》上發表〈全國震驚以後〉一文概略指出：

　　　　從這回熱河的事件，足夠證明前年東三省二十萬大兵的不抵抗

---

❹❹　〈蔣伯誠呈蔣委員長電〉，民國二十二年一月二十四日。《緒編一》，頁五八五。
❹❺　金以林〈論長城抗戰〉，同❸❾，頁一二八。
❹❻　《胡適的日記》，民國二十二年三月二日。

是實在沒有能力抵抗。一年零五個月的整理與補充還不能抵抗，可以證明這種腐敗軍隊遇著現代式的敵軍勢必如枯葉之遇勁風，朽木之遇利斧，無有不崩潰之理。

這次大潰敗的原因，第一，軍隊沒有科學的設備，沒有現代的訓練，例如沒有參謀工作，軍官逍遙後方，用駱駝運輸，高射砲及戰壕工作絲毫未備，臨時收買地圖用作軍事地圖。這完全是太古式的軍隊。第二，軍官的貪汙墮落，「九一八」以後，東北軍人雖遭絕大恥辱，但其行為無一不是存了日暮途遠的頹廢心理，只想發財，不恤士卒，拿這種軍官來抵抗野心勃勃的日軍，豈非以卵投石？第三，熱河政治之腐敗，人民之怨毒，人人皆知，湯玉麟父子叔侄們用種種苛法剝削人民，竟使人民不能不投敵以避暴政，此為這次失敗的最大原因[47]。

至於這次熱河之失陷，張學良應負絕大的責任。胡氏認為張的體力與精神、智識與訓練，都不是能夠擔負這種重大而又危急的局面的。倘使在「九一八」事變後引咎辭職；甚或去年八月能實行他的辭職決心，中央也還有時間來佈置熱河與華北的防務。不幸受其部下的包圍，改變了去職的決心，又不能振作起精神來積極準備。終致六十萬方里(約為十九萬方公里)的熱河在其統治之下陷於敵手。總括言之，張的罪過，至少有五點：第一，以叢咎叢怨之身，明知不能負此大任而偏要戀棧；第二，庇護湯玉麟，縱容他禍害人民，斷送土地；第三，有充分時間而對於熱河、榆關不作充分的準備；第四，時機已急，而

---

[47] 胡適〈全國震驚以後〉。載《獨立評論》，四十一號，民國二十二年三月六日撰。見胡頌平編《胡適之先生年譜長編初稿》，冊四，頁一一三〇。聯經公司出版，民國七十三年。以下簡稱《胡譜》。

不親赴前方督師，又不引咎自譴；第五，性情多疑，不能信任他人，手下無一敢負責任做事的人才❽。

同時，丁文江亦在《獨立評論》上發表〈給張學良將軍一封公開的信〉。三月七日，胡適將他與丁的兩文原稿送給張學良，並附加一信云：

> 去年夏間曾勸先生(張)辭職，當蒙覆書表示決心去職。不幸後來此志未得實行，就有今日更大的恥辱。然先生今日倘能毅然自責求去，從容交卸，使閭閻不驚，部伍不亂，華北全交中央負責，如此則尚有自贖之功，尚有可以自解於國人世人之道❾。

至於張學良本人的動向，當朝陽、開魯失陷時，他還要圖謀補救，其法就是：「擬多帶款項，親赴前方，用恩威並濟辦法，用以消弭隱患」。他希望蔣委員長能北上，主持後方；不過最好還是請宋子文來平，代為主持，轉撥餉項各事，較為方便。這顯然是以宋拒蔣。但蔣不同意宋赴平，要張赴熱，他可北來❺。蔣更決定於三月五日乘飛機到保定。旋因氣候不良，飛機不能起飛，要張先往承德督戰❺。但承德卻在三月四日失陷了。蔣認為：「承德雖陷，倭寇無幾，如果誠意報國，則挽回頹勢，並不為難。此時唯一戰略，以宋部(哲元)與萬部(福麟)

---

❽ 《胡譜》，冊四，頁一一三〇～一一三一。

❾ 吳相湘〈胡適──但開風氣不為先〉。見《民國百人傳》，冊一，頁一六二。傳記文學社出版，民國六十年。並見《胡適的日記》，民國二十二年三月七日。

❺ 〈張學良呈蔣委員長電，蔣委員長批覆〉，民國二十二年三月一日。《緒編一》，頁六〇九。

❺ 〈蔣委員長致楊杰電〉，民國二十二年三月四日。《緒編一》，頁六一〇。

全力出冷口，襲取凌源、平泉，以古北口各部反攻承德，則必得策。
否則時機一失，稍縱即逝，不惟世界之大無吾人立足容身之地，且為
千秋萬世後民族之罪人也」❷。蔣在三月六日的《日記》中並記云：
「余決先行北上，待到達後再定，雖事勢如此，然余仍望漢卿能決心
反攻，以為最後之努力也」❸。這顯然已不可能了。三月八日，蔣抵
達石家莊，張原打算來石會晤，蔣還要他急速前進指揮作戰，不必來
石❹。但蔣到石家莊後，發現「眾意皆准漢卿辭職」。因決定前往保定，
勸張退休❺。三月九日，蔣中正、宋子文、何應欽與張學良在保定會
晤。張辭職，由何應欽代理北平軍分會委員長。張回北平後，即分別
召見東北軍各級將領，自十日午一時起直至漏夜，均囑以堅固東北集
團，並分別餽贈錢物，將領中明大義者固多，亦有憤懣者。十一日晨
七時，張乘飛機赴滬❻。

　　張之辭職離平，可謂情勢所迫，其本人實應負起絕大責任。近年
大陸方面有的著作認為承德失守後，張要率軍去收復熱河，與日本侵
略者拼到底。蔣介石害怕東北軍哀兵拼命，以支援東北軍為名，派中
央軍接防，將東北軍與日軍隔離。蔣為平息民憤，逼張學良下野❼。
也有認為蔣之以何代張，是他伸張華北勢力的算盤❽。這都不免有揚
張抑蔣之意。

---

❷　〈蔣委員長致楊杰電〉，民國二十二年三月六日。《緒編一》，頁六一四。
❸　〈蔣委員長日記一則〉，民國二十二年三月六日。《緒編一》，頁六一四。
❹　〈蔣委員長致張學良電〉，民國二十二年三月七日。《緒編一》，頁六一五。
❺　〈蔣委員長致張羣電〉，民國二十二年三月九日。《緒編一》，頁六一六。
❻　〈楊杰報告張學良離平致蔣委員長電〉，民國二十二年三月十一日。《緒編一》，頁六二〇。
❼　高存信〈張學良、蔣介石在攘外與安內問題上的分歧〉。見《抗日戰爭研究》，一九九二年第一期，頁四六。
❽　同❸⑨，頁一三一。

第三章 安內攘外之波折

第一節 從「安內攘外」到「攘外安內」
——據《徐永昌日記》資料

壹、徐永昌及其《日記》簡介

徐永昌（一八八七～一九五九）字次宸，山西淳縣人。清季加入武衛軍及毅軍，民國初年入陸軍大學，五年畢業，隨孫岳之直軍及其國民軍第三軍歷任營、團、旅、師長，十五年代孫爲軍長，十六年後隸晉軍閻錫山部。北伐統一後，先後任綏遠及河北省主席，二十年(一九三一) 八月任山西省主席，二十六年（一九三七）至南京任軍事委員會辦公廳主任，佐蔣中正委員長整軍經武，準備對日抗戰。七七事變後，任委員長石家莊行營主任，指揮第一戰區抗日軍事。十月中回南京，任軍委會第一部部長，掌理軍令，規劃戰局。次年一月，第一部改爲軍令部，仍任部長，以迄三十四年（一九四五）八月日本投降，代表中華民國參加盟軍受降，三十五年（一九四六）六月任陸軍大學校長，三十八年（一九四九）來臺，四十年（一九五一）卸陸大校長，任總統府資政，四十八年（一九五九）七月十二日卒。

徐氏苦讀自勵，勤於寫作，自五年一月四日至四十八年六月十七

日病危輟筆止，留有《日記》，有三八〇冊，約三百萬言，八十年（一九九一）由中央研究院近代史研究所整理影印出版，分裝十二大冊，其第一、二冊爲五年（一九一六）至二十一年（一九三二）部分，雕刻成版，原訂名爲《求己齋日記》，未及印行，內容較簡，略有補正。二十二年（一九三三）以後部分的十冊，則爲手稿，多能保存原貌，史料價値尤高。時値長城戰役以後，華北危機重重，亦爲蔣委員長實施「安內攘外」政策時期，徐氏與華北各重要將領以及南京中央要員之間，頻有接觸，經歷要事，筆之於《日記》者，至爲可觀。二十六年七月抗戰開始而至三十四年八月之八年抗戰期間，徐氏掌理軍令，參預軍政高度機密，其筆之於《日記》者，尤爲一般史料所難及者。

　　有關戰前及戰時一些關鍵性的問題，不僅可以從徐的《日記》中得其眞相與奧秘，且高階層間對一些重要問題的討論和分析，徐在《日記》中均不厭其詳的加以記述，徐氏本人亦常有論斷，多有中肯之論，其對抗戰史的研究，誠可提供富有生命與靈魂的史料也。筆者細讀之餘，頗多體會，然限於篇幅，先介述從「九一八」事變而至西安事變前有關「安內攘外」史料，其餘則俟諸他日也。

貳、國難來臨內鬩不息

　　民國二十年「九一八」事變發生，負責防區的張學良之東北軍未經抵抗，廣大國土即告淪陷。此與去（十九）年同一日之張氏舉兵入關，使中原大戰爲之結束，成一強烈對比。徐在《日記》中亦不忘作一對比之記述，云：「去（十九）年九月十八日張（學良）發巧電，十九日出兵進關，今年亦係十八、九兩日，日本開兵擾瀋陽」❶。

---

❶　《徐永昌日記》，冊二，頁四六四，民國二十年九月二十日記。民國八十年，中央研究院近代史研究所編印，臺北。

　　張學良舉兵入關，統有東北及華北，領兵數十萬。原據華北之閻錫山兵敗出走大連，時思再起，二十年八月因日人之助回晉，張則逼之非使離晉不可。徐氏調和其間，張仍咄咄相逼也。此為「九一八」前夕之事，不悟大禍之將臨頭也。徐氏記其事曰：

　　憶去歲（十九年）閻先生走大連之前一日，余（徐氏自稱，以下同）切語以三事：一、不要依兵力歸來；二、要有一種自強救國主張；三、不要侫佛。今春閻先生數促余必出兵助石漢章（友三）逐張漢卿（學良）出關，余謂若然仍係依兵力，此與國家社會大不利，且與公（指閻）有害焉。信使往返者數度，閻先生始悟（最後之使為張漢三、張照南）。嗣後石漢章既失敗，閻先生歸來，張漢卿一反過去之（態）度，以為閻先生非離開山西不可。九月十七日之傍晚，漢卿尚約余必促閻先生離晉❷。

　　張對華北之非屬東北軍的系統者，則採防備態度；尤對晉軍為然。徐氏雖然原屬晉軍系統，則主張與張合作者；尤以應付「九一八」事變為然。其在九月十九日的《日記》記云：

　　告李先生（石曾）我們對張是拿定主意要幫他（原注：查上次在平即告知王維宙〔樹翰〕、萬壽山〔福麟〕轉之）。何以張老是不放心呢（原注：日前張即微露此意，昨日萬又云：我們信你，惟恐各將領至時不聽你耳）？但不聽我，如何能聽你們？我們要幫張，是站到國家立場上，非因張對我們好不好有所變更主張

---

❷ 同上，頁四八一～四八二，民國二十年十二月二十五日記。

也。蓋予曾向張漢卿言：一、歷史上常見因私人之爭權，不惜舉國而亡之者，觀史至此，必深恨此等人，然自身在今日則犯之，眞乃異事；二、觀日人之暴行，眞是睡夢中發一囈語而危害他國之行爲；三、今日眞國家存亡之關鍵，無論任何壓迫，亦必助公（張）安定北方，奉天事件，乃喚醒吾人迷夢之事件也❸。

「九一八」事變發生，張持「不抵抗主義」，飽受國人責難。其後張又自動放棄錦州，益使國人難以諒解，而張與東北軍之聲譽，在國人心目中益爲惡劣。其後不戰而放棄國土者，固非張與東北軍所獨然也。當二十六年七月末宋哲元之不戰而放棄平津，亦曾勾起東北軍將領萬福麟憶起二十一年一月二日張氏放棄錦州之一幕。徐之二十六年八月二十一日記與萬之談話的一段如下：

> 萬壽山傍晚來要求借米（按時在保定前線），偶及九一八事，渠（萬）云錦州之退，渠實反對，惜張漢卿爲何柱國（當時守錦州之東北軍將領）所誤，造成東北軍不能見人之局面。蓋當時主守錦州者大有人在，何受某日人之愚，謂中央（南京）不懷好意，東北軍何必作無謂之犧牲？若能退至山海關，日軍當以錦州爲中立地云云。張漢卿信之。今日明軒（宋哲元）又走此轍，中國人天天罵日本人，天天聽日本人話❹。

---

❸ 同上，頁四六五～四六六，民國二十年九月十九日記。
❹ 同上，冊四，頁一〇六，民國二十六年八月二十一日記。

叁、剿共安內廣受質疑

二十二年三月四日，日軍以百餘人襲承德，熱河防軍東北軍將領湯玉麟又是不戰而退。日軍追蹤南下，進攻長城各口。蔣委員長於三月九日來到保定，一面處理張學良之辭職事宜，一面布置長城戰役。參與戰役的軍隊，有徐庭瑤的中央第十七軍，宋哲元的西北二十九軍，商震的晉綏三十二軍，東北軍則降為配合的角色。三月十二日，蔣委員長在石家莊舉行的「孫中山先生逝世八週年紀念會」發表演說，對中國前途充滿自信，指在八年以後，不但可以收復東三省，且可收回臺灣。當此舉國對國事悲觀的氣氛下，蔣出此言，徐氏頗覺其「妄」。其在三月二十一日的《日記》曾記而評之曰：

> 蔣先生講八年後不但收復東三省，且要收回臺灣、琉球。蓋以八年前之今日國民黨力量祇能在粵地，而今國民黨則視昔如何？所以云八年後國民黨可以云然也。

> 予一向頗欽蔣之深沉。然則八年後云云，得無與幾星期肅清江西共黨之語同其成效乎？（原注：前年在平與張岳軍（羣）談蔣先生之平共，語似有失。）

> 往者予以吳子玉（佩孚）為直爽之人，年來覺其直妄人耳！民十七年予與蔣先生晤於保定、北平間，亦覺其為一直爽之人，並曾與閻先生一再談之。今後如何，予甚希望其不似吳也。蓋犧牲一個人才固不可，況關係國家之鉅乎？❺

---

❺　同上，冊三，頁四～五，民國二十二年三月二十一日記。

其時徐氏對於國事以及蔣之個人，顯然均無信心。然蔣氏之言，八年後雖未兌現，但亦不過相差四年，而於十二年後（民三十四年）終成事實也。

長城戰役失敗，對日簽訂塘沽協定，蔣乃集中力量剿共，以行「安內攘外」之策。即以剿共爲安內，先安內而後攘外（抗日）也。此一工作，在其起步之初，即遭各方之質疑，而致障礙重重了。即如徐氏在其二十二年十一月十三日的《日記》中有如下之評析：

> 按去（二十一年）歲余（徐）南下所悉，蔣先生一意要造成完全的黃埔系師長，謂此纔能算自己的勢力，纔能救國，纔能有爲。因之非嫡系的剿匪軍隊皆從觀望，近一層的軍隊若閩、粵、桂等省見蔣先生之日增勢力，也不唯不助其剿匪，且恐匪剿後漸將及於彼，乃亦各固其一己之勢力，誰復爲國家爲社會再打算一點？是今日蔣先生越打不下匪，越思厚自己勢力，去自己打。如此則他人越不助自己，自己軍隊越不夠。或謂蔣先生不過借剿匪增自己勢力耳，若不於此匪未滅時將勢力養足，將來必無立足之地。似此人心洶懼，經濟無著，謠言遍國，雖此大不滿人意之政府，余亦認其不能穩固，是國家前途，眞不堪設想也。是以余主張江南匪不必亟亟剿。蓋江南究較江北富庶，匪之滋生力不強。若蔣不積極，則他省亦必積極；蔣不厚勢力，他省亦敢於剿匪矣；且不絕對的造嫡系，而外系亦可努力矣。既可息人言，亦可蘇財力 ❻。

---

❻　同上，頁三二，民國二十二年十一月三日記。

　　是蔣之剿共「安內」工作固不待二十五年十二月之西安事變而致功虧一簣也。其時對蔣之剿共「安內」工作懷有疑懼的，非僅來自地方各系，即南京中央要員如宋子文、張靜江、李石曾等，亦有持以抗拒或非難立場者。以下是節錄徐之二十二年十一月十五日《日記》中有關宋子文等對蔣之抗拒或消極態度的記述：

> 宋謂蔣專講革命，不講信用，前已宣言不發公債，務求收支適合，今則先催要欠餉一千八百萬，以後中央經費每月不足一千二百萬仍要想法子。

> 汪（精衛）謂吃雞蛋不吃雞，那是最好；但到了現在萬難關頭吃一次雞，實是無法。

> 蔣謂以後不再內戰，唯有對日。

> 石曾對宋的專制集權（論）以為要改為大的合作、小的集權。蓋以中國之大，萬非義、德可比，各省可以集權，中央則必須合作。此種主張，宋極認可。（按宋赴歐考察歸來後頗贊同義、德之專制集權）

> 現在係宋緊（原注：不願蔣拿錢誤國）孔（祥熙）鬆（原注：孔管中央銀行對蔣予求予應）。前日宋美齡之到滬找宋，謂無錢不是兵變，就是蔣下臺，所以又發行關庫券一萬萬。宋因言三個月發一萬萬公債，國家實在不得了，擬即不幹。

> 汪頗主國防區，以代分治合作。也說不然三個月發一次公債，是不能立國的。

上星期二宋、汪、李在南京談想辦法不要大家爭添兵，演至鬧亂子，最好凡六十分以下之人或軍隊，是去他；六十分以上去保留他，如此省出錢來做建設，且可以免內戰。因為武力統一做不通，非求合作不可。宋並謂無論共產黨，蔣打不滅；即使打滅了，他又要想別的去打，錢終不夠他用，不如想和平根本辦法。宋又謂：只要蔣悔過，他去對孝侯(按為于學忠，東北軍五十一軍軍長，河北省主席) 說；石曾對余 (按為徐永昌) 說；並云陳光甫可以對廣西(按軍政負責人為李宗仁、白崇禧)說，更助廣西建設。

宋與張靜江素不睦，今且能合作，足見宋之贊成和平建設。吳忠信(皖人而接近廣西者)主張宋去對蔣講。張靜江認為不妥，恐蔣扣宋，並也不主石曾去講，主張先做出個光明辦法，使蔣雖不答應亦無法，因為是各得其所的辦法，並不是要解決誰。除六十分以下如土匪式的東西要解決，其餘六十分以上的保留。聞有一種謠傳，謂福建或廣東要獨立(按一月後有閩變之發生)，因恐蔣之剿共勝利必有另一種不利社會的事實發現。宋言三個月後財政即不了。汪言恐一個月間國家必有不得了的事發現。更有謂蔣在盧山練兵要作一個第二黃埔練兵場，所以一方極力要錢，一方努力添兵，頭一步剿共，樹立武力之威望，制裁各方就範，所謂仍武力統一是也(蔣亦知剿共後他自己無辦法，故做剿共後之第二步立腳地)。宋謂其做不到。比喻蔣是拿錢買彩票，大家是要拿此項錢作營業。

蔣是武力統一，石曾以為仍有能與合作之可能。張靜江認為無商量餘地。石曾認為可以軟法使蔣與人合作，謀得一個各得其

所❼。

按其時宋氏爲財政部長兼行政院副院長，於二十二年四月出國，遍訪美、英、法、義、德諸國及國際聯盟，於八月底回國，其所獲得之成就爲中美棉麥借款五千萬美元合約的簽訂，英國允以退還庚子賠款四百七十萬鎊用於完成粵漢鐵路，以及國聯派專家來華駐紮，義、德亦對中國建設提供協助。故宋氏此行，實爲中國外交立一「大功」。由於對蔣未能合作，於十月二十九日被免職，而由孔祥熙接替。頗有人爲宋不平者。汪時任行政院長兼外交部長，自塘沽協定後，一味對日遷就，與蔣合作行「安內攘外」政策。張靜江與李石曾爲黨國元老，張、蔣關係，素稱密切，此時對蔣所爲，亦竟詆評，誠爲不可思議者。李屬清流名士，向主「分治合作」，穿梭於北方軍人之間，推行其地方分權之主張，對蔣不無扯後腿之作爲。徐氏以上所記，係得自李之口述。

肆、剿共有成內閧又起

二十四年（一九三五）夏秋之季，中國內外又呈緊張的局面。此時長江下游共軍已竄向四川及陝甘地區，蔣委員長入川剿共，中央勢力及於西南川滇黔三省，此爲近二十年來未有之現象。中國長期抗日政策因此而定。是年六、七月間，華北日軍又在製造一連串事件，先後有「張北事件」、「何梅協定」以及「秦土協定」，迫使中央勢力退出華北。全國呈現不安，西南軍人亦在聯合華北各系軍人進行「倒蔣」之密謀，顯在配合日人之分離中國的活動。然其最不可思議者，一向被視爲與蔣一體之張學良氏亦竟參與此項密謀。按張於二十二年三月

❼　同上，頁三五～三七，民國二十二年十一月十五日記。

因熱河不守而辭職出國，由何應欽接替其職務（軍委會北平分會委員長）。二十三年一月回國後出任豫鄂皖剿匪副司令，代行蔣之總司令的職權。二十四年二月擔任蔣委員長之武昌行營主任。蔣則入川剿共，七、八月間國內有一項「倒蔣」密謀，張亦參與其間。徐之二十四年八月三日《日記》記云：

> 臚初（姓黃）來悉劉定五與閻（錫山）先生（時為太原綏靖公署主任）談極洽，大意謂今日一通電報，蔣即下野，張漢卿已與西南同意，至時張電蔣同引罪下野，再由西南政會留張逐蔣，請閻先生預備到南京組織政府云云。閻先生大為聳動。
>
> 由日來情形看來，閻先生其作袁、曹之續耶？似尚遠遜而不能逮也❽。

按張此時對蔣懷有異志，亦非無原因可循。當華北事件，其東北軍系于學忠之冀省主席既被調離；其在豫鄂之東北軍亦因剿共任務完畢而調往西北，此均可能引起張對蔣之不滿也。西安事變後，東北軍將領董英斌（憲章）曾向徐氏陳述以下一段往事：

> 漢卿海外歸來，頗慕墨索利尼之治意（大利），對蔣先生擁護領袖之口號，差不多是漢卿首倡；然所部在豫鄂剿匪屢受損失，此時甚擬整頓隊伍；迨負責西北剿匪某時期（按東北軍調往西北在二十四年七月間，張於是月二十二日自漢口到西安，商陝西剿共事），漢卿擬召集東北各將領討論整頓，而晏（道剛，蔣之親信）參謀長

---
❽ 同上，頁二九六，民國二十四年八月三日記。

以爲不如召集全體剿匪會議。俟全體會議畢，留東北將領作一整頓計畫。不料至時全體會議甫畢之當日，即奉到委員長嚴電責令各軍即日進剿。東北軍整頓會議未開成，漢卿頗疑中央有意阻撓其集會❾。

前述「倒蔣」密謀之消息，徐氏極爲關切，曾力求證實而求多方面之了解。其在二十四年八月四日又記云：

> 早間黃建平來，談久之。黃臚初云建平所煽惑，完全爲廣西生存策略者多；即閻先生對之所云華北團結當由五省(按即晉、綏、察、冀、魯)主席會議謀之一語。建平因之不定又生多少煽惑材料(原注：近有訊平政會有召集五省主席會議說，閻先生因及之)。臚初又云：賈(景德)先生有幾分願去青島，藉以就商向方(韓復榘字，山東省主席)五省問題，因研究到商(震，河北省主席)、秦(德純，察省主席)皆非政委(行政院駐平整理委員會委員)。在此兩委未補前，政會頗難召集也。且王(克敏，代駐平政整會委員長)召集亦須多方請示，大費周折❿。

上項醞釀，顯有障礙。其原因，徐在九月十三日之《日記》中曾記云：

> 關於前次所企圖之問題，以爲商(震)太滑(原注：一頭拉日，一頭擁蔣)，宋(哲元，二十九軍軍長。八月二十八日任平津衛戍司令)

❾ 同上，冊四，頁五〇，民國二十六年五月四日記。
❿ 同上，冊三，頁二九七，民國二十四年八月四日記。

太蠻（原注：又以蕭仙閣〔振瀛〕能左右宋），無從提攜；縱使強合，徒增紛擾⓫。

伍、宋起野心徐曉大義

宋哲元之二十九軍在長城戰役中，表現傑出。停戰後，任察省主席。因張北事件被行政院長汪精衛免職，由其部屬秦德純接任。宋得蕭振瀛之運動，任平津衛戍司令。旋任冀察綏靖主任及冀察政委會委員長。時中央勢力退出華北，填此真空，勢力膨脹至速。兩年之間，二十九軍由二萬餘人擴增至十萬人以上。與日人及南京中央之間，保持不即不離關係。宋及華北將領之蠢蠢欲動，實與日人之策動有關。徐在二十四年九月三十日的《日記》中有一段較詳的記述：

> 午前蕭仙閣(振瀛，宋之謀主)來，請臚初會之，其談話如下：
>
> 多田（多田駿，日華北駐屯軍司令）宣言，各外報均登，其精神中之精神要點：一、日本為徹底倒蔣計，於兩個月內在華北成立同盟自治委員會，完全與南京脫離關係；二、徹底排除假親日分子，務使中日滿三國國民在此「太平土」真正親善；三、為達到造成「太平土」，不惜以武力手段。
>
> 此次土肥原（賢二，日關東軍特務機關長）到張（家口），蕭振瀛、紹文（秦德純）代表宋（哲元）會議，土謂關東軍實行國策勢在必行(即多田宣言)；但為中日國民親善計，先令華北各領袖自行組織；但過期即取斷然手段。

⓫　同上，頁三〇七，民國二十四年九月十三日記。

韓向方(復榘)前次派柴東生到太原尚有捧閻意，後經商震蠱惑，即擬自為，曾派劉熙眾來平徵宋方之同意，瀛告以恐怕向方資格輿論都不夠，熙眾很惱怒。

此次組織華北同盟自治委員會與(李)石曾的分治合作相符，或舉委員長，或常務委員，大家都想推閻先生領導，閻先生須痛快明白表示，咱們若不幹，日本也不勉強，他就叫別人來幹。

兩廣由日本得到了三千五百萬的軍用品，陳中孚在津在過付(?)此事。

總之，南北不久實行大規模倒蔣，宋(哲元)意可以先秘密告之蔣，看他有無辦法再定；瀛謂萬萬不可，你看商震腳踏兩只船，得罪了日本，蔣也救不了他。最後約宋與徐(永昌)見(面)時間。

以上爐初託⑫。

徐應約至北平與宋哲元晤面，宋對徐談話的內容如何？徐之反應又如何呢？徐在十月二日的《日記》記云：

> 早上十時許，明軒(宋哲元)來談話，大略如下：
>
> 我(宋自稱)本想做個軍長練練兵即可，真知己的朋友也勸我不要再任他事。現在又幹起來，連我自己也不知道如何結局。
>
> 德國大敗後，列國那樣壓迫，總給他一點範圍內的自由，我們

---

⑫　同上，頁三一一～三一二，民國二十四年九月三十日記。

對手（按指日本）太辣了。

蔣先生是抱定土地縮小至如何也要幹到底，看北方人文的都是官僚，武的都是軍閥，一般思想都是落後，尤其對有地位的人雖然有時用權利禮貌來籠絡，到了下手時絕對斬草除根。我是一個抗日者，幾乎做了湯玉麟第二，現在我是僅僅不抗日而已，以後祇有剿匪清共了。

華北在日本壓迫、中央不管的處境下，不能不自己聯合閻先生爲首領，向方（韓復榘）副之，咱們大家幫助辦（事），實行李石曾的分治合作如何？我想請向方來大家商議商議，大約十之六能來（因余〔徐〕問其能來麽）。

余（徐）談話如下：

德國的敵人都是紳士唸書人，知自愛、講信義，所以容易應付，咱們遇的是無賴，而自己當家者又似破落戶之少爺，以無知少爺與無賴漢交涉，事如何能不吃虧？尤其以我們的立場對國家，直是泣笑皆非，誰還有善的辦法。

蔣先生對北方誠然不能一視同仁，而兩廣最近借日款、購日械，將來也是武力統一者。

歷史上每說唐宋，殊不知唐宋之間還有藩鎮和五代的紛亂。民國二十年來始終未脫離藩鎮、五代的做法，曹彬的本領不如藩鎮和五代的各首領，但是今日讀史的都是羨慕曹彬是個仁德的大將，而藩鎮和五代的領袖當時可謂轟轟烈烈，結果多身敗名裂爲後世笑。現在最高的領袖找不出個趙匡胤的，而地方各首

領又都要比曹彬強，國家如何能統一呢？又如張邦昌、劉豫的地位，當時都在劉錡、韓世忠之上，可是後世人都不拿他當個東西，是因一念之差，便身敗名裂爲後世笑。

中國今天不但不能出個岳飛，可惜連個秦檜也沒有。中國現在大勢不分，固然不能治；若不合，則斷不能保。

按現在各部分首領聰明才智閱歷相見之下，如何說不能合呢？不過各人的部下多半說本官怎樣好，鄰家怎樣不好；若不切實注意，久而久之，自己不覺也驕傲了，看著鄰家都不順眼，還不如日本人可親可靠，這也可以身敗名裂爲後世笑。

像我（徐自稱）可以消極，你（宋）與向方及閻先生切不可消極；若大家都不幹了，不知國家更亂成什麼局面。蓋中央軍既不能來北方，若再無現在之各領袖，恐怕輪不到共產黨就土匪化了。不過積極是要爲國家社會人民保全上積極，爲一己名位則十分需要消極。

十一時半，萬壽山（福麟）來略坐，即同明軒去。其實余與明軒之談話，已至兩無可商**⑬**。

　　徐氏之言，可說詞嚴義正，振地有聲。對宋影響如何，顯然作用不大。其在十月八日又記韓復榘的代表劉熙衆的一段話：

我看宋要起野心，他左右多數人皆想有事發財，如攫得各鐵路

---

⑬　同上，頁三一二～三一三，民國二十四年十月二日記。

以及鹽務、稅務等，則南中金融一定大受影響。公債低落，蔣
之剿匪軍事必受重大打擊，甚至剿不成。這個國家豈不要遭
（糟）。他們最小限度也是把商（震，河北省主席）轟走⓮。

陸、決定攘外內關暫息

宋的野心以及華北軍人的不安，蔣委員長必然有所獲悉。他正在
成都指揮剿共，即於十月七日飛西安；同日張學良則由西安去太原與
閻會晤。蔣則繼往洛陽、開封，而於十三日到了太原，邀閻入京參加
中央委員全體會議，即於十四日由太原飛南京。於此同時，即派熊斌
（參謀本部次長）來平轉達蔣之決定和對日計畫。這一連串的動作，
顯示時局將有重大變化。此在徐的《日記》中也透露一些真相。據徐
之十月十日的《日記》記云：

> 明軒（宋哲元）對時局確也覺得沒團結恐怕不了，所以想閻先生
> 出來領導；但聞蔣先生已到鄭州（按是日自西安到洛陽），恐他也
> 有所聞，謀如何應付耶？因為外面謠言甚大，謂華北將要獨立，
> 將要南征等等。

> 華北之不穩，要出一種組織，不但日本在暗示催促，而西南也
> 在極力催促，更有多少中國人天天拿上日本人嚇唬中國人⓯。

十月十四日，熊斌銜蔣之命突然來到北平，說明參謀本部對日計

⓮　同上，頁三一四，民國二十四年十月八日記。
⓯　同上，頁三一五～三一六，民國二十四年十月十日記。

畫。徐在《日記》記云:

> 熊哲民(斌)突然來,其任務在宣述參部對日計畫,過汴時晤蔣
> 先生云:張漢卿向不滿閻先生,唯此次張歸談閻頗有覺悟,態
> 度極佳云云。蔣即定太原之行。蔣又云:閻決不走離開中央之
> 途徑,對日主張極力敷衍,對華北則從傍贊助,但不出頭負責。
> 因與哲民約定明(十五日)早偕往頤和園遊覽,藉其清靜,再詳
> 述參部計畫及蔣之寄語❻。

> 往頤和園到石舫時,哲民談話如下:

> 中央最近綜合蔣大使(作賓)、蕭武官(叔宣)報告,廣田(弘毅,
> 日本外相)及其軍部轉述對華新政策:一、要求中國廢止以夷制
> 夷的舊法(原注:不續聘歐美顧問而用日人等等);二、須尊重
> 滿洲國(原注:不再用偽滿字樣,彼此可以有無互通);三、聯
> 合剿共(原注:並非派兵協助,惟恐中國剿不下,擬派員視察
> 而隨時襄助計畫等)。刻下日已實謀其定策之進展,如不能達到,
> 將出以整個壓迫(原注:即令我接受其計畫)。即仍實行其分化
> 手段(原注:事實上自來亦未停止)。除滿洲國外,再造成蒙古
> 國、華北、華中、華南等國。

> 蔣先生看定日本是用不戰屈中國之手段,所以抱定戰而不屈的
> 對策。

> 前時所以避戰,是因為與敵成為南北對抗之形勢,實不足與敵

---

❻ 同上,頁三一七,民國二十四年十月十四日記。

持久。自川黔剿共後，與敵可以東西對抗，自能長期難之。只
要上下團結，決可求得獨立生存，雖戰敗到極點亦不屈服。

參部制定之國防大綱，分爲冀察區、晉綏區、山東區，以隴海
線爲最後抵抗線。開戰初，以宋（哲元）商（震）守平津，晉綏
軍分守雁門及娘子關，倘平津放棄，宋、商退守保定滄州之線，
中央軍進至漳河之線收容之，同時晉軍據太行以側擊敵人，其
後依情形使成西依太行、東沿黃河之陣線，最東之線則漸以徐
州爲倚軸而達於海。日內林蔚文（林蔚，軍委會辦公廳副主任）當
至豫省指導作相當之準備工事云云。

晚間哲民出蔣先生電云：閻先生態度光明，意志堅定，出人意
料外。但渠（閻）決不出任華北領導之責，希令宋、商知之，遇
事均可請其指示。又對於日本之會議，以爲首在全力對中央（南
京）壓迫，對華北次之。中正在中央一日，必負責到地（底），不
令華北將領作難，並已催何敬之（應欽）於六全後即來平（原注：
按此間早有何六全會後來平消息，但哲民昨云何無意來，蔣很
慊慊。今蔣電此，或已得何同意）❶。

　　蔣之上項措施和溝通，使一觸即發的華北危機，驟見緩和下來，
首先是取得閻的諒解與合作，使華北情勢大有轉機。以下是徐在其《日
記》中有關閻之動態及各方反應的記述：

接臚初快函關於就商（可能指商震）辭職事，閻先生討論很多，

---

❶　同上，頁三一八～三一九，民國二十四年十月十五日記。

結果以北方危疑期間，萬不可輕動等等爲言❶。

昨晚接閻先生有電，謂宥日飛京，已令臚初赴平轉述一切云云。

早看王芳亭（典型）謂閻先生去南京，於西南反中央不見得能挽回，而日本惡其親南必將擾綏。其言可以窺平津人士之心理❶。

晚車，臚初到，轉述閻先生對內政外交各主張，覺其慮遠而興致亦佳❷。

　　上記有些語意不明，黃臚初爲閻之重要傳話人及聯絡人。從其傳話及聯絡情形觀之，閻不但支持南京中央，且亦努力安撫北方。閻到南京參加國民黨中全會及五全大會，受到禮遇和歡迎。西南方面亦有代表與會。此爲國民黨人由數年來的紛爭而走向團結的一大盛會。蔣委員長在大會中的「最後關頭」演說，宣示對日新方針。爲「九一八」事變以來中國對日政策由退讓而強硬的一大轉變。

　　似此，蔣委員長的策略，原爲由「安內」而「攘外」，現在內部不安，轉由「攘外」而「安內」了。蔣之長期抗戰的策略，至此亦已形成了。蔣對這段危機的處理，其所產生的效果，史學家郭廷以在其所著《近代中國史綱》有如下一段的評述：

　　蔣中正對於廣田與軍方之相互爲用，十分明瞭。時四川剿共已近尾聲，中央政府在西南三省的權威已經樹立，決定對日強硬，

❶　同上，頁三二〇，民國二十四年十月二十一日記。
❶　同上，頁三二一，民國二十四年十月二十六日記。
❷　同上，頁三二一，民國二十四年十月二十八日記。

準備一戰，使其知難而退。十月初，分於豫、魯、蘇之交及南京、上海之間，集結重兵，並親赴太原、泰山邀閻錫山、馮玉祥入京，參加國民黨中央委員全體會議與全國代表大會（即五全），復派考試院長戴傳賢赴粵與陳濟棠、李宗仁商談團結，陳、李推過去反蔣最力的鄒魯偕廣西省主席黃旭初北來。十一月八日，蔣命參謀本部次長熊斌飛北平，向宋哲元傳達中央計畫，戒以勿自作主張。日本有所忌憚，決定不在此時迫令華北自治。十一月十九日，蔣對國民黨全國代表大會講述外交方針：「和平未到絕望時期，決不放棄和平；犧牲未到最後關頭，亦不輕言犧牲」。換言之，中國願對日本和平，唯不再退讓，和或戰任日本自擇㉑。

　　蔣委員長「最後關頭」演說，是中國對日抗戰的一項重要歷史文獻，亦為蔣由「安內」轉向「攘外」的重要證據。看了徐的《日記》，更可瞭解「最後關頭」的緣由和眞相了。

柒、聯共抗日動搖安內

　　中國國民黨五全大會於二十四年十一月二十三日閉幕後，遂於十二月七日改組中央政府，蔣中正代汪精衛為行政院長，以張羣為外交部長，本諸對日新方針以不屈不撓的立場對日進行交涉。此時共軍毛澤東、彭德懷、林彪部已竄至陝北，與當地共軍徐海東等部會合，勢力又張。張學良以西北剿匪副司令名義代行總司令（蔣中正）職權駐西安，指揮其東北軍與戰不利，頗有損失。二十五年二月，陝北共軍

㉑　郭廷以《近代中國史綱》，頁五六七，一九七九年，香港中文大學出版社出版。

主力進入山西，在中央軍協力作戰下，使共軍於四月末退回陝北。而
張學良則在四月九日與中共全權代表周恩來會於延安，達成秘密協定，
聯合抗日。根據近年大陸方面的資料，此時張不僅決定聯共抗日，且
有反蔣決心。據中共駐西安代表劉鼎於四月二十七日致李克農轉周恩
來的信中說：

> 昨夜與張（學良）見，除自己簡短地談了準備好的話以外，餘均
> 張談，張首先交給他一本叫《活路》的小冊子，其中充滿了關
> 於反蔣抗日聯俄聯共的宣傳，張稱這說出了他想說的話；其次
> 張談了自己的計畫，即希望先訓練幹部，暫時隱瞞自己的主張，
> 向各實力派聯絡，最後「預備著和大老板（按指蔣）打一架」，把
> 自己可靠的部隊拉出來，和紅軍一起幹❷。

中共之通訊人員曾希聖五月五日致彭德懷、毛澤東、周恩來的電
報稱據劉鼎四日電云：「近因蔣愈惡張頗悟，已有抗日反蔣決心，言要
幹就徹底幹；惟爲準備計，反蔣事暫不公開」。五月七日中共陝西黨務
負責人朱理治亦有電云：「張希望我們（共方）不要迫他太急，他希望
在十一月騙到蔣介石一些武器補充後，再約公開」❷。此均根據中共當
時的文件。張之聯共反蔣決心，應無可疑。蓋自中共宣傳「抗日統一
戰線」以來，反對剿共而主張抗日之聲勢大張，不僅形成興論之壓力，
張之東北軍即大受其影響。蔣之剿共「安內」而後「攘外」政策，再
度受到嚴重的挑戰。所謂抗日必先剿共，或抗日必須聯共，乃形成爭

---

❷ 邱路〈也談劉鼎在張學良那裡工作的時候〉，見《中共黨史研究》，一九九
  〇年，第二期。

❷ 同❷。

論問題。此在徐的《日記》中，雖不能確知張與中共之間的具體關係，但很快的卻發現張在思想觀念上對剿共與抗日問題有了極大的矛盾了。而且此種矛盾，非限張之個人也。徐在四月二十九日和三十日兩天的《日記》中記有與張等對剿共和抗日問題的討論云：

> 午後張漢卿突來，談陝北苦況，謂匪非萬不得已決不西渡，亦不能停留。閻先生與商將來入陝助剿兵力，渠（張）云能解決運送給養問題，則兵力自以愈多愈好；否則諸待斟酌也。

> 張論赤軍優點：一、不欺部下；二、能檢查其部下對於命令或講話遵行否；三、能實行輕軍善走（彼有手段不怕擾民）；四、動而不息。

> 余（徐自稱）謂赤軍在晉陝不過兩萬餘，我十餘萬大軍無如之何，且時遭打擊與騷擾，設此兩萬餘竄入東省或朝鮮，是否日本亦須動員十五或二十萬兵與之長期周旋；抑以三、五萬即可消滅之。如前說則有如赤軍者五、六萬，立可使日本全國坐困待斃；如後說則我十五萬不敵人三、五萬，此如何能輕言抗日者。所以我不消滅共產到某程度，不足言抗日；而我不能消滅共匪，亦不配言抗日。諸人中且有以余言近滑稽者，然又無以難余。陳辭修（誠）略有說，最後都肯定不平共不足抗日（原注：余以張、陳好言抗日，故為斯說證之）。

> 晚飯在綏署，張漢卿云俄已計畫開戰時，空軍能一次運送一萬兵到敵人陣線後❷。

---

❷　《徐永昌日記》，冊三，頁四一七～四一八，民國二十五年四月二十九日記。

> 張漢卿來云：到京時曾往視範亭(續培模，左傾者)，見面方知曾
> 相識也，已熟知範苦惱情緒云。漢卿思想已受左傾支配而不覺
> （渠自以爲藉知左傾內容理論以發揮其主觀信念者）。尤信仰共黨中監
> 視言論之辦法㉕。

　　張學良之東北軍，爲數不下二十萬，裝備齊全，過去在日軍侵犯
其東北四省的防區時，均不戰而退；其負擔剿共工作，亦屢遭敗績。
證明該系軍隊之戰鬥能力實大有問題。張氏對其軍隊顯已缺乏信心。
但在渴望歸復故土的心情下，寄望於聯共聯俄而得其助，固然不切實
際，但在張與中共周恩來等第二次延安會議（五月十二、三日）後，
對於「抗日反蔣」的「大舉行動」有了實際具體步驟，對抗日及反對
剿共更加積極了。徐在其五月二十八日的《日記》有記：

> 晚飯在綏署（太原），飯後談至十一時方散。張漢卿對抗日熱烈
> 極，大有寧爲玉碎不顧一切之概；甚至不主張剿共，以爲在我
> 抗日下共匪必無如我何。余（徐）謂其爲大學生主張㉖。

　　日本壓迫中國要求「共同防共」，顯然更是激動中國一些人士傾向
「聯共抗日」的情緒。反使剿共成爲「不抗日」的等號。如何使之不
爲混淆，徐曾與閻氏言之：

> 午前往晤閻先生，縱談對日對共主張，即不引共以抗日，亦不

㉕　同上，頁四一八，民國二十五年四月三十日記。
㉖　同上，頁四三〇，民國二十五年五月二十八日記。

藉日以防共，須下工夫使宋（哲元）不爲日軟化；使張（學良）不因日親共，如此晉綏方能安定，方能生聚教訓，方能作國家北方之支撐。閻先生極是余（徐）説；且舉東北人士及共黨等所組合之救國大同盟會（似係此名義）人員被西安省黨部（國民黨）抓獲情形等等，按此如何不激張、共愈合㉗。

蔣委員長對於張之「聯共」行動，心實憂之。特召徐永昌至杭州面商解決辦法。十月十七日晚蔣與徐氏深談日人之要求「共同防共」以及如何應付問題，談到張學良聯共問題，徐有如下之記述：

> （蔣）云：東北軍通共已爲不掩事實，然在張漢卿指揮下，尚不至爲國家害；否則不堪想。余（徐）詢以閻先生擬請東北軍守綏，（蔣）謂不妥。余因詳論東北軍之未必通共（原注：有之亦幾個人的單獨行動），本無其事，因疑而激成事實，甚可畏也。渠（蔣）云共決不能容，俄非不可聯；但須我們清共後。若聯英、美，則彼距我遠，遇事無力強我。故聯之（俄）殊無害也。余又論國家經濟，對內無正當目的，對外無妥善對策，其勢不走入死路不已，此亟應從速打算者。渠不語者久之云云㉘。

爲了安撫張與東北軍的不穩，蔣接受了徐的建議，於十月二十二日飛往西安，一爲安定抗日戰線之後方，一爲撫慰東北軍使與中央一德一心。蔣留西安數日，於二十九日去洛陽。三十日，閻錫山、傅作義和徐等到了西安，希圖化解張與蔣的緊張關係，但效果不彰。徐在

㉗ 同上，頁四七二，民國二十五年十月一日記。
㉘ 同上，頁四八〇～四八一，民國二十五年十月十七日記。

這天的《日記》有記:

> 與漢卿談頗久,渠以爲共黨決竄綏,不有政治辦法以謀共同抗
> 日,必爲日、共所苦,社會人民更不相諒。又云:蔣先生對共
> 決取力剿步趨,前途殊危險也;且應果開戰,日必攻晉之東云
> 云。(原注:張請蔣與共妥協,蔣對張云:使共黨當面以手槍擬
> 之,亦不與之談妥協也;又云共黨能無條件的交槍受編乎?否
> 則不論矣。張末云將再請於蔣。)
>
> 於上車站途中,(楊)虎城切詢中央對東北軍開綏作何表示。告
> 以恐發起日僞擾綏急性化。虎城無語,仰面久之[29]。

按張、楊皆與共聯,與共有約,擬組織援綏抗日聯軍,成立西北
國防政府,號召抗日,靠近蒙邊基地,藉便獲取俄援。以實行其「抗
日反蔣」的「大舉行動」。蔣之不同意東北軍調往綏遠,非無原因也。

十月三十一日,蔣在洛陽度其五十歲之生日。張、楊、閻、傅、
徐等以及一些重要將領均集洛陽爲之祝壽。但亦不忘談論對日對共問
題。閻對中共性質的看法,徐氏認爲有其明達之處,張仍相當固執。
徐對彼等均有評論。其《日記》記云:

> 閻先生論共黨之通電抗日乃決對投機,彼(共)如取得政權,必
> 先與日謀妥協。蓋戰必有幾分把握,未有求敗而戰者。又共黨
> 不成功時,主張罷工神聖;成功後則罷工死罪。

---

[29]　同上,頁四八六,民國二十五年十月三十日記。

余昨與張漢卿論共黨抗日，因舉上海戰時(按指一二八戰役)，共
黨曾不因國軍抗日稍止其滋擾等等[30]。

對抗日實地工作，不能踏實去做，卻日日時時在喊叫抗日；甚
至糾合抗日，此真時髦病與狂妄病，虎城、漢卿皆似之。獨閻
先生不甚言抗日而配抗日，因他真能日日時時在實地努力工作
也。

虎城、漢卿明知國家力量不足抗日，而力言抗日之要緊，似受
了共黨的愚弄，似謀一己之出路，能發展歟[31]！

憶虎城對宜生(傅作義)云：蔣先生以北方無足輕重，決不在黃
河流域抗日。又云張漢卿已無指揮其部下之能力。余素以虎城
為有心人，今竟如此，令人失望至極[32]。

張之固執聯共，更以楊虎城之附和煽動，徐已深感失望。其能為
力者，則為對蔣建議：「尊閻而禮張，多行其可行之主張，國家福也」。
蔣亦同情徐之意見[33]。但為消彌禍亂於無形，蔣一面加緊對陝北共軍
之圍剿；同時對日偽軍之侵擾綏遠，積極抵抗，均曾取得輝煌戰果。
中共軍在強大的中央軍圍剿下，已作突圍而去之計畫。但張則建議中
共暫緩執行其突圍計畫，謂一、二個月內局勢將有變動。旋即發動西
安事變，使蔣之剿共「安內」功虧一簣，走上提前「攘外」之局，局
勢真是有了大變動。

---

[30] 同上，頁四八六，民國二十五年十月三十一日記。
[31] 同上，頁四八七～四八八，民國二十五年十一月二日記。
[32] 同上，頁四九二，民國二十五年十一月十二日記。
[33] 同上，頁四八七，民國二十五年十一月一日記。

細讀徐氏此一時期之《日記》，張學良由「九一八」事變之不抵抗而至蔣委員長剿共有成並在綏遠積極抗日之際，而藉「抗日」以「聯共」，繼而發動西安事變，其間曲折，原無功過是非善惡可言。徐氏在其《日記》中亦不時發出感慨之言。其論主張「聯共抗日」者之心態，則曰：

> 今之欲與共黨攜手者，不是捐除自己政治主張，不是弭內亂以求統一，只是希望共黨抗日，俄國助戰，其偷懶本已可笑，乃愚到與虎謀皮㉞。

捌、西安事變轉向「攘外安內」

瞭解了張學良在西安事變前與中共的真實關係後，再來印證徐的《日記》中有關張的表現，那就很有意義了。此在《傳記文學》六十三卷一期（三七四號）已刊拙撰〈有關西安事變新資料〉一文中多有引錄，茲不重述。西安事變是一件震驚中外的大事，徐的《日記》更是不放棄任何重要消息而詳記之。以下摘錄在蔣自西安脫險前（十二月十三日至二十五）徐之《日記》中較為不經常見的記述：

> （十二月十三日）早到中和齋，見張漢卿（學良）通電，略謂蔣不抗日，一味慘殺青年。現已留之暫住西安，冀其覺悟，以促成抗日。
>
> 由昨晚至今早，閻先生祇是度量各方利害與判斷前途危險。余

㉞ 同上，頁四九二，民國二十五年十一月十二日記。

（徐）主先謹飭軍警使無意外並及省防。

（十四日）各方通電有詈之（張）者，有勸之者，馮（玉祥）先生請其釋蔣先生，願自往擔保講和。閻先生則由理論以證其危險結果。

張漢卿來電，請閻先生往西安討論國事。置未復。

（十五日）羽山代表（日本）關東軍警告宜生（傅作義，綏遠軍政負責人，在綏抗日作戰。）離綏，以張變後必向中國中部猛進，晉綏抗日必遭覆滅，不如讓日西進防共；要知關東軍先頭已進至張北，此貴官所知者云云。

早開省防會前，先討論對日問題，議論繁泛不已。余謂：一、聯共抗日或先共後日，恐至亡國時全國亦不能一致。二、在華北各省一日不亡完，日人對我政府外交總是華北除外。對於上二點之認識，以為決無錯誤。

蓋今日抗日為安內之最緊要工作，亦即生死存亡之工作（共黨對晉綏抗日尚覺與之不利，緣稍妨其自由行動也；若中央整個抗日則又甚利，緣能得絕對的大活動）。余之主張全場無異議。

（十六日）中央已下討張令，敬之（何應欽）任總司令。閻先生主不攻，以經濟困之。余極是其說。孔（祥熙）、宋（子文）電此間擬令張送蔣先生來幷（太原），由此間擔保並解決國是。

（十七日）張漢卿代表李某（應即李金洲）午後乘飛機來，所述張漢卿意見如下：一、此次事發於救國熱忱，純係對事，無論到

何時機均負責保護蔣委員長之安全。二、苟利於國，決不惜犧牲自己一身，當隨蔣委員長赴京聽候國人處分。三、可派員赴陝，面謁蔣委員長，證明吾等尊崇優待蔣委員長之事實。

閻先生對此極樂觀，以爲張已露弱，或已無辦法，將來必走入悔禍途徑，祇要蔣先生能包容，予張及東北軍以安全即可；但須得蔣先生有負責話。所以咱要去兩人，方是憑證。

李（金洲）曾云，張談再遲兩天不發動（事變），蔣先生即要將該部（東北軍）調出潼關，開始解決之。閻先生謂，渠已意在保全，當可就範。余謂：張之變亂出發點，原起於無出路；但今日所云再遲即被解決云云，是渠（張）對部下得意語，非示弱也。閻先生終認爲張派李來求和。因決定電張推余與趙次翁（趙戴文、字次隴）入陝。

余謂：一、萬一張不悔禍，蔣先生於不得已時從其抗日，如張與日戰，中央軍漸次加入，此時必能相忘於無形也；不過日漸勝，共漸大之可慮而已。二、張挾蔣以抗日〔閻先生曾謂李（金洲）曰：最後張出於自尋日作戰，此時當可縱蔣先生回京。李謂張必挾之與俱云云〕，中央軍倘襲其後，則最後恐成混戰割據。三、中央軍圍張，相持如久，亦必演成割據混戰。按此尚不如有條件的從張主張爲是。閻先生云：若然，祇要戰敗，國民黨必爲共黨所滅。余謂：比〔彼〕時人民亦不滿共黨，國民黨未必即滅。討論至七時方散。晚飯在賈（景德）宅。

（十八日）傍晚得張覆電，歡迎余等入陝，決定明早十時半起飛。

（十九日）早開會，咸以張不令蔣鼎文單獨見蔣先生；又張昨回李金洲電亦祇表示歡迎，未提允許單獨晤蔣。吾人不應遽往。且其代表在此尚表示廣西一星期內必出兵響應張、楊（虎城）。似李之來，非張、楊有餒於中也。余謂依人民、國家希望與吾人職地而言，是應先去一趟（該代表去電時本已有須允趙、徐單獨晤蔣云云）。今可否令李今日即走，並切囑其向漢卿聲明，如尚有讓步或需要吾人轉圜之處，吾人即去；如毫無退讓，縱許吾人單獨晤蔣，亦應先將其意見電告，俾吾人去前有所研究。眾決議照後說辦。

漢卿竟認定廣西即出兵響應，是真執迷不悟，利令智昏〔李（宗仁）白（崇禧）與張必有反中央拉攏〕。

（二十日）早閱漢卿回電：一、抗日而外，決無他圖，為抗日受任何犧牲在所不惜。二、決不造成內戰。三、令李某今日來（?）幷（太原）。由其回電，可斷漢卿態度之強硬。又張之變亂出發點原屬自救，但今日似已不甚措意自救而重視主張，是必稍達其主張方有商量餘地；否則力的比較問題。若張挾蔣以與日戰，雖力亦無所用。閻先生不甚謂然。

（二十一日）晚車黃季寬（紹竑）偕王維宙（樹翰）、王庭午（樹常）、莫德惠到幷，季寬謂中央側重綱紀，主積極用兵壓迫至某程度，再自動停戰向張交涉，冀其覺悟。季寬一再言用兵危險，以為萬一軍事受挫，前途更無法進行；又或相持日久，難保兩粵不議中央於後。

（二十二日）何敬之電云：宋子文已歸（自西安歸南京），謂蔣先生

安好，張漢卿堅持八條辦法。明日送蔣夫人赴陝。

（二十三日）張漢卿電云：宋子文、蔣銘三（鼎文）、蔣夫人來陝，情況好轉，有改組政府的可能云云。季寬云：此後恐走上偏重情感途徑，亦非國家之福。且云宋要包辦。

（二十四日）張漢卿電略云：與宋子文、蔣銘三、戴雨農（笠）集議，一、改組政府。二、八項主張擬請委員長由事實方面處理之。三、對西北各部擬爲安全之保障云云。

（二十五日）晚飯後忽傳張漢卿送蔣先生已到洛陽。此又出人意料之舉㉟。

徐雖軍人，但頗重歷史，其對西安事變資料，從不放棄追蹤。對親歷其事者的陳述，必詳記之。董英斌（憲章）是當時東北軍的高級將領之一，事變前夕，曾參加張所召集的會議，商討發動事變問題，徐在二十六年（一九三七）五月四日的《日記》記有董述西安事變經過如下：

事變之前三日，各將領咸感有事乃請見漢卿，當日無暇，翌日漢卿約見，首謂董曰：憲章！你由軍長調參謀長，無異撤差，此時你要去見委員長，必給你事做。董不知所答。繼顧繆激流曰：老繆！前天你見委員長謝委（繆新任軍長），委員長與你談話後，你說您（指蔣）眞是天與人歸的領袖云云。是不是？（此漢卿詡其無事不知也）繆頗忸怩。至斯漢卿始正言曰：不要扯啦！說正

㉟　同上，頁五〇五～五一四，民國二十五年十二月十三日至二十五日記。

經的，中央現在調了這許多軍隊進潼關，意圖明明在東北軍，今日惟有我一走方能了事。繆謂那不是辦法。漢卿謂：不然祇有將蔣扣留，令其接受我們主張；彼時南京羣龍無首，從我要求必矣。然後送之回京云云。董(英斌)以為如認定決不能相安，則公(指張)率部尋日抗戰亦一出路；扣蔣事太複雜，不易善後。

此時適有約漢卿出外說話者，漢卿出。王鼎芳謂：要幹就幹吧。漢卿歸坐，王謂無他法，即照此做可矣。劉芳波(多荃)始終無主張。迨變後，張送蔣回京，東北之老成者皆主接受中央命令撤兵，少壯者主硬幹力爭，楊虎城兩是之。王鼎芳主撤兵，謂慢慢地總有辦法。少壯者疑其為己謀地位，孫銘九出而擊斃之㊱。

汪精衛轉述蔣對東北軍及張學良的批評：汪精衛與張學良之間頗有「過節」。十九年(一九三○)秋，汪在北平的「擴大會議」因張之舉兵入關而瓦解。「九一八」事變，汪在廣州的「政府」曾被指為「勾結」日本以「倒蔣倒張」。二十一年(一九三二)八月為防守熱河問題，汪氏電責張氏之「不抵抗」，以致東三省「三千萬人民，數十萬里之土地，陷於敵手」；今又為熱河事「欲藉抵抗之名，以事聚斂」。要張辭職，以謝四萬萬國人。二十二年五月，塘沽協定以後，汪之「中日提攜」政策，較張之「不抵抗」更進一步的對日退讓，被大家目為「親日派」。二十四年十一月，汪被刺受傷後，辭去行政院長兼外交部長職。由蔣中正接任院長，張羣掌外交，對日政策轉趨強硬。但汪氏仍從事「中日提攜」的活動。在二十五年二月十九日藉「養病」之名，赴德

㊱　同上，冊四，頁五○～五一，民國二十六年五月四日記。

國活動。目的是進行「共同防共」的使命。由於蔣的阻止，未能成功。
這年十一月間，德義日三國共同防共的協定，而無中國，汪甚悵然。
不久，發生西安事變，汪氏可能認為蔣有不測，正是他施展「中日提
攜」的良機，所以趕緊回國。那時只能乘船，旅途時日較長，而於二
十六年一月十四日趕回到上海。但蔣已平安脫險了。不過在汪氏返抵
國門時，也有人要汪繼任行政院長，同時也涉及對內對外（日）的政
策問題。教育部長王世杰赴滬迎汪面述數事，是否奉命或其本人的意
見，固不可知，但亦可看出當時一些人士對汪回國的看法。王之二十
六年一月十九日的《日記》云：

> 汪精衛先生自歐返國，於十四日抵滬。余（王自稱）曾赴滬晤見，
> 面述數事：一、行政院院長仍應提蔣介石先生繼任；否則政院
> 不能支配軍事軍人，政、軍將永呈分立狀態（此時蔣先生正辭院職，
> 有人擬議由汪先生繼任）。二、汪先生不必再辭中央政治會主席職。
> 三、對陝變之處置，東北軍及楊虎城軍，務以政治方法求解決。
> 四、國民大會召集後，似仍祇宜定為「憲政開始時期」，採行一
> 種容納黨外人士方法並設立一種簡單代議機關。五、對日外交
> 應堅定❸。

　　汪對王的面述數事反應如何？王在《日記》中沒有進一步的記述。
汪抵滬後，很快的即於十八日到了南京。此時蔣在奉化休養，汪於二
十四日去奉化，二十七日回京，表示「先安內，後攘外」。顯然話內有
文章。對西安事變善後問題，汪蔣之間必有充分的討論。二月五日，

❸ 《王世杰日記》（手稿本），冊一，頁二二，民國二十六年一月十九日記。
民國七十九年，中央研究院近代史研究所編印。

王晤汪，汪轉述蔣對東北軍及張學良的批評，及其處置東北軍的意見。
這天王之《日記》云：

> 晨晤汪精衛先生。汪先生新自奉化回，據云：蔣先生對陝甘東
> 北軍（張學良所部）之處置，極有把握；緣該軍昔日迴避抗日，
> 表示願意剿匪，今番號召抗日，不願剿匪，均只是迴避作戰，
> 保全自己地位；既然如此畏戰，則中央臨之以兵，彼必不敢抗
> 戰（反抗），終當接受中央命令。蔣先生並向汪先生言，去歲十
> 二月十二日陝變前，中央對於紅軍，已大致洽定收編辦法，陝
> 變起，轉使原定辦法失敗❸。

　　國民黨中全會決定抗戰與「容共」：西安事變後的顯著影響，則為
對日抗戰提前到來及對中共之寬容。此在二十六年二月十五日到二十
二日的國民黨五屆三中全會做了決定。以下是王世杰對該會開幕和閉
幕之日的兩則《日記》：

> （二月十五日）國民黨第五屆大會第三次執行委員全體會議開
> 幕。蔣介石先生已先一日自奉化返京，但未出席。此次全會主
> 要問題，為對日問題、西安事變之善後（外間「人民陣線派」要求
> 容納各黨各派，以是「容共」又成為問題），以及國民大會問題❹。
> （二月二十二日）大會於今晨閉幕。國民大會之召集日期定為本
> （二十六）年十一月十二日。決定實施經濟建設之五年計劃。對
> 日問題，決定於必要時抗戰，而目前則當努力從事於冀東、察

---

❸　同上，頁二六，民國二十六年二月五日記。
❹　同上，頁二八，民國二十六年二月十五日記。

北「匪偽」之解決與求華北主權行政之完整。共產黨問題，則主張以取消「紅軍」與「蘇維埃政府」，停止赤化宣傳與階級鬥爭，爲收容之條件；否則仍當從事剿滅❹。

汪言西安事變中有不可明言的「恐怖」：據汪自述：當他赴歐洲進行「共同防共」活動時，忽得蔣之電報，要他停止進行。後來得知消息，是陳立夫奉蔣之命在日內瓦和蘇俄外長李維諾夫會晤，使他大爲吃驚。他得此消息，幾乎不想再回中國。但西安事變卻改變了他的想法，所以趕緊回國。回國之後的感想如何呢？汪有自述：

> 當兄弟（汪自稱）知道西安事變消息，趕緊搭船回國的時候，正和日本的大島中將同船，他是締結了日德義防共協定成功而回的，兄弟卻是一無所成，惘惘回國的。那種心情，各位可以想想。當時兄弟對於西安事變雖然不知道其中底細，但是看見一國軍事領袖忽然被共產黨聯合張學良、楊虎城諸人將他擄住了，忽然又由共產黨賣個人情將他放出了；放出了之後，蔣先生對張學良、楊虎城狠狠的過不去，而對共產黨卻一聲不哼。兄弟就知道這裡頭有不可明言的恐怖了。回國以後，看見防共空氣頓然消沉，知道大勢不好，祇有憑自己的良心與苦口，明明白白的攻擊共匪❹。

---

❹ 同上，頁二九，民國二十六年二月二十二日記。
❹ 汪精衛〈十年和平運動之經過〉，民國三十二年講稿（國民黨黨史會藏）。

第二節　張羣與廣田三原則的談判

壹、背景與意義

　　張羣自民國二十四年（一九三五）十二月十二日任國民政府行政院外交部長，而至二十六年（一九三七）三月四日辭職，適當中國對日抗戰發生之前，正是中日關係最緊張的時期，全面戰爭有一觸即發之勢。張羣身當外交之衝，負責執行對日政策，調整中日關係，期作和平最大的努力。此為自二十年（一九三一）「九一八」事變以來中國對日政策由消極的應付而至積極的進取一大轉變。

　　「九一八」事變之初，國民政府以施肇基代王正廷為外交部長，依恃國聯，解決中日問題，未能奏效；乃以顧維鈞接掌外交，期求國際調解，旋亦失敗。國民政府改組，以孫科代蔣中正為行政院長，陳友仁掌外交，試行對日直接交涉，迅告失敗。汪精衛繼任行政院長，羅文榦掌外交，行一面抵抗、一面交涉政策，有二十一年（一九三二）的上海「一二八」戰役和二十二年（一九三三）的長城戰役。由於後一戰役的失敗而簽訂的塘沽協定，使日本侵略的勢力由東北四省而深入華北。羅文榦去職，由汪兼任外交，對日政策也變為「困守待援」或「自力更生」政策。也有稱為「中日提攜」政策的❶。這個政策到

---

❶　「困守待援」是汪精衛沿用的名詞。據汪於民國二十二年十一月二十九日在國民黨中央政治會議上的〈報告外交情況〉時說：「自五月（二十二年）以來，外交態度已易為『困守待援』。」「自力更生」用詞見民國二十五年七月十日〈中國國民黨五屆二中全會張羣委員外交報告〉，見秦孝儀主編：《中華民國重要史料初編──對日抗戰時期──緒編三》（臺北，中國國民黨中央黨史委員會出版，民國七十年，以下簡稱《緒編三》），頁六六三。稱「中日提攜」政策見本文❷。

了二十四年（一九三五）六月所謂「何梅協定」及「秦土協定」以後，
也就難以應付下去了。據當時任教育部長的王世杰在這年七月十七日
的《日記》中，對汪氏兩年來的對日外交有如下之批評：

> 自塘沽協定成立以來，迄今兩載有餘。政府之中日提攜政策，
> 只造成以下幾種惡果：一、民氣與士氣之消沉（原因於新聞與
> 言論之取締、排貨之禁止等）；二、無恥政客與漢奸之公開活動；
> 三、忠實而有氣節者，漸漸不能安於其位；四、日本少壯派軍
> 人氣燄之高長；五、國際對華同情心之消失；六、國民黨道義
> 權威之消失；七、冀、察、平、津之名存而實亡❷。

　　汪之對日政策，頗受黨內人士的質疑和國內的不滿。十一月初，
國民黨五全大會之前，汪被刺受傷進入醫院。十九日，軍事委員會委
員長蔣中正在國民黨五全大會上發表對外方針的演說和建議，是為有
名的「最後關頭」演說，宣示對日新政策。接著，國民政府改組，蔣
中正任行政院長，以張羣為外交部長，來執行其對日的新政策，即一
般所謂的「調整中日關係」或「全盤調整中日邦交」。其意義與目的，
張羣當時曾有說明：

> 中日兩國處於今日之情勢，若不速謀國交之徹底調整，不獨為
> 兩國本身之不利，即東亞和平亦將受其影響。故本人（張自稱）
> 受任外交部長以來，即具有充分決心，主張由外交途徑，調整
> 中日關係。

就中國方面言，任何問題，苟以增進兩國福利，鞏固東亞和平
爲目的者，均在設法調整之列；任何方法，苟以互惠平等互尊
主權爲基礎者，均得認爲調整之良策。總之，所謂調整，以地
言不限一隅；以事言不限一事；以時言非爲目前之苟安，而爲
雙方萬世子孫謀永久之共同生存❸。

張羣上項說明，雖屬爲其對日政策而辯護，但衡諸歷史事實，亦
是至理名言。惜乎當時日本的軍閥和政客，未能體會及此，終致造成
中日兩國和東亞的不幸。

貳、依據和方針

中日關係調整的發生，其主要問題，一爲日本對華北之分離策動；
一爲日本外相廣田弘毅所提出的三原則，其中特別是共同防共問題，
要中國予以承認。張羣則根據國民黨五全大會通過的蔣中正委員長「對
外方針」的建議及其在國民黨五屆二中全會關於「禦侮之限度」的說
明，以不屈不撓的精神，與日方周旋。使日方的要求未能得逞，改變
了過去一味對日屈服和遷就的外交。不僅獲得國內人士的支持，也使
中國國際地位有了顯著的改善。

關於日本對華北之分離策動，在一九三四年（民國二十三年）十
二月七日，日本岡田（啓介）內閣根據陸軍、海軍和外務三省的方案，
制定了「對支新政策」。大體仍循前任齋藤內閣的舊軌，祇是更明白的
指出：「南京國民政府的指導原理與日本國策根本不能相容，必須將國
民政府在華北的勢力減到最小限度，必須把山西、山東、西南反國民

---

❸ 〈張羣部長發表關於調整中日關係之演講詞〉，民國二十五年五月二十五
日。《緒編三》，頁六六九。

政府的勢力，扶植到最大限度」。以便逐步使華北脫離南京統治，利用親日派來做華北的負責官員，並創造便於使「日滿支親善」的環境和條件。在這一政策的支配下，從二十四年初到年尾，華北風雲緊急，幾乎沒有一天寧靜過❹。

　　岡田內閣通過了「對支新政策」之後，外相廣田故意擺出友好的姿態，一九三五年一月二十二日在國會發表了對中國不侵略不威脅的演說。隨後蔣中正即接見日本駐華公使有吉明，表示中日應該親善。二月中，行政院長兼外交部長汪精衛在中央政治會議中發表了中日親善的演說，蔣亦通電響應，中日關係頓見曙光。

　　此時王寵惠赴歐，奉蔣密約取道日本，向廣田提出了改善中日關係的三原則：一、以和平方式辦理交涉；二、以對等交際取消不平等條約；三、以友情交誼，中國禁止排日排貨，日本廢棄分化政策，取締在華浪人。蔣、汪也在國內發布了禁止排日命令。中日兩國使節隨之升格為大使❺。

　　一九三五年五月十七日，南京和東京同時宣布兩國使節升格。中國駐日大使蔣作賓於六、七月間和廣田兩次會談，就王寵惠所提三原則交換意見。此時廣田亦根據日本駐華大使有吉明的報告，籌擬改善中日關係的方案。經與陸、海兩省的協議，在八月十日，決定外、陸、海三省一致同意的方案，也就是一般所謂的「廣田三原則」。這個原則也就是日方作為調整中日關係談判的根據。其內容如下：

一、本文

❹　吳相湘《第二次中日戰爭史》，上冊，頁一八一，民國六十二年，臺北，綜合月刊社出版。

❺　吳相湘，前書，頁一八一～一八三。

以帝國爲中心之日滿支三國提攜互助，確保東亞安寧並謀發展，是日本對外基本政策，也是日本對支政策的目的。

㈠中國應先徹底取締排日，並應拋棄倚賴歐美政策，採取親日政策。

㈡中國終應正式承認滿洲國，暫時可對滿洲國作事實上的默認。反滿政策自應廢棄，華北與滿洲接壤的地區應實行經濟、文化融通與提攜。

㈢來自外蒙的赤化是日滿支三國的共同威脅，中國應依日本排除威脅的希望，在與外蒙接壤地帶作各種合作施設。

俟日本確認中國有誠意實行上述各點時，再與中國建立親善提攜關係。日滿支間的新關係也依此辦理。

二、附屬文書

㈠利用中國地方政權牽制中央以及分化中國統一並非本政策的主旨。

㈡實施本政策時，外務省、陸軍省、海軍省應保持密切聯絡。

㈢昭和九年（一九三四）十二月七日陸軍、海軍和外務三省同意的覺書應與本件併存有效❻。

右項「附屬文書」，是其內部的機密。故廣田一面要求中國同意三原則，而其軍人始終不放鬆分離華北活動。即如張羣所指陳的：二十四年秋季，日本的積極方針，一方面以三原則要挾中央予以承認；一方面又進行種種策動分離地方。其分離目標，一爲華北，一爲兩廣。其對華北，是要成立華北「獨立政權」；其對兩廣，則爲分割中國內政，

---

❻ 吳相湘，前書，頁二〇七。

排除英國勢力，進行華南的發展。其所以有以上方針及分離活動，張
羣的分析，認爲有以下五種原因：

一、中國剿共軍事，向西進展，深入川康青甘一帶，爲免功虧
　　一簣，決無餘力禦侮，故日乘虛而入。

二、受銀價高漲及世界經濟衰落的影響，中國財經幾遭破產，
　　日乃乘此危機，加緊對華壓迫。

三、自蘇俄出售中東路後，蘇俄勢力完全退出北滿。蘇之對日
　　讓步，使日侵華益無忌憚。

四、意阿戰爭，國聯決議未能實行，使歐洲局勢陷於混亂，日
　　本有機可乘，自少顧慮。

五、二十四年（一九三五）下半年，日本少壯軍人氣燄方張。日
　　政府爲維持自身政權，與其軍人互爲利用，對外採取積極
　　態度❼。

　　故當二十四年十一月間國民黨五全大會之際，日本對中國之壓迫，
異常猛進，中國外交途徑，幾已絕望。故在五全大會中通過了蔣中正
的「對外方針」建議，即：「和平未到完全絕望之時，決不放棄和平；
犧牲未到最後關頭，亦決不輕言犧牲」，以及「果能和平有和平之限度，
犧牲有犧牲之決心，以抱定最後犧牲之決心，而爲和平最大之努力」❽。

---

❼　〈中國國民黨五屆二中全會張羣委員外交報告〉，民國二十五年七月十日。
　　《緒編三》，頁六六一～六六二。

❽　〈蔣委員長對第五次全國代表大會演講對外方針並提建議〉，民國二十五年
　　十一月十九日。《緒編三》，頁六五九。

即是和平有一定之限度，過此限度，即不惜犧牲❾。這一「最低限度」，在二十五年（一九三六）七月的國民黨五屆二中全會時，蔣中正更作明確的解釋如下：

> 我們絕對不訂立任何侵害我們領土主權的協定，並絕對不容忍任何侵害我們領土主權的事實。再明白些說，假如有人強迫我們欲訂承認偽國等損害領土主權的時候，就是我們不能容忍的時候，就是我們最後犧牲的時候❿。

迨十二月間政府改組，張羣接任外長，即本上述方針，與日方折衝。張羣曾謂：二十四年十二月，行政院改組時，日本對華即作種種之策動，我方始終抱定既定之方針，不稍改變，並通知地方當局，把所有外交事件，推到中央來辦。並在軍事上作積極的準備，做外交的後盾，一本五全大會決議的原則，一方面為和平盡最大之努力，一方面亦不惜犧牲作積極之準備⓫。

叁、經過──與有吉、有田的談判

張羣與日方談判的對象，先後為日本方面的三任駐華大使，依次為有吉明、有田八郎、川越茂三人。此外也與日方駐華人員根本博（武官）、須磨彌吉郎（駐南京總領事）等有所會談。其會談過程和情況，可依日方三任大使的先後加以排列。

---

❾　同❼，頁六六二。

❿　〈蔣委員長於五屆二中全會講：禦侮之限度〉，民國二十五年七月十三日。《緒編三》，頁六六六。

⓫　同❼，頁六六三。

　　與有吉的會談,早在二十四年十一月二十日有吉晉見蔣委員長時,
張羣亦在座。主要是談華北「自治」和廣田三原則問題。當有吉說到
華北「自治」是「實基民意」時, 張羣當即揭穿其陰謀說:「如日本召
還土肥原, 阻止多田駿赴濟南, 則自治運動可以立熄」。又說:「土肥
原曾提供防赤自治委員會組織方案, 其中以土肥原爲總顧問。可見自
治之事係由日本所鼓動」。有吉且問蔣委員長對廣田三原則的看法, 蔣
曾表示:「予對三原則全然同意, 無何等對案, 甚望及早商討具體實施
方法」。又謂:「但廣田三原則與華北關係密切, 如華北發生事故, 三
原則中之一、二兩項自皆無由商談及實行」❷。有吉則據此認爲蔣對
廣田三原則已表示「無條件的贊同」。張羣隨後與有吉會談時屢加駁斥。

　　十二月二十日有吉會晤張羣, 談到三原則事, 有吉表示:「日方三
原則事, 蔣院長已於上月二十日會談時表示無條件的贊同, 不知貴部
長（按指張羣）意見如何?」張羣答云:「蔣委員長之言贊成, 係贊成
三原則之商討; 無對案者, 係因三原則無具體意見, 無從提出對案,
絕非無條件的贊成三原則, 乃希望貴方提出更具體之意見, 以便商討
之意」。有吉再問及華北問題, 張羣表示:「華北爲中華民國之一部分,
一切問題仍須中央整個處理, 不能除外」❸。

　　儘管張羣向日方否認蔣中正無條件贊成廣田三原則, 而日方則堅
持說是中國方面已承認其三原則。張羣特命外交部發言人聲明予以否
認。日駐南京總領事須磨奉其外務省訓令於二十五年一月二十五日訪

---

❷　吳相湘, 前書, 頁二二四。

❸　外交部編譯室〈廣田三原則的交涉〉, 年代未詳, 應爲民國二十五年。見〈蘆
　　溝橋事變前後的中日外交關係〉,《中日外交史料叢編四》(臺北, 中華民國
　　外交問題研究會印行, 民國五十五年, 以下簡稱《外交史料四》), 頁二四
　　～二五。

晤張羣且帶恫嚇之詞，說：「三原則乃根本方針，不能一一確定其項目，是以東京方面對於三原則頗為重視，而今貴方若不承認，則日本政府一定大為吃驚；貴方如不予承諾，則將成為重大問題」云云。張羣告訴他說：「我方始終以既有原則，必有方案。是以對於方案之商討，可表示同意，此為我方始終一貫之主張」。時日本政府發表有田八郎為新任駐華大使，有吉大使特來南京向中國政府辭行，於一月二十九日來訪張羣，仍堅持說蔣院長已承認廣田三原則，說中國方面「今若忽然變更，則問題非常重大」。張羣仍不厭其煩的仍照前述意見加以解釋。一月三十日，有吉拜會蔣院長辭行時，也談及三原則問題，蔣院長說：「貴大使與張部長之談話，余已知悉。余對此事之意見與張外交部長完全相同」❹。

　　二月二十六日，東京少壯軍人暴動，殺藏相高橋是清等，襲擊首相岡田官邸，是為「二二六」事件，顯然給調整中日關係帶來更多陰影。這天，新任日本駐華大使有田八郎到了上海。三月十六日至十九日的四天，在南京與張羣連續談話四次。十六日的第一次會談，歷三小時，張羣主張自東北問題談起，有田謂尚非時機；張羣遂謂至少須先消滅妨礙冀察內蒙行政完整狀態。十七日的第二次會談，張羣不贊同以廣田三原則為調整中日關係之基礎，並說明中國立場與見解。十八日的第三次會談，有田說明日本的立場與見解。十九日的末次會談，即發表共同聲明，謂雙方見解，未能完全一致❺。在此同時，日本內閣改組，廣田任首相，有田回日出任外相。這幾次的會談，雖無結果，但氣氛改善了許多。中日間的緊張情勢，也較之緩和下來。據張羣對

❹　同❸，頁二七～三一。

❺　郭廷以《中華民國史事日誌》（臺北，中央研究院近代史研究所印行，民國七十三年），冊三，頁五七一～五七二。

中央的外交報告指出：

> 當有田八郎來京就任之後，曾到外交部來談過四次話，交換意
> 見。這幾次談話事前經約定雙方係依友誼的，非正式的不作結
> 論的談話。經此四次談話之後，形式上雖無結果可言，而有田
> 對於我方實際情形，確有進一步的了解。所以當他回國就任外
> 相之後在議會演說外交方針，已一改從前的口吻，對廣田三原
> 則，亦有不拘泥形式之說；對華北地方問題所持態度，也和以
> 前不同❻。

上述情況，張羣認為日本對華外交有所轉變。至其原因，張羣分
析如下：

一、與有田談話，我方態度明確而堅定，表示邦交能夠調整，
　　固為我之希望；否則惟有一戰以求解決。我方這種堅定明
　　白的表示，或許是其轉變態度的原因之一。

二、日本「二二六」事變，此為軍人干政的結果。但廣田的組
　　閣，仍出於元老西園寺公望的推薦，故元老勢力，仍然存
　　在，因此形成對外政策的轉變。軍部本身亦有「外交一元
　　化」的運動。由此兩種情勢的推動，對華政策也隨之有所
　　轉變。

三、蘇俄態度的轉變，也是其原因之一。以往蘇俄對日處處退
　　讓，但近月來，已和過去不同。如俄蒙新訂協定，對華則
　　為侵權行為，日人則視為向其威脅。日俄形勢趨於緊張。

❻　同❼，頁六六三。

四、英美經濟集團與日本的經濟利害衝突，日益尖銳化，逼使
　　日本向中國求發展，須以維持和平作爲達成目的的手段。

五、日本退出國聯及倫敦海軍會議之後，在國際上陷於孤立的
　　形勢；加之列強與日本利害衝突的尖銳化，在在促使日本
　　對華政策的轉變⓱。

　　張羣與日方的會談，經有吉到有田，其未能達成具體的結論，自
是意料中的事。但張羣力倡以中日會議之方式調整中日整個關係，將
中日交涉之重心移至南京中央，阻止日方局部之策動，其所達成的效
果，在二十五年的上半年，已有顯著的改善。這並不表示日本侵略政
策的改變，祇是嚴重的壓力稍加緩和而已。這也是中國所要爭取的一
段喘息時機。

肆、經過——與川越的談判

　　民國二十五年（一九三六）七月國民黨五屆二中全會以後，中國
對日政策，更趨明確而堅定。近年大陸學者有認爲國民黨五屆二中全
會是中國對日政策的轉折點，不僅因爲蔣中正在會議上對中日關係的
「最後關頭」的涵義作了明白無誤、措詞強硬的解釋；更主要的是五
屆二中全會以後，南京政府在實際處理中日關係事務中，已經開始放
棄妥協退讓政策而採取了強硬立場。在外交、軍事、經濟各方面，爲
抗日做了大量的準備工作⓮。

　　於此同時，日本政府也制訂了〈對中國實施的策略〉和〈第二次

⓱　同❼，頁六六四～六六五。

⓮　楊樹標、尹鐵〈論國民黨五屆二中全會是南京政府對日政策轉變的標誌〉，
　　「九一八」事變六十週年國際學術討論會論文，一九九一年九月，瀋陽。

處理華北綱要〉，主要內容有：使南京政權承認華北的特殊性，進一步實現華北五省「自治」，建立所謂日、滿、支三國合作互助的基礎；中國與日本簽訂防共軍事協定和建立軍事同盟，進行軍事合作；由日本人擔任國民政府的政治和軍事顧問；加強日華經濟合作，促使中國經濟依賴日本等等⑲。八、九月間，適有「成都事件」和「北海事件」。⑳日本駐華大使川越茂藉此事件的處理，從九月十五日到十一月十日之間，連續在南京與張羣會談七次。其後又因日本海軍在青島登陸事，於十二月三日會談一次。川越原任日本駐天津總領事，這年五月升任駐華大使。此爲日本外交界的破格，其在天津自然是仰承軍人鼻息得到了特達知遇㉑。

會談開始，張羣主張先談蓉案，不與調整問題混爲一談。川越則以爲蓉案不難解決；但僅解決蓉案，仍不能緩和日方空氣，須先解決若干政治問題，始可商談蓉案。遂提出所謂：一、取締排日問題；二、華北問題；三、共同防共問題；四、減低入口稅問題；五、上海福岡間民航聯絡問題；六、聘用日籍顧問問題；七、取締鮮人問題等，要求即時一併解決。對以上各項要求，張羣與政府商洽後，向川越逐項加以批駁：

一、取締排日問題：爲正本清源計，日方應一面消極的除去惡

---

⑲ 同⑱，資料原據復旦大學歷史系編譯《日本帝國主義對外侵略史料匯編》（上海，人民出版社，一九七五年），頁二〇一～二〇四。

⑳ 「成都事件」發生於民國二十五年八月二十四日。成都民眾因反對日本在成都設立領事館，包圍和搗毀居住日人的大川飯店及一些日商公司商號，毆斃日人兩名。「北海事件」發生於同年九月三日，廣西北海一名日僑被不明身分的人刺死。

㉑ 吳相湘《第二次中日戰爭史》，上冊，頁二四〇。

感，一面積極的樹立新國交。前者應停止在華種種策動，廢除武力干涉與高壓態度。後者須有尊重中國主權與行政統一之誠意。

二、華北問題：此爲日方所造成。倘日方欲造成獨立或半獨立之政權，顯係破壞中國領土主權之完整，絕無商討之餘地。

三、共同防共問題：防共純係內政問題，無待與任何第三者協商，亦毋庸外國之協助。

四、減低入口稅問題：入口稅之改訂，爲我國內政上之事。但研究關稅之調整，須先考慮所有走私現狀。

五、上海福岡間聯航問題：在日本飛機非法任意飛行我國各地未終止前，礙難實行滬福聯航。

六、聘用日籍顧問問題：如邦交好轉，可自動酌聘日籍技術人員，但決不可由外國政府要求。

七、取締鮮人問題：中國政府不願任何外國人在中國有非法行爲。但在日本勢力庇護下之外人有非法行爲者，日本亦應取締。

在批駁日方以上各項要求時，我方亦向日方提出五項問題，請其切實答覆，迅予解決。即：一、取消塘沽、上海兩協定；二、取消冀東僞組織；三、停止不法飛行；四、停止走私並不得干涉緝私；五、消滅察、綏僞軍及匪類。上項問題日方不允提出，談判幾瀕破裂。續經折衝，始終未獲結論。至十一月間，綏遠發生戰事，交涉停頓[22]。

以上爲張羣與川越大使自二十五年九月十五日至十一月十日談判

---

[22] 〈中國國民黨五屆三中全會外交報告〉，民國二十六年二月。《緒編三》，頁六九〇～六九二。

之概況。在張羣與川越的談判過程中，一面秉承蔣中正院長的指示，同時與川越折衝辯論，針鋒相對，充分表現其不屈不撓的精神。例如九月十五日與川越開始會談時，川越即說：「為真正調整中日邦交起見，敝方甚望貴國政府能自動的有所措施，此對大局最有裨益」。張羣即以譴責的口吻答覆他說：

> 余就任外部以來，即主張積極調整邦交。惟以雙方均有種種內部關係，一時空氣未能好轉，致未能有積極之開展。我方一般空氣，均以貴國自九一八以來一切行動均係侵略，不知野心有無止境，對於貴國之態度，咸抱有絕大之疑慮與不安。此實為進行調整之最大障礙㉓。

關於所謂「共同防共」問題，張羣與川越的爭論最多，辯論亦最激烈。其間對話，亦頗饒意味。例如十月二十六日的會談時，張羣問川越說：「日方何以一定要與中國共同防共？是否意在誘導中日兩國之一致」？川越答：「一因日本一向重視防共，若能與貴國共同防共，則有種種便利；二則因為在此調整兩國邦交時，兩國間應樹立一共同之目標」。張羣不以為然的說：「關於第一點本人無甚意見，關於第二點則中國方面決不如此看法。數年來中日關係欠佳，故反對政府者皆欲借反日問題造成人民陣線。現在若強作此事，則徒刺激中國人民之情緒，於日本亦無甚益處」。川越仍曉曉不休，說是「中國政府若連如此程度之事亦做不到，則亦將引起日本對中國之疑慮」云云。張羣直率

㉓　〈張羣、川越部分會談記錄〉，民國二十五年九月十五日。中國第二歷史檔案館編〈有關張羣出任南京國民政府外交部長期間中日交涉的一組史料〉，見《民國檔案》，一九八八年第二期，南京。以下簡稱〈一組史料〉。

地說：「彼此看法既然不同，故此事當以勿談為妥」。川越則說：「無論如何，總希望併為一談」。張羣似乎有點發火，即對川越說：

> 請以勿談此問題為妥。在貴大使初發表為駐華大使時，我國朝野實不知日本意向如何。嗣見各報登載貴大使之談話，似皆以經濟合作問題為中心。故外交部所準備與貴大使商討者，皆是經濟問題。亞洲司研究室亦皆以此問題為中心而從事工作。不料貴方意見今竟相差如此之遠❷！

　　十一月十日的會談，也是張羣與川越的第七次談話，這次為「共同防共」問題的談判，幾至決裂。川越語帶威脅地說：「中日共同防共，乃互利之事。日本因對俄關係在遠東責任非常重大，故對北境一帶之共同防共甚為重視，此實根據廣田之三原則而來。若中國連此問題亦不肯談，則日本將發表中國業已答應變更國策，與日本共同防共之談話內容」。張羣不受其威脅，即云：「即發表亦無不可。若貴方發表，我方亦可將一切情形發表之，但此種舉動於雙方皆無益處。故想來想去，尚以勿談為上策」❷。

　　在張羣與川越的談判過程中，亦不時與蔣中正保持電報聯繫，關鍵問題，蔣亦多有指示。時蔣以處理兩廣及西北軍政問題，往來廣州、洛陽等地。在與川越開始談判時，蔣即根據張羣的報告，指示要具「最後犧牲決心」與彼周旋❷。並指示軍政部長何應欽：「預防對日交涉惡

---

❷　〈張羣、川越會談紀要〉，民國二十五年十月二十六日。〈一組史料〉。
❷　〈張羣、川越會談摘要〉，民國二十五年十一月十日。〈一組史料〉。
❷　〈蔣委員長致張羣部長指示對日交涉方針電〉，民國二十五年九月十七日。《緒編三》，頁六七三。

化，應即準備一切」❷。二十四日又電何云：「據昨今形勢，對方（日本）已具一逞決心，務令京滬漢各地立即準備一切，嚴密警戒，俾隨時抗戰爲要」❷。原因是二十三日的談判，日方祇作片面的要求，對我方所提之五條件，則概謂不得提出。同時，這天日水兵一名在上海租界被擊斃，形勢頓現緊張❷。當十一月十日爲「共同防共」問題作最後的談判時，蔣中正亦電示張羣，預作談判破裂的準備，須先擬定談判破裂的宣言❸。故張羣這天與川越的談判，已具不惜破裂的決心。

　　在貫徹蔣的意旨下，與堅持國民黨五全大會及其二中全會所決定的對日方針，蔣對張羣所表現的折衝精神，深爲讚許。故其《日記》有云：「倭寇之威迫，豈外人所能知哉？外交當局自始即能秉承予意，而剛強不屈，此爲可喜」❸。

　　十一月十日的談判，既無結果，而川越要求將歷次談話作成文書。張羣當予拒絕；惟主張各自紀錄最後結論❸。當十二月三日爲日本海軍在靑島登陸事川越大使應召到外交部談話，在張羣陳述日海軍登陸靑島情況後，川越即朗讀其攜來的所謂〈備忘錄〉，即是歷次談話文書。張羣當即表示拒絕接受，且說：

❷　〈蔣委員長致何應欽部長指示預防對日交涉惡化應即準備一切電〉，民國二十五年九月十八日。《緒編三》，頁六七三。

❷　〈蔣委員長致何應欽部長告以日方已具一逞決心務令京滬漢各地嚴密戒備電〉，民國二十五年九月二十四日。《緒編三》，頁六七五。

❷　〈蔣委員長日記一則〉，民國二十五年九月二十四日。《緒編三》，頁六七四。

❸　〈蔣委員長致張羣部長指示交涉破裂時之宣言須預擬定電〉，民國二十五年十一月十日。《緒編三》，頁六八〇。

❸　〈蔣委員長日記一則〉，民國二十五年十一月五日。《緒編三》，頁六七九。

❸　同❷。

貴大使刻所朗誦之文件，其內容與歷次會談情形顯有不符之處，不特有爲我方向未談及之記載，且對我方重要意見遺漏甚多。其中更有貴大使未提及之事項。無論如何不能接受此種文件。總之，雙方始終須以友好態度開誠會談，實爲必要條件。今貴方文件中毫未提及我方重要意見，則可謂非友誼的態度，本部長萬萬不能接受❸。

川越的行徑，蔣中正在其《日記》中亦曾記云：

倭使川越以其片面自製之談話錄，強要張羣接受，雖經張羣面予拒絕，而川越乃置於案上，逕自離去。後由我外交部送還其大使館。此種卑劣伎倆，誠爲世界外交上所罕見❹。

十二月七日，外交部發言人發表談話，說明年來調整中日關係的交涉經過。指出自張羣就任外交部長後，即與日方進行調整邦交；雖經一再討論，終以日方並未準備爲徹底之調整，是以未見效果❺。中日關係調整的工作，至此暫告結束。

伍、評價與影響

調整中日關係之交涉，雖無結果，其對中國抵抗日本侵略所獲得的成就，是可以肯定的。近年大陸有的學者對此項調整關係的談判，

❸ 〈張羣、川越會談記錄〉，民國二十五年十二月三日。〈一組史料〉。
❹ 〈蔣委員長日記一則〉，民國二十五年十二月三日。《緒編三》，頁六八七。
❺ 〈外交部發言人發表談話說明調整中日關係之交涉經過〉，民國二十五年十二月七日。《緒編三》，頁六八八。

給予正面的評價。認爲:

> 歷時兩個多月的張羣、川越談判,最後以無結果而告終,根本原因在於中國方面採取了不同以往的強硬立場。綜觀「九一八」事變以來日本對華的侵略行徑,可以看出日本侵華的一個顯著特點,是蓄意製造事端,利用一些小事件,挑起中日糾紛,進而或者以發動局部侵略戰爭的形式,或者以武力威脅、政治訛詐的手段,迫使中國政府做出原則性讓步,對華實施步步進逼、分化蠶食的侵略政策。⋯⋯此次日本企圖故伎重演,但南京政府堅持原則立場,在涉及國家主權的問題上,不再讓步。這表明南京政府對日政策有了實質性的轉變㊱。

國內史學界對這次談判的成就也早有評價。認爲中國政府宣佈了「最後關頭」的限度和主動要和日本直接談判,這兩件事又爲準備長期抗戰爭取到一年半的時間。這是非常難能可貴的,因爲若干建設工作都是在民國二十五年(一九三六)這一年中積極進行的㊲。

經過這次的談判,中國對日政策和抵抗日本侵略的決心,固已眞相大白,其對民心士氣的振奮、國際同情的增加、日本侵略行動的顧忌,都產生了極爲顯著的效果。

當調整關係進行交涉之際,國人自以最大之關切,注視談判之進展,深恐政府當局一如過去,不能堅定立場,屈於威迫。當時北平各大學教授徐炳昶等一百零四人上書國民政府表示「深不願我政府輕棄其對國民『最後關頭』之諾言」。「爲願政府明瞭華北之眞正民意與樹

㊱ 同⑱。
㊲ 吳相湘《第二次中日戰爭史》,上冊,頁三四五。

立救亡之目標起見」，特提出八項要求。其中最要者如第一項：「政府
應立即集中全國力量，在不喪國土不辱主權之原則下對日交涉」。第二
項：「中日外交絕對公開，政府應將交涉情形隨時公布」⑱。外交部對
上項要求曾作堅定而明確的答覆，表示最近對日交涉所依恃的方針，
與他們的要求，「完全吻合」；至交涉情形，俟告一段落，自應立即宣
布經過，以符「外交公開」之道。並且表示「實踐諾言，決不屈辱」
⑲。

對日交涉談判的立場，張羣對國民黨的黨內人士亦時作說明，深
能獲致黨內同志的了解與支持。其在十一月十八日中央政治會議中報
告交涉經過時，說明本外交自主立場，與川越周旋，對其所提共同防
共問題，凡影響中國國際關係者，不能接受，中國不能因與日本一國
之關係，致損及與其他國家之邦交；中日糾紛，須於平等互惠共存共
榮之原則下解決之。但日方仍堅持其共同防共及華北既得權利合法化
二問題，尚有華北五省特殊化等，均為破壞我國主權與行政完整，當
即予以拒絕。並得蔣中正院長電示，交涉如未能圓滿解決，即破裂亦
所不顧。與會人士聽取張羣的報告後，深感欣慰。一向對政府外交持
以質疑態度的李烈鈞即席表示贊許：

> 中日交涉開始以來，歐美各國對於我國之表示，頗具同情，認
> 我國為確有希望之國家；同時在國內之情形，亦為之一變。從
> 前人民對於政府往往表示不信任，現在都很信任政府。不過一

---

⑱ 〈北平各大學教授徐炳昶等呈〉，民國二十五年十月十三日。《外交史料四》，
頁一三〇。
⑲ 〈外交部覆（徐炳昶等）函〉，民國二十五年十月二十三日。《外交史料四》，
頁一三一～一三二。

般人以爲中央對日交涉起初態度強硬，結果恐仍屈服。今天一聽張部長之報告，知道中央非惟未屈服，態度更見強硬，彌覺可慰。今後希望張部長仍本過去之精神，奮鬥到底，吾人當誓爲後盾也❹。

根據日本方面的檢討，認爲這次的交涉，是日本外交上的失敗。東京《朝日新聞》的〈社論〉指出：「我國（日本）對華交涉，始則其調甚高，終乃遺尾大不掉之誚。」《日日新聞》的〈社論〉有謂：「此次對華交涉在出發的時候即估計錯誤」❹。日本內部各派認爲這次外交上的失敗，日本軍人固負最大責任，其政府亦有錯誤，不僅未能強迫中國屈服，且使中國人更加團結；在國際上亦使日本陷於「中、俄、英、美之四面重圍」。講到日本軍人的責任問題，則謂日本因軍費膨脹過大，若再有大戰，人民更難負擔。軍人亦知日本財政不能持久，乃欲威迫中國以達不戰而屈之目的。及見綏遠戰事，中國有相當充實之武備，且舉國忿怒，將士效死，攻守皆能如意。加以全國抗日聲浪，瀰漫全國，已覺形勢不利；旋因西安事變，中國各方團結益固，金融安定如常。日本軍人深悔從前之對華認識，完全錯誤。故其對於中國之舉動，不得不出以愼重。至於造成日本在國際上的失敗，亦緣於日本少壯派軍人及其他反政府派，以爲中國戰備未成，外援未至，日本先與德、意締結協定，再乘勢壓迫中國，則華北緩衝、共同防共二事，可望實現。廣田、有田志在戀棧，乃照軍人意思辦理。不料德、意助日，僅

---

❹ 中國國民黨中央政治會議第二十六次會議速紀錄，民國二十五年十一月十八日。中國國民黨中央黨史委員會藏檔。

❹ 〈東京大使館來電〉，民國二十五年十一月十五日。《外交史料》㈣，頁八四。

有虛聲；俄、英、美三國之反對日本，先成事實。軍人亦知日本因此陷於中、俄、英、美之四面重圍，故對華北不得不暫停策動，以觀中國今後之動向。至於日本廣田內閣的錯誤，因見中國過去對於日本事事隱忍，處處遷就，以為華北緩衝、共同防共二事，亦不妨以威脅手段，提出一試。不料中國急於備戰，致日本陷於自行退讓之窘境❷。

日本政府為圖挽救對華外交之失敗，乃從統一調整人事著手，須磨因堅決拒絕中國的要求而開罪張羣，因而調職派往意大利。參謀本部第一部長換石原莞爾代理，石原為不主張對華開戰者。其他如關東軍副參謀長及參謀本部總務部長亦將更調，以求所謂「外交一元化」❸。日本廣田內閣亦因這次外交失敗而崩潰。

須磨被派來華任職已有十一年，輾轉中國南北各地，這次交涉的失敗，日方「歸咎」於須磨，顯為避重就輕。在其離職返國前，曾於二十六年（一九三七）一月二十日來向張羣辭行，對其失敗責任，曾作解釋，說：「最近敵國（日本）一般輿論對於日本外交之失敗，嘖有煩言。但本人（須磨自稱）以為外交當局實已盡其最善之努力，任何人當此難局，結果亦必爾爾，時勢使然，無所謂失敗不失敗」❹。張羣對須磨的無禮態度，在二十六年七月廬山談話會中曾有一段追述：

記得去（二十五）年蘇俄與外蒙古簽訂協定，日本口口聲聲說中國與蘇俄有密約。有一次，日本駐南京總領事須磨親自問我中

---

❷　丁紹伋〈現時日本各派之對華意見〉，民國二十六年三月八日。《外交史料四》，頁九一～九二。

❸　〈東京駐日大使館來電〉，民國二十六年一月八日。《外交史料四》，頁九四。

❹　〈部長（張羣）會晤日本大使館須磨秘書談話紀錄〉，民國二十六年一月二十日。《外交史料四》，頁九七。

國對於蘇蒙協定的意見和方針。我告訴他：我們對於你所提出
的問題還沒有考慮，因為我現在對於日本建議調整邦交的希望，
還不曾絕望；如果有一天這個希望失敗了，我們不僅是聯俄，
凡是與日本有害的事件我們都要做的⑮。

　　張羣為調整中日關係而抵制日本侵略所作的努力和貢獻，值得肯
定，但當年發動西安事變諸人不察真相，曾予攻擊，指為「親日派」。
民國二十六年二月二十二日國民黨五屆三中全會閉會之日，張羣決定
辭去外交部長。國民黨的黨內人士頗有為之不平者。如教育部長王世
杰在這天的《日記》中說：

> 外交部長張岳軍辭職，半因外交工作異常艱苦，半因西安異動
> 諸人之攻擊。一年以來，岳軍應付日人，確甚謹慎，對於(行政)
> 院內同事諸人之意見，常能虛懷接受，故迄無錯誤發生，不得
> 不認為幸事⑯。

---

⑮　張羣〈盧溝橋事變後軍事外交報告〉，民國二十六年七月二十九日盧山談話
　　會速紀錄。中國國民黨中央黨史委員會藏檔。
⑯　《王世杰日記》(手稿本)，冊一，頁三〇～三一。郭廷以《中華民國史事
　　日誌》，民國二十六年三月三日誌：王寵惠任外交部長，張羣調為中政會秘
　　書長。括號原注：「履行西安條件，以張為親日派」。該書頁六七七～六七
　　八。

第三節　西安事變前張學良的「聯共抗日」
——兼介楊奎松新著《西安事變新探》稿

壹、前言

「政變」或「兵變」之類的「事變」，在歷史中可謂屢見不鮮，即以民國以來而言，此類事變，實已不勝枚舉。較爲重要者，有如民國元年（一九一二）的北京兵變，六年（一九一七）的張勳復辟事件，十一年（一九二二）的陳炯明的廣州兵變，十三年（一九二四）的馮玉祥首都革命，十四年（一九二五）的郭松齡倒戈，十五年（一九二六）的中山艦事件等。每一重要事變，都有其複雜的背景，或難以探測的密謀，往往亦產生不同的影響，成爲史學家探求的課題。但在民國以來諸多事變中爭論最多的，莫若二十五年（一九三六）十二月十二日所發生的西安事變了。研究這一事變的著作以及有關人士的回憶錄，可謂汗牛充棟。其中特別是發動此一事變的主角張學良的回憶錄（一般習稱《西安事變懺悔錄》）❶，過去一般研究西安事變者或相關著作，常以此爲重要資料的依據。

---

❶ 張學良《西安事變懺悔錄》在民國五十三年（一九六四）七月間由臺北一本新創刊的《希望》月刊發表，並標明爲「摘要」，當非全文。此刊甫經出版，即被停刊、收購。仍有少數留傳的。一九六八年由王光逖轉載於香港《明報月刊》第三卷八至十期。後收入司馬桑敦（王光逖）著《張學良評傳》（出版處所及年代未詳，按其「後記」，應在一九八五年），附錄二，該書頁三八一～三九一。據該書著者推斷，張之《懺悔錄》的完成寫作時間應在民國四十五年（一九五六）之前。據李雲漢《西安事變始末之研究》（民國七十一年，近代中國出版社出版）所列「引用及參考資料目錄」記爲「張學良《西安事變反省錄》，總統府機要室藏本，未刊稿。」應是原稿。

　　西安事變在中共發展史上居有關鍵性的地位。中共方面對此史乘亦投以特別「關愛的眼神」。早在一九六一年，中共中央統戰部長李維漢根據其國務總理周恩來的指示，著手組織西安事變史料的徵集與編輯。由於文革的浩劫，工作中斷。一九七九年以後逐漸恢復，建立了西安事變史編輯組，將先後徵集到的回憶錄三百多篇整理匯編成冊，同時查閱了有關檔案資料，詢問了一部分當事人，並參考了臺灣方面公布的資料以及海內外學者的著述，著手編寫《西安事變史稿》。一九八六年在西安事變五十週年時，出版了一冊《西安事變簡史》。據此書編者的說明，此一《簡史》即在已有基礎上去粗取精，去僞存眞，力求成爲信史❷。不難想像，參與該項工作的成員，經過長期的磨練和史料的接觸，確也造就了一些專門研究工作者。所發表的著作，亦至可觀。此外，中共方面也成立了一些研究機構，從事檔案資料的編輯和研究，其中較爲重要的有如中共中央文獻研究室、中共中央黨史研究室，以及中共中央檔案館等，陸續刊布了大量檔案資料、文獻和專著，例如文獻研究室編寫的《毛澤東年譜》（一八九三～一九四九）三卷本、《周恩來年譜》（一八九八～一九四九）及《周恩來傳》等，都充分運用了第一手的資料❸。毛、周等在西安事變前後，均爲「統戰」政策的制定者和執行者，與西安事變的關係至爲密切。而彼等《年譜》中有關西安事變的資料，亦頗值得參考。

　　近年大陸方面充分利用第一手資料而勤於研究的學者，特別是一批年輕的學者羣中，值得重視的著作，不斷出現。在中共史或國共關係史方面研究而有成就者，楊奎松先生所發表的專著和論文，重要者有如《中間地帶的革命——中國革命的策略在國際背景下的演變》，《失

──────────
❷　據「西安事變史領導小組」編《西安事變簡史》，前言（一九八六，中國文
　　史出版社出版，北京）。

去的機會——戰時國共談判實錄》❹，此外還發表論文多篇，充分的運用了中共方面的檔案資料和重要文獻。筆者對於楊先生的研究深感興趣，一年前曾和張玉法、陳三井、陳存恭、呂芳上、劉維開以及大陸方面的楊天石、楊奎松等先生合計，曾向中華文化發展基金會申請一項合作研究計劃，期對國共關係史的重點和演變作一有系統的研究。所需經費雖極有限，但申請計劃仍被擱置。所幸楊奎松先生並不因爲計劃的擱置而中斷其研究，以有限的時間，完成了一部《西安事變新探》。筆者有幸，得以先睹楊先生的原稿，認爲此一新著不僅運用了大量的檔案資料，而有新的發現；同時對於西安事變若干史實作了新的探索。

　　適本年爲紀念國民黨創黨一百週年，國民黨黨史會主任委員李雲漢先生囑筆者提一論文，今改題爲〈西安事變前張學良的「聯共抗日」〉。在閱讀楊先生的新著原稿之後，深感「所見略同」；但也有若干史實的解釋，未盡一致的。極爲難得的是楊先生允許筆者引用其新著稿中的一些資料，對本文的補充，助益良多。特此誌謝。

---

❸　《毛澤東年譜》，一九九三，中央文獻出版社出版（北京）。《周恩來年譜》及《周恩來傳》均一九八九年同上出版社出版。其資料的來源，據《周傳》的〈後記〉云：「本書的主要資料依據是中央檔案館保存的周恩來同志建國前（一九四九年前）數千件文稿、電報、書信、講話記錄和中共中央政治局常委、長江局、南方局等大量會議記錄，還有原由鄧穎超同志（周妻）保存的周恩來同志青年時代日記、作文等。同時，廣泛參考了當時各種報刊和許多周恩來同志有過直接接觸的同志訪問記錄等。力求根據豐富的第一手資料，寫出比較詳實的信史」。毛、周《年譜》所用資料，依筆者之比對，較《周傳》爲充實。
❹　楊奎松《中間地帶的革命》，一九九二，中共中央黨校出版社出版。《失去的機會》，一九九二，廣西師範大學出版社出版。

貳、同一事件兩個不同的陳述

西安事變前張學良與中共的關係，是否如張學良在其回憶錄中所說的在一次延安會談中與周恩來所談的內容和討論的幾項具體條件而為周氏所接受？即如張之回憶所云：

某夜，在延安天主堂同周恩來會面，約談二、三小時。良告彼：中央已實施抗日準備，蔣公宵旰為國，雙方辯論多時。周詢及廣田三原則，良答以蔣公決不會應允。周承認蔣公忠誠為國，要抗日，必須擁護蔣公領導之；但左右如何乎？又力言彼亦蔣公舊屬，如中央既決心抗日，為什麼非消滅日人最恨而抗日最熱誠之共產黨不止？在抗日綱領下，共產黨決心與國民黨恢復舊日關係，重受蔣公領導。進而討論具體條件（大致如下）：

(1)共產黨武裝部隊，接受點編集訓，準備抗日。

(2)擔保不欺騙、不繳械。

(3)江西、海南、大別山等地共產黨武裝同樣受點編。

(4)取消紅軍名稱，同國軍待遇一律。

(5)共產黨不能在軍中再事工作。

(6)共產黨停止一切鬥爭。

(7)赦放共產黨人，除反對政府、攻擊領袖外，准自由活動。

(8)准其非軍人黨員，居住陝北。

(9)待抗日勝利後，共黨武裝一如國軍，復員遣散。

(10)待抗日勝利後，准共黨為一合法政黨，一如英、美各民主國家等等。

周更提出，如良存有懷疑彼等言不忠實，願受指揮，意受監視，

任何時可以隨時譴責。當時良慨然承允，並表示良有家仇國
難，抗日未敢後人。上有長官，不能自主，當向蔣公竭力進
言，以謀實現，各以勿食言爲約❺。

張的回憶錄中所述情況及其協議的條件，如與周恩來在延安會談
後向中共中央所報告的內容相比較，便有極大的差異了。周的報告內
容如下：

甲、與張（學良）談的基本及具體問題如下：

A、停止內戰，一致抗日，他完全同意。但他在未公開抗日之
　　先，不能不受蔣（介石）令進駐蘇區。他認爲，紅軍與日帝
　　一接觸，不打紅軍共同抗日運動便會興起。

B、全國主力紅軍集中河北，他完全贊同。但他認爲方面軍(紅
　　一方面軍)在山西(按此時紅軍已入山西)恐難立足，出河北太
　　早，最好向綏遠解決德王，以綏遠爲根據，靠近外蒙。如
　　我堅持東向，他可通知東北軍在直南（河北省南部）平漢路
　　西的四師與我聯絡；四方面軍(按紅軍張國燾部)如北上，他
　　可使陝甘部隊讓路；二、六軍團（按紅軍賀龍、蕭克部）則需
　　取得中央軍同意方可，他願爲此活動。

C、國防政府、抗日聯軍，他認爲要抗日只有此條路，他願醞
　　釀此事。十大綱領，他研究後願提出意見。

---

❺　張學良《西安事變懺悔錄》，見司馬桑敦《張學良評傳》，附錄二，頁三八
　　五～三八六。以下簡稱《懺悔錄》，行文則稱張之回憶或回憶錄。李雲漢《西
　　安事變始末之研究》，頁一一～一二。

D、對蔣問題，他認爲蔣部下確有變化。蔣現在歧路上。他現在反蔣做不到；蔣如確降日，他決離開他。

E、派代表赴友邦(按指蘇聯)，他的由歐洲去。我們派人他可送至新疆，並派人聯絡盛世才（按盛爲新疆邊防督辦）。

F、他再不進剿無以回答蔣。蔣有電責他並轉閻(錫山)電說他隔岸觀火。原意先取關中，並築直羅、鄜縣封鎖。但蔣堅令其由延安打通清澗、綏德，楊虎臣(城)則由宜川出延長、延川。最後決定紅軍在關中積極行動；在韓城、鄧城(澄城)牽制楊部；並派人赴陝南（原注：由張設法送）令陳先瑞向藍田、雩縣活動，威脅西安，以使東北軍藉口而進行洛、鄜、甘、膚間的築碉修路(原注：彼此交通仍有)。如此推延一月，看情勢變動再定以後行動。

G、經濟通商、普通購物由我們在他防地設店自購，無線電、藥品代爲代辦，並可送彈藥。

H、彼此互派一得力人裝偵察保持交通，另派有政治頭腦色彩不濃的人在他處活動（原注：克農（李克農）因太公開不便在他處任事）。

乙、張駐洛川與他電臺另約通電。五臺已被人注意，將停止通電。

丙、闞尊民（按爲劉鼎原姓名）由滬經張處來蘇區，與他談甚投機，今晨隨我們進來❻。

張學良和周恩來延安會談，是在二十五年（一九三六）四月九日在延安天主教堂內舉行。五月十二、三日尚有張、周第二次延安會談。後者則是適應新的情況進一步的落實前次的會談。張在西安事變前與中共的關係，大致是隨著延安會談而演進下去。最後則演成西安事變。

叁、洛川會談雙方各有所獲

　　由於檔案資料的刊布和利用，使吾人對於西安事變的原因、經過，及其過程的變化，有的新的了解；但由於觀察角度的不同或資料的選擇，也會有些問題的爭論或不同的解釋。其中較爲重要的，是張、周經過延安會談後，是張影響了中共，而使中共由「抗日反蔣」轉向「逼蔣抗日」以至「聯蔣抗日」呢？還是張受了中共的影響，使張由主張「擁蔣抗日」轉向「抗日反蔣」以至「逼蔣抗日」呢？仍有不同的看法。有的傾向前者的看法❼。楊奎松則傾向後者的看法。筆者認爲張在延安會談後，隨著中共政策的演變，由原先主張「擁蔣抗日」轉向

---

❻　〈周恩來關於與張學良商談各項問題致張聞天、毛澤東、彭德懷電〉，一九三六年四月十日。見《中共黨史資料》，（中共中央黨硏究室編）三十三期（一九九〇，中共黨史資料出版社出版，北京），頁三～四。據該刊編者注：「本文(指周電)標題爲編者所加」。按中央檔案館保存的電報抄寫稿刊印。發電日期在《西安事變簡史》頁三五，注爲四月十一日。文內括號中的文字爲該刊編者所注。括號中文字有「按」者爲筆者所注。有「原注」者爲括號中原有文字。據楊奎松《西安事變新探》稿（以下簡稱《新探》）第一章第一節所引該電注文指發電日期爲「四月十一日」，楊核對檔案電報抄件原文，指出該刊公布的文字係經編者的整理，顯有錯誤，如原文「對蔣問題」項下，應爲「他的問題部下確有分化問題，現在歧路上，他現在反蔣做不到，問題如降日，他決離開他。」從原來文字看：「他」除最後一個「他」字多半應指張學良自己。所謂「部下有分化」、「現在歧路上」，應是指張，而非指蔣。公布的文字加上兩個「蔣」字之後，無疑改變了原意。成了「蔣部下確有變化」、「蔣現在歧路上」。後兩段乙、丙兩項原刊爲(甲)、(乙)。作者更正之。

❼　《西安事變簡史》，頁二九，謂「膚施（延安）會談之後，中國共產黨愼重考慮了張學良主張逼蔣介石抗日的意見。在五月五日發表的東征回師通電中，就沒有反蔣的字句」。

「抗日反蔣」以至「逼蔣抗日」。終至以「兵變」的方式作爲「逼蔣」的手段，造成中共「聯蔣抗日」的機會。張則成爲「聯蔣」的犧牲者。

張之「聯共」，志在「抗日」。雖受中共統戰策略的影響；但也出於張之主動的需求。張自民國二十年（一九三一）「九一八」事變未經抵抗而致東北全失。其後雖有悔意，但也不無歸咎蔣之對日妥協。尤其自二十四年（一九三五）六月華北事件之後，因日本之壓迫與南京中央之退讓，使東北軍調離華北，張氏深受刺激，對蔣也開始有怨忿之念了❽。其時國內「反蔣」各派亦曾利用這一事件進行「倒蔣」的活動，張亦參與其間❾。

其時張學良任軍事委員會武昌行營主任，所領之東北軍原駐河北、河南、湖北等省。在豫、鄂者擔任剿共工作。這年四月，東北軍六十七軍王以哲部尾隨紅二十五軍徐海東部由豫、鄂入陝南。華北事件後，駐河北之東北軍五十一軍于學忠部調往甘肅。于受任爲川陝甘邊區剿共總指揮及甘省主席。此舉頗使張懷疑蔣以甘、青地餌誘于學忠，係分裂其東北軍。張令于不聽，遂將漢口後方全部移長安❿。在張於十月初受命爲西北剿共副司令代行總司令職權（總司令爲蔣）前後，其東北軍主力近二十萬人已調入陝甘地區⓫。

紅軍方面，這年九月中徐海東部進入陝北，與當地劉志丹部會合，組爲第十五軍團，徐任軍團長。十月中，毛澤東、周恩來等率陝甘支隊入陝北，稱紅一軍團，以林彪爲軍團長，合十五軍團編爲第一方面

---

❽　司馬桑敦《張學良評傳》，頁二一三。以下簡稱《評傳》。

❾　《徐永昌日記》，冊三，頁二九六。中央研究院近代史研究所影印本，民國八十年，臺北。以下簡稱《徐日記》。

❿　高存信、白竟凡〈張學良開始聯共時間的探討及其作用淺析〉（論文打印稿），頁七，據「彭德懷致毛澤東電」（一九三六年一月十六日）引王以哲一九三五年十二月二十一日致彭函之內容。

軍，彭德懷爲司令員。總計兵力共約萬人❷。總部設在安塞之瓦窰堡。從十月初到十一月下旬與東北軍在陝北三次交鋒。一爲十月一日的勞山（甘泉縣境）戰役，二爲十月二十五日的楡林橋（甘泉、鄜縣間）戰役，三爲十一月二十一日至二十六日的直羅鎮（鄜縣西南）戰役。前二次戰役是紅十五軍團對王以哲之第六十七軍，後一戰役是紅一及十五軍團對董英斌（代理軍長）之第五十七軍。東北軍連遭慘敗，損失兵力達兩師之衆，兩個師長（何中立、牛元峰）陣亡，兩個師的參謀長和六個團長非死卽俘。南京軍政部下令撤銷兩師（一〇九、一一〇師）番號。陣亡師長的特恤也被駁回❸。此對張學良的衝擊，非同小可。據張回憶：「對共匪之戰鬥力，不爲輕視，遂觸動用『和平』辦法，解決共匪之念生焉」❹。董英斌稍後亦曾向徐永昌述及「東北軍損失兩師，中央不但無絲毫安慰，竟時常嚴電責備，此時遇敵卽敗，整頓無望，（張）由保守而與共聯繫思想之轉變在此」❺。稍後張在西安亦向東北人士馮庸表示：

---

❶ 張魁堂《張學良傳》，頁一二五。一九九一年，東方出版社出版，北京。記東北軍除萬福麟的五十三軍和一個騎兵師駐保定一帶及炮六、八兩旅分駐洛陽、海州、武昌外，其餘均入陝甘，計步兵四個軍，卽五十一、五十七、六十七軍，與一〇五師（人槍與軍相等），還有直轄總部的一一二、一一五兩師，和騎兵一個軍。人數據西北剿總參謀長晏道剛說「約二十萬人」（在陝甘者）。在陝甘以外者約五萬人。

❷ 楊奎松《新探》稿，第一章第二節，指陝甘支隊有四千人。《周恩來傳》，頁二九六，記紅十五軍團共有兵力四千八百人。兩計應近九千人。張魁堂《張學良傳》，頁一二九，記十五軍團共七千多人。兩計則應超過萬人。

❸ 張魁堂《張學良傳》，頁一二九～一三〇。

❹ 張學良《懺悔錄》，《評傳》，頁三八三。

❺ 《徐日記》，冊四，頁五〇，民國二十六年五月四日記。

東北軍自南來豫鄂、西開陝甘剿匪以來，損失甚重，迄未得到
中央補充。余（漢卿）每次晉謁委座（蔣）時則蒙慨允接濟補充；
迨回防後除電令申斥外，毫無補充之事實。故將校士兵均感苦
無戰功，將來勢必由損失而漸消滅，不能不抱抗日求生之心❶⑯。

　　當然，張之「聯共」以求「抗日」，尚有其他諸多原因，不過要以
上述情節爲直接。故在直羅鎮戰役失敗後，即積極尋求與中共聯絡的
途徑。王以哲且受命進行這項工作。開始溝通關係的，是楡林橋戰役
被俘釋放的東北軍一名團長高福源。經由中共的安排，高於二十四年
（一九三五）十二月初回到東北軍六十七軍的防地。首先於十二月三
十一日達成東北軍與紅軍在甘泉的局部停火⑰。同時，經由王以哲秘
密安排與張見面。張即指定高回蘇區請中共派代表來談。二十五年(一
九三六) 一月二十日，張與中共代表李克農（中共中央聯絡局長）在
六十七軍軍部所在地洛川會談。此時王以哲的電臺已與彭德懷的電臺
接通。二十一日，李克農即自洛川致電毛澤東等，報告洛川會談情況，
說張學良表示願意爲成立國防政府（爲中共之號召）奔走，東北軍中
同情中共抗日主張者不乏其人，對「剿共」態度消沉，願意目前各守
原防，恢復通商⑱。這次會談，雙方雖有協議，但歧見亦多。最大的
歧見，即爲共方要求張學良「抗日討蔣」。但張「抗日」則可，「討蔣」

---

⑯　〈陳誠參謀長上蔣委員長轉述張學良托馮庸轉達不願剿匪只願抗日等內情
　　電〉，民國二十五年九月二十日，自武昌發。《革命文獻》，九十四輯，頁五
　　六，民國七十二年，國民黨黨史會編，臺北。
⑰　《周恩來年譜》，頁二九七。並見❶⑩高存信、白竟凡前文。
⑱　同前注，頁二九九～三〇〇。並見《毛澤東年譜》，卷上，頁五〇七。

不能同意。二月二十日中共方面再派李克農赴洛川談判，曾給李的訓令說：張學良同意抗日，願意同中共訂立互不侵犯協定，但不同意討蔣；不反對國防政府、抗日聯軍口號，但不同意馬上實行這個口號。因此，我們的策略是：把張學良和蔣介石分開；求得互不侵犯協定的訂立；堅持抗日救國大會，堅持抗日同討伐賣國賊不可分離；要求停止內戰，不阻止全國紅軍集中河北，不反對紅軍充任抗日先鋒隊；原則上不讓步，交涉不破裂⓳。其中值得注意的，是把原來的「討蔣」改爲「討伐賣國賊」。利用模糊字句以達「偷天換日」之功。

二月二十五日，李克農到了洛川。但張學良此時已去南京，行前曾告知王以哲代爲談判。李、王兩人達成了口頭協定，定於三月五日開始實行。這項協定也僅限於「互不侵犯，各守原防」；紅軍同意恢復六十七軍防地的交通和通商；以及紅區、白區之間的通商⓴。三月四日，張到洛川，同意雙方的口頭協定。但雙方重大歧見，仍未解決。張提議要中共方面在毛澤東、周恩來等負責人中推定一人與他在膚施（延安）再作一次商談；時間由共方決定㉑。

洛川會談雖未解決雙方歧見，但所達成的停戰、通商的協議，對雙方而言，各有所獲；共方獲益更大，最重要的是紅軍主力已於二月二十日東渡黃河，進入山西，陝北後方僅留兩連兵力，得以全力在山西作戰，解除了後顧之憂。

肆、延安會談使張轉向「反蔣」

中共應張學良的要求，決定派周恩來爲全權代表，與張作進一步

⓳　《周恩來年譜》，頁三〇一。

⓴　同前註，頁三〇二。

㉑　《毛澤東年譜》，卷上，頁五二〇，注文二。

的商談。三月十六日，李克農膺命到山西石樓前線，向毛澤東、周恩來等匯報洛川會談情況。毛等認爲張學良的抗日要求是有誠意的。中共中央立即決定派周恩來爲其中央全權代表到膚施（延安）同張學良會談，共商停止內戰，一致抗日的根本大計。這天，毛澤東和彭德懷致電王以哲，將中共中央上項決定通知他和張學良，並對他惠贈圖書表示感謝❷。

　　三月二十七日，周恩來和李克農等離開石樓。四月初，回到瓦窰堡。此時中共的統戰工作，不僅對張學良有了進展，對國民黨的西安綏靖公署主任及第十七路軍總指揮楊虎城也有進一步的聯絡。所以周於四月五日在中共中央常委會上介紹東北軍、第十七路軍的情況，說楊虎城過去和我們有關係，這兩支軍隊有可能聯合反蔣，而且有可能聯合陝甘其他部隊及孫殿英、宋哲元等部。會議認爲楊虎城是可靠的同盟者，應眞誠地同他談判，決定加強做這兩支部隊的工作。會後，派中共北方局負責人王世英到西安將中共中央意見轉告楊虎城，並請楊注意搞好和東北軍的關係❸。

　　四月七日，周恩來偕李克農從瓦窰堡出發，八日晚，到達膚施城東北二十里之川口。九日晚，張學良、王以哲偕中共黨員劉鼎（原名闞尊民）自洛川乘飛機到膚施。當夜，周、張在膚施城內天主教堂裡舉行會談。會談的內容即由周於四月十一日電告張聞天、毛澤東、彭德懷❹。就這次張、周會談的內容來看，較之張與李克農的兩次洛川

❷　同前注，頁五二二。
❸　《周恩來年譜》，頁三○六。楊虎城與中共之間原有聯繫。這年二月王世英與楊虎城達成四項協定：⑴互不侵犯，各守原防；⑵互派代表，在楊處建立電臺；⑶建立交通站，助紅軍運物資及人員往來；⑷做抗日準備工作。見《周恩來年譜》，頁三○三，注二。
❹　周恩來延安會談報告內容，見本文第二段❻文件。

會談情況，已大有進展。周所表現的交涉長才，使張十分滿意。關於對蔣問題，雖未能使張立即接受「抗日反蔣」的主張，但張已有鬆口的表示，即「現在反蔣做不到；蔣如確降日，他（張）決離開他（蔣）」。實際上，張既接受了中共的「國防政府、抗日聯軍」的主張，這與「反蔣做不到」就有矛盾了。而且會後中共一再向張挑撥，說蔣有降日的打算或行為，豈非教張走上「反蔣」之路？又如其中更有許多協定事項，不啻要張向蔣的「安內攘外」政策直接挑戰，例如對川康滇地區的紅四方面軍和二、六軍團的北上，要張的東北軍讓路，及為之活動，這也是破壞蔣之剿共工作。此外，對於蔣令東北軍執行剿共計劃，張不但告訴了周，而且與周合計如何去應付蔣的命令。因為其時紅軍正在山西作戰，蔣要張、楊在陝北地區黃河西岸攻擊紅軍的後方清澗、綏德、延長、延川等地。此一東西夾攻之計，如能執行，入晉萬餘紅軍，必遭覆滅。為了不使蔣計得逞，張、周商量的結果，要「紅軍在關中積極活動，在韓城、鄧（澄）城（楊虎城部的後方）牽制楊部，並派人赴陝南（原注：由張設法送）令陳先瑞（在陝南的紅軍負責人）向藍田、雩縣活動，威脅西安，以使東北軍藉口而進行洛、鄜、甘、膚間的築碉修路（原注：彼此交通仍有）。如此推延一月，看情勢變動再定以後行動」。此就張之職責而言，不僅是玩忽軍令，簡直是「通敵」了。此外，不僅要和共方通商、通訊、派代表，而且要「送彈藥」給紅軍。這也是「資敵」的行為。

因此，就這次張、周延安會談所達成的協定內容而言，在實質上已使張學良及其東北軍走上「反蔣」之路。只要依此途徑進行下去，必致造成蔣、張的決裂。

依據延安會談的決定，中共方面派劉鼎駐西安與張學良保持聯絡。劉原名闞尊名，中共在上海的地下黨員，因宋慶齡、李杜的介紹和協

助，在這年二月二十日左右到西安，與張晤談後，甚為投機，迅即獲
得張的信任。三日後隨張去洛川，參加了四月九日的延安會談。會後，
劉即隨周去瓦窰堡。四月二十六日回到洛川，帶來周致張的親筆信。
這封信頗充滿挑撥使張「反蔣」的意味。內容如下：

漢卿先生：坐談竟夜，快慰平生。歸語諸同志並電前方，咸服
先生肝膽照人，誠抗日大幸。惟別後事變益亟，所得情報，蔣
氏（介石）出兵山西原為接受廣田三原則㉕之具體步驟，而且日
帝更進一步要求中、日、「滿」實行軍事協定，同時復以分裂中
國與倒蔣為要脅。蔣氏受此挾持，屈服難免，其兩次抗議蒙蘇
協定㉖尤見端倪。為抗日固足惜蔣氏，但不能以抗日殉蔣氏。
為抗日戰線計，為東北軍前途計，先生當有以準備之也。

敝軍在晉，日有進展，眷念河西，頗以與貴軍互消抗日實力為
憾。及告以是乃受日帝與蔣氏之目前壓迫所致，則又益增其敵
愾，決定掃此兩軍合作之障礙。先生聞之得毋具有同感？茲如
約遣劉鼎同志趨前就教，隨留左右，並委其面白一切，商行前
訂各事。寇深禍急，渾忘畛域，率直之處，諸維鑒察。並頌

㉕　〈廣田三原則〉，該書編者注為一九三五年十月，日本外相廣田弘毅對中國
　　方面所提出，即(1)中國取締一切抗日運動，放棄依賴英美的政策；(2)中國
　　承認偽「滿洲國」，樹立中日滿經濟合作；(3)中日共同防共。筆者按：一九
　　三六年中日談判時，中國堅拒承認之。周函指蔣「出兵山西原為接受廣田
　　三原則」，並非事實。
㉖　〈蒙蘇協定〉，該書編者注為一九三六年三月十二日蘇聯與外蒙所簽之協定，
　　國民政府外交部以「侵害中國主權」為由，於同年四月七日和十一日兩次
　　提出抗議。

勳祺！周恩來拜。四月二十二日晨。以哲軍長處恕不另箋㉗。

　　對於周之來信，或延安會談後，張學良有何不尋常的反應呢？此在劉鼎回到洛川與張見面後，即於四月二十七日用「隱語」寫了一封信給李克農轉周恩來。此信經楊奎松在其新著中引用並加注釋（以下括號內的文字）。今摘其要者如下：

> 這位老頭兒（指張學良）昨夜同我見面，簡短的一段談話中，除了我預備了要說的都說了以外，他第一給我一個東西，第二表白他的不小的計劃。這兩者都可見他一日千里地進步著。

> 所謂東西，是一本小冊子，名叫《活路》，最鮮明的提出了反蔣抗日聯×聯×（聯俄聯共），分土地的旗幟。內容分四篇，內容約二千字。內中有一些笑話：每士兵打回東北分土地五十畝；內中又有些過於樂觀：晉、秦、綏、寧、甘、新以及河北、河南一部都會聯成一起，紅軍就是徹底抗戰的主力。內中除講外蒙、蘇聯之幫助外，又說及日本內部革命的爆發。

> 他本人囑某起草，未經檢閱而書已印成。現在他也祇是說：一口氣把我的話都說完了，不大好；不過秘密的，不要緊。

> 你看他的計劃，大則要把他家這莊大屋（東北軍）的一角靠他住的這一邊，完全拿過來，東頭一條大道（筆者按：應指陝甘地區外之東北軍）他也企圖著；小則把他的幾個傭人（東北軍某些幹部）

㉗　《周恩來書信選集》，頁八七～八八，中共中央文獻研究室編，一九八八，中央文獻出版社出版，北京。該書編者注：此信是「根據中央檔案館保存抄件刊印」。

要練爲強幹的打手。最近他預備出去大活動，目下還要裝得老
實些，趁這功夫要向他鄰近各房本家（楊虎城等）以及住在他大
門口的愛好藍布袍子的幾個小伙子（筆者按：應指藍衣社人）和嚴
老老等（閻錫山、傅作義、宋哲元、韓復榘等）相好去。他已經開始
用了愛×抗×（愛國抗日）話向內外活動。將使大老板（蔣介石）
無法公然反對，同時預備著硬幹，預備著和大老板打一架也可
也[28]。

四月三十日，劉鼎又給李克農信說：「老頭兒提出：牽延到十一月
就起變化，這當中一面對內親和，對友作抗日的大活動；另一面捧大
老板登峰造極。只要有半年功夫，大事可濟。我要幹就徹底幹」[29]。
　張之決定「反蔣」消息，在中共的不同管道中，不斷有所反應。
五月五日，負責中共中央聯絡局電臺的曾希聖電告中共中央云：

> 近因蔣愈惡，張頗悟，已有抗日反蔣決心。言要幹就徹底幹。
> 惟爲準備計，反蔣事暫不公開。但如何處理各內系統問題，盼
> 有所商定。示張能否見面？定好地點[30]。

中共陝甘省委領導人朱理治也於五月七日致電中共中央說：

> 他（張學良）希望我們不要迫他太急，他希望在十一月騙到蔣介

---

[28] 楊奎松《新探》稿，第二章第一節。原引米鶴都《西安事變》未刊稿。
[29] 同前注。〈擇生（劉鼎）致濃兄信〉，一九三六年四月三十日。
[30] 同前注。原引自《近代史研究》，一九八八年第三期，刊有〈希聖致彭、毛、周電〉，一九三六年五月五日。

石一些武器補充後，再約公開。他希望紅軍不要寫紅軍與東北
軍聯合起來。他將我黨口號修改後，一下印了許多。現在外方
很爲懷疑說：東北軍的口號爲什麼和紅軍一樣的❸。

四月末，紅軍在山西的作戰漸趨不利。毛澤東決定將紅軍退回陝
北。二十八日，電令在山西的將領指出：山西方面，閻錫山和蔣介石
有五十一個團❷，取堡壘主義向我推進；陝西方面，蔣強令張學良、
楊虎城向陝北進攻，企圖封鎖黃河。一方面軍在山西已無作戰的順利
條件。因此，我軍決西渡黃河。五月二日晚間開始渡河，五日全部渡
完❸。

張學良似乎不明究竟，他於四月二十九日突然到了太原，尚不能
確定紅軍是否西渡。徐永昌這天的《日記》云：

> 午後，張漢卿突來，談陝北苦況，謂匪非萬不得已決不西渡；
> 即西渡亦不能停留。閻先生（錫山）與商將來入陝助剿兵力，渠
> （張）云：能解決運送給養問題則兵力自以愈多愈好；否則諸
> 待斟酌也❸。

由於中央軍將追蹤而至，張不希望紅軍西渡，還要求紅軍從山西

---

❸ 同前注。原據〈朱致張、毛、周、彭電〉，一九三六年五月七日。
❷ 《徐日記》，冊三，頁四一七，民國二十五年四月二十八日記：中央入晉剿
共軍爲六師兩旅，共三十一團；商震部兩師共六團；晉綏軍加入前方除砲
兵外，有三十團，不下十五萬人。如此，總計則爲六十七團。
❷ 《毛澤東年譜》，卷上，頁五三八～五三九。
❸ 《徐日記》，冊三，頁四一七，民國二十五年四月二十九日記。

方面加以牽制，並給蔣之中央軍以打擊㉟。在此新的變局下，劉鼎於五月四日致電中共中央，謂此間悉紅軍西渡，張要求早日與周再度會談。五月七日，毛澤東等覆電劉鼎即轉張學良、王以哲，認爲再度會談極爲必要，即請張決定時間，愈快愈好。電報提出會談問題爲：(1)張的政治、軍事、經濟問題；(2)同楊虎城、閻錫山、馬鴻逵、鄧寶珊、盛世才（新疆邊防督辦）、王均（中央軍第三軍軍長）、毛炳文（第三十七軍軍長）七部建立聯合戰線問題；(3)東北軍和紅軍今後行動方針問題㊱。

五月十二日，周恩來到了延安，與張學良作再度的會談。這次會談內容，尚未見有直接文獻，但從會後張與共方的一連串行動看來，其重點還是在東北軍和紅軍今後行動方針問題。

伍、張決心拼幹要求加入中共

中共自山西撤軍後，即決定西征計劃，並於五月十九日、二十日出發。其第一步爲奪取並赤化安邊、定邊、環縣、曲子鎭㊲。以便迎接紅二㊳、四方面軍的北上，實現西北國防政府的計劃，造成西北大聯合的局面。此項計劃據中共中央五月二十日致二、四方面軍負責人的電報中指出：關於西北國防政府的計劃，在目前僅能使高級幹部知道，對外應守秘密。計劃之中心內容是：紅軍與東北軍密切合作，以

㉟　楊奎松《新探》稿，第二章第一節。

㊱　《毛澤東年譜》，卷上，頁五四〇。

㊲　《周恩來年譜》，頁三〇九。

㊳　紅二方面軍爲紅二、紅六軍團和紅三十二軍組成，賀龍爲總指揮兼紅二軍團長，蕭克副之，陳伯鈞爲紅六軍團長。在這年七月五日由中共中央軍委會發布命令成立。見《毛澤東年譜》，卷上，頁五五六。惟在此之前，一般仍習稱「紅二方面軍」。

進到西北大聯合，建立西北國防政府。打通蘇聯聯絡，與蘇聯及外蒙
訂立抗日互助條約。至於蘇聯的態度，不必擔心，因為國際已三四次
派人來找我們，希望在西北成立大局面❸。當時西北的形勢，據中共
中央五月二十五日電知二、四方面軍負責人指出：

> 西北的形勢是：紅軍與東北軍取得密切合作，與楊虎城、鄧寶
> 珊亦有聯繫。胡宗南由山西向陝南，王均在漢中，毛炳文在甘
> 南，閻錫山受紅軍重大打擊後，現祇能出八團入陝，湯恩伯率
> 十八團（四個師）準備入陝亦頗動搖，于學忠率兩師在蘭州、天
> 水間。奉軍（東北軍）主力在洛水、環水、涇水流域，陝軍在韓
> 城、宜川線，馬鴻賓主力在寧夏境，馬麟在青海、一部在蘭州
> 以西。紅軍西渡後向陝、甘、寧發展，策應四方面軍與二方面
> 軍猛力發展蘇區，漸次接近外蒙。外蒙與蘇聯訂立了軍事互助
> 條約，國際盼望紅軍靠近外蒙、新疆❹。

　　紅軍西進的路線，在東北軍的防區以北，由東北軍為其屏障，故
其進展極為順利。到了六月初，西征第一步作戰任務已基本完成。其
左路軍消滅了馬鴻逵的主力軍，奪取了阜城、曲子、環縣、洪德城之
線碉堡；右路軍奪取了寧條梁（靖邊縣境）❹。七月下旬，西征軍大

---

❸　楊奎松《新探》稿，第二章第二節。原引《中共中央抗日民族統一戰線文
　　件選編》（中），頁一四七～一四九，〈林育英等致朱德等電〉，一九三六年
　　五月二十日。

❹　〈育英等關於目前形勢及戰略方針致二、四方面軍諸同志電〉，一九三六年
　　五月二十五日。見《文獻和研究》，一九六六年第五期，頁二（中共中央文
　　獻研究室編）。

❹　《毛澤東年譜》，卷上，頁五四七。

致完成了「擴展西部根據地的任務」，佔領地區為甘肅的洪德城、環縣、曲子鎮，及陝北的三邊（安邊、定邊、靖邊）[42]。毛澤東等在九月初向二、四方面軍負責人介紹陝、甘、寧各蘇區情況時指出：陝甘寧蘇區，版圖頗大，東西長約一千二百餘里，南北亦六百里。神木特區，東西長二百餘里，南北約三百餘里。此外尚有關中蘇區、陝南蘇區[43]。

　　紅軍西進的順利與擴展西部根據地之能迅速完成，除東北軍之支援與合作外[44]，兩廣事變的發生，胡宗南中央軍的南調，也給紅軍擴展的良機。這年六月，兩廣軍政負責人陳濟棠、李宗仁、白崇禧等以「抗日」為名，假「抗日救國軍西南聯軍」名義，向湖南出兵，反對南京中央。中共方面決定利用此一事件，提早發動西北的新局面。同時，與共產國際電訊聯絡獲得成功，即於六月十六日致電國際。電稱：

> 為了策應兩廣及華北的局面，西北發動決定提早。發動的時機
> 擬在兩個月內，發動的部署以接近蘇聯與解決西北蔣介石力量
> 為原則。大體以紅一方面軍經於甘北，二、四方面軍經於甘南，
> 以東北軍一部入蘭州，解決朱紹良（甘肅綏靖公署主任，西北剿共
> 第一路總指揮），並控制蘭州到哈密要道[45]。

---

[42]　同前注，頁五六三。

[43]　同前注，頁五七六。

[44]　張德良、周毅《東北軍史》，頁三三三（一九八七，遼寧大學出版社出版，瀋陽）。記云：「王以哲令六十七軍軍械處長范長庚由洛川撥給紅軍七九步槍二千五百支。後又由西安撥給紅軍七九子彈六萬發及子彈帶若干個」。按此事應在五、六月間。至軍事合作，已訂有「互不侵犯、各守原防」協定。

[45]　楊奎松〈中共武裝接取蘇聯援助的一次失敗記錄〉（打印稿）。引〈中共中央書記處致王明、康生電〉，一九三六年六月十六日。

　　這時張學良已於六月十日離開西安，先去蘭州爲中共派赴蘇聯代表鄧發辦理往新疆的手續，十一日轉往南京，二十日才回西安。二十二日向長安軍官訓練團❹❻發表了〈中國出路唯有抗日〉的演說，第一次明示了他的抗日主張與決心❹❼。亦爲呼應西南「抗日救國」之主張。而且張於此時，忽有不尋常的表現。一天，突電話劉鼎要他到王曲太師洞（張之訓練團的辦公處）去，告訴劉說：

　　　　我的日子難過，我想了幾天，祇有把隊伍拉出去，能拉多少算多少，和紅軍一起幹。請你向你們黨中央和毛先生、周先生報告，我即刻派飛機送你到膚施❹❽。

　　張之上述不尋常的表示，劉在六月三十日曾有一奇特的電報致中共中央，謂張有加入中共黨的要求。由於這份電報譯文不清，經楊奎松就電文中有「日要求入我黨耳，求專人訓練」句，考訂指出這裡的「日」就是張當時通電的代號。這句話的意思應爲「張學良主動提出要求加入中國共產黨，並要求派專人加以訓練」❹❾。如對上項考訂有所疑義，則檔案中的七月二日洛甫（張聞天）致共產國際代表王明等的電報，可以確證張之求加入中共黨則無疑義。電云：

---

❹❻　長安軍官訓練團於一九三六年六月十五日開學，在長安縣王曲鎮。
❹❼　張德良、周毅《東北軍史》，頁三五○。張魁堂《張學良傳》，頁一六一～一六二。
❹❽　張魁堂《張學良傳》，頁一六八。記張要劉到王曲爲「七月初」。對照《新探》稿所引下注檔案文件應爲六月底。
❹❾　楊奎松《新探》稿，第二章第二節。注文之考訂爲：「原件無抬頭，亦未注明年月，但文末有『中央』，劉三十日字樣」。

張在歐洲時（按在一九三三年），因蘇聯拒絕他到莫斯科，他便認
爲蘇聯記舊恨（按指中東路事件），無助他意。經我們解釋，特別
因我們在會議上，在軍事行動上，在經濟互助上，對他表示了
誠意，他轉而十分信賴蘇聯，多方設法幫助我們打通國際連絡。
……回來後（按六月二十日自南京回西安），即要求加派領導人才去
爲其策劃，並要求加入我們的黨。我們擬派葉劍英、朱理治去，
並將來擬許其入黨。因爲這是有益無損的。

電報中又說：

西南發動已二十餘日。……華北韓復榘、宋哲元醞釀響應，已
經發出雙方不得進行內戰的宣言；但尚無軍事行動。近日有代
表到西安，約張共同舉事。……東北軍在西北發動。八月上旬
二、四方面軍可到甘南，那時實是最好時機。你們意見如何？
即時見告❺⓿。

　　七月五日至七日，毛澤東、周恩來、洛甫等在安塞舉行會議，聽
取劉鼎（七月五日回安塞）關於東北軍情況的匯報。會議要劉鼎放手
大膽地工作，爭取張學良，做好東北軍的工作。並指出對東北軍的政
策不是瓦解、分裂或把它變成紅軍，而是幫助、團結、改造，使之成
爲抗日的力量，成爲紅軍可靠的友軍❺❶。中共方面所以如此決定，而
是「不贊成張學良拉隊伍和紅軍一起幹。而且拉出一部分隊伍來，就

---

❺⓿　楊奎松《新探》稿，第二章第二節。據〈洛甫致王明、康生、陳雲電〉，一
　　九三六年七月二日（中心檔案）。

❺❶　《周恩來年譜》，頁三一四。並見《毛澤東年譜》，卷上，頁五五六。

要散掉一部分，這不是增強而是削弱抗日力量」。換言之，中共所要的，是全部的東北軍，而不是部分的東北軍(52)。

在劉鼎赴安塞之後，張學良亦於七月七日偕于學忠、邵力子、朱紹良等自西安赴南京出席國民黨五屆二中全會。張一直到七月二十八日始回西安(53)。這段時間，張除在南京參加國民黨中全會外，其餘時間多在上海。有謂張要在西北自成局面，首先要延攬人才。張去上海，經杜重遠介紹，與救國會的鄒韜奮、李公樸、章乃器、沙千里、王造時見面。張在經濟上支持了救國會，從此與救國會人士建立了聯繫(54)。七月二十三日，陳誠在廬山對徐永昌說：「現今張漢卿之留滬不動，是內心有種不高興所使然」。同時，對於王以哲與共軍訂立互不侵犯之約，在軍政要員談話中，已成公開的秘密(55)。

張之「留滬不動」，顯爲觀察國內政局動向。兩廣事件因廣東多數將領歸向南京中央，致陳濟棠於七月十八日離粵出走。廣西即呈孤立之勢，表示願意和平解決，至九月十六日接受南京中央安排。至於各方引爲攻訐藉口的南京中央對日政策，軍事委員會委員長蔣介石於七月十三日在國民黨五屆二中全會上曾明確宣示對日禦侮之「最低限度」說：「假如有人強迫我們欲訂承認僞國等損害領土主權的時候，就是我們不能容忍的時候，就是我們最後犧牲的時候」(56)。此項宣示，中共方

(52) 張魁堂《張學良傳》，頁一七〇。

(53) 郭廷以《中華民國史事日誌》，冊三，頁六一一（民國七十三年，中央研究院近代史研究所編印，臺北）。

(54) 張魁堂《張學良傳》，頁一八三。

(55) 《徐日記》，民國二十五年七月二十三日，冊三，頁四四七。

(56) 〈蔣委員長於五屆二中全會講：禦侮之限度〉，二十五年七月十三日。見《中華民國重要史料初編——對日抗戰時期——緒編三》（民國七十年，國民黨黨史會出版，臺北），頁六六六。

面亦承認「南京方面已開始了切實轉變」❺❼。

　　兩廣事件之變化及蔣氏對日政策之宣示，對張亦不能無所影響。張回西安前一日，適潘漢年自蘇聯回國，經南京、上海到西安，將轉陝北保安。張向潘說明了他的具體意見。潘於八月七日轉報了中共中央。要點如下：⑴紅軍應立即開始打通蘇聯。⑵打通蘇聯及西北發動應在九月，日本指使德王攻蒙綏之際，並將攻擊方向指向綏遠。⑶打通蘇聯以紅軍為主，東北軍暫做隱蔽配合。⑷紅二、四方面軍先奪甘肅之岷州，出隴西攻毛炳文；東北軍于學忠部控制蘭州。另一部出夏河攻馬步芳軍，使東北軍接防河西走廊，可以便利通新疆。⑸紅軍一部出河南，引陝西中央軍出境，確保陝西控制在東北軍手中。⑹東北軍之改造問題，請派有力幹部前來協助❺❽。

　　八月八日，潘漢年到了保安，向中共中央轉達了共產國際的指示，並匯報他在上海、南京同國民黨代表張沖會晤的情況❺❾。九日，離保安去膚施。十一日，毛澤東致電劉鼎轉請張學良派飛機到膚施接潘去西安，以便快晤張學良❻⓿。大約在十二日，潘到了西安，帶來了中共方面致張學良的信，也是答覆他八月七日潘所轉達的意見。不過對張之原意有了諸多的修改。但出乎意料之外的，張竟多次拒絕潘的求見。致張的信也未能及時面交。潘於八月十九日致函中共當局說：

---

❺❼　《毛澤東年譜》，卷上，頁五七四。一九三六年八月二十六日，毛致潘漢年電。

❺❽　楊奎松《新探》稿，第二章第四節。據〈潘漢年報告〉，一九三六年八月七日。

❺❾　《周恩來年譜》，頁三一六。按中共總部原在瓦窰堡。六月下旬失守後，即遷往保安。

❻⓿　《毛澤東年譜》，卷上，頁五六八。

來了這麼久，尚未見到毅(張之化名李毅)。他確患病，但尚能起坐與邵力子對奕，而不急欲見我，未知何故。劉(鼎)祇是順從，經我多次解釋急欲面談之重要，他依然無甚辦法。今晨我見孫(銘九)、應(德田)二政治幹部，除將他們急應積極準備一切的意義解釋外，並誠懇拜託轉達毅君，抽一短時間讓我將信予他，長談可待全愈後。未知結果如何？……直接電臺尚未竣工，一切因爲毅想到而不動手做，原因手下無一系統工作組織，而原有軍事幹部系統他認爲不可靠、不中用，因此什麼事除他自己動手外，旁人都無法辦。我問劉：如毅暴死，我們在東北軍中工作豈非一事無成？他默默無答。……據劉瀾波告劉向三：王以哲日內態度不佳，藍衣社有三人經常包圍他；最近拒與左派人物接近，藍衣社提出倒張擁王口號，並聲言東北軍反蔣無出路，力言當初擁蔣今又反蔣，是無信義，他絕不贊成。王之參謀長趙(鎮藩)亦表示：如蘇聯無確實把握，決不能輕動；並懷疑蘇聯的幫助是否可靠。我以此詢劉，他認爲這是少數國家主義派活動，王態度閃倲(爍)，因張本身未公開主張云云。眞相如何，憑諸猜測，都不可靠。總之，如毅接受信中所提基本方針，一切不難解決❻。

八月二十一日，張約見了潘。中共方面致張之信可能是在此時面遞的。此信內容甚長。摘其要者如下：

(1)兄(張)部須立即準備配合紅軍選定九、十月間有利時機，決

---

❻　楊奎松《新探》稿，第二章第四節。據〈潘漢年致毛澤東、張聞天信〉，一九三六年八月十九日。

定發動抗日局面，而以佔領蘭州、打通蘇聯、鞏固內部、出兵綏遠為基本戰略方針。

(2)我們的整個計劃須於八、九、十三個月完成其基本部分。

(3)佔領蘭州是整個計劃的樞紐，其方法：用東北軍守城，紅二、四方面軍攻擊城外之毛炳文(中央軍三十七軍)。勝利後，……然後以一部取甘(張掖)、涼(武威)、肅(酒泉)三州；一部取寧夏，配合東北軍之一個軍出綏遠。……紅軍之另一部則在陝、甘、寧交界控制黃河東岸，並準備南下策應東北軍主力抗抵蔣之進攻。

(4)以戰略上鞏固內部來說，好好的完全的佔領蘭州。

(5)對甘、涼、肅的佔領，最好用東北軍之一部，留紅軍在外面；但如東北軍覺得有困難，便應以紅軍之一部用於此方面。

(6)在蔣介石進攻與楊虎城動搖的條件下，……東北軍應準備在必要時把陝西交給楊虎城，自己在北上抗日的口號下，把主力縮到甘肅境內。…待有利時機再打出去。

(7)蔣此時忙於西南，他要立即顧到西北是很困難的，然而西南一解決，就有極大可能進攻西北。我們必須在他動手之前，完全主動的發動自己的計劃，不使自己處在臨時應付的被動地位。這是基本原則❻❷。

八月二十四日，潘再度見張。從兩次見面談話的結果來看，張對共方前項計劃在基本問題上完全同意，但在具體行動上則有所顧慮，

<hr>

❻❷ 同上稿。據〈毛澤東等致張學良信〉，一九三六年八月九日(中心檔案)。參閱《毛澤東年譜》，卷上，頁五六六～五六七。按該書同頁僅有八月九日致張信的簡略數語。

一是怕蔣知道，二是怕引起東北軍內部的恐慌。據潘在二十五日致函中共中央的說明（摘要）：

> 我見了（張）兩次（八月二十一、二十四日）。……他表示完全同意信上所提的一切基本問題。不過他始終不願意向其幹部公開說出聯紅，目的在對蔣仍抱順從態度，恐有把柄落在彼手中。因此，蘭州城內祇要他單獨控制已足，我們切勿進城；即固原城以北諸鎮，他亦不願調開（部隊），只聽我們去打，他願意犧牲該少數部隊云。……怕退出中心城市引起部隊悲觀失望。……我們借錢，立刻應許，已交五萬元（存劉處），餘待滬外行撥付，免令人懷疑。但聲明如再有急需，每次數萬可由此地付出。……哲（王以哲）的動搖，他毫不掩塞，而且他先講，並商如何爭取。……對於與你（按指毛澤東）見面事，他在設法，他說必須找個出巡機會，順便在鹽池落下，很秘密的敍談，不能讓當差的知道，不能讓我們部下一人知道，主要是怕蔣介石。……關於對幹部解釋事，已得如此結論：他認爲可靠的必開誠布公的講，其餘他不能深信的立刻進行調查，壞蛋趕走，中立的爭取，至於大規模的組織化的方式去做改造工作，此刻他還不願幹(63)。

爲了除卻張學良的顧慮，潘漢年在八月三十日與張作了數小時的密談。張終於說出一件過去未曾預料到的事，最近始終困擾著他。那就是：

---

(63) 同上稿。據〈潘漢年致毛澤東、張聞天信〉，一九三六年八月二十五日。

他（張）赴二全會（國民黨五屆二中全會）時，蔣向他表示過要聯
俄；而俄態度不明。毅（張之化名李毅）提出要抗日又要打紅軍是
不行，問蔣有無辦法。蔣向他看看，蔣說不用著急，將來有辦
法。同時，蔣廷黻曾找過他二次，要他向蔣提出聯俄容共。他
問蔣（廷黻）：你為甚不提？他答：我提出恐無效力。這次蔣（廷
黻）發表為駐蘇大使（按在八月二十五日），他認為南京對外政策是
有新變動。他正是因為蔣有可能與我們妥協，所以怕做得太難
看，使得蔣說他投機而不滿意於他；或者誤會他與蔣爭一日之
長短。

潘對張之陳述，不以為然。對張說：

> 如蔣真正的聯俄聯共，你（張）準備之事對蔣並無損害；如蔣和
> 過去一樣祇做表面文章，堅持剿共，他到頭來不會原諒你「通
> 共」，那時不但抗日不成，反蔣不成，東北軍也將成為其俎上肉。

在潘之「攻心」戰術下，張為所動，下了決心：「現在對於縮短防
地，開始注意。他（張）自己說：必要時把洛陽新兵師調回，除增加
西安守衛兵力外，整個中心放在平涼」❻。

對於王以哲的動搖，毛澤東也以長函加以勸勉，除對蔣予以攻訐：
「斷言蔣氏必歸於最後的失敗」外，對「張副司令」和王大加「拍馬」，
也有威嚇之意。說：「誰要反對張副司令及我兄（王），不但弟等（毛）
所率領的紅軍必以全力出而聲討蔣氏及東北軍中叛逆分子之罪惡行

---

❻ 同上稿。據〈潘漢年致毛澤東、張聞天信〉，一九三六年九月一日。張魁堂
《張學良傳》，頁一七八～一七九，亦略有類此記述。

爲，即全國愛國人民及國際革命勢力亦決不容蔣氏等胡幹」❻❺！不久，王又回復了積極聯共的態度❻❻。

陸、由「抗日反蔣」轉向「逼蔣抗日」

但極爲諷刺的，是中共一方面要張學良「抗日反蔣」，而其本身忽又轉向「聯蔣抗日」。這種出爾反爾的轉變，正當潘漢年離開保安去西安要張加速「反蔣」的同時，中共中央政治局則於八月十日決定「推動蔣（介石）聯共抗日」。周恩來且在會中主張「放棄抗日必反蔣」的口號❻❼。到了八月十五日，共產國際突然來了一個極爲嚴重的指示(電報)，要中共棄張聯蔣，不准支持「西南集團反蔣行動」。要搞全國性的大聯合。這個電報內容要點如下：

⑴關於聯蔣，電文有云：

「把蔣介石與日寇等量齊觀是不對的，這個方針在政治上是錯誤的」；「爲了切實有效地進行武裝抗日，還需有蔣介石的軍隊參加」；「中國共產黨和紅軍司令部必須正式的向國民黨和蔣介石提出建議，立即就停止軍事行動和簽訂共同抗日具體協議進行談判」。

⑵關於棄張，電文有云：

❻❺　《毛澤東文集》，第一卷，頁四三五～四三六，中共中央文獻研究室編，一九九三年，人民出版社出版，北京。此函僅列「一九三六年」，應在這年八月底。

❻❻　張魁堂《張學良傳》，頁一七九。

❻❼　《周恩來年譜》，頁三一七。並見《毛澤東年譜》，卷上，頁五六七～五六八。

「使我們特別感到不安的，是你們對於一切願意入黨的人，不論其社會出身如何，均可接受入黨和黨不怕某些野心家鑽進黨內的決定，以及你們甚至打算接收張學良入黨的通知」；「你們號召支持西南集團反蔣行動的聲明是錯誤的」；「必須保持同張學良的接觸，利用這種接觸來開展我們對張學良軍隊的工作，加強我們在他的各個部隊中的地位，並在士兵羣眾和軍官中廣泛宣傳抗日民族統一戰線的思想；但是不能把張學良本人看成是可靠的盟友；特別是在西南失敗之後，張學良很有可能再次動搖，甚至直接出賣我們。」

(3)關於全國性的大聯合，電文中說：

「國防政府應該是參加抗日民族統一戰線的各個黨派和組織的真正代表機構」；「最好由中國共產黨發表聲明，一旦建立中華全國民主共和國，蘇區將納入統一的中華民主共和國，將參加中華全國會議，並在自己的區域內實行整個中國確定的民主制度。」⑱

中共方面根據上項指示，即於八月二十五日起草〈中國共產黨致中國國民黨書〉，表示「在全國統一的民主共和政府建立時，蘇維埃區域可成為全中國統一的民主共和國的一個組成部分」。並致電在西安的潘漢年接電後七天內回到保安，領受新的方針；再以七天至十天到達

⑱　〈共產國際執委會書記處致中共中央書記處電〉，一九三六年八月十五日，《中共黨史研究》，一九八八年第二期，頁八六～八七。

南京開始談判❻❾。

　　當然，上項共產國際的電報不會給張學良知道的。但對張又如何交代呢？毛澤東在八月二十六日致電潘漢年，謂其政策重心在「聯蔣抗日」，要張「繼續保持與南京的統一是必要的」❼❶。毛也可能發覺「聯蔣抗日」的口號不妥，因此九月一日發出的〈關於逼蔣抗日問題的指示〉又改為「逼蔣抗日」的口號。指示：「在逼蔣抗日的方針下，並不放棄同各派反蔣軍閥進行抗日的聯合」。聲稱「我們愈能組織南京以外各派軍閥走向抗日，我們愈能實現這一方針」❼❶。這顯然是對共產國際指示的「務實」做法。不但不必「棄張」，而且可以組織更多的「各派軍閥」。如此，張學良、楊虎城、閻錫山等，也就成為中共不被放棄的「反蔣軍閥」了。這也注定了張、楊等成了「逼蔣」的犧牲品。

　　中共對「各派軍閥」之統戰，除以「抗日」為名外，最重要的還是以「俄援」為餌。尤其在十月間紅軍一、二、四方面軍在甘肅東部會師後，其統戰工作更見成效。按紅二、四方面軍在毛澤東等一再催促下，八月初已進抵甘肅南部的岷縣一帶。十月初，一、四方面軍會師於甘肅東部的會寧，二十二日，三個方面軍會師海原境之將保臺。合計兵力約達七萬餘眾❼❷。最重要的，是共產國際在十月十八日通知中共方面準備接取俄援。電云：

---

❻❾　《毛澤東年譜》，卷上，頁五七二～五七三。

❼❶　同前注，頁五七四。

❼❶　同前注，頁五七五。

❼❷　楊奎松〈中共武裝接取蘇聯援助的一次失敗記錄〉。記紅一方面軍二萬一千餘人，二、四方面軍約五萬六千人。張魁堂《張學良傳》，頁一八九，記十月下旬紅軍在黃河左岸有二萬多人，右岸共三萬多人，前者則應為七萬七千人，後者則約五萬多至六萬人之間。

我們……負責供給一百五十輛汽車，並保證提供司機和所需的汽油，以便來回兩次將貨物運送到你們指定的地點（寧夏定遠營）。但貨物並不像你們二日來電所要求的那樣多，它大約有五百五十噸至六百噸左右，其中沒有飛機和重砲。……你們必須派遣足夠數量的武裝部隊到外蒙邊境來接收貨物和擔負沿途保護的責任[73]。

　　為了配合紅二、四方面軍的北上，張學良對其東北軍作了相應的布署。當八月中、下旬紅二、四方面軍攻向隴西、臨洮一帶時，張於八月二十八日致電毛澤東和彭德懷，要調王以哲、劉多荃（一○五師師長）去隴東，代替何柱國，屆時能夠更好的與紅軍合作。同時，他令東北軍佔領西蘭公路上各據點，屆時使紅軍能順利地穿過西蘭公路，並將東北軍與中央軍各部位置，隨時向紅軍通報[74]。

　　十月二日，紅一方面軍參謀長葉劍英應張學良之邀來到西安，同來的尚有潘漢年。潘是準備去南京與國民黨談判的，向張通報了中共「逼蔣抗日」計劃，以及國共談判與當前軍事行動等方面的情況[75]。這時紅二、四方面軍已抵隴東，胡宗南的中央軍也向天水一帶集中，張於七日飛赴甘肅慶陽，召見前線將領，對外聲稱是執行蔣之堵擊北上紅軍的命令，實際則是協調東北軍與紅軍的步調[76]。這天，紅四方

[73]　同前注楊奎松文。據〈共產國際執委會書記處致中共中央書記處電〉，一九三六年十月十八日。
[74]　張魁堂〈蔣介石同張楊矛盾激化與西安事變〉，見《抗日戰爭研究》，一九九二年第四期，頁五五。原注係據〈李毅（張學良）覆趙東（毛澤東）、趙德（彭德懷）電〉，一九三六年八月二十八日（中央檔案館存檔）。
[75]　同張魁堂上文，頁五六。
[76]　張魁堂《張學良傳》，頁一八二。

面軍先頭部隊和南下的紅一方面軍在甘肅會寧會合(77)。顯爲張學良協調之功。

對於各方實力軍人的拉攏，在紅軍會合前後，張學良與毛澤東也分頭進行。其對象遠及華北的宋哲元及西南的李宗仁、白崇禧和四川的劉湘等；鄰近的楊虎城、閻錫山的聯絡尤爲密切。茲限於篇幅，僅能探討張、楊和中共分頭對閻之爭取與聯合。

爭取閻氏加入「聯俄抗日」行列者，以楊虎城之活動爲較早。楊在一九三六年二月與中共達成秘密協定後，正當紅軍大舉入晉之時，即於三月十日派代表到太原活動，頗引起山西省主席徐永昌的反感。徐在這天《日記》云：

> 楊虎城代表蘇君來云：虎城頗關心日人藉共匪問題滋擾。言間示意如與日決裂，願加入抗日。(徐批)：眞莫名其妙！蘇君又云：若再不抗日，恐民氣久久泯滅至於亡國。……(徐批)：虎城一班人如此淺浮，祇配對內革命，不足言對外也(78)。

蘇某留晉直到四月五日始離去。行前表示：「國勢至此，亟須求一與國(顯指蘇聯)。中央一向與日謀妥協，現在看來，是未得結果，徒傷民氣」。徐責之云：「俄願與日開戰，自會開戰，決不爲中國與日開戰也。今日我們不能先平共匪而與日輕言戰者，自取侮辱而已」。因此，徐要蘇：「轉告虎城審研之也」(79)。蘇某留晉多日，應與閻也見了面，但無文獻可證。惟閻在四月一日和徐永昌有如下一段對話，頗値玩味：

(77) 《周恩來年譜》，頁三二五。

(78) 《徐日記》，冊三，頁三八二，民國二十五年三月十日記。

(79) 《徐日記》，冊三，頁四〇〇～四〇一，民國二十五年四月五日記。

閻先生云：有人來商聯俄，妥協毛澤東抗日等等；問是否要俄
之械品協助，經已拒之；詢以己否與蔣先生說過，謂不能答云
云。余（徐）謂即以問我要俄接濟械品否一語，可斷定其危險性
甚大[80]。

但徐逐漸發現閻與中共之間確有聯繫。其在四月二十六日的《日
記》云：「閻先生始終與共黨有些聯繫，自以為利用之而彼亦何嘗不該
利用（原注：前日共匪曾派其黨員來疏通，祇要許以區域，即不再出
滋擾。已嚴拒之）」[81]。閻是否「嚴拒之」，頗值商榷。據共方資料，
謂蔣調中央軍入晉（在三月十一日電閻）助剿，中共即向閻示意要撤
兵，願在山西渡河點保留一塊根據地（稱「東特區」）。閻表示不在乎；
還表示：中共可派人去太原活動[82]。所以毛澤東等五月七日電劉鼎轉
張學良要同楊虎城、閻錫山等部建立聯合戰線問題[83]，實有所本。四
月二十九日，張亦突來太原，向晉方人士表示：「俄已計劃開戰時共軍
能一次運送一萬兵到敵人陣線後」，且論赤軍種種優點[84]。顯有暗示聯
俄、聯共、抗日之意。五月二十七日，張和楊虎城又突來太原。張的
態度是：「對抗日熱烈極，大有寧為玉碎，不顧一切之慨；甚至不主張
剿共，以為在我抗日下，共匪必無如我何」。張素主張由綏遠出兵抗日。

[80]　《徐日記》，冊三，頁三九七，民國二十五年四月一日記。

[81]　《徐日記》，冊三，頁四一五，民國二十五年四月二十六日記。

[82]　張魁堂〈劉鼎在張學良那裡工作的時候〉（二），見《黨的文獻》，一九八八年
　　　第三期，頁一六。

[83]　《周恩來年譜》，頁三〇八。

[84]　《徐日記》，冊三，頁四一七～四一八，民國二十五年四月二十九日記。

故閻「有將綏遠省一併交張漢卿負責意」⑧⑤。

十月間，紅一、二、四方面軍會師後，閻之聯共行動趨於積極。是月十八日，山西組織犧牲救國同盟。中共黨員薄一波、楊獻珍、董天知、韓鈞、周仲英等以個人身分，接受閻的邀請，到太原協助閻從事抗戰的準備工作。十一月初，彭雪峰代表中共中央來到太原，建立秘密的聯絡處⑧⑥。張學良也於十月二十日密到太原⑧⑦。與閻就聯共抗日事有所商談。張回西安告知葉劍英關於閻之態度云：

(1)請蔣領導抗日；

(2)請中央撥款加強綏遠國防工事，綏、寧、晉請酌增十師；

(3)如蔣不幹，閻決不顧一切犧牲，聯晉軍、東北軍、紅軍，全力抗戰，並將綏遠之固陽、包頭、五原、安北、臨河五縣給紅軍，同時支持宋哲元抗日。

閻問張：

(1)蘇聯能否批准紅軍到綏遠，並聯絡外蒙？

(2)蘇聯能否接濟紅軍、東北軍、晉軍？

(3)聯合作戰紅軍能否聽指揮⑧⑧？

---

⑧⑤　《徐日記》，冊三，頁四二九～四三〇，民國二十五年五月二十八日記。

⑧⑥　《周恩來傳》，頁三七四，中共中央文獻研究室編，一九八九，人民出版社出版，北京。

⑧⑦　張魁堂〈蔣介石同張楊矛盾激化與西安事變〉，記張十月二十日去太原。郭廷以《中華民國史事日誌》，冊三，頁六三五。十月二十二日條記：「傳張學良曾秘密到太原晤閻錫山（原注：確有其事）」。

中共中央即將閻之上項意見電告共產國際，並加結語云：「許多方面經常向我們提出蘇聯是否援助他們的問題，近來問得更多了。打通國際路線已成了張學良、楊虎城、閻錫山、傅作義（綏遠省主席）一班人的口頭語了」(89)。

這些方面大員，手握重兵，抗日有意，但無信心，中共以「俄援」為餌，攻其心防，極易走向中共統戰之路。對於這些將領的心態，徐永昌當時曾感慨的說：

> 今之欲與共黨攜手者，不是捐除自己政治主張，不是弭內亂以求統一，只是希望共黨抗日，俄國助戰。其偷懶本已可笑，乃愚到與虎謀皮(90)。

其實中共對於「俄援」亦無把握。毛澤東致電葉劍英、劉鼎要他們通過張學良或設他法向閻錫山表示：「某方（指蘇聯）援助，我們可擔任介紹」。這不過是一句空話而已。對閻所問其他各點的答覆，多是模稜兩可，且有威脅之意。例如說到「只要晉綏當局眞正抗日而不與日本妥協，紅軍未得晉綏當局的同意之前，決不冒然向晉綏開進」；對於「紅軍聽其指揮」問題，則答「服從統一指揮」(91)。都是雙關語調，亦可作反面解釋。

---

(88) 楊奎松《新探》稿，第二章第四節。據陳力〈葉劍英同志在西安事變前後〉，見《中共黨史資料》第九輯。

(89) 楊奎松《新探》稿。據〈中共中央書記處致國際書記處電〉，一九三六年十月二十六日（中心檔案）。

(90) 《徐日記》，冊三，頁四九二，民國二十五年十一月十二日記。

(91) 《毛澤東年譜》，卷上，頁六〇一。

閻氏一向老練通達，功於心計，對中共的統戰，也是心存利用，對其謀略，清清楚楚。他曾向徐永昌表示他對中共抗日口號的看法。徐記述云：

> 閻先生論共黨之通電抗日，乃決（絕）對投機。彼如取得政權，必先與日謀妥協。蓋戰必有幾分把握，未有求敗而戰者。共黨不成功時，主張罷工神聖；成功後則罷工死罪(92)。

對於張學良、楊虎城的堅持「聯共抗日」，徐永昌有如下之評語：

> 對抗日實地工作，不能踏實去做，卻日日時時在喊抗日；甚至糾合抗日，此眞時髦病與狂妄病。虎城、漢卿皆似之。
>
> 虎城、漢卿明知國家力量不足抗日，而力言抗日之要緊，似受了共黨的愚弄，似謀一己之出路，能發展歟(93)？

徐之批評，固嫌苛刻，但「愚弄」與「統戰」，亦可通用也。

柒、「逼蔣」不成勢成騎虎

張學良及其東北軍之聯共情形，蔣介石委員長在八、九月間即已接獲各方報告。惟當時因處理兩廣事件，調兵南下。廣東方面雖在七月中平息，廣西方面仍在僵持。只得對西北方面採取隱忍態度。九月中廣西方面始告和平解決。蔣在是月二十日記其桂事處理方式與西北

(92) 《徐日記》，冊三，頁四八六，民國二十五年十月三十一日記。

(93) 《徐日記》，冊三，頁四八七～四八八，民國二十五年十一月二日記。

問題之關係有云：

> 東北軍之隱患，所謂「聯共抗日，自由行動」之企圖，乃因桂事和平解決而消乎？如果對桂用兵，則不測之變，不知伊於胡底？天翼（熊式輝字）等主張徹底討桂者，實不知己之弱點也(94)。

當時蔣所接獲有關張學良在西安聯共的情況，至爲嚴重。即如陳誠九月二十一日自武昌致蔣（在廣州）之電，謂張「名爲抗日，實則脫離中央而走聯俄投共之途徑」(95)。陳誠之言，實非危言聳聽。彼等西北大聯合如成事實，可能較陳所言者更爲嚴重。這從當時極端親蘇親共的新疆邊防督辦盛世才向共產國際代表陳紹禹（王明）所提出的構想，頗能反映其眞象。盛函云：

> 中國紅軍現在最好的發展條件就是中國西北，因此應當把陝、甘、青、寧、新五省變成中國革命的可靠根據地，現在最迫切就是占領甘肅省；一旦甘肅佔領之後，中國紅軍就能夠秘密地從新疆、外蒙古接受蘇聯的援助。如果紅軍能夠把這幾省變成他們的根據地，那麼在第二次世界大戰之前，他們就能夠非常便利地向中國北方和南方擴展。即使發生第二次世界大戰，西北根據地也可以保持與蘇聯和外蒙的密切聯繫(96)。

(94)　〈蔣公日記〉，民國二十五年九月二十日。見《革命文獻》，九十四輯，頁五七（國民黨黨史會編印，民國七十二年出版）。

(95)　〈陳誠參謀長上蔣委員長申述馮庸所言非虛電〉，民國二十五年九月二十一日。《革命文獻》，九十四輯，頁五八。

(96)　楊奎松《新探》稿，第二章第三節。據〈盛世才致陳紹禹的信〉，一九三六年十月四日（中心檔案）。

蔣在廣州處理廣西問題甫畢，即調胡宗南軍北返。在其指示胡的「剿匪戰術」中即有要胡對東北軍提高警覺之意。要他以一師兵力暫駐東北軍防區的平涼附近，俾得鞏固後方與鎮攝(97)。十月十日，蔣由南京去杭州，電邀徐永昌來杭商量對日備戰及處理西北問題。徐經南京時，軍委會辦公廳副主任劉光告徐，謂「日且圖寧夏或晉，不止於綏遠也」。又謂：「張漢卿與共妥協，已成不可掩之事實，其態度難測。中央擬調該軍（東北軍）至潼關以東，俾與共隔，得便〇〇〇」。此三個「〇〇〇」究竟何字？徐之當天《日記》不便明記，顯係極為嚴重，可能是「解決之」三字。故徐當時付之「嘆惜而已」(98)。十六日，徐到杭州，重要將領到杭者有楊虎城、韓復榘、張自忠等。東北耆宿莫德惠亦到，談及「東北軍情切抗日」。十七日，蔣與徐談到東北軍「通共」事。徐對蔣說：「東北軍之未必通共；有之亦幾個人的單獨行動。本無其事，疑而激成事實，甚可畏也」(99)。

二十一日，徐、蔣至南京，兩人又談及東北軍「通共」事，徐仍持前議。談及閻錫山、宋哲元、韓復榘等問題，徐勸蔣對閻「苟以國事屬之，尤能顧全大局」；對宋、韓應時加慰獎，凡有長短之者，概應峻拒之；對財政經濟，應有長策，或較求之外援（似指俄援）為妥當。以上諸端，蔣皆表示同意。且謂「將來選舉，正副總統閻先生必居其一」(100)。對於處理西北問題，蔣問徐：是他先赴太原？還是先去西安？徐以為應先去西安督飭剿共要緊，一則可以安定抗日戰線之後方；一

(97) 〈蔣委員長致胡宗南軍長令報行軍序列並指示剿匪戰術電〉，民國二十五年九月二十一日。《革命文獻》，九十四輯，頁五九。

(98) 《徐日記》，冊三，頁四七七～四七八，民國二十五年十月十五日記。

(99) 《徐日記》，冊三，頁四八〇～四八一，民國二十五年十月十七日記。

(100) 《徐日記》，冊三，頁八四一，民國二十五年十月二十一日記。

則撫慰東北軍，使與中央一德一心，尤要緊也[101]。蔣同意徐之建議，即於二十二日去西安。

蔣到西安時，紅軍正依照〈十月份作戰綱領〉，準備西渡黃河，進攻寧夏，靠近外蒙，以便接取俄援。二十日，紅四方面軍第二十軍在靖遠打拉池附近開始渡河[102]。二十四日晚渡河成功。次日，第九軍跟進。胡宗南的中央軍亦追蹤而至，向打拉池銳進。王均、毛炳文之中央軍隨之進向靖遠。月底，向靖遠、打拉池、中衛等地進攻，隔斷紅軍主力同河西部隊的聯繫。紅軍奪取寧夏計劃被迫中止，主力向東轉移[103]。

蔣在西安督飭剿共一直留到二十九日始赴洛陽。在此期間，張學良請蔣與共妥協。蔣堅拒之，並云：即使共黨當面以手槍擬之，亦不與之妥協也。又云：共黨能無條件的交槍受編乎？否則不論矣。張亦不服，云再請於蔣[104]。蔣感歎道：「漢卿乃如此無識，可為心痛」[105]！在蔣離開西安的當天，在西安的葉劍英和劉鼎曾有電報報告張學良勸蔣結果情形。電報中有云：「蔣張會談結果亟（極）惡。蔣表示匪不剿完，決不抗日。誰以紅軍打（勸）他，他不准誰剿匪。此路已絕，張將無能作為」。惟電文有「楊于也毅蔣時為提停止剿匪話碰釘子，及今沈悶，有主駐蔣說」的語句[106]。頗為費解。經考訂：有將「楊于也毅

[101]　《徐日記》，冊三，頁四八二，民國二十五年十月二十三日記。

[102]　《毛澤東年譜》，卷上，頁五九九。

[103]　同前注，頁六〇二、六〇五。《周恩來年譜》，頁三二七。

[104]　《徐日記》，冊三，頁四八六，民國二十五年十月三十日記（張在西安對徐所云）。

[105]　李雲漢《西安事變始末之研究》，頁二二〇。

[106]　楊奎松《新探》稿，第四章第一節。據〈劍、劉致中央電〉，一九三六年十月二十九日。

蔣時」解讀爲「楊于也謁蔣時」或「楊也於謁蔣時」，前者即楊虎城、于學忠也謁蔣時，後者爲楊虎城也於謁蔣時。而以後之解讀爲合理。至於「主駐蔣說」，有將「駐蔣」解爲「停蔣」或「留蔣」的，也有解爲「捉蔣」的。這句整個的意思就是楊虎城也於謁蔣時爲提停止剿匪的話碰了釘子，及今沉悶，有主捉蔣說(107)。證之張學良的回憶，謂楊曾提議「可行挾天子以令諸侯之故事」(108)。楊此時有主捉蔣說，並非沒有可能。

爲了加緊「逼蔣抗日」，張學良、閻錫山、徐永昌等一行多人在十月三十一日自西安來到洛陽，一方面是祝蔣之五十壽辰，一方面是勸蔣停止剿共。張、閻兩人合力勸蔣，爭論至烈，激怒了蔣，才停止爭辯(109)。徐永昌看出此一僵局可能帶來不利後果，故勸蔣說：「如閻、張者，已居國家股肱地位，能尊閻而禮張，多行其可行之主張，國家福也」。蔣極同情徐之意見(110)。但剿共軍事行動，不但不能停止，而且加強圍剿。依張之回憶，彼自洛陽返來，心中十分懊喪，對蔣發有怨言，問計於楊虎城，楊有捉蔣之提議。張允「思考商量」(111)。

蔣爲掌握戰機，一方面派兵渡河，追擊西渡之紅軍(112)。一方面令胡宗南由甘肅、寧夏東部向東進攻紅軍。胡率中央軍七個師爲左路，王以哲率東北軍五個師爲右路。張學良令王遲滯行動，最後中斷了與胡的電訊聯絡。胡部孤軍深入，於十一月十八日初敗於萌城堡（寧夏

(107) 同上楊奎松稿。

(108) 張學良《懺悔錄》，《評傳》，頁三八八。

(109) 李金洲〈西安事變親歷記〉。見《革命文獻》，九十四輯，頁二四一。

(110) 《徐日記》，冊三，頁四八七，民國二十五年十一月一日記。

(111) 同(108)。

(112) 《徐日記》，冊三，頁四八九，民國二十五年十一月五日記。謂蔣接受徐之建議後，令陳誠往寧夏部署堵截紅軍，增派關麟徵中央軍入寧夏。

鹽池境)；二十一日再敗於山城堡（甘肅環縣北），胡部精銳的第七十八師損失了一個旅又兩個團。此役使張學良爲之一振，以爲如此勁旅竟被打敗，戰而後和仍有希望⑬。不特此也，王以哲且與彭德懷保持電訊聯繫，不斷告知彼及胡部的行蹤，使對方對剿共軍的行動瞭如指掌⑭。蔣對此似有所察，曾於二十三日電張學良，要他「嚴令王以哲軍於二十五日以前佔領山城堡，使胡宗南軍仍照預定計劃向鹽池安心進展」⑮。此「安心」用詞，顯有對張、王示警之意。張反而替毛澤東策劃，要毛「對胡勿作仇敵，盡量爭取」。毛氏納之⑯。

山城堡的戰役，雖使紅軍獲致一次勝利，仍難挽回其整個的頹勢，渡河西岸的紅軍已成了「過河卒子」。共產國際且於十一月三日電知中共，寧夏接運援助物資的計劃已告取消，改由新疆設法⑰。這無異是望梅止渴。東岸的紅軍在強大中央軍的包圍下，軍力已大爲削弱，迴旋餘地越來越小，加以嚴冬來臨，數萬之衆，困此寒荒地帶，不能不作求生的打算了。因此，在十一月十三日的中共中央政治局會議時即分析了蘇區、紅軍面臨圍剿與給養困難的嚴峻形勢，除同意南京政府提出的將紅軍改編爲國民革命軍的條件外，並作突圍之計。其突圍方向，一是向東南；一是向東。向東有逼閻錫山與其講和的可能，利用閻與張、楊等要求與紅軍聯合的變化，逼蔣與共聯合⑱。此一突圍計

---

(113) 張魁堂《張學良傳》，頁一八九～一九〇。

(114) 張德良、周毅《東北軍史》，頁三八六。

(115) 〈蔣委員長致張學良電節略〉，民國二十五年十一月二十三日，發自洛陽。《革命文獻》，九十四輯，頁六六。

(116) 《毛澤東年譜》，卷上，頁六一四。

(117) 楊奎松〈中共武裝接取蘇聯援助的一次失敗記錄〉。據〈共產國際執委會致中共中央電〉，一九三六年十一月三日。

(118) 《毛澤東年譜》，卷上，頁六〇九。

劃在十一月二十八日電知彭德懷，一方面要「從人民、從反蔣軍閥、從國民黨內部造成運動」；一方面要「消滅蔣軍」。所謂「雙管齊下，迫蔣妥協」[119]。這個計劃也送給張學良。張要劉鼎轉告中共中央設法遷延一兩個月，屆時各方力量會有變動[120]。毛澤東、周恩來等即於十二月一日電彭德懷等告以張學良盡力使全線停戰；但又謂無法長停，蔣介石尚不願取長期守勢。「一、二月後綏遠、西北、全國有起較大變化的可能。李毅（張之化名）建議我軍熬過一、二個月」[121]。

此一、二個月後「有起較大變化的可能」究竟所指何事？曾有不同推論。有的舉出旁證，認為與張之發動西安事變有關[122]。有的舉證蔣在十二月四日入陝以前即有危險之徵兆[123]。有的認為蔣到西安數日後，張始決心發動事變的[124]。但就張學良和周恩來延安會談後張與中共關係之進展而言，蔣、張之間已成騎虎之勢，其最後結局終將決裂。只是決裂的方式之選擇而已。更何況張在事變半年之前，即曾表示在十一月間要和「大老板（蔣）打一架」呢！

---

[119]　同前注，頁六一三～六一四。

[120]　張魁堂《張學良傳》，頁一九一。

[121]　《毛澤東年譜》，卷上，頁六一七。《周恩來年譜》，頁三三一。

[122]　張魁堂《張學良傳》，頁一九一～一九二。謂張事前曾告知葉劍英發動「政變」（Coup d'Etat）。

[123]　李雲漢《西安事變始末之研究》，頁四一～四二。

[124]　楊奎松《新探》稿，即持此說。

第四節 西安事變的善後

——據《徐永昌日記》資料

壹、一度考慮要張回陝收束

西安事變雖因張學良之「赴荊請罪」而戲劇性的結束，但其善後問題至爲棘手。如果不是張之東北軍內部分裂而發生二十六年（一九三七）二月二日的事變（亦稱「西安二、二事變」），則西安一二、一二事變的善後問題當不會迅速結束。在未發生「西安二、二事變」前，依當時有關方面的估計，善後問題可能會有一個漫長的時間。其間變化之過程，從蔣中正委員長二十五年（一九三六）十二月二十六日回到南京後，而至二十六年二月二日事變前的一段時間，幾乎每天都爲西安事變善後問題在傷腦筋。這段期間，徐永昌幾乎每天和蔣在商討這個問題。其筆之於《日記》者，殊非表面文章也。

依徐之《日記》，在蔣回到南京的那天，徐即偕黃紹竑（浙江省主席，事變時到太原）自太原赴南京。十二月二十九日上午十一時，晤蔣於軍校官邸。徐記云：

> 渠（蔣）雖因傷轉側不靈，精神尚佳。語氣間覺其在西安決無任何口頭敷衍。惟對陝甘善後十分憂慮；對東北軍及漢卿（張學良）仍前論調（原注：在杭時曾論及）❶。

---

❶ 《徐永昌日記》，冊三，頁五一六，民國二十五年十二月二十九日記。

　　所謂「仍前論調」及「在杭時曾論及」的是什麼呢？今查徐之《日記》，是這年十月十七日徐在杭州和蔣討論到東北軍通共如何處置問題時，記有蔣的一段談話說：「東北軍通共已爲不可掩事實，然在張漢卿指揮下尙不至爲國家害；否則不堪想」❷。可見蔣到南京之初的想法，頗有要張回陝收束之意。而且「張束身待罪，蔣尙感張覺悟之速」。但事隔一日，情況似有改變，即「微聞西安通電，乃大不豫」。在十二月三十日的大致決定：「一、處置張（先依法，後特赦令，張能回否，尙在考慮）。二、處置軍隊（擬調之離陝）。三、剿共機關之仍須有（原注：剿共之積極與否尙未定）」❸。三十一日，軍委會組特種法庭，由李烈鈞、朱培德、鹿鍾麟會審，張被判刑十年，褫奪公權五年，蔣委員長即呈國府予以特赦。這天，何應欽對徐說：「爲國家計，漢卿不必回去」。徐說：「不論漢卿歸去與否，對東北軍須有切實保障辦法，方屬至計」❹。

　　二十六年一月二日，蔣離南京到奉化溪口故里，而溪口頓成冠蓋雲集之地。三日，馮庸到上海對徐說：「南京對張漢卿漸趨嚴辦，其從者槍械皆被解去云云」。四日，國府發布對張「特赦令」，卻附加「嚴加管束」字樣❺。王世杰《日記》亦記：

　　　政府原擬判決後仍令其返陝處理軍務；但張於判決後向審判官公然宣言仍將「革南京政府之命」，惟對蔣委員長表示信仰。因之國府一月四日雖決定特赦，仍附「嚴加管束」之文。張以是

❷　同上，頁四八〇，民國二十五年十月十七日記。
❸　同上，頁五一七，民國二十五年十二月三十日記。
❹　同上，頁五一八，民國二十五年十二月三十一日記。
❺　同上，冊四，頁二，民國二十六年一月三日及四日記。

被羈留南京❻。

這時爲張奔走最熱心者，是李石曾和宋子文，兩人「對張漢卿事熱心極，皆慮中央軍入西安，恐因此發生戰事」❼。八日，徐應蔣之邀來到溪口，一直到二月二日偕蔣去杭州前，每天與蔣共餐，並商討西北善後事。錄其要者如下：

> （二十六年一月八日）十一時，晤蔣先生於其太夫人墓廬，談西北善後問題。余(徐)主緩圖，且不主兵入西安，恐激變發生戰事。以爲衹要中央勵精圖治，人心自歸，彼思亂者久，久勢愈孤，且自就範圍。即勞師亦不傷元氣，人民亦不中央責也。

> 中央處置西北善後，除人事方面如報紙宣佈（原注：孫蔚如〔楊虎城部屬〕陝主席，王庭午〔樹常，東北系〕甘綏靖主任，顧墨三〔祝同，中央系〕駐陝行營主任、楊〔虎城〕、于〔學忠〕撤職留任），其軍事上令楊部駐延安以南一帶，但馮欽哉(楊系，轉向中央)則升二十七路總指揮，馮本部則仍駐大荔、同州一帶。東北軍則還駐十二日事變前之地位。西安至潼關以及三原、涇陽等關中富庶縣分，悉駐中央軍。虎城來電反對，以爲中央少數人之主張；且謂如此處置，非但不能抗日，且所以激內亂云云。

> （九日）蔣先生昨日曾擬請余往西安疏通調處，今日又擬余廣西一遊，謂北方各處之不穩，皆受桂暗示。余悉謝，非所長。蔣

❻ 《王世杰日記》（手稿本），冊一，頁二〇～二一，民國二十六年一月八日記。
❼ 《徐永昌日記》，冊四，頁四，民國二十六年一月七日記。

先生爲西北善後焦慮至極，且云共匪（按在十二月十二日事變前）
已屢屢來人求降，祇允其縮留三千人，後爲增至五千，看其情
形，允其編一萬，必樂就範，且言明取消蘇埃斯（蘇維埃）及紅
軍名義，及一切階級鬥爭等主張。十二日事變，共匪得以大活
動，非復前此之馴順矣。渠以爲不速解決，緩則恐愈不可收拾。
語氣似仍以用兵待取得西安，再用政治方法解決。余則仍主緩
圖，以爲中央應在得道多助四字內著力，彼幼稚思想者終無結
果也。

蔣先生云：上（十二）月十七日張漢卿曾擬令西安市民審判其
（蔣）十年功罪。彼時已預備犧牲。

傍晚，劉敬輿（哲）、莫柳忱（德惠）到，飯時遇於墓廬，渠等由
京來，謂漢卿意，可將東北軍調到汴洛線，以與共軍隔離云云
（原注：蔣先生前日即云擬調東北軍駐甘）❽。

貳、張提收束方案，蔣起戒心

張之意見，非如劉、莫所述之單純。內部尚有大文章。其不僅要
擴大東北軍、陝軍及中共軍之防區，且不願中央軍之入陝；最重要者
是他本人能回到防區。據徐記張向蔣條陳之函內容如下：

漢卿函蔣先生條陳兩項：一、東北軍調出潼關，虎城出洋，其
職務由孫蔚如代，顧墨三入西安，祇率龐（炳勛，西北軍）或商（震，
晉軍）之一部隊伍，渠（張）本人擬擇地與虎城見面商決。二、

---
❽ 同上，頁四～六，民國二十六年一月八、九日記。

虎城率部入甘，東北軍調汴洛或豫鄂一帶，令劉經扶（峙）或何
雪竹（成濬）率龐、商、蕭（之楚）等部駐西安。渠到洛或潼關與
虎城商決云云❾。

蔣根據張之條陳，在十一日擬定善後辦法兩條如下：

甲、東北軍完全駐甘，陝軍仍駐陝，但由潼關至寶雞之沿鐵路
　　線各縣則駐中央軍（原注：楊駐西安，得留該少數部隊，
　　或移駐三原亦可）。
乙、楊及該部入甘，東北軍開駐豫皖一帶，皖主席及綏靖主任
　　由張保人。
以上甲條是修正中央已發表者。乙條是採取張漢卿條陳。以上
皆屬暫時的所謂善後辦法而已。若一旦要實行國防計畫，則各
部仍得立就前之預定位置。庶各方皆明瞭中央抗日決心，非以
此度久長也❿。

對於張之要求回防與楊「面商」事，顯然引起了蔣的戒心。他決
定要賀耀組（貴嚴）飛京接張來溪口。宋子文大喜過望，以為張有回
陝的希望了。十三日中午，賀偕張來到溪口，同來者尚有米春霖、戴
笠（雨農）。當時張的態度是「意氣至豪，在渠以為極周至、極愛國」。
但徐則認為不妙：「事實上則大都非是，今仍不悟」。賀亦認為：「恐不
甚樂觀，亦以漢卿不悟，而南京對西安感想之壞，亦如蔣先生在西安
時之憤憤」。米春霖是張之代言人，談到善後，他認為「先須對共黨有

❾　同上，頁六，民國二十六年一月十日記。
❿　同上，頁七，民國二十六年一月十一日記。

安置」。賀立關其非。米又說:「東北軍如履行委員長辦法有何保障」?
言下希望閻錫山出面擔保。繼云:「最好是張漢卿回去辦」。這時張也
改變了主意,轉而接受甲條,主張「東北軍入甘肅,虎城與以援綏抗
日名義,令其組織抗日軍,或配以若干東北軍亦可。陝西省府仍由中
央派員。至於西北行營主任,擬請何雪竹(成濬)率蕭之楚部駐西安」。
徐似乎是為東北軍設想,並求問題之能妥善的解決。主張「虎城部仍
駐甘肅,東北軍仍開豫皖。唯請閻先生擔保爾後之無事。緣此種情形
下,中央軍得壓迫共軍使其就編。若人事問題,除主席外,其軍事名
義則俟軍隊到達豫皖再定亦未始不可。蓋如此,東北軍到內地與陝軍
隔離,可得補充、訓練與休養」。經徐之分析,張又甚同意徐之意見了。
至於擔保問題,張似不願自提❶。

　　一月十四日,米春霖帶了十一日所擬定之甲、乙兩條回陝,限十
六日以前擇一實行。

叁、閻不主張釋張,增強蔣之信心

　　米春霖攜帶兩案於一月十五日下午二時到了西安。當夜十一時,
東北軍將領何柱國向顧祝同(在洛陽)通電話,說于學忠、楊虎城等
願接受甲案。且將通電就職,請顧入西安。並派鮑文樾(志一)來南
京表達一切。十七日晨徐晤蔣,得悉情況並非如何柱國的電話所云,
而是鮑到南京後所稱「通電就職,是使中央命令得到著落」; 不同的是
鮑所攜來的條件要張、楊兩部及紅軍得在陝甘兩省劃地分居,中央軍
祇能駐華陰至潼關。其餘一切皆是名義歸中央,實質歸「三位一體」
之集團自由支配,且亟盼中央令漢卿歸去; 至名義有無,則殊不計較

---

❶　同上,頁八~九,民國二十六年一月十三日記。

云云。南京方面對鮑之轉達甚爲忿怒，有不令鮑來溪口之意。徐氏仍主張一面順從社會不願有內戰之心理，一面努力尋求完成統一之步驟。鮑爲東北鋒利而有頭腦之人士，何不令其來溪口？正可由鮑得一將來有進步之解決辦法，祇在誠心求之耳❷。

　　一月十八日，鮑文樾來到溪口，同來的還有米春霖和楊虎城的代表李志剛。所爭執者仍是「三位一體」和張之歸去問題。但閻錫山的來電不主張張之歸去，使中央方面有了信心。蔣對楊虎城的態度轉趨強硬。這天所談之事及其情況，徐所記如下：

> 鮑志一、米瑞峰、李志剛到此，所攜條件與昨日所悉無甚出入，中有顧主任（祝同）可駐洛陽，任漢卿爲行營主任，楊、顧爲副主任亦可。對東北軍及十七路軍（楊部）之用人、訓練，一切由張、楊自主（原注：事實上過去中央亦未能干涉）。
>
> 又悉紅軍一萬餘衆已到三原至交口一帶，一部已到藍田一帶。漢卿之軍官團內早已有一隊係紅軍軍官。聞祇有長安東門歸東北軍守，其餘之門悉歸十七路軍。
>
> 閻先生來電，謂虎城遣範亭（續培模，左傾）到幷（太原），述西安收編民團、讓防紅軍，都有限制條件，不致妨及救國，且希望漢卿早歸。閻先生以爲漢卿歸去更無辦法（原注：老成有識見）。
>
> 志一來時，亟述漢卿歸去始有辦法。經過與多人討論，始覺條件相去甚遠。東北軍與陝西不隔離，漢卿亦不易歸去。乃決變計，另謀妥善辦法，然其間困難實多（原注：東北軍與紅軍及

---

❷　同上，頁一〇，民國二十六年一月十六、十七日記。

> 十七路軍駐地錯綜，而東北軍各部各不相統，意見亦不一致，
> 間有紅軍主張深入其下層者，家眷物資多在西安，西安祇有一
> 團，或謂祇有一營，已完全赤化）。紅軍現佔三原交口，復佔藍
> 田及咸陽附近，是陝西形勢盡入紅軍之手。而張、楊內部又多
> 赤色主張者，是人心亦有幾分入於紅軍。

> 張躁、楊私，部下人才又遠遜紅軍，不但漢卿進退失據，虎城
> 將來亦恐自由不得。漢卿富感情，愛國心濃厚，惜乎沒有分曉
> ⓭。

　　一月十九日，蔣對西北善後顯已有了信心，對楊之要脅示以強硬
態度，以長函致楊，大意謂：「君所要求條件，直如割據，中央對此無
考慮餘地，以其有妨國防後路，有妨西北發展。漢卿此時回去非愛人
以德」云云。徐氏以為此函「理明言徹」，可給漢卿看看，並可抄一份
給東北軍。宋子文謂此函有歷史價值，對虎城說無用也⓮。二十日，
鮑、米、李乘飛機回西安，蔣示以必行甲案，且以二十二日正午以前
答覆為期。此種將張、楊分開處理方式，使東北軍大部漸漸走入與楊
不能合作之途徑了⓯。

肆、外緊內鬆，另有暗盤交易

　　接受甲案，也是楊虎城、于學忠的選擇。據司馬桑敦的《張學良
評傳》記述，大約是在一月中旬經過東北軍參謀團（高級將領組成，

⓭　同上，頁一一～一二，民國二十六年一月十八日記。

⓮　同上，頁一三，民國二十六年一月十九日記。

⓯　同上，頁一三，民國二十六年一月二十日記。

以于學忠爲首）的討論，認爲張學良不能北歸時，而東北軍控制甘肅省，以甘肅爲全軍補給區；陝西仍交楊虎城掌握，但其中若干縣份則劃給中共軍。中共方面也是積極支持甲案的，以爲東北軍若據甘肅，中共可以得到一個比較安定的局面；而且中共深信他們對東北軍的滲透已相當成功，東北軍靠攏中共的可能性極大。但東北軍高級將領中也有反對甲案的，例如劉多荃對西北複雜的情況已感厭煩，尤對西北生活的艱苦，深引爲痛苦。王以哲則以東北軍若侷促於甘肅一地，省主席自無其份❻。

　　至於甲案，也原是南京中央所提。後因張學良之條陳，而加入乙案。後來張又轉向支持甲案，經徐永昌的分析，則又贊成乙案。迨米春霖於一月十五日自溪口回到西安帶去甲乙兩案後，他們選擇了甲案。蔣同意他們的選擇。故在一月二十日鮑文樾等自溪口回西安時，蔣示以「必行甲案」，並限在一月二十二日正午以前作確切之答覆。此舉實有最後通牒之意味。西安方面的反應是如何呢？二十一日，楊即有電致蔣，云已令其代表李志剛乘原機來奉化（這天因雨霧祇到南京）。同時何柱國給顧祝同電話，請中央軍勿以期限而加以壓迫。西安決能設法遵從中央方案云云。二十二日，李志剛到溪口，攜來楊函，云接受甲案，惟有困難，須待其運用。蔣拒與李見面。李云：「東北軍甚不願打仗，祇求中央軍不要進攻」。閻錫山亦來電云：「兵連禍結，勢成孤注，國內複雜，戰而敗之，亦爲共驅兵」云云。二十三日下午，楊又來電，請中央派大員到陝監視實行甲案，以爲有困難亦易得中央諒解；尤盼邵力子前往。蔣答以由楊派員向顧祝同主任商洽，中央不便派員。傍晚，顧轉來何柱國電話，說中央方案實難於短期間圓滿做到，語意

---

❻　司馬桑敦《張學良評傳》，頁二九八～二九九，出版處所未詳。據該書金仲達的〈編後記〉，應爲一九八五年重印本。

有「不可捉摸」者。並要求由十七路軍、東北軍、共軍及顧各派代表一人往太原集議。蔣即電閻應予拒絕⑰。

　　在外緊內鬆的情勢下，經過蔣與徐等連日一再商酌，到了二十五日，為使甲案能夠實行，對於楊之要求增改各點，做了讓步和妥協。楊的要求可歸納為七點，除兩點「暫緩」外，其餘五點大致接受。以下是楊之要求增改部分和溪口方面讓步允許的，對照如次：

　　　壹、楊虎城要求增改者：

　　　一、十七路西安駐六團。

　　　二、東北軍留西蘭路一軍。

　　　三、給紅軍移防費五十萬。

　　　四、發東北軍、十七路餉三個月。

　　　五、陝變經用六百萬准報銷。

　　　六、張漢卿名義。

　　　七、于孝侯（學忠）綏靖主任，另由東北軍出一主席。

　　　貳、溪口方面允許者：

　　　一、二至四團。

　　　二、四至六團。

　　　三、三十萬。

　　　四、先發一個月，俟做到（甲案）再發一月。

　　　五、二百萬至三百萬。

　　　六、暫緩。

　　　七、暫緩。

---

⑰　《徐永昌日記》，冊四，頁一三～一五，民國二十六年一月二十日至二十三日記。

以上允許之件，西安已認可，承應一月二十七日開始履行（甲案）。惟據張學良云：由事變起，截至彼離西安兩星期間，用款不過二十餘萬。又李志剛云：西安各銀行所存現款共一千五百餘萬（原注：中央銀行六百萬），鈔票兩三千萬 ⓲。

伍、「三位一體」的解體

經過雙方最後的妥協和讓步，西安方面即開始執行甲案。一月二十五日，由楊虎城和何柱國派米春霖及謝珂爲代表到潼關與顧祝同接洽。但在東北軍方面，迅即發生內部的衝突。二十六日，何柱國給顧祝同電話，說東北軍上級幹部對於實行已定之方案，皆接受無異議；惟下級幹部尚多不明白者，須予以諭勸時間 ⓳。「諭勸」仍然無效，情況愈爲嚴重。二十九日顧來電說：

> 連日商洽結果，張（學良）部青年議論激烈，擬先撤至渭河以北，請漢卿親往訓話。墨三（顧祝同）以不允則勢成僵局，中央軍不能早入西安；允則該軍撤渭北後，仍必留難。

又顧、何（柱國）電話商定：

> 一、張、楊部三十日起實行開始撤退前線部隊（原注：後方部隊二十八日即撤動）。二、十七路軍留三團駐西安，並請顧去（西安）時少帶兵。三、雙方各以十員組一監視團，並以一人爲團長，

⓲ 同上，頁一六，民國二十六年一月二十五日記。
⓳ 同上，頁一七～一八，民國二十六年一月二十六日記。

監視後撤❷。

徐對西安方面的情況並不樂觀，他評估：

> 西安共黨策動煽惑現極(盡)其能事，前途仍難樂觀。西安云十
> 七路除留三團駐西安，其餘軍隊及東北軍、紅軍皆先撤渭北候
> 張漢卿訓話云云，則萬一煽惑成功，或且東渡入晉。因電閻先
> 生亟派偵察於河西各縣觀其所向❷。

此時西安內部究竟是怎樣的情況呢？據《張學良評傳》記述：東北軍的少壯派孫銘九、應得田、苗劍秋等認爲無論是甲案或乙案，都是置張學良於不問，是對少帥的不忠。他們攻擊高級將領祇想升官發財，汲汲於自己地位，而不爲東北軍全體著想。事實上，這批少壯派的領導慾極強，很想乘機在東北軍中樹起一股勢力，能夠主宰東北軍。而孫銘九更想升級爲少將，而未得高級將領的支持。至於中共的態度，則是站在南京和東北軍之間，也站在東北軍和楊虎城之間，而在東北軍的內部，又佔在高級將領和少壯派之間。中共周恩來在這中間翻雲覆雨，縱橫捭闔，和各方面都維持著若即若離亦明亦暗的關係❷。

一月底，當東北軍高級將領于學忠、何柱國、王以哲等忙於撤兵時，少壯派孫銘九等亦在策劃發動兵變驅逐王、何、于等。二月二日，由孫指揮的兵變終於發生，軍長王以哲及其副軍長宋學禮及總部參謀處長徐方、交通處長蔣斌等均遭殺害。何柱國走避楊虎城處，得免於

---

❷　同上，頁一八，民國二十六年一月二十九日記。

❷　同上。

❷　同❶，頁二九九。

難。這個事件，亦稱「西安二、二事變」，或第二次「西安事變」。

西安二次事變發生時，蔣和徐已離開溪口前往杭州途中。二月三日，徐在杭州的蔣寓看到兩件報告。徐記其內容如下：

一、據鮑志一（文樾）等冬（二）日到渭南劉多荃師部電話潼關，謂西安有東北軍某團長（應即孫銘九）主戰，不願撤兵，往楊虎城處請願，因之發生誤會，城內槍聲突起，鮑等即出東門（西安）到劉（多荃）師部云云。

二、何敬之（應欽）早間電話，謂西安次（秩）序恢復。何柱國電話云：總可繼續進行方案。又檀自新（東北軍師長）在蒲城將虎城警備第三旅解決後反正。沈克師與張部脫離關係，已與朱一鳴（紹良，中央軍）軍取得聯絡云云。

蔣先生詢如此渠等實行撤兵當無問題矣。余（徐）謂撤自無問題，惟其內部變化或正開始耳[23]。

西安二、二事變，不僅東北軍內部發生分化，即東北軍、陝西軍與中共軍之間的「三位一體」亦告解體。這時南京中央處理西北善後問題進入有利的境界。楊之陝軍亦因分裂而實力大減。共軍大得補充。稍後，東北軍改調豫皖，按照乙案處理。

陸、中共鴻圖大展，張之功也

西安事變為中共起死回生一大關鍵，已為史家所承認。但究竟如

---

[23]　《徐永昌日記》，冊四，頁二〇，民國二十六年二月三日記。

何「起死回生」呢? 迄今尚難有系統的研究。從二十五年西安事變前國共進行談判到三十五年（一九四六）十一月國民大會召開國共談判決裂為止，中間有十年之久的談判，不論中共的態度是強是弱，或是要求的條件是多是少，都難達成協議而求問題之解決。其間你來我往、討價還價的資料至為繁複，讀起來至為枯燥乏味。不過可以確定的是十年談判的都以軍隊問題為中心。而中共軍的數量也是愈談愈多，談判也就愈來愈難了。

依蔣中正委員長告知徐永昌，在西安事變前，中共屢屢來人求降，依其判斷，允編共軍一萬，必樂就範。但事變後，非復前此之馴順矣。迨西安二、二事變後，中共對南京之接洽和平亦趨積極。二月十日，中共中央密電南京的國民黨五屆三中央全會，提出談判條件和保證，其軍隊亦開始撤退。據邵力子在國民黨中全會的報告:

> 陝西退兵，紅軍行動實勝於張、楊軍。又共黨有電致大會表示願取消蘇埃斯，予以一地，准其成立特區政府，其紅軍則能聽軍委會指揮抗日。對於抗日，且主準備將再戰㉔。

又據來自西安的韓振聲告訴徐永昌說:「紅軍到商南等處者係徐海東部，紀律勝於張、楊軍。紅軍對中央軍尤表好感。將來誠西北之大問題也」㉕。徐亦憂心的指出:「共黨對當局及有力方面皆表示好感，而暗中對有派別者則極挑撥能事。此令國家速起不對共之內戰也」㉖。對軍隊要求的編制，亦大為擴張，十二個師，四個軍。經過冗長時期

㉔　同上，頁二六，民國二十六年二月十七日記。
㉕　同上，頁二四，民國二十六年二月十五日記。
㉖　同上，頁二六，民國二十六年二月十七日記。

的討價還價，一直談到六月底還沒有談攏。徐在六月三十日記云：

> 早開特會，聞陝北紅軍要求編三個師共四萬五千人，且須有一
> 主管負責(指揮)。蔣先生祇准三師三萬人，各歸西安行營節制。
> 至今尚在擱置中㉗。

　　數日後，便是七月七日的盧溝橋事變發生，開始對日抗戰。共軍
改編問題也就不了了之。彼等也就依照自己的決定，發出聲明，參加
對日抗戰了。南京中央祇有承認之。例如教育部長王世杰見到中共方
面發出的通電，就頗不以爲然。其在《日記》中記云：

> 今日接朱德、彭德懷通電 (八月二十五日發)，就「國民革命軍第
> 八路正副指揮之職。略稱國共兩黨精誠團結」，願服從蔣委員長，
> 追隨「友軍」之後，抗日到底。此爲共產黨軍改編後之第一(次)
> 正式通告。惟揣其語意，似尚不承認共黨之解散㉘。

　　隨著對日戰爭的擴大和持久，中共的行動越來越不「服從蔣委員
長」了。在抗戰發生後還不到四個月，有些國民黨人便覺得共黨不大
對勁了。例如徐在二十六年十一月五日的《日記》中說：

> 共產黨在盧山曾自請取消共產黨名義，一切聽命中央 (國府)。
> 今日一切都不聽。今日之壞，壞在人人捧共產黨，以爲將來加
> 入共黨之餘地。受其麻醉，受其宣傳而捧之者少；而無是非無

㉗　同上，頁六九，民國二十六年六月三十日記。
㉘　《王世杰日記》，冊一，頁一〇〇，民國二十六年九月六日記。

人格的捧之者多。國家之亡，皆在於此。

吳稚老（敬恆）發揮了一篇無政府主義論，最後謂共黨主義是專養無用的人，法西斯蒂是專不養無用的人，兩者皆偏。英國今日之聯俄，是恐其再偏，則愈不可收拾。吾人之容共，亦應以英人對俄之心爲心。

汪精衛謂近有兩種口號頗值得注意：一、國共合作。二、不聯俄不能抗日，不容共不能聯俄。此種口號太原市上極其普遍，不圖南京亦有。要知俄之抗日乃其國策，決不因中國共黨與國民黨合不合也㉙。

　　張、楊之西安事變，以「聯共抗日」爲訴求，今則日已抗矣，共亦聯矣。在國人久蓄仇日、抗日之心，而乏信心、耐心的情勢下，所謂「不聯俄不能抗日，不容（聯）共不能聯俄」的口號。造成社會普遍親俄、崇共的心理，才是中共「起死回生」一大關鍵。如此，俄共既解東顧之憂，中共乃得大展鴻圖之機。準此而論，張氏「不世之功」，不可沒也。當抗戰甫經開端，徐對張之功過即有如下之評論：

自漢卿加入開戰主張（按指「聯共抗日」），凡激烈青年、腐化官僚、將死老人，幾於打成一片。其見解之淺浮、偏激、執拗、誕妄，較之義和團時代並不進步；最奇是閻先生（錫山）亦力主抗戰。從前（原注：二十年、二十一年間常談）謂中國經不起日本幾點鐘攻擊云云。此時完全否認，極端認爲民氣可使。迨氣數使

<hr>

㉙　《徐永昌日記》，冊四，頁一六七～一六八，民國二十六年十一月五日記。

然歟？是真科學時代所不應有之怪現象也。今日者抗戰之幕開矣，且看其過程如何⑳？

---

⑳　同上，頁九一，民國二十六年七月二十九日記。

第四章　盧溝橋事變與全面抗戰

第一節　從「七七」事變到「八七」決定全面抗戰

壹、《王世杰日記》中關鍵的一日——八月七日

　　我國對日八年抗戰的開始，一般皆定位於盧溝橋事變的一天，即民國二十六年（一九三七）七月七日。至於中國政府最高決策當局，何時決定對日全面抗戰，以及決策的過程和內容如何？由於原始紀錄未見公開，迄多說法不同；甚至有的相關史著，對此關係重大的史實，竟予忽略，而隻字不提。如國史館近年編印之《中華民國史事紀要》〔中華民國二十六年（一九三七）七至十二月〕，即找不出此一關鍵性的史事紀述，殊爲可惜！

　　中國方面之決定對日全面抗戰，原始紀錄雖然未見公開，但過去已有許多史學家加以注視，並曾深入探討。雖有不同的記述，但可確定的一點，就是中國最高階層決定對日全面抗戰，是在盧溝橋事變後的剛剛一個月，即這年的八月七日。今見《王世杰日記》這年八月七日的日記，更足顯示這天意義的重大。對於過去一些不同的說法，亦有澄清的作用。茲先照錄王氏的這天日記原文，再來探討中國方面決

定全面抗戰問題。《日記》記云：

> 八月七日（民國二十六年）。今日上下午均開國防會議，軍事各部
> 會長官，及由外省應召來京之將領閻錫山、白崇禧、余漢謀、
> 何鍵、劉湘等均參加。中央常務委員及行政院各部部長於晚間
> 該會開「大計討論」會議時亦出席。會議決定積極備戰並抗戰；
> 惟一面仍令外交部長相機交涉。在會議中，何應欽報告軍事準
> 備情形，大概第一期動員者一百萬人（原注：分配於冀魯豫方
> 面者約六十萬人，於熱察綏者約十五萬人，於閩粵者約十五萬
> 人，於江浙者約十萬人）；每月除原有軍費外（原注：約六千萬
> 元），約增加戰務費二千萬元，而械彈增購費尚不在內。現時械
> 彈勉可供六個月之需。軍事準備之弱點，仍為防禦工事之未完
> 成，與空軍機械之不足。蔣先生(蔣中正委員長)在會議時頗識某
> 學者（原注：指胡適之）之主和。惟政府既決定仍不放棄外交
> 周旋，則胡氏主張，實際上並未被否決。參謀總長程潛在會議
> 席上指摘胡氏為漢奸，語殊可笑❶。

　　王氏上項日記，所顯示的重要意義如下：一、這是一項漫長而緊
張的會議，當時中央的軍、政、黨所有大員，以及最具影響力的地方
大員，都已出席了會議。二、這是一項「大計討論」會議，正式決定
了對日抗戰大計，即是「積極備戰，並抗戰」，或稱之為「全面抗戰」。
三、對於當時主和的意見，雖然未被否決，卻加以指摘。塵囂一時的
主和論調，受到抑制。四、在這一會議之後，大規模的抗日戰爭，在
南北戰場迅即展開。因此，這年的八月七日在南京舉行的國防會議及

❶　《王世杰日記》手稿本，冊一，頁八四～八五，民國二十六年八月七日記。

「大計討論」會議，實爲盧溝橋事變一個月後決定對日全面抗戰，最具關鍵性的一天會議。現在讓我們來回顧一些史學家對於這天重大決策的記述或探討。

貳、史學家筆下的「八七」決定全面抗戰

較早注意記述中國於一九三七年八月七日「國防會議決定：全面抗戰，採取持久消耗戰略」者，爲吳相湘教授在其所著《第二次中日戰爭史》（上冊，頁三八三，民國六十二年，綜合月刊社出版）。吳書未注資料來源，常爲以後史著所引用。如大陸一位史學家金普森在其所撰〈論國民黨的抗日軍事戰略〉一文，即曾引用吳教授上書的三八三頁，指出：「爲制定抗日軍事戰略，一九三七年八月七日在南京召開有中國共產黨人參加的最高國防會議，會議決定中國抗日戰爭，取持久消耗戰略」❷。另一大陸史學家余子道在其所撰〈中國正面戰場對日戰略的演變〉一文中亦指出：「全國抗戰開始後，國民政府在一九三七年八月七日召開國防會議，首次正式決定了開展『全面抗戰，採取持久消耗戰略』的基本戰略方針」❸。未注資料來源。與吳相湘教授之說相同。惟金普森所謂「有中國共產黨人參加」，不僅未見吳相湘之書，亦與事實有出入。金氏此種說法，另一大陸史學家何理在其所撰〈抗戰戰略方針及戰爭格局的形成〉一文中則更詳細的指出：

一九三七年八月初，平津失陷後，日軍集中兵力向華北進攻。

八月七日，國民黨政府在南京召開有中央及地方將領參加的國

---

❷ 金普森文見《民國檔案與民國史學術討論會論文集》，頁三七五，一九八八年，檔案出版社出版。

❸ 余子道文見同上書，頁三五二～三五三。

防會議，討論對日作戰方針。中國共產黨的代表周恩來、朱德、葉劍英出席了會議。為了確定正確的抗戰方針，中共中央向國民黨政府提出〈確立全國抗戰之戰略計劃及作戰原則案〉。……南京國防會議一致通過，以「持久消耗戰」作為中國抗戰的基本戰略方針，即在軍事上採取持久戰略，以空間換取時間，逐次消耗敵人，以轉變優劣形勢，爭取最後勝利❹。

原作者是引蔣緯國主編《抗日禦侮》第三卷，頁九六。蔣編原書內容是否如此，有待查證。

李雲漢教授在其所著《盧溝橋事變》一書中，對於這次會議的情況，曾根據多種資料，有深入之探討，指出：

八月七日晚間，蔣委員長召集國防會議及中央政治委員會聯席會議，討論作戰方略，到京各省軍政長官亦全體列席。討論終結時，蔣委員長宣示：「戰爭必具最後決心，乃生死存亡之關鍵，一切照原定方針進行。或進或退，或遲或速，由中央決定。何時宣戰，亦由中央決定。各省與中央須完全一致，各無異心，各無異言」。當時所有與會人員全體起立，一致贊成。參加會議之鐵道部部長張嘉璈（公權）認為：「全場中舉國一致精神之表現，恐為數百年來所未曾有」。蔣委員長亦至感欣慰，自記：「全國將領齊集首都，共赴國難，乃勝利之基也」❺。

---

❹　何理文見同上書，頁三八七～三八八。
❺　李雲漢《盧溝橋事變》，頁四〇七～四〇八，民國七十六年，東大圖書公司出版。

　　至中共人員是否出席了國防會議，李敎授表示懷疑，認爲「原始會議紀錄中並無任何朱（德）、周（恩來）出席會議的記載」❻。李敎授似乎看過「原始會議紀錄」，在該書「引用及參考書目」中，亦列有《國防最高會議常務委員會紀錄》（民國二十六年八月至二十七年三月，南京、漢口）。

　　王世杰的八月七日的日記所記與會人員，固無中共人員；而中共周恩來、朱德、葉劍英等是在八月九日到達南京的❼。當不可能參加八月七日的在南京舉行的國防會議。惟在八月十一日，南京中央決定在國防最高會議之下，設置國防參議會，以容納人民陣線分子及中共黨人❽。

　　至於國防會議所決定的軍事佈置，吳相湘敎授在其所撰〈中國對日的總體戰略〉一文中指出：

> 中國政府面對日本言行，因於八月六日（一九三七年）舉行國防會議，各省軍政長官包括四川劉湘、雲南龍雲（按龍在八月九日始到南京）、廣西白崇禧等都出席參加。蔣委員長在這一重要會議席上宣佈：基於既定「舉全國力量從事持久消耗戰以爭取最後勝利」的國防方針，策定守勢時期作戰指導原則：國軍一部集中華北持久抵抗，特注意山西之天然堡壘；國軍主力集中華東，攻擊上海之敵，力保吳淞上海要地，鞏固首都；另以最少限兵

---

❻　同上書，頁四一一。
❼　同上書，頁四一一。又江蘇省歷史學會編《抗日戰爭史事探索》，頁六五，一九八八，上海社會科學院出版。
❽　《王世杰日記》，冊一，頁八六，民國二十六年八月十一日記。

力守備華南各港❾。

　　吳述上項軍事佈置的決定，顯係對上海的情況而定，在時間上，應在八月九日上海虹橋事件以後，戰事有在上海發生之可能。金普森前文則指上項軍事佈置的決定，是在八月十二日，則較合乎實際情況。該日情況，《王世杰日記》有記：

　　　　八月十二日，滬日軍因虹橋事件，要求中國撤退虹橋及上海附
　　　　近中國保安隊。我政府嚴詞拒絕。上海日軍有軍艦二十餘艘，
　　　　並有陸戰隊萬餘人。滬形勢極險。是否爆發（戰爭），須視日方
　　　　有無在長江擴大事態之預計。

　　　　中央常會開秘密會議，決定自本日起認為全國已入戰時狀態；
　　　　並依林主席之提議，推定蔣院長（中正）為大元帥。凡此均不公
　　　　佈❿。

　　八月十三日，滬戰發生，全面抗戰，從此開始。

---

❾　吳相湘《歷史與人物》，頁六八，民國六十七年，東大圖書公司出版。
❿　《王世杰日記》，冊一，頁八七，民國二十六年八月十二日記。

第二節　從盧溝橋事變到上海撤守
——據《徐永昌日記》資料

壹、事變發生，有和、戰兩派

　　民國二十六年（一九三七）六月二十四日軍委會辦公廳主任徐永昌在南京接到蔣中正委員長自廬山來的電報，說日軍「頗欲與中國尋事」，要徐「密飭準備」云云。第二天，蔣又電催趕做魯南工事。看來中日之間當有大戰發生了。徐在六月二十五日的《日記》中記云：

　　　　昨（二十四日）蔣先生電，略謂日本軍人上層與下層將起劇變，惟頗欲與中國尋事，以轉移其自殺危機云云。囑密飭準備。今日又來電催趕做魯南工事❶。

　　徐對蔣委員長的電示，似乎未甚認真，在以後各日中，並無什麼動作。直到七月七日盧溝橋事變發生之日的早晨，祇是「審閱今秋徐州野操及釐定江陰要塞砲位等」。午間則與友人閑談，說：「今日溫飽子弟與學生皆不願當兵，惟窮人願當兵；窮人稍溫飽亦不願當兵。雖使強徵來，亦正如葉肇師長所述亦非出志願，毫無戰鬥力。如此國家，尚侈言抗日，直以羊猜虎耳。是知教育不改革，必至亡國而後已。今日發牯嶺（蔣委員長所在）一函，條陳改革教育也」❷。當天的夜間，盧溝橋事變便告爆發了。

───────
❶　《徐永昌日記》，冊四，頁六八，民國二十六年六月二十五日記。
❷　同上，頁七二，民國二十六年七月七日記。

　　七月八日晨，得悉盧溝橋事變發生，以次各日，徐對此事變的發展，逐日均有記錄。茲摘其要者錄之如下：

　　（七月八日）宋明軒（哲元，二十九軍軍長駐守平津）之鄉居，是因日本人之直接壓迫也。因日本人反宋擁張（自忠，宋之部屬），張有些活動。

　　早悉，日駐屯軍之一部在盧溝橋演習，有意向馮治安部（三十七師，屬二十九軍）尋釁。昨（七）夜以來，日軍向拱極城（宛平）攻擊，我官兵已傷亡數十，但未還擊，亦未容其衝進防地。現尚對峙中。

　　五時半，劉副主任（健羣）電話，盧溝橋事件現已用正當防衛手段向敵還擊矣，緣我已傷亡至八十餘人。敵仍進攻不已。

　　牯嶺電話云：已令宋所指揮之軍隊全部動員，準備以防事態之擴大；同時中央軍之增援華北，應為相當準備云云。

　　九時四十分電話詢北平，悉日人已向衙門口方向撤去，敵傷亡官三、士兵二十餘，我傷亡八十九人。日方提出要求我盧溝不駐兵，已拒絕之。

　　（九日）傍晚君實（劉光）電話，悉北平讓步，將拱極城馮治安部換以保安隊駐紮，或謂此保安隊為石友三所率云云。

　　（十一日）昨（十日）夜六時許，日人又向我盧溝橋轟（擊），我守兵應之。

午後四時半北平電話，日人有和平表示。

（十二日）昨日以來，日人時而表示和平，商議雙方撤兵；時而敗信來攻。其攻擊範圍亦已擴出盧溝橋附近已達永定門（北平）之某處，係緩兵待援模樣。明軒（宋哲元）已到津。

九時（晚）詣何敬之（應欽）家，唐（生智）、程（潛）、曹（浩森）、熊（斌）、劉（光）、林（蔚）等皆來，商備戰各方案。此時所得北平電話：日人仍在四處滋擾，關外開進之五列兵車已過津。

哲民（熊斌）明日往保定迎晤明軒，述中央決心「守土抗戰」，並詢視情況。

此間亦似盼望和平，尤盼能和平至六個月後（此為最小限度，因彼時各要塞新砲大部可以裝成）。但對於明軒之表示，卻又嫌其不蠻狠（明軒發表之書面談話，余以為大體上很不錯，敬之不以為然）。明軒不之保（定）而留津，必在謀和平也。此可以測明軒，可以測時局。

（十三日）九時會於何宅，各方情況概如昨。孫連仲部先頭已到石（家莊）。研究戰鬥序列久之（在什麼時候也有爭官的）。蔣先生電商十日內能否開國防會議。

（十四日）早到會（軍委會），接閻先生（錫山）電，謂桐軒（張蔭梧）歸幷（太原），悉明軒對此次事變態度，極為堅決云云。當復以香月（華北日駐屯軍司令）之來，恐益將惡化，以渠為二二六日事變之有力分子也。聞東京主勿擴大，特其少壯派在做反面工作。以我國國防論，能再忍半年實較有利；惟日軍人或不容許，而中國自身亦不容許，奈何❸？

貳、主和派拉閻支持「和平」未果

　　其時國內人士對盧溝橋事變的態度，大約可分爲和、戰兩派。主
和論者則以戰備未充，必致戰敗，且將淪入中、俄共之陷阱；主戰論
者則以退無可退，戰未必敗，聯共抗日，可得俄援，甚至俄必參戰，
日必敗滅。是故宋哲元之委屈求全，希求和平，固非宋氏個人如此，
南京中央亦有多人願爲聲援者。例如七月十四日徐等會於何應欽寓，
商討和、戰問題時，徐謂「對於佈置（作戰），自當積極；對於和平，
亦不可置之度外，且須與明軒協調進行，否則明軒孤行己意，於大局
前途不利也」❹。但宋之內部亦分和、戰兩派，如徐在七月十五日接
到閻錫山的電話說：冀察中心約分和、戰兩派，一謂我軍集中部隊，
務求迅速，以期眼下不吃虧，藉易善後❺。但宋氏本人則傾向於主和，
一般對宋頗不放心，怕宋屈服。徐則同情宋之處境，其在十七日的《日
記》中記云：

　　　　舉國皆注意怕宋屈服於日勢（力）下，其他皆不甚措意，眞是怪
　　　　事！這也是宋的本領；也是宋的可憐。其實全國人更可憐。余
　　　　以爲祇要有蘇俄、有中國共產黨、有中國青年學者，除了殷汝
　　　　耕等（漢奸）毫無心肝者外，還怕那個不抗日？我們自然是要抗
　　　　日；特是蘇俄怕日對他，怕中國消滅了共黨，設計刺激引誘中
　　　　日先做（戰爭），對使無備而弱病對（應爲「之」字）中國不得不戰。

---

❸　同上，頁七二～七六，民國二十六年七月八日至十四日記。
❹　同上，頁七六，民國二十六年七月十四日記。
❺　同上，頁七七，民國二十六年七月十五日記。

余謂全國更可憐者此也❻。

七月十七日，蔣委員長在盧山發表談話，申明解決盧溝橋事變的基本立場。實際已作應戰的措施了。主和派顯得緊張起來，力圖挽救，對蔣委員長也不免有所批評，行政院秘書長魏道明即其一也。徐之七月十八日有記：

> 伯聰（魏道明）來談：蔣先生對日舉動有些投機。惟余亦云然，所以日人滋擾以來，迄未對蔣先生有所建議，當煩其轉告王亮疇（寵惠，外交部長）在能容忍的情勢下，總向和平途徑爲上計。我軍備至低限度尚須半年乃至一年。余之所以請其勿忘和平者，緣今日每個中國人都有些受了學者青年的麻醉。（原注：青年學生受了共產黨的麻醉，中國共產黨受了俄國的麻醉）❼。

爲了延緩大戰之爆發，徐認爲山西閻錫山有「一言九鼎」之作用，曾於七月十六日電閻，請爲「和平運動」，不料閻竟覆電主戰。徐在其《日記》曾有回憶云：

> 憶開戰前（七七事變後），敬之、頌雲（程潛）請余諫蔣先生緩開戰。因先電閻先生，請內外條陳之（原注：余以彼在華北首當其衝，言之有力，且以彼資望，尤可代委員長稍分過）。孰料其覆電主戰❽。

---

❻　同上，頁七八，民國二十六年七月十七日記。
❼　同上，頁七九，民國二十六年七月十八日記。
❽　同上，冊六，頁一七一，民國三十年七月二十九日記。

閻當時爲何主戰？乃因「輕日」而「重共」也。爲了延緩大戰，徐等仍不放棄一切的努力。當蔣委員長於七月二十日自廬山回到南京時，乃直接向蔣委員長建言。這天《日記》有記：

> 蔣先生六時許歸，八時半會於官舍。余論對日如能容忍，總以努力容忍爲是。蓋大戰一開，無論有無第三國（應指俄）加入，最好的結果是兩敗俱傷。但其後日本係工業國，容易恢復；我則反是，實有分崩不可收拾之危險。曷若藉日鞭策以爲圖強之運用。德國以強以戰，而遭列強之壓迫；以忍以不戰，而得今日之復興。是皆在吾人之努力如何耳❾。

其時宋哲元的代表張自忠已在天津與日方訂立讓步條件，復於七月十九日在北平成立協議，蔣委員長接獲宋之報告，表示所有條件，中央願爲負責。但日方仍增兵不已，中國方面亦不得不努力備戰也。二十六日，華北日軍司令香月對宋發出最後通牒，限兩日內撤軍至永定河以西。宋拒其通牒，北平四郊即於二十七日發生戰爭。二十九日，北平失陷，次日，天津亦失。所謂「和平」已告絕望矣。

叁、二十九軍拒中央，失去北平與張垣

盧溝橋事變發生後，蔣委員長即於七月十四日自牯嶺致電徐永昌，擬在石家莊設立軍委會委員長行營，要徐擔任主任。代其指揮平漢線北段（第一戰區作戰，蔣兼司令長官）。徐以爲時稍嫌早，刺激性大。迨北平戰事發生，宋電中央請速派大員到保定指揮。徐即於七月二十

---

❾ 同上，冊四，頁八二，民國二十六年七月二十日記。

九日早晨乘飛機北上，上午九時許到鄭州，悉二十九軍已離平，宋已到保定，北平留張自忠維持。但鄭州人民尚有放鞭炮慶祝平津「勝利」者。時戈定遠、劉健羣自北平來，謂彼等二十七日夜離平時，宋親自對戈、劉云：有彼在平坐鎮，再來趙（登禹）師數團，當可守平三個月❿。但不到三日北平即陷。徐於三十日早晨七時抵達保定，有萬福麟、馮治安、秦德純、孫連仲、陳希文諸將領來會，即同往宋哲元處。宋談話時，神情極爲遑遑，而疑懼特甚。宋云：

> 二十九軍在南苑（北平）損失太大，佟副軍長（麟閣）陣亡，趙師長（登禹）受重傷，下落不明（戰歿）。平津隨處皆遭攻擊，不得已，令張自忠代理冀察政委會委員長兼平市長，留趙師兩團及阮玄武一團維持平市秩序。現在退出之各部勞苦過甚，即時不好應戰，必予以十數日之休息，並謂指揮他部（指萬〔福麟〕、龐〔炳勛〕兩軍）亦頗不易。其自己即往任邱收容三十八師及趙師之大部，爾後二十九軍祇能擔任邱、河間中間地區，其平漢、津浦須他部或中央軍負責云云❶。

宋之二十九軍撤出北平，實爲不戰而退。初不要中央軍來援，迨受日軍攻擊，又嫌中央軍來得慢；又先不要中央軍在冀做工事，自己在平津也不做工事，一受日軍攻擊，即無能爲力，而受重大犧牲。據雷季尚告知徐氏：二十九軍在「南苑並未正式作戰，祇是敵人飛機轟炸，敵炮兵在豐臺附近向之轟擊，另以一小部向之奇襲，我軍無工事、

---

❿　同上，頁九〇，民國二十六年七月二十九日記。
❶　同上，頁九一，民國二十六年七月三十日記。

無準備，慌亂中之損失而已」⓬。宋之撤出北平，亦係慌張不堪。雷
又云：

> 二十九軍二十七日下令攻擊同時，令張玉堂、潘玉（毓）桂等多
> 人在某某胡同商妥協。二十八日情況大壞，明軒倉皇出走，無
> 一句軍事部署，到長辛店上車時，祇說這仗打不了，走！走！
> 即一闋上路矣。所有萬（福麟）部、孫（連仲）部之佈防者均隨之
> 而下⓭。

其時平漢路北段作戰屬第一戰區，司令長官由蔣兼任，設石家莊
行營，由徐代之。各軍背景不同，彼此猜忌，尤以二十九軍自成一系，
旣嫌中央來得慢，旣來又拒之。徐氏指揮不靈，深爲所苦。徐從七月
三十日到保定而至十月十二日離開石家莊前線（十一日石家莊失陷）
回南京前，前後將近一個半月。對各系軍隊在前線禦敵情形，一些將
領表態，頗多記趣。擇其要者錄之如下：

劉汝明不願湯恩伯軍入察：劉係察哈爾省主席，亦爲二十九軍一
四三師師長，駐張家口。北平失陷後，蔣調中央軍湯恩伯部入察作戰，
劉恐失去察省地盤，不願湯軍入察。如徐所記並有評述云：

> 聞湯恩伯軍入察，劉子亮（汝明）頗不同意，蔣先生強之方得行。

又云：

⓬　同上，頁九二～九三，民國二十六年七月三十一日記。
⓭　同上，頁九八～九九，民國二十六年八月九日記。

劉既不願湯入察，儘可任之，彼（劉）有法緩敵更好，否則待其
急而救之，豈不有力！蔣先生誤矣（原注：中央軍援地方軍，
是兩個當兩個用；中央軍待地方軍援，是兩個當一個用）**⑭**。

實際上，蔣之調湯入察，為吸引日軍之北攻，以牽制其南下，具有戰
略意義。劉之不願湯軍入察，亦懼日軍之來攻察也。

　　馮治安不要關麟徵軍入冀：馮是河北省主席，亦係二十九軍的三
十七師師長，駐保定。北平失陷，蔣調中央軍關麟徵等部入冀作戰，
關軍之第二十五師至呂公堡趕做防禦工事時，馮不允，謂二十九軍有
若干部在彼集結整頓中，恐運輸交叉易於紊亂。所有二十五師等留鄭
州段工事，二十九軍願負責構築云云。徐深慨之，謂馮前日不能做工
語何以自解**⑮**。又關軍之第二師接保定城防，馮疑中央別有用意，徐
向之極力解釋，謂大敵當前，勿緣此小故彼此誤會**⑯**。馮仍不聽，要
求調開關軍。迨關部調開，馮則河漢不願做工事了。徐歎好私取巧如
此，吾為苦惜之。且歎懼日又不能不抗日，疑中央又不能不賴中央，
今日中國之擁有重兵者，無不然也。危哉**⑰**！

　　張垣之失，各軍猜忌，指揮不一，敵軍來攻，勝負立見。八月二
十七日晨四時半劉汝明有電話給行營，謂敵已到懷來，彼四面皆敵，
彈盡援絕。愈時，電文抄來，徐批云：祇要戰敗失地，必是彈盡援絕。
因急令衛立煌部前往增援。衛部到達距懷來不遠之橫嶺城，發現城內
居民守兵皆無，祇遺糧彈頗多，附近敵人見衛軍來，亦逃。二十八日，

---

⑭　同上，頁九三、九六，民國二十六年八月一、六日記。
⑮　同上，頁九八，民國二十六年八月八日記。
⑯　同上，頁九九，民國二十六年八月十一日記。
⑰　同上，頁一〇〇～一〇一，民國二十六年八月十一、十二日記。

湯恩伯的軍隊則因張垣已失而撤出南口。晉綏立呈緊張之勢。徐接閻錫山來電，謂張垣被圍（原注：似認未失），南口撤退，彼即日到前方指揮，以圖挽回危局。稍後劉汝明來電，云懷來失守，敵人乘勝攻圍宣化，不得已放棄張垣，退守洋河。是知張垣乃自動放棄也。徐又感慨歎之，謂此等事實證之歷史，頗似明末❽。

肆、保定與石家莊失陷，一片混亂

保定之迅速失陷，亦因士氣衰頹，指揮太不統一，參與保定守衛戰之軍隊除一些地方軍外，多為中央軍。九月二十一日，敵軍攻至保定附近之徐水及滿城等地。二十二日傍晚，前方幾入於亂戰，蔣委員長來電責令關麟徵之五十二軍守保定至漕河，曾萬鍾之第三軍守滿城，關大哭要自殺。二十三日林蔚自前線歸至行營，謂「昨晚以來，所有經過都非有效拒敵之法，徒誤事而已」。徐聞報告，幾於下淚。這天下午，劉峙（集團軍總司令）電話，謂前方情況紊亂（原注：此敵似無大力壓迫，惟擾亂使我軍自驚擾），後方潰兵傷兵到處皆是。二十四日，保定、滿城之間已無我軍。是日徐到石門（石家莊）。保定之失，徐有評論云：

> 重要將領批評雜牌隊伍如何不能打仗，如何軍紀不好，如何潰不成軍；實際上，調整師（中央軍）亦間有之，其不批評調整師者，一則因其與委員長接近，一則可以委過於人也❾。

徐並分析這次戰役失敗的原因云：

❽　同上，頁一一〇～一一二，民國二十六年八月二十七、二十八日記。
❾　同上，頁一二九～一三一，民國二十六年九月二十一日至二十四日記。

我軍失敗原因，在「內外不一」，即內心消極，表面積極（原注：用兵時已留後手，又不肯白白吃虧）。先不捨地而派兵，後不降志而增兵，為地派兵，非為戰派兵，結果地兵兩失⑳。

保定失陷，華北戰場形勢為之改變，蔣委員長派程潛以參謀總長地位代其指揮一、二、六戰區，第一戰區原為平漢路北段，保定失陷後，其戰事重心南移石家莊方向；其西與第二戰區山西相連，司令長官仍為閻錫山；其東則為新成立之第六戰區，為津浦路北段，司令長官為馮玉祥。徐留石家莊，仍負責第一戰區。程於九月二十五日早晨到石家莊，對於華北作戰方針，仍持柔性持久戰，側重娘子關、龍泉關之側面陣地，其後方聯絡線變更在太原㉑。旋即下令第一戰區在平山、正定、藁城線上與敵決戰，其軍隊區分，以劉峙指揮的軍隊為右翼（旋易商震），衛立煌為左翼，孫連仲為預備軍。總兵力有二十多個師。如此佈置是否妥當？有的將領即不以為然。徐有記云：

> 晚間衛俊如（立煌）來，謂如此軍隊及如此配備，皆不足守此陣線（以其橫平一線，要點縱深不夠），且賞罰不明（引李仙洲自由撤退事），官無鬥志。言下認為此線仍必敗退。詢以果如此何了？彼無言㉒。

九月三十日，敵軍萬人攻至新樂（在正定之北），守軍保安旅（三

---

⑳　同上，頁一三三，民國二十六年九月二十六日記。
㉑　同上，頁一三一，民國二十六年九月二十四日記。
㉒　同上，頁一三三，民國二十六年九月二十六日記。

團)與敵作戰，損失三分之二。何應欽令工兵炸橋，軍官聞之頗憤慨。
十月一日，中央以山西戰事緊急，擬令衛立煌軍開往太原，其餘軍隊
守太行山與正定陣線。程與諸將領遵令，決守太行線；對於正定線認
爲無決戰必要，因軍隊不堪再潰也。因即規定各軍調動序列。但各將
爭先恐後，徐調停其間：「直如對一羣瘋人說話，苦哉」！徐又感歎曰：
「庸愚已足憤事，而又益之以私，即有稍具知識者，又不識大體，不
知輕重，危哉國家」！將領百態，在緊急時刻，即表露無遺。商震之「謀
主」李芳池聞吳克仁軍（屬東北軍）在武強，鄭大章騎兵（屬西北軍）
到南宮，乃決敵人即到我軍之右側；後又聞繁峙（晉東北）敵祇一二
百，乃謂敵人已抽來平漢線，其驚惶之態，可憐又可笑。徐氏歎曰：
「骨幹人物如此，安得不敗」❷❸！但此時中共軍之表現，則又不能不
使人聞而生畏者。如徐十月二日所記：

> 昨午後賈先生（景德）電話，閻公（錫山）仍在五台之西，會（後）
> 頗不願回忻州，蓋亦深以朱（德）毛（澤東）軍之主張爲然，擬
> 悉軍山中作游擊戰以難敵。此猶國人一般病症，即見人美，不
> 問自己如何，以爲一學即得。不知彼之所能，亦非容易得來，
> 譬如朱、毛軍可以用無線電，世人無能竊之者；我軍因不能密，
> 至今不敢用無線電。即此一端，亦見吾國軍全體之不肯努力矣。
> 無線電尚不能努力使其密，他豈易學哉❷❹！

十月十一日，石家莊失陷，又是一片混亂，八日午後，正定正面
被敵攻破，守軍爲商震之三十二軍，傷旅長二，死團長一，部隊損失

❷❸　同上，頁一三七～一三八，民國二十六年十月一日記。
❷❹　同上，頁一三八～一三九，民國二十六年十月二日記。

約四分之一。是日敵軍發砲竟日，守軍宋肯堂師長自謂可守半月，但爲時一天，陣地即告陷落。九日，各部悉退過滹沱河（正定南，石家莊北）。程令曾萬鍾第三軍守備石莊西北之沿河一帶，並令其留一團在現陣地警戒，其餘部隊開往娘子關以南至九龍關一帶佈置。但曾於十日將部隊開撥而不留兵，亦不通知鄰近友軍。致敵騎二三百人乘虛渡河，林蔚（行營參謀長）令鄰近之三十二軍派兵驅逐，答以俟敵接近時當可驅逐之。林氣極。十一日晨，石莊東西塔口有敵騎竄入。午間，行營撤至石莊南之東尹村，但元氏（在石莊南）之北已出現敵騎。這天午後四時，徐往董村晤程潛，始悉第三軍撤退時，對陣前之橋亦未暇破壞，致敵追蹤而至。程且云：關麟徵之第二師（鄭洞國部）聲稱祇剩二三千人，實際較此數爲少。可見完全未戰即潰[25]。

伍、敵軍主力攻太原及上海，兩城均陷

石家莊戰役終了，中央調徐任軍委會作戰部（第一部）部長。於十月十二日離開前線，十五日到南京。時上海與山西方面正進行激烈戰爭。十六日下午一時半蔣委員長約晤，詢對爾後戰局的觀察，徐以爲祇要上海不失，山西能堅固一半，海州方面不出事（原注：恐敵攻上海不下，急而由海州上陸，威脅我徐州，則腹心受敵矣）。蔣謂海州決無事，又一、二戰區兵力不足，敵如越黃河南下，斯眞不了。徐以爲敵未必即渡河，特平漢路士氣誠不可恃也。五時蔣偕白崇禧走上海，囑徐在京照料[26]。以次各日，不斷接獲各戰區戰況報告。其較特別者，錄之如次：

日軍對韓復榘之謀略：韓爲山東省主席，擁兵數萬，裝備、訓練

[25]　同上，頁一四四～一四六，民國二十六年十月八日至十一日記。
[26]　同上，頁一四八～一四九，民國二十六年十月十六日記。

均佳，當津浦北段軍事撤退不能應戰時，中央令韓增援，韓不願出山東境作戰，僅調不足一師之兵到德州，以一團餘應敵，兵誠精銳耐戰，惜分散使用，德州失陷(十月五日)。韓續調兩師在平原佈防㉗。十月十八日，蔣夫人述據英大使云：德州敵兵已撤走。徐謂有可能性，緣敵深悉韓軍不願用於省外，敵如此時攻魯，總須兩師兵力；若僅守備津浦，則一旅即可，此最便宜事。且在日人眼中，認韓抗日與否，都有時間性。待取得山西，再逼其與僞組織聯合；若其不從，彼時用何手段，皆易事也㉘。

太原撤退又是一片混亂：自敵在平漢、津浦兩線北段得手後，兩路敵人大多轉運山西及上海作戰。根據徐在十一月一日綜合各情報研判，敵兵用於上海者為六個師團、六個旅團；用於山西者為四個師團、六個旅團；用於綏遠者一個師團、兩個旅團；用於平漢及其以東者兩個師團，又其第六師團原用於平漢，現在不明。以上共十七個師團、十四個旅團，此外尚有若干特種兵及僞軍皆未計入也㉙。我上海及山西兩戰場所受之壓力，可以想見。此時日敵已逼向太原，閻對太原之保衛戰頗為樂觀，徐則不以為然也。徐在十一月二日記云：

> 昨 (一日) 夜一時，閻先生電話：謂平漢、津浦兩路敵人大多轉運山西及上海，川軍 (新入晉者) 無大希望，惟盼湯 (恩伯) 軍之速來，加入太原作戰。渠(閻)對太原附近之作戰似極感興趣者，以為必可消滅敵人；並謂在北正面祇能守以待敵之來攻，因敵人防禦工事如鐵絲網等極其完備，我攻之徒遭損失，若敵至太

㉗　同上．頁一四五，民國二十六年十月九日記。

㉘　同上，頁一五〇，民國二十六年十月十八日記。

㉙　同上，頁一六三，民國二十六年十一月一日記。

原附近，我爲最好之內線作戰。敵來我可一舉殲之云云。

余(徐)當語以敵進至太原附近時，亦必漸漸佔得立足點，漸漸構成防禦工事，漸漸完成交通網而後進攻，同時飛機大砲一如忻口，戰車之使用或甚於忻口。此不可不預爲慮及。尤其敗軍(我方)又經久戰，能否不因後撤而潰敗，均應注意。渠唯唯而已⑳。

十一月三日，敵軍向太原附近進攻。晚間，敵撤開壽陽鐵路直趨楡次，川軍孫震、鄧錫侯部之四十一軍及四十五軍士氣太壞，已不能用，且有不知退到何處者。五日起，太原守備各軍即形混亂，紛紛後撤。六日，敵軍攻城，八日，城陷。當日，徐接參謀長朱某及傅作義、黃紹竑等由山西來的電話，報告經過情況如下：

(朱電話)：四日太原會議(原注：黃〔紹竑〕衛〔立煌〕孫〔連仲〕等均到，規定北面守青龍鎮，東面守東山之線)後，(朱)當夜十時出發到交城。五日接宜生(傅作義)電報東北兩面已由青龍鎮及東山之線撤下(原注：有到達指定地未立足即後撤者，有根本未到指定地區者)。在太原附近亦未站住腳。衛俊如(立煌)想撤太谷至交城之線集合整理，以待湯(恩伯)軍及川軍之到來。衛本人擬先到晉祠(原注：以後無報告)。五號晚，北方敵人到新店(原注：即砲兵團附近)，東面敵人到雙塔寺(原注：當日下午四時閉城)。當夜衛俊如出城過汾河橋時尚有人見之。六日晚各部之過交城向汾陽轉進者如劉茂恩、高桂滋、郭載陽等部，

⑳　同上，頁一六三〜一六四，民國二十六年十一月二日記。

皆有不悉自由後撤、抑衛令其後撤，皆不得而知。昨（七日）在路上遇裝甲車隊長，謂衛亦走汾陽矣。

閻先生令朱蘭翁來臨汾詢湯軍及川軍到達情形，且謂宜生守城原定城外有作戰軍，現在已無，將如何？

余謂（徐答朱電話）此須視指揮之各軍確實能集合得可以作戰者之數量如何而定（若僅指揮湯軍、川軍，是第二戰區已無軍矣。衛為第二戰區前敵總司令，閻先生已付以殊權者）。

宜生昨（七日）上午十一時擬電，今日午後臨汾方收到。據云由六日起（太原城）已三面受敵攻擊，城外除六十八師之四連過河入城外，其餘皆被遮斷。城內兵十團，約一萬數千人。

午前黃季寬（紹竑，負責山西指揮作戰）電話，有云此次晉軍完全壞在川軍孫震兩師遇敵即潰，鄧錫侯由壽陽一面後，再無下落。彼等三師（前云一二五師迄未到）到處滋擾，東路後方受其極大之壞影響云 ㉛。

上海撤退準備遷都：自八月十三日上海開戰以來已歷時三個月，戰況激烈，寸土必爭。據十一月一日估計，敵軍用於上海戰場者已達六個師團及六個旅團，加上海、空軍，為數二十餘萬。我方調至上海兵力截至同時期止，為六十一個師，不下六十萬人。激戰以來，傷亡士兵達十七萬，軍官約一萬三千，損失槍支約十三萬。十一月四日夜起敵由金山衛大量增兵，上海我軍有被包圍之勢。九日，司令長官顧

㉛　同上，頁一七○～一七一，民國二十六年十一月八日記。

祝同下令進行後撤。蔣委員長直接給張發奎（右翼指揮官）電話令再守三天，致右翼前方若干部隊陷於混亂（據電報八日以來敵攻亦急）。十日，敵已過松江，攻向青浦，已到上海的背後。十一日，上海陷。十二日晚八時中央會報，白崇禧自前方歸來，主為爾後之準備。但尚無通盤之計劃也。十五日，嘉善我軍潰退，張發奎曾開機槍督戰，卒無效。十一時，蔣委員長召集會議，徐先到，何應欽、唐生智、白崇禧等繼來，決定努力抵抗掩護遷都辦法㉜。

㉜　同上，頁一六四～一七七，民國二十六年十一月二日至十五日記。

第三節　南京失陷後的台兒莊會戰
——據《徐永昌日記》資料

壹、南京陷後的戰局和士氣

一九三七年十二月十三日，日軍進入南京前，軍事委員會委員長蔣中正已在七日離開南京飛往江西星子。時任軍委會第一部（次年一月改稱軍令部）部長徐永昌也在同一天和副參謀總長白崇禧等一行離開南京，乘津浦路火車北上，次日到徐州。第五戰區司令長官部設於此地，晤司令長官李宗仁。李對抗戰態度，徐在當日的《日記》中記云：

> 八時（晨）睡尚未醒，車已抵徐，即偕健生（白崇禧）等詣李德鄰
> （宗仁）處。李德鄰主抗戰到底，且不希望任何國際援助。氣勢
> 不可一世，亦奇人也❶。

徐與李的晤談，顯然不大融洽。故在十二月十日的《日記》補記云：

> 不可與言而言，失言。前日與李德鄰所言，豈止失言？且取辱
> 耳❷！

---

❶ 《徐永昌日記》，冊四，頁一九九，民國二十六年十二月八日記。
❷ 同上，民國二十六年十二月十日記。

何以有此感觸？筆者的推測，可能是數日前德國駐華大使陶德曼（Oskar Trautmann）到南京轉來日本議和條件，徐則主張接受日之條件而贊成議和者。到徐向李談之，受到李的反對，故覺「取辱」。

徐等一行到達武漢，在戰事失利的情況下，到處充滿悲觀氣氛。其在十二月十四日的《日記》記云：

> 伯聰（魏道明，行政院秘書長）對於大局悲觀，甚謂國將不國。余（徐）以為何至如斯❸？

其在市面所見者，則為：

> 日來見武昌街市遍貼宣傳壁畫，野蠻而惡劣。此無損於敵，適自暴其愚與殘耳。傷兵如何安（原注：直如土匪），交通如何復，士氣如何振（原注：遇敵即退）❹。

蔣中正委員長十四日晚間由星子到武昌。次日即與徐等高級將領會晤。對於今後情勢有所估計與判斷。徐在十五日的《日記》有記：

> 蔣先生昨晚到此，寓武昌。約十時會晤，至時健生、敬之（何應欽）先到，馮先生（玉祥）繼來。關於敵情判斷，余料一、南北會攻津浦線，此為最穩妥之進展。二、海陸先攻略我九江、南昌之線，此為敵最毒之攻戰。蓋既達南潯線，若國際無變動，即可攻我粵漢；粵漢一下，西南即成死地，華北不戰自屈，此

---

❸　同上，頁二〇〇～二〇一，民國二十六年十二月十四日記。
❹　同上，頁二〇一。

爲我最應注意者❺。

以次各日，則爲籌劃以武漢爲中心的防守事宜。而前線不利的戰況亦不斷傳來。守南京的衛戍司令唐生智逃至武漢，述其突圍情形：

> 唐孟瀟（生智）昨（十八日）夜已到。頃云：原定十四日撤出（南京），嗣於十二日午後敵由幾處衝進，遂分別突圍，即第三十六師、八十八師、八十七師、五十一師、五十八師過江北撤。（原定祇三十六師保護重兵器渡江走，乃臨時八十八師等亦隨走，非預定也）。其餘出太平門西南撤。孟瀟云：若不爲復仇，眞不願出圍也❻。

南京撤退後，李宗仁所指揮之桂軍三個軍爲第七軍、三十一軍、四十八軍，保持較爲完整，分佈在津浦路南段之安徽地區。津浦路北段的軍隊則以韓復榘（第五戰區副司令長兼第三集團軍總司令，山東省主席）所轄三個軍第十二軍（孫桐萱）、第五十五軍（曹福林）、第五十六軍（谷良民）爲主力。此外尚有龐炳勳的第三軍團（實祇五個團）及川軍鄧錫侯（四十五軍）、孫震（四十一軍）兩軍。韓的軍隊裝備訓練均較佳，惟韓氏本人則不願抗戰犧牲。至桂系其他將領如白崇禧者對抗戰的態度如何呢？徐在十二月二十六日的《日記》有記：

> 健生昨日談話，不主德鄰軍力戰，以爲在一地縱力戰亦守不了一星期；不如預留游擊之力量爲得計。（原注：人應向方〔韓復

---

❺　同上，民國二十六年十二月十五日記。
❻　同上，頁二〇三～二〇四，民國二十六年十二月十九日記。

棨〕不力戰而慮德鄰力戰，此等情形祇能責己不好尤人也）**❼**。

靠近第五戰區的在平漢路之第一戰區情況是如何呢？根據徐氏所記，第一戰區司令長程潛的作戰意志，也欠積極。上則同日《日記》有記：

> 程頌雲（潛）來電，爲恐將來受第五戰區影響，擬乘新曆年節將宋（哲元）部移至潞安一帶，將湯恩伯、關麟徵等主力撤至鄭州、許昌。不意程竟如此皇張，殊出人意料之外！
>
> 程懼敵進攻時，濟河不及，所以要早將大部（軍隊）撤退黃河。白（崇禧）恐德鄰（李宗仁）力戰損失過大，想預將有力部隊移開鐵路正面。白固勝程矣。（原注：對程電余力言其非計，蔣先生是之）**❽**。

貳、和戰問題的爭論

正當各戰區忙於撤退聲中，德大使陶德曼在十二月二十六日再度轉來日本第二次的議和條件。所提條件較第一次南京未撤退前的爲苛刻。條件是：一、共同防共。二、不駐兵地區及特別組織之商量。三、日滿支經濟合作。四、賠款。以上限月底答覆，軍事則不因此停止。蔣委員長正生病，於二十七日約大家商量，決請閻錫山速來武漢商量

---

❼　同上，頁二〇六，民國二十六年十二月二十六日記。

❽　同上，頁二〇六～二〇七。

❾。閻爲第二戰區司令長官，在山西作戰，尚能屢敗屢戰。以交通原因，閻於十二月三十一日始到武漢。閻的意見顯然受到尊重，徐在一九三八年一月一日的《日記》有記：

> 晤閻先生，渠對外交以爲非有突破策略不可；即詢德使中國加入日德義之防共協定如何？日如允中國加入，自須平等對我；否則可以證明日之侵我，非爲防共也（日對列國總以中國不防共爲口實）。午間渠等外交會議，已決定以此方式答詢德使矣❿。

以上決定，是否詢之德使，未見記述。但見徐之一月五日的《日記》，大家的意見，頗有分歧。其記云：

> 由近來每個人之主張及日前李德鄰之態度，覺對內之不易言和較對外尤難，是今日中國眞到最後危險時期，除日人自動悔禍不前或某一國（似指蘇聯）參加作戰外，我國決無苟全之望⓫。

一月六日，蔣召集軍政要員對於和戰問題，作一次鄭重的討論，其討論的情形及各人的態度，徐在當天的《日記》及十一日《日記》補記如下：

> 午前十一時會於蔣先生所，汪（精衛）先生報告現情勢至明顯。

---

❾　同上，頁二〇七，民國二十六年十二月二十七日記。
❿　同上，頁二一〇，民國二十七年一月一日記。
⓫　同上，頁二一二，民國二十七年一月五日記。

最後蔣先生語亦強韌皆備⓬。

六日蔣先生處集議，汪先生曾云各國經濟制裁日本云云確已不能成立，雖美之汽油亦不能不售與日本，軍械除蘇俄能略助我外，其他各國自身尚須努力，決難分我；希望任何國家參加作戰一層，若無特別大變動；可以說完全絕望。俄使且表示俄加入作戰，於中國不利。(即俄日開戰，歐洲必有事，英懼俄發展，且與日聯和)。又云：德使亦謂中俄過於接近，甚失英美之同情，德國所以盼中日早和者，恐日本消失國力太甚耳。岳軍(張羣)於此略有補充，程頌雲、孔庸之(祥熙)略重持久抗戰，蓋一則表示不屈，一則有意悅人。閻(錫山)先生除「我們一切應聽中樞主張」一語外，多浮誇語，非衷論也。健生未發一語，聞對閻先生講陶德曼進南京(按指上次赴寧轉達日本第一次議和條件事)，俄機即飛九江；今日中國捨聯俄無路也⓭。

除了蔣中正和李宗仁外，其他主和者多，汪是更不死心，一心一意要和，徐永昌頗傾向於汪的主張。以次各日，是徐在《日記》中的表白：

五時許詣汪先生，渠談日人正催我答覆(原注：仍前之四項)，恐三五日無確覆，即將大舉西來；且微聞英日進行妥協，前途愈不樂觀。余(徐)謂決對堅持長期抗戰則危險太大(原注：全國無能戰之軍)；若質直言和亦萬難做通。(原注：別有用心者

⓬　同上，民國二十七年一月六日記。
⓭　同上，頁二一四，民國二十七年一月十一日記。

有之，狂妄不識利害者有之，心知其非姑以取巧悅人者有之)。
今日之事，尋延宕途徑如何？渠（汪）謂蔣先生果其行（此）途
徑，並不難求⓮。

午間詣岳軍談關於和戰問題，渠以為既不能戰，即須求和；但
敵人條件恐非我們所能壓，且共黨方面、桂軍方面反對必烈；
若劉湘之反對，祇他個人之勢力地盤問題。所得結論，是明白
者不願負責，愚昧者想得便宜。汪先生昨談：許（世英）大使來
電，以為今日求和，以前所有犧牲，豈不毫無代價？所以主戰
甚力。

致電蔣先生(此時在隴海路)，和不必有成，但能延宕下去，即是
大利⓯。

前日與汪先生討論延宕問題，余以此等事萬不可令蔣先生負責。
緣此等時期設蔣先生因此搖動其政治地位，直無異顛覆國家。
汪先生極是余說（原注：最好是汪先生負責進行）⓰。
悉覆日文太兒戲(原注：略以日提條件太廣泛，無從置答)。陶
使閱復文後，約一刻未置詞；旋謂此與拒絕何異⓱。

叁、為振士氣韓復榘伏法

蔣的拒和，以及李宗仁的主戰，大局尚可挽救。蔣自一月七日起，

⓮　同上，頁二一五，民國二十七年一月十二日記。
⓯　同上，民國二十七年一月十三日記。
⓰　同上，頁二一六，民國二十七年一月十四日記。
⓱　同上，頁二一七，民國二十七年一月十五日記。

即作續戰的佈置，一面調動軍隊，以固守武漢爲其中心目的；並於一月十日前往隴海路，召集將領開會，鼓勵士氣。最轟動一時的措施，是將韓復榘扣留，押解武漢，交付軍法審判，並迅即執行槍決。

按自南京失陷後，津浦路北段情勢即趨嚴重。一九三七年十二月二十三日，日軍由青城、濟陽渡過黃河，二十七日入濟南，韓不戰而退。三十一日泰安失陷。次年一月二日，韓又放棄大汶口，日軍即於五日陷兗州，迫向濟寧。武漢方面，亦不斷接獲報告，徐之《日記》亦記：

> 爲章（劉斐）轉李德鄰電話，述韓向方（復榘）無戰意。
> 向方報告敵便衣百餘，裝甲車數輛，攻佔我大汶口，如此我兵已到，遇敵即退[18]。

> 昨日敵入兗州，今日已迫濟寧[19]。

> 蔣先生偕健生午後飛往隴海線一帶訓話[20]。

> 九時許（晚），紹戡（濮彥圭，徐之秘書）歸謂韓向方且到（武漢）。余謂蔣先生如隴海線，渠胡能來？哲民（熊斌）與紹戡電話，謂向方之至，由押解而來。事出蹊蹺，恐有別故[21]。

> 關於懲辦向方命令，係不遵命令，擅自撤退，收繳民槍，勒派煙土，強索民捐，侵吞公款。著革去本兼各職，拿交軍法執行

---

[18] 同上，頁二一一，民國二十七年一月三日記。
[19] 同上，頁二一二，民國二十七年一月六日記。
[20] 同上，頁二一四，民國二十七年一月十日記。
[21] 同上，頁二一五，民國二十七年一月十二日記。

總監部依法懲治㉒。

早九時擬舉行紀念週，因空襲警報，遲至十時半，蔣先生當眾
宣佈韓向方罪過㉓。

今日任何報紙未看，紀念韓向方也㉔。

　　從韓被扣押到執行槍決(一月二十四日晚)，爲時僅有兩週。然其
所犯「罪過」，縱屬事實，亦非韓氏所獨有，其他將領或有較韓爲甚者。
故徐在韓氏伏法的第二天，「任何報紙未看，紀念韓向方也」，顯有不
平的感受。但韓氏之被處決，顯爲振作士氣。其效果，也就立即的顯
示出來了。是韓之死，雖不光榮，但亦不無代價矣。此項效果，在徐
的《日記》中雖未見反映出來，但在政府另一要員王世杰的《日記》
中，卻有連續不斷的記述。列舉數則如下：

韓復榘被逮，監禁於漢口；此舉於前方軍心，或有相當之好影
響㉕。

近日自韓復榘被逮後，蔣委員長親赴前方視察，津浦線士氣較
振。佔據濟寧之敵，頗受我方威脅㉖。

近日前線士氣，經白崇禧對桂軍不戰而退之高級軍官執行軍法，

㉒　同上，頁二一六，民國二十七年一月十四日記。
㉓　同上，頁二二〇，民國二十七年一月二十四日記。
㉔　同上，民國二十七年一月二十五日記。
㉕　《王世杰日記》，冊一，頁一六五，民國二十七年一月十四日記。
㉖　同上，頁一六六，民國二十七年一月十六日記。

暨韓復榘逮付軍法會審後，顯呈好轉❷。

韓復榘於今日被判處死刑，並已於今日晚間槍決。韓氏未加入偽組織，外間尚以爲政府或貸其一死。近來軍中士氣日餒，亟需振奮，韓氏在魯，除不戰而退外，尚有其他種不法行爲，故終不免於死❷。

近日我軍在晉魯軍事，均有轉機。敵軍傷亡頗重。月餘以來，魯豫晉戰事均激烈，但我軍無未奉命而退者。至今在晉作戰之軍隊二十餘萬人；雖屢被敵軍猛力壓迫，尚無一人渡河。凡此大半由於韓復榘死後，一般將領畏法之故❷。

　　有了振作的士氣，才能有台兒莊的大戰和戰果，其間的關係，應該是可以肯定的。

肆、台兒莊的序幕戰

　　台兒莊大戰的序幕戰是一九三八年三月十二日到二十三日的臨沂之戰，和十五日到二十日之間的滕縣、臨城、嶧縣之戰和相繼的失陷，二十三日敵軍衝到台兒莊北泥溝車站，徐州城內已聞砲聲。二十四日以後，展開台兒莊大戰。攻臨沂的日軍爲坂垣征四郎的第五師團；攻滕縣、臨城、嶧縣而至台兒莊的日軍爲磯谷廉介的第十師團。這兩個師團均爲日軍之精銳。

　　我軍方面，在臨沂作戰的爲龐炳勛的第三軍團和張自忠的五十九

❷　同上，頁一六七，民國二十七年一月十九日記。
❷　同上，頁一六九～一七〇，民國二十七年一月二十四日記。
❷　同上，頁二一一～二一二，民國二十七年三月十八日記。

軍；在滕縣到台兒莊一帶作戰的，自三月十七日川軍退出滕縣後，即由湯恩伯的第二十軍團所轄五十二軍和八十五軍接防，以及孫連仲的第三十軍團進入台兒莊。除龐軍外，其他張、湯、孫各軍都是二、三月間由第一戰區調來的。徐在二月二十六日及二十八日兩天的《日記》記述有關上述軍隊的使用計劃及調動情形如下：

> 程頌雲（潛）主張撤過河南岸之軍計商啓予（震）三師，李必蕃一師，張自忠十團，湯恩伯兩師（八十五軍），關麟徵兩師（五十二軍），孫連仲兩師半（三十軍），共十三師。除用於隴海兩師半，其餘皆東調西調而已[30]。

> 余主增兵急攻津浦北段，敵如抽入晉部隊來援，在我等於救晉。否則敵終弱勢（濟以南敵兵弱）。且我擁集武漢南北之軍，不於此時用於晉魯；晉魯萬一不守，武漢縱然守住，爲計已左矣[31]。

上述對部隊的調配對台兒莊的序幕戰有了作用，其三月十八日及二十日的兩日《日記》記云：

> 第五戰區敵人已有一部攻過臨城，湯（恩伯）部有四師轉過徐州以北，其張軫師（一百一十師）亦擬由蒙城北調。已令鞏、洛之孫仿魯（連仲）全部（二十七師、三十師、三十一師、四十四旅）先往歸德開[32]。

---

[30]　《徐永昌日記》，冊四，頁二三七，民國二十七年二月二十六日記。

[31]　同上，頁二三八，民國二十七年二月二十八日記。

[32]　同上，頁二四六，民國二十七年三月十八日記。

津浦滕縣孫(震)、鄧(錫侯)川軍敗退已過運河，當湯軍進援時，孫震謂滕縣尚在我手中。湯以隨到之一旅急進，不意滕縣早失，敵大部南衝，湯之一旅幾於覆沒。刻湯據運河及韓莊以待後部集結。頃已令孫連仲兩師開徐，一師一旅直赴運河以濟湯矣。

（原注：前日我臨沂之張(自忠)龐(炳勛)打一勝仗，敵約三聯隊向莒縣沂水潰退，爲開戰以來第一可記之戰。若亦如孫、鄧部者，此時徐州已完）㉝。

對於臨城南進之敵，是攻是守，武漢統帥部在三月二十一日及二十二日的兩天會議中，有不同的決定。先一日決定進攻，第二日又決定緩攻。錄此兩日的《日記》如下：

（二十一日）五時（下午）會報，爲徐州北段戰事討論至八時方散㉞。

（二十二日）五時會報。昨決定以兩師置徐州，一師半過運河（原注：攻勢）。其餘五師分兩三梯次側擊臨城南北（原注：限於敵有增援大部而言，如無甚增援，可不多展開部隊，擬祇以三師半解決當面之敵）。今日又以爲不必積極，暫緩進攻。（原注：恐敵守，我不攻堅也）㉟。

統帥部做了上項決定後，蔣中正委員長和徐永昌等即於當晚由武漢乘火車北上。二十三日晚到達鄭州，對於臨、嶧之敵，決定停止進

㉝ 同上，頁二四七，民國二十七年三月二十日記。
㉞ 同上，頁二四八，民國二十七年三月二十一日記。
㉟ 同上，民國二十七年三月二十二日記。

攻，並以電話告知李宗仁。其經過，徐在這天的《日記》有記：

> 早七時以後，在武勝關以北之李家寨停車久之。晚七時到鄭州，
> 程頌雲、宋明軒（哲元）、商啓予（震）、白健生、劉經扶（峙）皆
> 在斯。對於第五戰區諸人咸主積極進攻，蔣先生以爲敵佔臨城、
> 嶧縣三四天，工事已堅，攻之不能下，爾後又難撤退；敵人另
> 以一軍攻魯西，我無兵應援，隴海被截，徐州危矣。不如停止
> 進攻，以待敵之來攻。因令健生立以電話轉達李德鄰。十一時
> 上車，向徐州出發❸❻。

伍、不受「君命」打開大戰

蔣中正一行於三月二十四日上午九時乘火車到達徐州，李宗仁向
蔣報告停攻命令已無法追回，前線大戰已經打開了。徐當天《日記》
云：

> 九時許抵徐（原注：暫息於隴海官房），李德鄰報告前方情形，
> 並述指揮官地點不通話，命令無法追回；且軍隊已經開始進攻
> 矣。（原注：其佈置由韓莊至台兒莊沿運河線爲一百一十師及四
> 十四獨立旅。三十一師位置於台兒莊北，驅逐台兒莊、嶧縣間
> 之敵。二十七師在台兒莊。八十五軍進攻嶧縣，如不能即下，
> 當令一部監視之，其大部進攻臨城。五十二軍進攻棗莊敵人後
> 向官橋之敵前進）。當決定健生、蔚文（林蔚）到台兒莊視察。

---

❸❻　同上，頁二四九，民國二十七年三月二十三日記。

午後二時許，台兒莊轉來電話，三十一師已將當面之敵擊退(原注：敵向東北撤)。五時上車，向洛陽出發❸❼。

三月二十五日以後，戰況激烈，一直到四月六日敵軍潰退，在徐之《日記》中，每日均有詳細戰報。錄其要者如下：

(三月二十五日)傍晚蔚文由徐州電話(原注：渠今日由台兒莊歸徐州)謂台兒莊北面之敵經擊分三路後潰。嶧縣有敵三四千，坦克車數十。棗莊有敵二千，韓莊敵不過數百，已略向北移動。又臨城敵有向嶧縣移動說。臨沂之敵亦三四千，龐十分告急；張自忠回援已到。(原注：張軍日前擊潰敵後，本調其東擊滕縣之敵，張方向費縣集結，敵又回攻龐)❸❽。

(三月二十七日)早間蔚文電話：一、臨沂龐部犧牲太大，祇剩二千餘。敵四五千距城十里，砲彈已入城內。張軍較好，均無反攻力，已調繆徵流一旅及湯之騎兵團來援(原注：繆部明日可到)。二、台兒莊北敵人二三千今明日可以解決。俟解決後，擬調一師至臨沂替龐(原注：龐部即調郯城整理)。三、湯之棗莊可以即下，臨城敵三千正來增援，湯已派部邀擊之。嶧縣仍在監視中。四、敵後方線為我所斷，亦無增援。我軍擬先解決台兒莊及棗莊。午間蔚文電話，昨夜龐、張出擊，頗多斬獲，敵人後退❸❾。

---

❸❼ 同上，民國二十七年三月二十四日記。
❸❽ 同上，頁二五〇，民國二十七年三月二十五日記。
❸❾ 同上，頁二五一，民國二十七年三月二十七日記。

(三月三十日) 五時 (下午) 徐州電話：一、繆軍一旅及湯之騎兵團加入臨沂，今早出擊，敵人向北敗退。二、敵人主力在嶧縣，我湯軍除一部監視嶧縣敵人，一部協攻台兒莊敵人外，大部在控制中 (原注：台兒莊三分之一為敵攻佔，我三十一師對敵正面，二十七師在右，四十四旅及三十師之一旅在左。孫 (連仲) 對台兒莊北之敵人已用到十分之七力量 ❹。

(三月三十一日) 蔚文、為章 (劉斐) 電：一、台兒莊已失其半。二、三十師攻南洛 (原注：台兒莊西北) 挫退，敵人一部已到運河萬里閘、頓莊之間。三、黃光華師(一三九師，屬商震部，歸湯指揮)一部由新安鎮調回至台兒莊西南之韓山寨山間，以防敵過運河(原注：運河此時無甚礙阻力)。四、電話時適悉軍先頭已攻佔馬莊(原注：嶧縣、蘭陵間)。孫、湯兩軍團長已取得連絡，情況已好轉 ❹。

(四月一日) 十一時會報，臨沂敵人三千北退，轉而南下擊我湯軍團之側背，刻正向嶧縣蘭陵間猛進，而嶧縣敵人三千東進迎之。我湯軍團之王軍在北，關軍在南亦截擊之 ❹。

大戰從三月二十四日進行到四月一日，已是第九日。雙方戰鬥雖甚激烈，但亦陷於膠著狀態中。論形勢，孫連仲軍之三師半守內線(台兒莊)，湯恩伯軍之五師打外線 (嶧縣、臨沂間)。論人數，我軍多於敵軍。我軍士氣雖旺，但火力則不如敵軍。徐在四月一日的《日記》

---

❹ 同上，頁二五二～二五三，民國二十七年三月三十日記。
❹ 同上，頁二五四，民國二十七年三月三十一日記。
❹ 同上，頁二五五，民國二十七年四月一日記。

有如下之評述：

> 敵人用兵活潑如此，猛勇如此。據報此一帶共有敵一個半師團，
> 我則除張（自忠）、龐（炳勛）在臨沂，黃（光華）在台兒莊西南未
> 用外，八個半師竟不能挫折之，一任敵人橫行。昨日（三月三十
> 一日）台兒莊幾瀕於危（原注：按我一師此時不過六七千，敵一
> 師則兩萬）。蔣先生主再加預備軍，竭力殲滅台兒莊之敵。余以
> 爲不到萬不得已不增加預備兵，祇求與敵持久而不出岔，且能
> 保留多數預備兵，不求速解決敵也。緣縱增加亦未必能完成希
> 望，徒增敵致死力於戰，不若持久以耗敵力，以養我氣，所謂
> 待敵之可勝也❸。

　　四月二日，蔣委員長令調黃光華之一三九師及周喦之第六師向台
兒莊增援。戰況即見好轉。徐之四月三日記云：

> 一時會報，昨夜我軍襲台兒莊內之敵，斃其一部，仍有一小角
> 爲敵死守不退。今午總攻開始，即黃師、周師與關軍大部合擊
> 台嶧間敵人，王軍及關軍一部合擊嶧縣蘭陵間敵人。
>
> 九時（晚）哲民（熊斌）電話，臨沂轉來之敵已爲我擊潰消滅（該
> 敵爲其第五師之一聯隊，由晉調來者）。敵攻台兒莊尚力，經黃、
> 周師進攻，敵漸不支。預料明日可以成功❹。

---

❸　同前注。
❹　同上，頁二五七，民國二十七年四月三日記。

四月四日，李宗仁、白崇禧均往前線督戰。據報敵軍後方已有後退情形。五日，蔣電責湯軍團作戰不力。湯軍加緊攻擊，戰局改觀。徐之五日以後的三天《日記》記云：

> （四月五日）徐州電話，關軍到柿樹園之線（原注：台兒莊東北約十七八里），王軍到朱莊之線（原注：在關軍之南）。周軍到賀莊以西之線（原注：在王軍之南）。敵有退卻模樣。又曹福林之六團（五十五軍）今晚已到嶧縣⓸。

> （四月六日）早間徐州電話，關軍已達蘭成店，王軍亦達紙石橋。敵近兩師團油彈似盡，火力漸微。唯向城北有敵一部來援，我關軍一部預備隊正迎擊之⓺。

> （四月七日）早悉，關軍右翼昨夜已無敵人。現關軍一部已達北洛，孫軍亦達南洛。此時唯台莊以東之陳家渡一帶尚有作戰而已⓼。

陸、追擊效果不彰

四月六日晚敵自台兒莊退卻，大部分是向嶧縣方面退去。我軍曾予追擊和截擊，似乎效果不彰。以下幾日是徐記述我軍追擊與截擊的情況：

⓸　同上，頁二五八～二五九，民國二十七年四月五日記。
⓺　同上，頁二五九，民國二十七年四月六日記。
⓼　同上，頁二六〇，民國二十七年四月七日記。

（四月七日）十一時會報，適接徐州電話：一、敵人一部向嶧縣方向退卻，其餘尚在包圍中。二、湯部在鐵路以東，孫部及張軫師在鐵路以西，向嶧縣追擊。曹福林部亦向嶧縣進截。孫（震）鄧（錫侯）川軍令向韓莊。

午後一時，徐州電話：一、潰敵爲磯谷、板垣兩部，正向嶧縣方面逃竄。二、派周（喦）軍清掃戰場。追擊佈署如前。二十一師（李仙洲部）主力向臨沂，一部向費縣搜索前進，以後歸張（自忠）指揮。三、請派能開唐克車者來。

七時許（晚）徐州電話，敵大部向嶧縣，一部向費縣潰退。台兒莊一帶敵遺留傷亡不下三四千，且有俘虜❽。

（四月九日）早悉。昨夜十二時徐州電話：一、退潰之敵大部在嶧縣，一部尚在泥溝。二、我追擊軍除第二師（屬關部，鄭洞國）已達嶧縣東之九山（原注：爲該一帶之最高點）。其餘無進展❾。

（四月十日）徐州電話，嶧縣敵將近兩萬，已由晉調一萬。關外七八千來援，尚在途中。又台兒莊之役我軍傷亡近三萬人❿。

（四月十二日）據徐州新回之孫參謀等稱，台兒莊敵人退時，我僅與其後衛部隊接觸，未能抄截猛追，所以祇有殘破物品之虜獲而已❺。

---

❽　同前注。
❾　同上，頁二六一，民國二十七年四月九日記。
❿　同上，頁二六二，民國二十七年四月十日記。
❺　同上，頁二六四，民國二十七年四月十二日記。

追擊、截擊的效果，均不顯著，想進一步消滅敵人，已不可能，祇好暫時停頓下來。李宗仁、白崇禧、林蔚、劉斐等在四月十四日兩電武漢統帥部云：

> 敵反攻固不易，我圖消滅敵人亦難。現擬一面監視敵人，一面集結主力於機動地位，一面速行補充並斷敵補給，一面誘敵離陣地，以達繼續攻敵之目的❷。

---

❷　同上，頁二六五，民國二十七年四月十四日記。

第四節　從平津戰役到武漢會戰
——據《王世杰日記》資料

一、盧溝橋事變，蔣委員長立即調軍北上

　　民國二十六年（一九三七）七月七日盧溝橋事變發生前後，南京國民政府要員聚集江西廬山，辦理暑期訓練團。行政院亦移廬山牯嶺辦公。十六日起，又約請學界名流二、三百人舉行廬山談話會。原來目的是爲國民大會將於秋間召集，討論憲法問題。乃因盧溝橋事變發生，大家注意的目標，便都集中到對日戰事上去。教育部長王世杰此時亦在廬山，注意事件的演變，逐日有《日記》。對於最高決策階層處理事件的過程，有詳實的記述。其《日記》七月七日記事件之發生；八至九日記蔣委員長調軍北上；十二日記蔣決定進一步動員之原因。以下是這幾天的《日記》所記：

　　（七月七日晚）日軍攻擊盧溝橋及宛平縣駐軍（第二十九軍之一部），顯係挑釁；且北平方面事前已有日軍行將發動之種種風說。故至少此事必爲日方駐屯軍一部分軍人之預定計劃，且必爲日方中央軍部所悉之舉動。七月八日，蔣院長（行政院）在牯嶺接受報告後，即決定動員中央直轄部隊六師，北上赴援。七月九日蔣曾將此種措置在海會寺對受訓學員宣告。但自九日至十二日，中央動員之部隊，仍僅受令開至河南邊境。

　　（七月十二日）蔣院長一方面因日軍之大部動員，一則因馮玉祥、

胡適諸人之進言（是日行政院會議在牯嶺蔣院長宅舉行，余(王)
亦力主爲「切實有效之動員」），決然命令中央停駐河南邊境之
動員部隊(孫連仲所統率)，迅即開赴保定。蓋已毅然不復顧慮所
謂「何梅協定」之任何束縛矣❶。

二、宋哲元和戰不定，部屬意見分歧

華北軍政負責人宋哲元，是二十九軍軍長，冀察綏靖主任。在盧
溝橋事件發生後，即於七月十一日到十九日之間，至天津與日方談判，
先已接受日方條件，日軍仍然進攻。宋與日談判時，亦曾請中央備戰；
迨見妥協無效，又請中央援助。其和戰不定之態度，及二十九軍部將
的意見也不一致，以及蔣對宋的因應態度，在王的《日記》中，頻有
記述。摘錄幾條如下：

（七月十八日）宋哲元至今日始由津電知中央代表熊斌（時在保
定），請中央備戰❷。

（七月十九日）宋哲元今日自津返平，據鐵道部報告，宋動身時，
平津線上某橋上曾有一炸彈爆發，未傷人。當係日人所爲❸。

（七月二十一日）宋哲元傾向與日方妥協，張自忠和之。日方所忌
者爲二十九軍之馮治安部隊（即駐盧溝、北平一帶之第三十七師）。
事變初起時，中央曾電囑宋宜駐保定，勿往天津，以免爲日軍

❶　《王世杰日記》，冊一，頁六一～六三，民國二十七年七月十五日記(補記)。
❷　同上，頁六七，民國二十六年七月十八日記。
❸　同上，頁六九，民國二十六年七月十九日記。

所圍脅，宋不聽。其對人言輒云作民族英雄是易事；但不能不為國家利害打算 (此其對錢新之所言)。自日昨日軍大攻擊，彼即應允日方要求將馮治安軍隊撤調他處，並電囑中央軍之到達保定者勿作陣地，以免刺激日人。

本日中政會開會時，蔣院長雖已返京，未出席；或即因宋哲元撤兵消息到京之故❹。

(七月二十七日)日前宋哲元電告中央，謂十九日所接收日方之條件為一、道歉；二、撤退宛平盧溝橋之三十七師，而代以保安隊；三、防共與取締排日。有無細目，電文未言及。自日昨日方以飛機十餘架前後轟炸廊坊中國軍隊，宋又來電謂戰事仍不可免，請中央速派龐炳勛軍隊往援。(原注：實則龐軍已抵滄州多日，宋尚不知，足見其毫無防禦之佈置) ❺。

三、平津失陷，有人責備中央軍未加入作戰

七月二十九日及三十日，宋哲元之二十九軍相繼退出北平及天津，有責備宋哲元事前無防禦準備者；亦有責備中央軍既已北上多日，何以未加入作戰？蔣曾為宋解釋苦衷；但對中央軍未加入作戰原因，僅對王提及之。王之《日記》有記：

(七月二十九日) 北平之退卻，外間因深憤宋哲元事前無防禦準備，臨事復乏犧牲決心。亦有多人責備中央，謂中央軍北上已

---

❹　同上，頁七一，民國二十六年七月二十一日記。
❺　同上，頁七六，民國二十六年七月二十七日記。

多日，何以未加入作戰？今晚余(王)面詢蔣院長，彼云直至二十六日宋猶託熊斌(原注：中央派駐保定與宋接洽之代表)堅阻中央軍由保定前進，以免刺激日人。

本日蔣兩次召集行政院及軍委會各長官，一則商作戰新方略，一則商量發表對內對外宣言。對內宣言，仍代宋負責。宋有消極意，意欲解職歸田(原注：孫連仲自保定來之報告)❻。

(八月一日)蔣院長今晨在中央軍官學校召集各院部會簡任以上人員講話，表示抗戰之決心，並謂中央同人對宋哲元之退卻應寬恕，以彼在過去兩年間處境甚窘，亦殊煞費苦心❼。

四、七十五萬大軍配置華北，陳誠建議改向

據軍政部長何應欽七月二十七日的報告：「中央已動員之軍隊，計達全部軍額之半」❽。中國當時全部軍隊數額爲一百七十萬餘人。半額應爲八十五萬人以上。根據八月七日何在國防會議中的報告，動員者已達一百萬人。作戰分配地區爲：冀、魯、豫方面者約六十萬人，熱、察、綏者約十五萬人，閩、粵者約十五萬人，江、浙者約十萬人❾。從軍隊人數的分配上看，主戰場是在河北、山東、河南以及熱河、察哈爾、綏遠方面，在黃河以北地區。但兩天後，即八月九日，上海發生虹橋事件，中日軍隊即於十三日在上海發生戰鬥。這天，蔣委員

---

❻　同上，頁七七～七八，民國二十六年七月二十九日記。
❼　同上，頁八一，民國二十六年八月一日記。
❽　同上，頁七六，民國二十六年七月二十七日記。
❾　同上，頁八五，民國二十六年八月七日記。

長電召在盧山負責訓練軍官的陳誠到南京，商討戰鬥序列，陳即赴上海視察後返京建議，認爲華北戰場的戰事日漸擴大，日軍如在華北得手，必將利用快速部隊沿平漢鐵路直趨武漢；武漢一旦失守，則中國將東西縱斷爲二。故不如擴大淞滬戰役，誘敵南下，可實施去年所訂的持久消耗戰略。蔣委員長接納陳的意見，即委陳爲第十五集團軍總司令，增援上海。自八月二十四日起對敵反攻，雙方增調大軍，在淞滬地區進行大戰。以上是陳辭修的〈傳略〉所記載。

五、上海激戰，血流成河

現在再來對證王的《日記》，可以看出陳的〈傳略〉所記非虛。上海在八月二十四日以前無大戰鬥。二十五日以後日軍始增援，九月五日以後，戰事轉劇。節錄有關《日記》如下：

（八月二十五日）上海方面敵新增援兵，爲數至少當在一萬五千人以上；在吳淞口及川沙附近登陸者甚衆。我軍於其登陸後猛攻之。聞於吳淞口等處殲滅敵軍極多，惟仍未能解決之❿。

（八月二十七日）上海方面因敵軍自距上海頗遠之羅店、吳淞、瀏河、川沙等地登陸者頗衆，我軍爲策安全起見，將虹口、楊樹浦等處之陣線微向後撤⓫。

（八月二十八日）上海方面我軍陣線稍向後撤，敵軍繼續登陸⓬。

　　（九月五日）上海方面戰事極激烈，敵方兵額，據我軍政部報告，

---

❿　同上，頁九三，民國二十六年八月二十五日記。
⓫　同上，頁九四，民國二十六年八月二十七日記。
⓬　同上，頁九五，民國二十六年八月二十八日記。

約七萬人(按未增援前僅有陸戰隊萬人)。近三日來，我軍異常奮勇，敵受挫折❸。

(九月六日) 自昨晚起，滬日軍似開始總攻擊。我軍在羅店方面頗有進展，但寶山縣城一度幾爲敵佔領；以守軍一營之士兵誓死不退，卒因援軍到達而轉危爲安。據自滬勞軍返京者言，日前蘊藻濱 (上海附近) 之役，雙方死亡俱奇重，濱水皆赤。所謂流血成河，顯屬實在景況，聞之悽然❹。

(九月九日) 我守寶山縣城之六百將士，全體殉難，僅一人返司令部報告詳情❺。

六、外國軍事專家觀滬戰，讚歎不已

九月十日以後，上海日軍攻勢益加猛烈，並繼續增援，兵力達十餘萬人；我軍抵抗更爲英勇，犧牲亦大。戰至十月末，我軍開始退卻。擇錄王之《日記》數則如下：

(九月十日) 日軍在滬近日一再猛攻，並有謂今日爲總攻者，但毫無進展。滬上外國軍事專家羣稱我軍抵抗力之優強，爲日軍及一般人始料所不及。而全線各部分軍隊之密切聯絡，動作敏活，尤予日軍以不易突破之困難。在滬指揮戰事者，初爲張治中，近則陳誠，張發奎亦爲主要將官。另設京滬杭線正副司令，

---

❸　同上，頁九九，民國二十六年九月五日記。

❹　同上，頁一〇〇，民國二十六年九月六日記。

❺　同上，頁一〇一，民國二十六年九月九日記。

以馮玉祥、顧祝同任之❶⑥。

（九月十四日）日軍在滬者，據何應欽部長報告，陸軍爲五師團一旅團，海軍陸戰隊約一萬人，共十一、二萬人。故日軍不獨炮火之力優於我軍，即人數亦已相當❶⑦。

（九月三十日）自昨日起，淞滬敵軍開始第四次總攻，但我軍英勇抵抗如前❶⑧。

（十月五日）淞滬日軍之攻擊仍極強烈，我軍之抵抗亦嚴峻。聞日軍司令松井大將因受政府之督責，不得不冒重大犧牲而進攻❶⑨。

（十月十二日）今晚何應欽報告：戰事發生後，我軍在淞滬死傷數，截至雙十節止，已達六萬三千餘人。就淞滬與華北各路計算，中央直轄部隊之死傷數共約十萬人；而二十九軍、晉綏軍等部隊之死傷，因未據詳報，尚不在內。空軍之損失約四十架（開戰時我空軍能作戰者共百八十架）。……海軍幾已全滅❷⓪。

（十月十五日）淞滬戰事，我軍自十三日重創敵軍後，日昨並反攻，頗有進展。士氣之旺，外人之觀察戰地者均激讚。往往對於無逃亡之守禦，亦決不放棄。眞可謂驚天地而泣鬼神。聞之

---

⑯　同上，頁一〇二，民國二十六年九月十日記。
⑰　同上，頁一〇四，民國二十六年九月十四日記。
⑱　同上，頁一一四，民國二十六年九月三十日記。
⑲　同上，頁一一六，民國二十六年十月五日記。
⑳　同上，頁一二一，民國二十六年十月十二日記。

淚下㉑。

（十月十九日）據何部長報告，一星期來，我軍在滬傷亡又增一萬餘人；晉北方面中央軍猛烈反攻，雖獲勝利，傷亡慘重。大概自戰事發生至現在，我軍（原注：包括中央直轄及其他）傷亡總數已十五萬人㉒！

（十一月二日）上海敵軍宣言，十日內可逼我軍完全離開上海；我軍當局則視之爲狂言。
敵軍日昨曾有一部分渡至鄭州河南岸。以今日天雨，受我軍壓迫，傷亡甚衆㉓。

（十一月五日）今日在鐵道部開國防最高會議第四次會議。在會議時，何應欽報告軍事，謂截至十月三十一日止，南北各路戰區我軍傷亡士兵之數，已有報告者約三十萬人，估計（原注：連未報告各軍計入）當在三十四、五萬左右。予（王）聞之驚駭不已㉔。

七、唐生智守南京，要與城共存亡，卻率先逃走

十一月十一日，我軍撤出上海；十二月九日，日軍進逼南京，十二日城陷。守南京之指揮官爲唐生智，爲一爭議性的人物，委以此種

㉑　同上，頁一二三，民國二十六年十月十五日記。
㉒　同上，頁一二六，民國二十六年十月十九日記。
㉓　同上，頁一三三，民國二十六年十一月二日記。
㉔　同上，頁一三五，民國二十六年十一月五日記。

重任，顯不恰當，但唐表示願與城共存亡，結果不戰而逃。王之《日記》有記：

（十一月十八日）唐生智經指定爲南京衛戌長官，但尚未見明令。唐爲人年來多病，如此嚴重之守城工作，其體力似不勝任。予（王）今日兩次用電話與商南京市民救濟事宜，彼均在就寢，從可想見。微聞彼聲稱對於都城之守禦願與城共存亡[25]。

（十一月十九日）今晨晤唐孟瀟（唐字）於汪精衛先生宅。據唐云：日前軍事機關研討應否堅守南京時，有人主張不宜在京作無軍略價值之犧牲，白健生（崇禧）主張今後應改採游擊戰，唐本人則認爲在首都不可不作重大犧牲。蔣委員長亦以爲然，並謂彼願負死守之責。嗣後多人以爲最高統帥不可負守城之責。遂決定以首都衛戌之任委諸唐氏[26]。

（十二月二十一日）據何部長敬之（應欽）報告：此次守禦南京之軍隊共十二師，人數在十二萬以上。中央軍亦有數師。當撤退時，敵已由南城入城。唐生智率二萬餘人，由下關渡江；粵軍葉、鄧兩師則率部衝敵軍之圍而出。直至日昨，始悉其已抵皖南南陵，並悉其曾於蕪湖、宣城等處，擊散敵軍，一時蕪湖等處竟無敵蹤。可謂勇極。共計此次守禦首都軍隊，安全退出者佔全數之半。傷亡及陷於城內避入難民區或與敵巷戰者，估計約三、四萬人。至被俘之數，據敵軍宣傳，約萬餘人。粵軍在

---

[25]　同上，頁一四二，民國二十六年十一月十八日記。
[26]　同上，頁一四二～一四三，民國二十六年十一月十九日記。

滬杭戰鬥，曾著壯烈之譽，茲復突圍殲敵，尤爲難得㉗。

(二十七年一月十日)首都陷落後，日方聲稱所獲步槍達十二萬枝之多，高射砲亦達五十餘門。予(王)初不以爲可信。今日晤何敬之，據云，大致確是如此！軍委會同人，對唐生智多不滿㉘。

八、韓復榘伏法，軍威復振

上海撤退，南京失陷，我軍士氣一度呈現低落狀態。大多文人固對戰局悲觀；有的高級將領也說不可再戰。例如副參謀總長白崇禧將軍當我軍自上海退至蘇州時，即向陳誠說不可續戰，陳責以「自相矛盾」，白遂不復言。蓋白氏亦原爲積極主戰者。南京失陷後，日軍更爲囂張而瘋狂。有的地區我軍不戰而退，韓復榘即爲其一例。韓爲第五戰區副司令長官兼第三集團軍總司令及山東省主席，統率五萬大軍。蔣委員長爲重振軍威，要找一位不戰而退的將領來試法，韓氏不幸而首中其選。其間經過，王之《日記》有記：

(二十七年一月十二日)兗州、濟寧相繼失陷，由於韓復榘所率部隊不戰而退。外間盛傳韓已被扣留。蔣委員長已赴前方親自視察㉙。

(一月十四日)韓復榘被逮，監禁於漢口；此舉於前方軍心，或

㉗　同上，頁一五四，民國二十六年十二月二十一日記。
㉘　同上，頁一六三，民國二十七年一月十日記。
㉙　同上，頁一六四，民國二十七年一月十二日記。

有相當之好影響❸。

　　韓之被捕，是蔣委員長在開封召集軍事會議時爲之。據白崇禧之回憶：「當韓未逮捕之前，據聞韓部集中於魯西，欲退往漢中，與西北馬部相連結。因他喪失信心，以爲抗戰必敗，欲效清末劉坤一之東南自保以保存實力。傳說此計劃出自其秘書長之手。西北兩馬所部將領深明大義，絕不會附和韓之中立計劃」。韓被逮捕後，士氣便立即振作起來。如王之《日記》所記：

　　（一月十六日）近日自韓復榘被逮後，蔣委員長親赴前方視察，津浦線士氣較振。佔據濟寧之敵，頗受我方威脅❸。

　　（一月十九日）近日前線士氣，經白崇禧對桂軍不戰而退之高級軍官執行軍法，暨韓復榘逮付軍法會審後，顯呈好轉❸。

　　（一月二十四日）韓復榘於今日被判處死刑，並已於今日晚間槍決。韓氏未加入僞組織，外間尚以爲政府或貸其一死。近來軍中士氣日餒，亟需振奮，韓氏在魯，除不戰而退外，尚有其他種不法行爲，故終不免於死❸。

　　（三月十八日）近日我軍在晉魯軍事，均有轉機。敵軍傷亡頗重。月餘以來，魯豫晉戰事均激烈，但我軍無未奉命而退者。至今在晉作戰之軍隊二十餘萬人，雖屢被敵軍猛力壓迫，尚無一人

❸　同上，頁一六五，民國二十七年一月十四日記。
❸　同上，頁一六六，民國二十七年一月十六日記。
❸　同上，頁一六七，民國二十七年一月十九日記。
❸　同上，頁一六九～一七〇，民國二十七年一月二十四日記。

渡河。凡此大半由於韓復榘死後，一般將領畏法之故❸。

（三月三十日）今晚全國臨時代表開會時，何應欽報告，我軍自作戰開始迄三月十五日止，官兵傷亡總數共四十九萬餘人（原注：傷與亡之數約略各半）。敵軍之傷亡數爲十八萬餘人❸。

九、山東日軍，連遭敗績

韓伏法後，我軍士氣爲之大振；山東日軍，自三月中以來，連續被我軍擊敗。是韓之死，雖不光榮，但亦不無代價矣。據何應欽三月十九日在國防會議報告：「我軍隊經最近兩月餘之整理，已漸恢復戰前力量；士氣亦較兩月前大有進展」❸。以下擇錄我軍在山東作戰勝利的《日記》：

（三月二十日）最近數日我軍在山東臨沂附近，曾有勝戰，敵坂垣師團（按爲日本最精銳者）傷亡甚重。此戰之出力者竟爲張自忠及龐炳勛所部。足見將士均可用，要在獎罰指揮之得法耳❸。

（三月二十四日）近一星期來，敵軍猛攻津浦路徐州以北，意欲奪取徐州，以打通津浦路。我軍孫桐萱（按原爲韓部）、張自忠、龐炳勛以及四川將領所部與湯恩伯所部，均盡力抗禦，且時行反攻，爲首都失陷以後最猛烈之大戰。主將李宗仁之信望，由此

---

❸ 同上，頁二一一～二一二，民國二十七年三月十八日記。
❸ 同上，頁二二八，民國二十七年三月三十日記。
❸ 同上，頁二一二，民國二十七年三月十九日記。
❸ 同上，頁二一四，民國二十七年三月二十日記。

益增㊲。

（三月二十八日）我軍於昨今兩日在津浦線徐州以北之北段，大獲勝利，奪回臨城及濟寧，並將敵軍坂垣、磯谷所部兩師團陷入重圍。戰事仍在激烈進行中。此次勝利，殆爲作戰以來之最大勝仗。……湯恩伯、孫連仲所部之能戰，自不待言；張自忠、龐炳勛、孫桐萱、曹福林所部亦忠勇異常，迭奏奇功㊳。

十、台兒莊大捷，爲開戰以來第一眞正勝仗

四月初，台兒莊之戰即行開始，六日大捷。王之《日記》有記述：

（四月三日）津浦線戰事，仍異常激烈。日軍在死戰待援狀態中，我軍仍取攻勢；連日在臨（城）棗（莊）支線中激戰，台兒莊附近戰況尤猛㊵。

（四月五日）津浦路北段戰事吃緊，敵軍逼近台兒莊，並宣稱已佔據該地。實際上雙方尚在該地激戰㊶。

（四月七日）今午武漢接前線報告，我軍在台兒莊附近，圍攻敵軍，敵坂垣、磯谷兩師團之主力一部分被我軍殲滅；一部分突圍逃潰。

㊳　同上，頁二一八～二一九，民國二十七年三月二十四日記。
㊴　同上，頁二二三～二二四，民國二十七年三月二十八日記。
㊵　同上，頁二三三，民國二十七年四月三日記。
㊶　同上，頁二三四，民國二十七年四月五日記。

兩星期以來，敵在台兒莊及其附近，損失當在二萬人以上(按一般記為一萬六千人左右)。其被圍之軍隊，因後方交通被我截斷，不惟無法增援，抑且給養漸絕，往往須憑飛機輸送給養。我軍經李總司令宗仁之嚴峻指揮，士氣日旺，人數亦眾(在津浦線北段作戰之我軍，據軍政部次長張定璠今晚語予，約十六師，在津浦線淮河以南者約十二師)。以是敵人打通津浦線之企圖，一挫於上月淮河之役；再挫於臨沂之役；今復在台兒莊大受損失。而自昨晚迄今日，台兒莊之勝利，尤為我軍自開戰以來之第一真正勝仗。武漢人民有燃爆竹提燈遊行，以示歡慶者❷。

十一、日軍攻安慶，武漢會戰揭幕

我軍在台兒莊大捷後，日軍續向津浦路增援。四月下旬，日軍傾其主力向徐州附近進攻。台兒莊由滇軍接防固守，滇軍為參加抗戰，去年自滇出發，步行三月始達湖南。接防台兒莊係其初次加入作戰。日軍來攻，守台兒莊之滇軍，傷亡殆盡，仍不退卻。旅長團長亦均殉職❸。五月十九日，我軍退出徐州。多安全退至指定地點，其情形顯與南京退卻時不同。此次敵軍主力為土肥原部，由隴海路攻開封，將沿平漢路南下攻武漢。蔣委員長六月三日在國防最高會議宣佈：「軍事前途今後(第三期抗戰)之決戰地域將在平漢路以西，大別山脈以北(豫南皖北)；至於開封、鄭州等地，以在大平原中，將不固守，免受無益之犧牲」❹。六日，黃河堤於鄭州東之花園口決口，日方宣稱係

❷ 同上，頁二三五～二三八，民國二十七年四月七日記。

❸ 同上，頁二五四，民國二十七年四月二十六日記。

❹ 同上，頁二七三，民國二十七年六月三日記。

我方故意毀堤。該地區被水淹沒，日軍無法活動，乃改道長江流域向西進攻。自六月十三日開始攻安慶，揭開武漢會戰序幕，到十月二十五日武漢失陷。雙方動員大軍，激戰四個多月。時值盛暑，氣候炎熱，該地區素有「火爐」之稱，作戰辛苦，可想而知。王之《日記》對我軍作戰情形，不斷的有所記述。以下仍是擇其要者：

（六月十三日）日軍以軍艦及空軍之掩護，竟於本日在安慶附近登陸，並有已佔領安慶之訊。近日黃河決口，鄭州附近之敵軍未能前進。敵軍進攻漢口，究取何路，殊不可知。惟長江敵海軍之活動，近似日甚一日❹❺。

（六月十五日）據何敬之在國防最高會議報告，敵軍移調長江方面作戰者已有七、八師團之眾。敵軍初意或擬一面由隴海路取鄭州，一面由合肥進取信陽州，因以威脅武漢。但自黃河在中牟附近決口後，敵軍在隴海線已無法西進。現時敵軍作戰計劃，似係沿長江西進，並趁此水漲時發揮其海陸空軍之聯合力量。川軍楊森等所部，於敵軍攻安慶時不戰而退，殊出意外❹❻。

（六月二十日）安慶陷後，敵海陸軍沿江極形活動，我方人心搖動，政府中人亦復如斯。蔣先生今日在黨部演說，謂武漢決可堅守，軍事委員會決不他徙❹❼。

❹❺　同上，頁二八二，民國二十七年六月十三日記。
❹❻　同上，頁二八四～二八五，民國二十七年六月十五日記。
❹❼　同上，頁二八九～二九○，民國二十七年六月二十日記。

十二、湖口失陷，人心震動

安慶失陷後，日軍續向西攻，三十日陷馬當要塞，七月一日陷彭澤，五日陷湖口，武漢人心頗為震動。《日記》有記：

(七月五日)今晨晤陳紹寬(前海軍部長)，據云湖口危急。彼甚悲觀，謂敵軍二、三星期內可攻佔武漢❹。

(七月八日)我軍於日前連失馬當、彭澤、湖口三處，武漢人心頗震動。近一、二日戰事形勢較好。將來在鄱陽湖或九江附近，或有大血戰。據何敬之言，我軍已配置五十師之衆，為守衛大武漢之用❹。

十三、攻九江之敵，損失奇重

(七月二十八日)九江方面我軍與日軍日昨仍有巷戰。自馬當失陷迄今已一月，敵軍調集各路軍隊，大舉溯江西攻，雖獲佔領九江，然在彭澤、湖口間損失奇重❺。

(八月九日)九江附近軍事，近日我方殊佔優勢。九江南岸之沙河已奪回；北岸則敵軍被我阻滯於黃梅、宿松，傷亡頗重。聞

---

❹　同上，頁三〇三，民國二十七年七月五日記。
❹　同上，頁三〇五～三〇六，民國二十七年七月八日記。
❺　同上，頁三一九～三二〇，民國二十七年七月二十八日記。

連日敵軍在沙河、黃宿一帶死亡者已達四千以上。就現時該處情形觀察，敵軍非大增兵，不能攻佔武漢[51]。

十四、日軍大舉犯粵，武漢形勢危急

日軍自七月二十六日攻佔九江以後,我軍仍在九江周圍與敵激戰,互有勝負。相持至九月十八日武穴失陷，武漢之形勢頓形險惡[52]。日軍連日使用毒氣，甚至以飛機施放[53]。據陳布雷云:「近數日長江南北岸軍事不利，大半由於新兵缺乏訓練與經驗之故。較優強之軍隊尚在武漢附近；大概雙十節左右，武漢附近當有惡戰。敵人欲於雙十節攻克武漢，殆不可能。惟軍事機關之遷徙已在佈置中，地點暫時或爲岳州」[54]。到雙十節前夕，適大江南岸，我軍在德安西北萬家嶺、張古山一帶殲敵兩旅團，捷音傳到，武漢人心爲之稍振[55]。不意十月十二日敵軍大舉犯粵，由大亞灣登陸，實出我軍事當局預料之外。二十一日廣州失陷，二十五日武漢撤退。幾日來我方高階層內部動態，王有《日記》記其事:

> (十月十四日)敵軍大舉犯粵，由大亞灣登陸者號稱五萬人。惟敵軍攻粵實力如何，仍未能悉。我軍事當局，歷來頗多假定敵於攻佔武漢以前，無力南犯廣東省；粵軍近日調赴長江南岸援

[51]　同上，頁三三〇～三三一，民國二十七年八月九日記。
[52]　同上，頁三七一，民國二十七年九月十八日記。
[53]　同上，頁三七二，民國二十七年九月十九日記。
[54]　同上，頁三七五，民國二十七年九月二十二日記。
[55]　同上，頁三九九，民國二十七年十月十日記。

武漢者聞亦有若干師。粵戰展開，自不免增加我方困難⑤。

（十月十八日）華南戰事突起，軍事狀況益形危急。蔣先生有電致在渝中央常委，徵詢今後對內對外意見⑤。

（十月十九日）今日國防最高會議開會時，王亮疇（寵惠，外交部長）主張向美接洽，促其出任調停中日戰爭之責。一面並云已約美使詹森面商⑧。

（十月二十日）今日中央常委召開談話會，討論對內對外方針，藉以答覆蔣先生之詢問。但無若何具體結論。于右任院長謂宜從速鞏固陝南防務，以免敵人於攻陷武漢、廣州後，由陝西窺四川。賀國光列席報告，謂陝南雖有天險，但我並無駐兵，亦尚未建築工事，一旦有事，調用他處之兵，非長時間不能到達；如敵人由寧夏、甘肅進窺陝南，勢亦頗危。孔庸之（祥熙）未發表具體意見⑨。

（十月二十四日）聞我軍事當局已決定放棄武漢，一切均在實施中。今日在汪精衛先生處參加談話會，汪、孔（祥熙）均傾向於和平，孫哲生（科）力稱決不可和，言時聲色俱厲。余（王）謂政府欲袪一般人對於抗戰前途之疑懼，當向參政會提出一個比較切實的繼續抗戰計劃。空洞的主張，不足以鎮定人心⑩。

---

⑤　同上，頁四〇二，民國二十七年十月十四日記。

⑤　同上，頁四〇四～四〇五，民國二十七年十月十八日記。

⑧　同上，頁四〇五，民國二十七年十月十九日記。

⑨　同上，頁四〇五～四〇六，民國二十七年十月二十日記。

⑩　同上，頁四一〇，民國二十七年十月二十四日記。

十五、武漢失陷，主和之聲又起

每當戰局逆轉，主和的聲浪即起，平津及滬寧的失陷即是如此。當此武漢失陷之際，主和的聲浪又起；而且聲浪更大。在武漢失陷前，政府機關及人員，多已遷往重慶。蔣委員長則於十月二十五日日軍進入漢口後，始於晚間離漢而赴衡山。當時重慶中央方面的情況，王之《日記》有記：

> （十月二十六日）今日國防會議，討論今後外交、財政等政策，當局者均無計劃。外間盛傳和議，汪、孔雖傾向於結束戰爭，然因日人表示堅持以蔣先生下野為先決條件，亦不敢公然作議和之主張。至於其他條件，據確息，日本亦有較前稍稍減少其苛刻之程度者（即一、承認偽滿；二、內蒙古自治，並准日本永久在內蒙古駐兵；三、其他地域分期撤兵；四、中日經濟合作，將華北煤鐵一律讓與日本開採；五、蔣先生下野後仍承認國民政府，並取消華北偽組織；六、日人在中國有居住營業之自由；七、中國加入防共協定，但不帶軍事同盟性質）。日本之意，似在促成蔣先生下野，並分化國民黨之內部[61]。

> （十月三十一日）日前蔣電駐渝中央常委，徵詢今後方針，聞孫哲生（科）電覆主戰，並主接收共產黨所提意見，以加緊團結；汪精衛先生主張設法請英、德出任調停，陳果夫亦然[62]。

---

[61]　同上，頁四一一～四一二，民國二十七年十月二十六日記。
[62]　同上，頁四一五～四一六，民國二十七年十月三十一日記。

是日，蔣委員長發表告國民書，主張繼續抗戰。

十六、鏖戰年餘，雙方動員的兵力及傷亡

開戰之初，中日兩方兵力如何？根據調查，日本方面：陸軍常備師團十七個，現役兵三十八萬人，加上後備、預備及補充兵，計爲四百八十萬餘名，其戰鬥兵則爲一百九十九萬七千人。海軍艦艇約一百九十餘萬噸，空軍飛機約二千七百架。中國方面，陸軍現役兵一百七十餘萬人，壯丁已訓練約五十萬人，繼續訓練者約百萬人。海軍艦艇約五萬餘噸。空軍飛機三一四架（能作戰者一八○架）。是以兵力相差懸殊，且日方兵員訓練有素，裝備優良。從盧溝橋事變到武漢失陷，雙方鏖戰一年三個多月，經過淞滬、忻口（山西）、台兒莊、武漢四次大會戰，雙方動員兵力如何？傷亡情形如何？中國軍方時有報告，在王的《日記》中，有兩次值得注意，錄之如下：

> （二十七年十二月二十三日）據陳誠部長（政治部）今日在國民參政會駐會委員會報告，我機械化部隊一師，迄今尚無任何損失，因我迄今並未使用。擬於訓練較爲充分後於有力反攻時使用。陳又云，日軍在中國關內作戰者三十一師（團）約七十萬人；益以特種兵，其總額當在一百萬人左右；十八個月以來，其傷亡之數估計約五十萬人。我方傷亡總額約一百二十萬人。保衛大武漢之戰，我傷亡約五十萬人左右。此種數字，俱係估計，自不能認爲精確❻❸。

> （二十八年一月六日）今日何部長應欽在國民參政會駐會委員會

---

❻❸　同上，頁四五五～四五六，民國二十七年十二月二十三日記。

報告軍事，有數事極值注意：一、我軍傷亡總數截至現在約一百十一萬人。二、我空軍自開戰迄今，飛行員之傷亡約七百人。（原注：開戰時我飛行員之駕駛驅逐機者，今已無一生存或健在！）三、我軍用飛機為敵毀者約四百八十架，因失事而損傷或毀壞者約八百架，共計約一千二百餘架，約當開戰時吾國原有飛機總數之六倍！四、吾國兵額數較開戰時現尚增多。（原注：現時共約二百五十餘萬人；開戰時共約一百七十餘萬人。）五、一年半以來，新徵兵額以出自廣西者為最多（原注：四十九萬人）；次為河南（原注：四十五萬人）；次為湖南（原注：四十一萬人）；四川雖人眾，截至現在，尚只出了二十七萬人。六、我國軍隊現有之武器較諸開戰時，在數量上及素質上，均優勢 ⑭。

　　是日本用在中國戰場上的兵力，遠已超過其預計數。而中國之兵，愈戰愈多。戰爭之結束，尚遙遙無期。

---

⑭　同上，冊二，頁八～九，民國二十八年一月六日記。

第五章 抗戰初期的和戰問題

第一節 胡適與汪精衛對中日和戰問題之 討論

壹、初次的會晤與再度見面

　　胡適（一八九二～一九六二）與汪精衛（一八八三～一九四四）的初次會晤，是在民國十二年（一九二三）九月二十八日。一直到民國二十二年（一九三三）六月十三日始再度會晤，中間相隔恰爲十年。在這十年中間，隨著中國政局的急劇變動，胡、汪的境遇也有不同程度的變動。就中國政局的變動而言，在此十年間，中國由北方軍閥的統治轉變爲國民黨的統治；國民黨與共產黨由合作轉變爲分裂和對抗；國民黨本身也分爲左、右各派，不斷發生政爭與戰爭。在這些變動中，汪氏則扮演著反南京中央的角色。迨「九一八」事變發生，國難來臨，國民黨內部謀求團結，汪始結束反派的角色，出任南京國民政府行政院長，旋兼外交部長，與軍事委員會委員長蔣中正合作，應付國難，謀求救亡圖存之道。即所謂「汪蔣合作」的局面。

　　至於胡氏的境遇，在此十年間變動較少，在民國十六年（一九二七）國民黨「清黨」及在南京成立國民政府時，表示支持的態度。迨

國民政府統一中國實施訓政的初期，胡則持以批評反對的立場。此時
亦正是汪氏反對南京的時期。與胡的立場，可謂「異曲同工」。「九一
八」事變以後，胡對南京國民政府應付國難的措施，採取支持的態度。
與汪氏的接觸，更爲密切。對於外交問題，常爲兩人討論的重點，有
爭論也有同調之處。

　　十年間的變化至大，胡對汪由初晤而至再度見面，似亦不勝感慨。
據胡民國二十二年（一九三三）六月十三日再度會晤的《日記》記云：

> 回到教育部（南京），與雪艇（王世杰，教育部長）同到鐵道部去見
> 汪精衛先生。精衛已是五十一歲的人了，距我們初見時（一九二
> 三）恰恰十年。他此時頗憔悴，不似從前的豐滿了❶。

　　胡與汪的初次見面，是民國十二年胡在杭州休養的時期。其時汪
在上海。這年七月二十二日，任鴻雋自上海致胡信，說汪希望見見胡
❷。九月二十八日，汪與徐志摩等一行多人自上海赴杭州到海寧觀潮，
在船上與胡會晤。這天，胡有《日記》：

> 今天爲八月十八（舊曆），潮水最盛。我和娟約了知行（陶）同去
> 斜橋，赴志摩（徐）觀潮之約。早車到斜橋，我們先上了志摩定
> 好的船。上海專車到時，志摩同了精衛、君武（馬）、叔永（任鴻

❶　胡適《胡適的日記》，民國二十二年（一九三三）六月十三日。手稿本（十
　　一），遠流出版公司出版，一九九〇年，臺北。以下簡稱《胡日記》。

❷　〈任鴻雋致胡適〉，民國十二年七月二十二日。《胡適來往書信選》，上冊，
　　頁二一一，中華書局香港分局出版，一九八三年，以下簡稱《胡信選》。並
　　見耿云志《胡適年譜》，頁一二三，一九八九年，成都，四川人民出版社出
　　版。

雋)、莎菲(陳衡哲)、經農(朱)和一位藩薩大學教授 Miss Ellery
一齊來。我們在船上大談。船開到海寧，看潮。潮到時已近一
點半鐘❸。

十月五日，胡離杭州到了上海。七日，收到汪於四日寫給胡的信，
討論新體詩問題。汪在信中附了二首舊體詩，以答胡給他的新體詩。
汪致胡信內容如下：

適之先生：

接到了你的信，和幾首詩，讀了幾遍，覺得極有趣味。到
底是我沒有讀新體詩的習慣呢？還是新體詩不是詩，另是一種
好玩的東西呢？抑或是兩樣都有呢？這些疑問，還是梗在我的
心頭。祇是我還有一個見解，我以為花樣是層出不窮的，新花
樣出來，舊花樣仍然存在，誰也替不了誰，例如曲替不了詞，
詞替不了詩。故比我和那絕對主張舊體詩仇視新體詩的人，固
然不對，便是對於那絕對主張新體詩抹殺舊體詩的人，也覺得
太過。

你那首看山霧詩，我覺得極妙。我從前有相類的詩句，隨
便寫在下面，給你看看。

曉煙

槲葉深黃楓葉紅，老松奇翠欲擎空，朝來別有空濛意，都
在蒼煙萬頃中。

初陽如月逗輕寒，咫尺林原成遠看，記得江南煙雨裡，小
姑鬟影落春瀾。

---

❸ 《胡日記》，民國十二年九月二十八日。手稿本（四）。

你如果來上海，要知會我一聲。祝你的康健。兆銘，十月四日❹。

汪自稱「沒有讀新體詩的習慣」，應是屬於舊體詩的人。不過他給胡的信，是用白話文，顯然也受到胡氏「文學革命」的影響。他的詩，雖屬舊體，但亦接近白話文。兩人顯有一見如故之感。即如十月十二日胡在其《日記》所記：「我同精衛回旅館，談政治甚久」❺。

貳、支持「汪蔣合作」的政策

民國二十年（一九三一）「九一八」事變發生，中國面臨嚴重的國難，國人應變的意見頗有不同，有主張對日交涉者，亦有主張對日抵抗者，甚或有主張宣戰的。但在南京國民政府的立場，無論交涉或抵抗，必須先求國內的團結。因為在事變發生時，廣州亦有一「國民政府」，實以汪氏為中心，而與南京相對抗。迨十二月底南京國民政府改組，仍未能促成國內的團結，更無能應付日本方面的侵略❻。二十一年（一九三二）一月二十八日，日軍在上海發動軍事侵略行動，南京國民政府再度改組，汪氏出任行政院長，蔣中正亦回南京政府，任軍事委員會常務委員，旋任委員長。行一面抵抗、一面交涉的政策。一般所謂「汪蔣合作」❼。在此政策下，有二十一年的上海「一二八」

❹ 《胡日記》，民國十二年十月七日。手稿本（四）。
❺ 《胡日記》，民國十二年十月十二日。同前注。
❻ 南京國民政府主席及行政院長原為蔣中正。民國二十年十二月中蔣去職。月末，由粵方人士孫科任行政院長，負實際責任，進行對日直接交涉，迅即失敗。
❼ 汪與蔣合作，第一次為民國十四、五年間在廣州，「三月二十事件」兩人分裂。一直到民國二十一年一月汪至南京任行政院長，一般認為兩人第二次「合作」。

戰役（抵抗）和上海停戰協定（交涉），和二十二年（一九三三）的長城戰役（抵抗）和塘沽協定（交涉）。胡氏對於這一政策及其實際措施，都執以贊同的意見。他在二十二年六月十三日與汪在南京見面時，正是塘沽協定後的兩星期，胡向汪表示：「此事（指塘沽協定）與上海協定都足以證明『汪蔣合作』的政策是不錯的」。其理由是「若沒有一個文人的政府當正面的應付，蔣介石先生的困難更大」 ❽。

一面抵抗、一面交涉的「汪蔣合作」政策，來自二十年十月間寧粵雙方代表在上海舉行團結會議時所定下的應變方針，其要項為：(1)立即將外交統一起來，對外交涉由南京中央負責，廣州方面不辦外交；(2)如果日軍來攻，應該抵抗；(3)不主張對日宣戰；(4)不主張退出國聯 ❾。

汪氏對此政策曾有詳細的說明，其要義是：

> 一面抵抗，一面交涉，同時並行。軍事上要抵抗，外交上要交涉，不失領土，不喪主權。在最低限度之下不退讓；最低限度之上不唱高調，便是我們共赴國難的方法 ❿。

抵抗與交涉，須相互為用。就當時中國的環境和條件而言，對日

---

❽ 《胡日記》，民國二十二年六月十三日。手稿本（十一）。

❾ 中國國民黨中央政治會議第二十四次會議速紀錄，民國二十一年一月二十八日，南京，汪精衛之報告（國民黨黨史會藏檔）。引據拙作〈從九一八事變到一二八事變中國對日政策之爭議〉，見《抗戰前十年國家建設史研討會論文集》，頁三七一，中央研究院近代史研究所編，民國七十三年，臺北。

❿ 汪兆銘(精衛)〈政府對日方針〉，民國二十一年二月十五日，徐州。見《革命文獻》，三十六輯，頁一五七○～一五七二（國民黨黨史會編印）。

徹底攤牌，尚非其時，祇有藉抵抗來達成交涉，以防止日本侵略行動的擴大。二十一年的上海停戰協定，則是由於中國抵抗之故。依汪氏之言，認為就外交情勢來看，抵抗與不抵抗之間，實有極大之差異。「一二八」事變以前，各國對於中國雖勉說公道話，但卻很冷淡，最大原因，是因為中國自己本身不作抵抗之故。自「一二八」事變抵抗以後，世界輿論，即時改變，各國對華態度，亦好於往昔❶。上海戰役甫經停止，國民黨中央立即決定軍事和外交方針如下：在軍事方面：「切實施行軍事委員會所定全國防衛計劃」。外交方面：「對於日本之交涉，以決不屈服於喪權辱國之條件為主旨，其方法取公開的及系統的行動」❷。惜此方針，在塘沽協定後，未能堅持下去。

上海停戰協定不僅提高汪氏對日交涉的希望，也使胡氏重提對日交涉的主張。胡在「九一八」事變後，即是主張對日交涉者。當日本在二十年（一九三一）十月二十六日向國際聯盟提出中日直接交涉基本大綱五條時，胡即認為是解決中日問題的良機，他曾致信給當時的行政院副院長兼財政部長宋子文，主張以一九一五年之中日條約為開始交涉的地步。但宋無答覆❸。按當時日本所提基本大綱五條中的第五條為「尊重條約上所規定日本在滿洲之一切權益」，即指一九一五年之中日二十一條而言。在當時民氣的激昂下，非國民政府所敢承受。所以丁文江批評胡的主張：「國民黨的首領就是贊成也不敢做，不能做

---

❶ 汪精衛〈悲壯抗敵以求我民族生存〉，民國二十一年二月二十九日。《革命文獻》，三十六輯，頁一五八〇。

❷ 〈中國國民黨四屆二中全會之施政方針報告〉，民國二十一年三月四日，洛陽。《革命文獻》，三十六輯，頁一五八四。

❸ 〈胡適致外交部次長唐有壬函〉，民國二十一年七月四日（國民黨黨史會藏檔）。

的，因為他們的專政是假的」⓮。迨胡鑒於二十一年五月五日中日簽
訂上海停戰協定，日軍撤出上海，遂又興起對日交涉的希望。在六月
十三日寫成〈論對日外交方針〉一文，發表於《獨立評論》第五號。
主張在承認日本上年提出的五條原則的基礎上，談判解決中日關係問
題⓯。胡所提出主張的理由，在他稍後致外交部長羅文幹的信中有所
說明：

> 觀上海協定所爭之日軍撤退期限一點，我方代表讓步至四個月，
> 至六個月，而卒不能將此條列入協定。及至我方受 Lampson（蘭
> 普森，英駐華公使）之暗示而不爭此條列入協定，簽字之日，
> 日本政府即下令於一個月之中撤完。此一前例，可耐人尋思。

> 我以為我國必須決定一個基本方針：究竟我們是否有充分的自
> 信心決定和日本拼死活？如果真有此決心作拼命到底的計劃，
> 那自然不妨犧牲一時而謀最後的總算帳。

> 如果我們無此自信力，如果我們不能懸在那「總算帳」究竟有
> 多大把握，那麼，我們不能不早早打算一個挽救目前僵局的計
> 劃。

> 說得更具體一點，我們的方式應該是：「如果直接交涉可以有希
> 望達到(1)取消滿洲國；(2)恢復在東北之行政主權之目的，則我
> 們應該毅然決然開始直接交涉」。此方式既定，可使有吉（日本

⓮ 胡頌平編《胡適之先生年譜長編初稿》（以下簡稱《胡譜》），冊三，頁九九
八，民國七十三年，臺北，聯經公司出版。

⓯ 耿云志《胡適年譜》，頁二〇〇。

駐華公使)知之，亦可使全國人知之，可使世人知之。我六月間
所謂政府應宣言願意交涉，即此意也❶。

　　胡氏的主張，與汪的政策，可謂同調。此時汪氏亦頗思借重國內
學者名流助其政策的推動。他要召集一項專家會議，研究挽救國難問
題。他在六月十八日致函胡氏說：

> 國家多故，災禍迭乘，疆土日削，萑苻遍地。際此剝復之交，
> 非急起從事於物質上精神上之建設，無以支危難而濟民生。惟
> 是條理萬端，必須集合全國專門人才，共同負責，作精密之研
> 究，方能確立整個的計劃，決定實際的步驟，內以整釐庶政，
> 外以抵抗侵凌。臺端學識富贍，智慮宏遠，輒以簿書倥偬，晤
> 教靡由，仰止景行，有如飢渴。茲就署中休假之便，擬自七月
> 五日爲始，以兩週之時日，會集海內名宿，對於內政外交諸問
> 題切實加以討論。謹奉書左右，敢請命駕入都，俾親教益。狂
> 瀾待挽，所望斯人。臺端志切澄清，想必不吝跋涉也❷。

　　國民政府在「九一八」事變以前，與國內自由主義者的知識分子
之間的關係，頗不協調。但自汪氏入主行政院以後，與知識界的關係，
顯然大有改善。知識界對國事的參與，亦持以積極的態度。如唐有壬

---

❶ 〈胡適致羅文榦〉（稿），民國二十一年九月十五日。見《胡適來往書信選》
（以下簡稱《書信選》），中冊，頁一三四～一三五，一九八三年，中華書
局香港分局出版。

❷ 〈汪兆銘致胡適〉，民國二十一年六月十八日。《書信選》，中冊，頁一一九
～一二〇。

在六月二十八日給胡氏和陶孟和的信中就說道：

> 曩者蔡先生（元培）蒞京，雪艇（王世杰）亦自漢來，與精衛先生
> 晤談甚歡，僉以目前內政外交之最大困難在於無方針，故無辦
> 法。袞袞者不足以語此，欲丐諸先生來京一行，共商大計⑱。

汪氏召集的專家會議於七月初在南京舉行。顯然未能「集合全國專門人才」，胡亦未曾參加。今見〈專家談話會紀錄〉，僅有七月七、八、九日的三天。會中除外交部長羅文榦報告上海停戰協定經過外，而有汪精衛兩次的外交與國防問題的報告，和一次東北義勇軍情形報告。大家最關心的則為熱河問題，多持以悲觀的看法。例如與會學者丁文江在會中指出：熱河省主席，東北軍第五軍團長湯玉麟是東北最壞不過的一個人，張學良對他都沒有辦法⑲。

顯然，張學良、湯玉麟及其東北軍，反而成為防守熱河的障礙。汪在八月初，與張學良公開決裂，以圖驅張，受到胡及知識界的支持。

叁、熱河問題汪與張學良的衝突

日本軍閥發動「九一八」事變侵佔東三省，成立偽滿洲國，也將熱河省列入偽滿領域。上海停戰後，熱河的防守，即成為國防問題。據汪氏的說詞：熱河問題，不僅和東北聯在一起，且和華北聯在一起。國民政府對熱河的防禦，在二十一年三月初已在積極計劃中。原自上

---

⑱　〈唐有壬致胡適，陶孟和〉，民國二十一年六月二十八日。《書信選》，中冊，頁一二二～一二三。

⑲　丁文江〈關於熱河湯玉麟問題〉，民國二十一年七月七日。專家談話會速紀錄原稿，黨史會藏檔。

海「一二八」戰役發生後，鑒於淞滬我軍難以持久，爲減輕上海的壓力，決定進兵熱河，計劃將山西的駐軍如宋哲元、龐炳勛、孫殿英各部向熱河開撥。但張學良表示反對，致未能進兵熱河。上海停戰後，日軍即不斷向東北調動，顯示北方問題趨於嚴重。汪遂於六月中赴北平，與張討論國防問題。汪表示：日本調兵到東北，我們也當調兵去抵抗[20]。

防禦熱河，尚關係東北義勇軍的應援問題。其時在東北的義勇軍總數在三十萬人以上，南京、北平均有接洽機關，對其軍械運輸路線爲山海關與熱河。如此兩路不保，東北義勇軍在軍械斷絕之後，唯有請求蘇俄援助。這是南京方面所不願見到的事實。汪在北平時，亦曾與張就此問題加以商量，認爲如果日本進攻熱河，需要拼命抵抗。而且汪在去平以前，曾赴廬山與蔣中正詳細討論，蔣有親筆信給張[21]。

汪在北平與張商量防禦熱河的計劃，顯然未能獲得張的支持與合作。張的托詞，顯然是對湯玉麟有所顧忌。所以汪氏提到北方軍隊的情形時，指出：「熱河湯玉麟的軍隊祇知道運鴉片，那裡知道國防，那裡懂得抵抗」！雖然如此，中央也沒有方法調換[22]。有謂汪在北平四天（六月十九日至二十二日），張一直對他怠慢。六月二十二日汪南返經過濟南，勸韓復榘（山東省主席）出兵抗日，韓表示受張節制，須張的允許。汪回南京，束手無策。此時蔣中正催促軍費甚急。汪赴滬與宋子文（行政院副院長兼財政部長）商量，亦不順利。汪既拿不出可

---

[20] 汪精衛〈在中央黨部南京辦事處紀念週報告〉，民國二十一年八月二十九日。南京《中央日報》，民國二十一年八月三十日。

[21] 汪兆銘〈東北義勇軍情形報告〉，民國二十一年七月九日。專家談話會速紀錄原稿，黨史會藏檔。

[22] 同前註。

行的方案，祇是屢次電張指示出兵抵抗。張在電文中，亦有暗示汪無權指揮華北軍事。汪憤怒不已，於八月六日發出五電，提出辭職[23]。其中一電，則為責張「去歲放棄瀋陽，再失錦州，致三千萬人民，數十萬里之土地，陷於敵手，致敵益驕，延及淞滬」。今又「未聞出一兵，放一矢，乃欲藉抵抗之名，以事聚斂」。表示惟有引咎辭職，以謝張學良一人；並望張亦辭職，以謝四萬萬國人，無使熱河平津，為東北錦州之續[24]。

汪電一出，迅即引起國內的震撼。張在北平對記者談話，聲淚俱下，謂決辭職。汪再發電責張，請中央允其辭職，以為打破軍人割據局面之發軔[25]。這時各方都對汪挽留，對張則有電請中央「懲辦」者。胡在八月八日的《獨立評論》中有〈汪精衛與張學良〉一文。對汪和張雖然都有批評，但責張過於責汪，主張去張而留汪。他說：「我們很盼望汪先生能覺悟他的責任的重大，能早日打消辭意，重新鼓起七個月以前的犧牲精神來支撐當前的危局」。對於張，胡云：「我們很贊成張先生的辭職」。他認為：「以身敗名裂的人（指張）妄想支持一個不可終日的危局，將來再要尋一個可以從容下臺的機會，怕不容易得了」[26]。胡也有信給張，勸他辭職。函云：「我（胡）的私意以為先生（張）此時應該決心求去，以示無反抗中央之意，以免仇視先生者利用這個局面為攻擊先生之具」[27]。

---

[23]　張同新《蔣汪合作的國民政府》，頁五二～五三，黑龍江人民出版社，一九八八年，哈爾濱。

[24]　蔣永敬《胡漢民先生年譜》，頁五一八，臺灣商務印書館，民國七十年，臺北。

[25]　郭廷以《中華民國史事日誌》，冊三，頁一八一，民國七十三年，中央研究院近代史研究所印行，臺北。

[26]　《胡譜》，冊三，頁一〇八一～一〇八二。

　　此時知識界大多對汪氏寄予希望。從李四光給胡的信中，可以看出知識界對於汪氏的關切。信中說：

> 提起精衛先生辭職事，真是一部二十四史，從何說起。照最近的趨勢看來，他的行政院長再也不能幹下去。不過我們總想想出一個方法不要使他辭職而釀成無政府，至少也要做出一個假政府，支持到國聯大會。現在有若干人正奔走此事，不久你必有所聞❷⑧。

　　汪、張衝突的解決辦法，是張辭北平綏靖公署主任職，北平綏署改為軍事委員會北平分會，分會委員長由蔣中正兼，由張代理。以緩和東北軍人的反彈。行政院長由副院長宋子文代理。汪稱病入醫院，旋出國。這次汪氏電責張學良而致華北人事的變動，胡認為對華北的保全，有其重要的作用。胡認為：「河北（尤其是天津）的保全，于學忠頗是一個重要分子；若在去（二十一）年汪先生不同張學良吵那一場，于學忠未必調到河北；若王樹常仍當天津之衝，恐局面大壞，津必難保」❷⑨。但湯玉麟仍把持熱河如故。張學良在北平，祇是換了一個名義。是汪、張的一吵，不過爾爾。至蔣中正委員長對張學良的表現既感失望；但對汪氏的措施，亦覺其「鹵莽」❸⓪。

㉗　〈胡適致張學良〉（稿）。原函無日期，應為民國二十一年八月七日。《書信選》，中冊，頁一二八～一二九。

㉘　〈李四光致胡適〉，民國二十一年八月十六日。《書信選》，中冊，頁一三一。

㉙　《胡日記》，民國二十二年六月十三日。

㉚　〈蔣委員長日記二則〉，民國二十一年八月九、十日。見秦孝儀編《中華民國重要史料初編——對日抗戰時期——緒編一》，頁五六一，黨史會出版，民國七十年，臺北。以下簡稱《緒編一》。

實際言之，張之未能出兵入熱，與汪之攻擊電文似無關係。迨次年汪已出國，日軍攻熱，張雖一度頗思振作，準備抵抗，但仍躊躇不前，遂致熱河不戰而失。

肆、張學良去職後的長城戰役

汪在民國二十一年（一九三二）八月與張學良吵了一場後，即於十月間出國赴德。張以代理軍委會北平分會委員長的名義，仍然坐鎮北平，統率華北各軍。二十二年一月開始，日軍即作進攻熱河的部署，首先攻陷榆關。駐日公使蔣作賓自東京電呈蔣中正委員長，報告日軍急欲取熱及擾亂平津。其電有云：「在滿日軍料定三四年內不致惹起世界戰爭，決定積極侵略。況偽國財政困難，故急取熱，兼收鴉片，聊充軍費。坂垣赴津欲擾亂平津，另成政府。荒木等態度稍緩」。蔣認為：「倘中國實行抵抗，或可稍斂其鋒」❸❶。中國駐國聯代表顏惠慶、顧孟餘、郭泰祺等亦從日內瓦電告南京：「惟有中國能明示有力防衛其本身利益，方能希望友邦之援助」。西方列強亦要求中國能以實際行動抵抗，造成對日的壓力。信息傳到南京，蔣中正、張學良、宋子文以及在德國的汪精衛，都表示要抵禦日本的南進。汪於一月十一日啓程返國，轉道日內瓦，在國聯發表聲明，表示中國將團結一致，竭力禦侮❸❷。但當汪在返國途中，熱河卻在三月四日失陷了。來犯日軍僅一百二十八名，進入承德，湯玉麟即不戰而逃❸❸。

---

❸❶　〈駐日公使蔣作賓自東京報告日軍急欲取熱及擾亂平津情形呈蔣委員長電〉，民國二十二年一月十一日。《緒編一》，頁五七七。

❸❷　張同新《蔣汪合作的國民政府》，頁六六～六七。

❸❸　郭廷以《中華民國史事日誌》，冊三，頁二三七。《胡日記》，民國二十二年三月五日。

　　面對一個強大而現代化的敵人，以張之能力與精神，不足以應付此項局面，則是顯然易見的。胡在去年八月勸張辭職的文中即已指出：「張學良是個少年軍人，經過了五年來奇慘的經驗，他應該明白國家的重要責任不是輕易可以擔當得起的」❸❹。當日軍佈置攻熱時，華北非東北軍系的將領如宋哲元、馮治安、劉汝明、商震、龐炳勛等都要求蔣委員長北上，否則前途不堪設想，言時聲淚俱下❸❺。顯然是認爲在張的指揮下，決無希望。但張似乎並不希望蔣中正北上。當熱河危急時，他有電致蔣說：「鈞座（蔣）如能北來，自屬最善；倘南中公務繁要，一時不克來平，最好請令子文兄（宋子文）先行來平，代爲主持。而轉撥餉項各事，良亦可就近與之詳商」❸❻。同時蔣要調中央軍北上，張亦拒絕❸❼。張之借宋拒蔣意圖，未爲蔣所接受。他告訴張：「子文以京滬籌款與外交關係，恐難來平。如兄（張）赴熱，弟（蔣）可北來」❸❽。此時熱河情勢既告危急，而張既不能令，又不受命，胡與丁文江、翁文灝等人認爲「熱河危急，決非漢卿（張學良字）所能支持。不戰再失一省，對內對外，中央必難避逃責任」。因此聯名電請

----

❸❹　《胡譜》，冊三，頁一〇八二。胡指「五年來奇慘」應指民國十七年以後東北所發生的事件，如張作霖被日本炸死、中東路事件、九一八事變等。

❸❺　〈蔣伯誠參議自北平轉陳宋哲元等將領均望蔣公北來領導對日作戰呈蔣委員長電〉，民國二十二年一月二十四日。《緒編一》，頁五八五。

❸❻　〈代理軍委會北平分會委員長張學良爲擬親赴前方指揮呈蔣委員長電〉，民國二十二年三月一日。《緒編一》，頁六〇九。

❸❼　〈蔣委員長批覆宋子文自北平呈覆蔣委員長電〉，民國二十二年二月十四日。《緒編一》，頁五九五。蔣批云：「中央部隊如北上爲預備，恐友軍（當指東北軍）多慮。以漢卿（張學良字）前屬伯誠（蔣）電中，如中央軍不加入前（線）不如不來之語。此果爲何人之意，其電中並未詳明。故未開戰前，中央軍不如緩上」。

❸❽　〈蔣委員長批覆張學良電〉，民國二十二年三月一日。同❸❺。

蔣中正「即日飛來指揮挽救」。蔣雖覆電決於五日北上，而熱河卻於前一天失陷了❸。

　　熱河的失陷，張學良成為國人指責的目標。丁文江撰〈給張學良將軍一封公開的信〉，胡撰〈全國震驚以後〉，在《獨立評論》上發表。對張指責的嚴厲，不下於去年八月六日汪氏責張之電。胡認為熱河之失，張和南京中央都應負絕大的責任。就張而言，認為張的「體力與精神、智識與訓練，都不是能夠擔負這種重大而又危急的局面的」。又明知不能負此大任而偏要戀棧，以致造成貽誤國家等等罪過❹。三月七日，胡將他與丁的兩文原稿送給張學良，並附加一信云：「去年夏間曾勸先生（張）辭職，當蒙覆書表示決心去職。不幸後來此志未得實行，就有今日更大的恥辱。然先生今日倘能毅然自責求去，從容交卸，使閭閻不驚，部伍不亂，華北全交中央負責，如此則尚有自贖之功，尚有可以自解於國人世人之道」。十日，張邀胡等談話，告知已經辭職了❹。

　　張學良去職，由何應欽接替其職務。佈置各軍，防守長城各口，而以古北口、喜峰口為最重要。自三月十五日起，各軍佈置情況大致為：⑴塘沽、大沽一帶的防守以第一軍團的東北軍于學忠部為主。⑵灤河以東及冷口方面以第二軍團的山西軍商震部為主。⑶喜峰口方面作戰以第三軍團的西北軍宋哲元、龐炳勛部為主。⑷第四軍團的東北軍萬福麟部除留一部協助何柱國軍（東北軍）扼守冷口以東各長城要隘口外，餘多移至京漢線護路。⑸古北口方面作戰以第八軍團楊杰所

---

❸　耿云志《胡適年譜》，頁二〇〇。《胡日記》，民國二十二年三月三日及七日。

❹　《胡譜》，冊四，頁一三〇～一三一。

❹　吳相湘〈胡適「但開風氣不為先」〉。《民國百人傳》，冊一，頁一六二，民國六十年，傳記文學出版社出版，臺北。《胡日記》，民國二十二年三月七日。

指揮的徐庭瑤中央軍及王以哲的東北軍❷。而以喜峰口、古北口方面
的戰鬥爲激烈，冷口方面亦有戰鬥。以宋哲元的西北軍和徐庭瑤的中
央軍的作戰表現最爲突出，商震的山西軍亦有重大傷亡。東北軍仍無
表現。

各軍作戰的表現，可參閱以下有關戰報：

喜峰口方面：何應欽三月十二日電：喜峰口方面，我宋哲元部
於昨夜二時出擊，佟旅長澤光出董家口，趙旅長登禹帶傷出潘
家口，俘虜倭寇及僞軍數百名，並燒毀敵之裝甲車數輛，現仍
在激戰中❸。

宋哲元三月十三日電：喜峰口外正面之敵，眞（十一）晚經我夜
襲，受創甚劇。本日急又反攻，戰事仍激烈，我官兵沉著應戰，
遠則槍擊，近則刀砍，敵終未得逞。又眞晚繞攻時，我王團長
長海將敵炮兵陣地佔領，得大砲十一門。因山僻路險，未能運
回，當經完全破壞，故今日敵反攻砲擊甚少❹。

宋哲元三月十九日電：羅文峪、山查峪口當面之敵昨夜以全力
向我陣地猛攻，我劉師長汝明親臨火線督率所部拼命抵抗，復
派李旅長金田率兵一團由沙亥峪口向敵側背繞攻至快活林附

❷ 〈代理軍委會北平分會委員長何應欽自北平報告與總顧問及黃紹竑、楊杰
等擬定戰鬥序列及各軍之任務呈蔣委員長電〉，民國二十二年三月十五日。
《緒編一》，頁六二七。
❸ 〈何應欽部長自北平轉報古北口、喜峰口等地戰況呈蔣委員長電〉，民國二
十二年三月十二日。《緒編一》，頁六二二。
❹ 〈宋哲元總指揮自薊州報告喜峰口戰況呈蔣委員長電〉，民國二十二年三月
十三日。《緒編一》，頁六二五。

近，被敵察覺，向我猛烈射擊，我官兵奮不顧身，拔刀衝入敵陣，砍殺無算。同時，我劉師長見敵陣線搖動，亟令所部全線出擊，前後夾擊，血戰終夜，遂將快活林……一帶之敵完全肅清。我受傷營長劉福祥、殷錫乾二員，其餘官兵傷亡甚眾。現羅文峪北十里以內已無敵蹤❹。

古北口方面：徐庭瑤五月十五日電：職軍第二十五師於三月灰（十）日參加古北口戰役血戰三晝夜，傷亡三千餘人。第二師、第八十三師、騎一旅、砲四團扼守司馬臺、南天門、白馬關之線及時警戒，異常嚴密，敵襲每受重創，故謀我之心益亟。四月馬（二十一）日敵以陸空聯合大舉向我八道樓子、南天門陣地進攻，我第二師、第八十三師、騎兵第一旅、砲四團拼死抵禦，迄至儉（二十八）日激戰八晝夜，該各師旅傷亡共三千餘人。因陣地工事為敵全毀，遂變換新陣地。……敵以損傷甚大，又增援軍一師團，砲六七十門，蒙軍五千餘，戰車七十餘輛，於五月灰（十）日夜起繼續向我猛攻，……血戰五日夜，第二、第八十三、第二十五各師合計傷亡三千餘人，火砲被受大損壞四門，其小損壞者十餘門，於今刪（十五）日遵照代委員長何寒（十四）令電令隨灤東部隊變換陣地❹。

冷口方面：軍委會北平分會四月十六日電：九日（四月）晚，我

❹　〈宋哲元總指揮自遵化報告羅文峪、山查峪戰況呈蔣委員長電〉，民國二十二年三月十九日。《緒編一》，頁六二八。
❹　〈徐庭瑤軍長自密雲報告我第二十五師、第二師、第八十三師等部參加古北口戰役經過及傷亡情形呈蔣委員長電〉，民國二十二年五月十五日。《緒編一》，頁六三九。

冷口商（震）部因受優勢敵軍之壓迫及多數敵軍之猛烈轟炸，鏖
戰三晝夜，傷亡過鉅，向南撤退。……惟商部此次作戰，傷亡
雖鉅，猶在積極整理準備反攻⑰。

至東北軍方面的表現，殊令人失望。熱河之湯玉麟軍固屬不戰而
退，東北其他各軍的情形，也非如其他各軍之勇敢。以下是有關東北
軍情況的記述：

胡氏三月二日的《日記》：晚上到張學良將軍宅吃飯，他說，凌
南已失了。他說，人民痛恨湯玉麟的虐政，不肯與軍隊合作，
甚至危害軍隊。此次他派丁旅，行入熱河境內，即有二營長不
知下落，大概是被人民「做」了⑱。

楊杰三月十一日電：古北口王以哲旅聞漢公（張學良）去訊，
退至北平附近。現二十五師(中央軍)已增入前線，正激戰中⑲。

何應欽三月十三日電：眞（十一）晚張廷樞師（東北軍）因稍有傷
亡，自動撤回，致左翼城牆爲敵佔領⑳。

胡在〈全國震驚以後〉文中更毫無保留的指出該系軍官的「貪汚

⑰　〈軍委會北平分會報告冷口方面商震部與敵鏖戰傷亡過鉅向南撤退電〉，民
　　國二十二年四月十六日。《緒編一》，頁六三二。
⑱　《胡日記》，民國二十二年三月二日。
⑲　〈楊杰委員自北平報告張學良離平飛滬及敵在平收買軍隊情形電〉，民國二
　　十二年三月十一日。《緒編一》，頁六二一。
⑳　〈何應欽部長自北平轉報南天門、古北口戰況呈蔣委員長電〉，民國二十二
　　年三月十三日。《緒編一》，頁六二四。

墮落」情形說：「九一八」以後，東北軍人雖遭絕大恥辱，他們在關內的行爲無一不是存了日暮途遠的頹廢心理，祇想快發財，毫不體恤士卒，更不繫念國家。拿這種頹廢墮落的軍官來抵抗那抱著併吞東亞野心的日本軍人，豈非以卵投石嗎[51]？

　　如將失地責任完全歸咎於張學良及其東北軍，亦非公平。即以批評指責不抵抗最嚴屬的廣東方面而言，如要彼等出兵，祇是口惠而實不至。當汪自歐回國於三月中經過香港時，曾勸廣東方面告以南京塌臺，廣東亦難偏安。彼等表面似甚同意，表示願派四團兵力北上，且將調軍入贛協同剿共。汪氏認爲：「此事果實現，則江西之兵，自可調赴華北」。迨汪到南京後，爲了謀求團結，準備召開國民黨臨時全國代表大會時，但在港粵的國民黨人則發出反對的通電，表示將自組政府，自行召開代表大會。廣東方面的國民黨人鄒魯且謂倘南京調兵北上，兩廣將攻取南京。所以汪在南京感慨的說：「如此情形，則所謂欲調各省軍隊北上抗日者，誠無異紙上談兵而已」！因此他對長城戰役並不持以樂觀的看法。他在南京中央指出：

　　　吾人對日，僅能說抵抗而不能說必勝。因近代作戰之條件，實無一備。倘必取勝敵人，亦屬理想而已。吾人所企圖者，則敵來與之抵抗而已；抵抗固不能取勝，但較不抵抗總好得多。盡力抵抗，此爲政府之責任；抵抗而敗，或某處失守，此非政府之無能，中國之不統一使然也。故各省倘仍如此不統一，不聽命令，如此分裂，吾人確無法以救國難[52]。

[51]　《胡譜》，冊四，頁一一三〇。
[52]　汪精衛〈在中央政治會議報告〉，民國二十二年四月十九日中政會第三五三次會議速紀錄（黨史會藏檔）。

汪氏的悲觀態度，也影響到他長城戰役以後的對日政策。在此之前，他尙堅持一面抵抗、一面交涉的政策；在此之後，祇「交涉」而無「抵抗」的作爲了。汪的改變，也使胡氏對汪有所改變。

伍、由「打鑼求救」變爲「困守待援」

長城戰役戰至五月下旬，中國的軍隊已敗退下來，日軍已迫近北平。到了五月二十二日，情勢極爲險惡，當時是「軍心不固，士氣不振，內幕尤不堪問」。日方且決定二十三日晨大舉進攻，北平軍政機關已準備移至平漢線。奉派前往北平與日交涉的黃郛認爲：「平津一失，中央政局亦必動搖，財政無辦法，糧餉接濟之源絕，平漢、平綏、北寧、津浦各線之交通樞紐，盡落敵手，國土變色，地方糜爛，潰軍且將波及豫魯，種種不堪設想之後患，均意中事」。汪在二十二日致電黃郛稱：「祇要不涉及承認僞國割讓四省問題，一切條件，均可商訂」。當夜，黃即與日本中山代辦、永津及籐原武官等晤談，達成初步的停戰談判❸。三十一日，完成簽字手續，是爲〈塘沽停戰協定〉❺。此一協定，實等於「城下之盟」，備受各方責難。

在此協定之前，汪即致信胡氏，附有〈覆某先生電稿〉，內稱：「惟一戰而敗，吾輩死固不足惜，恐平津失陷，華北亦隨以淪亡，而土地喪失以後，收復無期，是不啻吾黨亡而以平津華北爲殉也。此亦深可動念者。如在最低限度內有方法保全平津及華北，弟（汪）亦將不顧

❸　〈行政院駐平政務整理委員會委員長黃郛爲昨午夜與日本中山代辦等交涉停戰事致蔣委員長電〉，民國二十二年五月二十三日。《緒編一》，頁六四五。
❺　〈中日簽訂塘沽停戰協定條文〉，民國二十二年五月三十一日。全文見《緒編一》，頁六五五。

一切而爲之」❺❺。

　　胡自「九一八」事變以來，始終主張對日交涉，可謂與汪同調。汪爲保全平津與華北，對黃郛進行的塘沽停戰談判和協議，表示「必挺身而出，共同負責」❺❻。這次停戰，胡對汪氏的保全平津與華北，也是衷心支持者。五月二十九日，胡撰〈保全華北的重要〉，發表在六月四日出刊的《獨立評論》上，指出整個的中日問題，此時無法解決；而華北的危機，目前必須應付。如何應付：即一爲主張犧牲平津，步步抵抗，決不妥協；一爲暫謀局部停戰，先保全華北，減輕國家損失。胡則主張後者。胡氏深信：「日本的行爲若不悛改，這個世界爲了整個世界的安全，必有聯合起來共同制裁日本的一日。但今日決非其時」❺❼。不過胡之支持局部停戰以保全華北，雖與汪的看法一致，但對未來整個局勢的看法，則與汪氏不同了。汪是充滿悲觀的，胡則比較樂觀。例如胡在三月十九日的《獨立評論》的文中指出：「日本決不能用暴力征服中國」。四月二日的《獨立評論》中要大家保存一點信心，認爲「全世界的道德的貶議是在我們敵人的頭上，我們的最後勝利是絲毫無可疑的」❺❽！

　　汪對本身不但缺乏信心，且對日本的「和平」存有幻想。當胡在六月十三日到南京與汪晤談時，汪即對胡云：「日本形勢似有小變動，其間似有和平勢力漸漸抬頭的可能」。他要胡氏「特別注意」❺❾。這次

---

❺❺　〈汪精衛致胡適〉，附〈覆某先生電稿〉（抄件），民國二十二年四月二十三日。《書信選》，中冊，頁二一一。

❺❻　同❺❸。

❺❼　《胡譜》，冊四，頁一一五七～一一五八。吳相湘《民國百人傳》，冊一，頁一六四。

❺❽　吳相湘《民國百人傳》，冊一，頁一六三～一六四。

❺❾　《胡日記》，民國二十二年六月十三日。

會晤，是兩人別後十年來的首次再見，胡對汪尚具信心，對其轉變，似未注意，根據汪的說法，是把「打鑼求救」變爲「困守待援」，或「默守待援」⑩。其轉變的關鍵，則爲二十二年五月的〈塘沽停戰協定〉。據汪在南京中央的報告：

> 自「九一八」事變至本 (二十二) 年五月前外交工作，全爲「打鑼求救」。然國際方面，已明示吾人，除道義上之同情外，即經濟封鎖 (對日) 亦難辦到。則實力之救助，已成空想。故自五月以來，外交上態度已易爲「困守待援」。蓋就國際形勢觀之，美俄復交，足以促成日俄之對峙，不久將來，勢必發生變化；變化之結果，或即爲中國求得一新生路之機運。與其打鑼求救而救兵終不到；且因打鑼更足引敵之侵略，孰若困守以待救之爲得計⑪。

教育部長王世杰就其在南京中央的體會與觀察，認爲「今後政府之對日政策，大有走上另一途徑之趨勢；時局之危，至爲可慮」。當南京中央政治會議討論這個協定時，頗多憤懑之人。然既經簽字，汪、蔣兩人復主張承諾，自不會發生翻案結果。惟外交部長羅文榦則於會議後立提辭呈，但未被接受。事後王曾與汪談及對日態度，汪云：「無力量不能抵抗，無力量亦不能言親善」。而當時南京政府中人頗傾向於

---

⑩ 「默守待援」用詞，見民國二十二年十一月二十八日汪致胡函。《書信選》，中冊，頁二二三。

⑪ 汪精衛〈報告外交情況〉，民國二十二年十一月二十九日國民黨中央政治會議第三八六次會議速紀錄 (黨史會藏檔)。

「中日共存共榮」之說，汪亦頗爲所動❷。

　　汪之「困守待援」的目的是什麼呢？汪說：要以外交掩護軍事，以剿共掃除軍事的障礙，以建設充實國力，以達成救亡圖存。以剿共治標，以建設治本。至於能否達成救亡圖存？汪氏顯然也沒有信心。他認爲：

　　　　組織不良的國家，好比下等動物，如蛙之屬，即將其身體分解各部分，依然躍躍跳動，死不死，活不活，這在生物學中叫做「部分獨立」。今日的中國，恰如蛙一般，我們受人宰割而亡國也，正如蛙一般，割一刀，叫一聲，跳一下，直至刀刀割完，部部分解，還不知道早已一命嗚呼的了❸。

　　汪氏更就敵我強弱、國際危機以及當時中國情況來看，對於救亡圖存並無信心。就敵我強弱而言，中國是被害者，而且是一個積弱者，人強而我弱。在弱肉強食的今日，祇要弱者唉一身愛國，強者立刻就要打殺。人世間能容許我們開明奮鬥以救亡圖存嗎？就國際情勢言，國際危機迫於眉睫，強的對弱的時時有火併之可能，也時時有宰割之佈置，時間上能容許我們從容準備以救亡圖存嗎？就中國情況言，中國是一個落後的國家，政治上、經濟上、軍事上、科學上，以至於社會組織上，都不如人。弱的會奮鬥，強的更能奮鬥；弱的會準備，強的更能準備。所謂道高一尺，魔高一丈，物質條件上又能容許我們徐

<hr>

❷　《王世杰日記》手稿本，冊一，頁五～六，民國二十二年六月三日及十三日記。民國七十九年，中央研究院近代史研究所印行，臺北。

❸　汪精衛〈兩年來關於救亡圖存之工作〉，民國二十三年一月二十三日在國民黨四屆四中全會的政治報告（黨史會藏檔）。

圖發展以救亡圖存嗎？汪對以上三個問題，無一而敢下肯定的答案，亦無一而能下否定的答案❽。換言之，他是猶豫不定的。這與他後來走上投日之路，顯然不無關係的。而且汪在投日後也追述他自二十二年三月回國重任行政院長後，仍本以前主張，締結了塘沽協定，乃是從局部的暫時的和平，要謀永久的和平。因於塘沽協定之後與蔣中正在廬山熟商，發表通電，主張「治標莫急於清除共匪，治本莫急於生產建設」。從那時起，數年之間，剿共與建設，多少有所成就；同時對於日本表示不願用和平以外的手段，交涉之門，隨時打開。於是醞釀出一個根本解決的方法。那就是廣田三原則中「共同防共」問題。於是即與日、德、義三國進行此事。不料二十四年（一九三五）十一月一日因爲被刺受傷，辭職養病。但「此心耿耿，仍欲爲這主張盡其微力」❺。

胡對汪之「困守待援」政策表示異議，初見於二十二年十一月二十日所撰〈世界新形勢裡的中國外交方針〉一文。該文一開始即指出：「自從華北停戰以後，國內國外都有一種揣測，說中國的外交政策要根本改變了，改變的方向是拋棄歐、美的路，重叩日本的門」。胡認爲上述揣測並非沒有原因，而是他也感覺政府好像沒有何種積極的外交政策或方針，祇有一種消極的招架應付❻。同日致汪氏信中有一句最扼要的話，是說：「世界大戰如果在不久即爆發，我們應該如何？大戰如能展緩兩三年，我們又應如何」？汪的看法，則是悲觀的。他對胡氏

❻　同前注。

❺　汪精衛〈十年來和平運動的經過〉，民國三十二年在南京的演講（黨史會藏原稿）。

❻　胡適〈世界新形勢裡的中國外交方針〉。《獨立評論》七八號，民國二十二年十一月二十六日。本文引自《胡譜》，冊四，頁一一七五。

說：

> 甲國（日本）和乙國（蘇聯）打架之前，甲國必首先要求我國表示
> 態度。我國幫他麼，無此情理；不幫他麼，立刻佔領華北及海
> 口。甲是預備陸軍三百五十萬人來打仗的，三百萬對付乙國，
> 五十萬對付我國。要之，在乙未勝或未敗之前，我國已經一敗
> 塗地。
>
> 以甲對乙，勝負未可知；以甲對乙、丙（英）、丁（美），則乙、
> 丙、丁之勝利是必然的。我們何憚作比利時呢？（按第一次大戰被
> 德佔領，四年後復興。）但是我國的經濟大勢，百餘年來，由北南
> 移，通商以來，更移於沿海沿江。如今戰爭，是經濟戰爭。以
> 現在我國軍隊，若無經濟供給，留駐於沿海沿江嗎？必然成爲
> 無數的傀儡政府；退入西北內地嗎？必然成爲無數的土匪。換
> 句話說，絕不能做到比利時，因爲沒有那麼簡單。那麼，即使
> 乙、丙、丁幸而戰勝，我國已成一團糟，除了化做蘇維埃，便
> 是瓜分或共管[67]。

　　汪氏的理念，胡氏不以爲然。胡認爲：「外交要顧到世界的局勢，
而不可限於一隅的局勢；外交要顧到國家百年的大計，而不可限於一
時的利害」。就世界的局勢來看，胡是樂觀的。胡不認爲中國沒有做比
利時的資格；也不認爲乙、丙、丁的終於勝利而中國要受瓜分或共管
之禍。胡認爲：「比利時所以亡而復存，祇是因爲它能抓住協約國，祇

---

[67]　〈汪精衛致胡適〉，民國二十二年十一月二十二日。《書信選》，中冊，頁二
　　二一。

是因爲它能堅持一種信心」。胡指出：「我們的將來，無疑的，必須倚靠一個可以使丹麥、瑞士和英吉利、法蘭西同時生存的世界組織。我們必須有這種信心，然後可以決定我們的外交政策」。如果無此信心，而先疑慮「乙、丙、丁來瓜分共管，那麼，除了投到甲國（日本）的懷抱去做朝鮮，還有何路可走呢」❻❽？這句話對汪氏來說，眞是不幸而言中了。

　　胡對汪的「困守待援」政策，雖然表示能夠了解，但也提醒汪氏要明瞭世界的新局勢並不是拋棄了我們❻❾。胡氏認爲今後的國際外交必將有重大的新發展❼⓿。

　　胡且告知汪氏：「兩年來世界人士，歐美國家，對我們的同情，都是這個理想主義受威脅危害時的喊聲，我們不可認錯了」❼❶。胡公開聲言：「我們今日的情形，老實說，祇能是：多交朋友，謹防瘋狗。我們若因爲怕瘋狗，就連朋友都不敢交結了，那就不夠資格做朋友了」❼❷。這是對汪之「困守待援」政策最恰當不過的形容和批評。但汪並不能接受胡的意見，而且表示他的意見說：

> 中國和丹麥、瑞士絕不相同。丹麥、瑞士小得像一塊沒有肉的骨頭，兩狼爭食，各不得飽，兩者相爭起來，未免不值，自然落得大方。中國卻是一塊肥肉，世界上弱小國可以生存，弱大

---

❻❽　〈胡適致汪精衛〉（稿），民國二十二年十二月二十日。《書信選》，中冊，頁二二五～二二六。此時朝鮮被日統治，「做朝鮮」，意爲做殖民地。

❻❾　同前注，頁二二七。

❼⓿　胡適〈世界新形勢裡的中國外交方針〉。見《獨立評論》七八號，民國二十二年十一月二十六日。本文引自《胡譜》，冊四，頁一一七五。

❼❶　同❻❽，頁二二七。

❼❷　同❼⓿。

國則不能生存，中國可以比印度，卻不能比丹麥、瑞士。

比利時的生存，因爲「抓住協約國」，誠然。但英、俄、法與德
國打仗，是各爲自己，不是爲比利時。英、俄、法決不會爲比
利時而與德打仗[73]。

對於汪之「困守待援」政策表示異議或不滿的，除胡氏外，在知
識界或政界的亦不乏其人。胡在二十三年初到南京、上海所接觸到的
一些人士中，頗多對汪表示不滿者，胡對這些不滿汪氏的批評，也多
表示同意，甚至也加入批評，由此可以看出胡對汪的印象也在改變之
中。以下從胡的《日記》來看一些人士對汪的批評和胡的印象。

民國二十三年一月三十一日（在南京）

九時(晚)到汪精衛的官舍，大談外交、內政問題。在座有吳達
銓（鼎昌）、張季鸞、叔永夫婦（任鴻雋、陳衡哲）、唐有壬、曾仲
鳴。回寓與吳達銓談到夜深。達銓今夜在汪寓說他看中國對日
本祇可取「鬼混」政策，我甚失望。我對他說：即使鬼混，也
要有個目的。無目的的鬼混，必定被鬼混了去[74]！

吳的所謂「鬼混」政策，實即汪的「困守待援」政策之形容。雖
未指出對汪的失望，但在下一則的《日記》中，卻表露出來了。

二十三年二月四日（在上海）

[73]　〈汪精衛致胡適〉，民國二十二年十二月二十五日。《書信選》，中冊，頁二
二九。
[74]　《胡日記》，民國二十三年一月三十一日。

約程滄波（中行）來談。他談南京政治，很有意味。……他對於精衛，甚不滿意。其言甚可代表一部人士的公論。

南京政治的大病在於文人無氣節、無肩膀。前夜（一月三十一日）我對精衛老實說，武人之橫行，皆是文人無氣節所致。今天我對滄波談，也如此說。他也同意[75]。

「文人無氣節、無肩膀」，顯是對汪等的印象和批評。一年前胡所欣賞的「汪蔣合作」政策，此時也有所改變了。參閱下則《日記》。

二十三年二月五日（在上海）

下午孫哲生（科）邀談話，他談國民黨近年領袖不合作的經過，直談到最近他的提案的失敗。我對他說：幾個老一輩的領袖不能合作，難道幾個後起的少年領袖就無法出頭撇開他們，另打開一個新局面嗎？你談的都是汪蔣合作、胡蔣合作……等等，何不準備撇開他們人的問題，另想想制度的問題呢[76]？

二十三年二月七日（在上海）

訪宋子文，談了一點多鐘。他對精衛頗不滿意。他說：他在海外時，華北協定未成，得汪先生一電說，若不得已而停戰，必無成文的協定，又必須經過中政會；隨後又得一電，說膺白（黃

---

[75]　《胡日記》，民國二十三年二月四日。
[76]　《胡日記》，民國二十三年二月五日。

郛)、敬之（何應欽）竟簽訂停戰協定，「可惡之至」。——大概精衛態度不甚誠懇，處處用手段，實處處樹敵也。前日滄波亦有此感想⑰。

陸、胡爲汪薦「替人」

胡對汪的「困守待援」政策既有異議，而要爲汪推薦「替人」，當然希望汪能採行他的外交方面的意見。其具體內容爲何？應是胡在〈世界新形勢裡的中國外交方針〉中所提出的：「中國的外交必須顧到四條路線：一是日本，二是蘇俄，三是美國，四是國聯（代表西歐和英帝國）。最上策是全顧到這四線，不得而思其次，也要顧到四線中的三線」⑱。

爲了要顧到上述外交路線，胡認爲汪和唐有壬是不適當的。因此再度勸汪、唐退出外交部，理由是：「先生（汪）以政府領袖首當外交之衝，甚非所宜。而先生的助手（有壬兄）在五、六月間（二十二年）爲最有用，在今日（二十二年十二月）則似不相宜。所以然者，他對於甲國（日本）雖有認識，而對先生所謂乙、丙、丁（俄、歐、美）等則甚不了解，且甚懷疑」⑲。

胡不但勸汪、唐退出外交部，而且爲汪推薦「替人」。原因有二：

今日之危局與五、六月間不同。今日所需不在能繼續軟下去，

---

⑰　《胡日記》，民國二十三年二月七日。

⑱　同⑩，頁一一七四。

⑲　〈胡適致汪精衛〉（稿），民國二十二年十二月二十日。《書信選》，中冊，頁二二七。

而在能委婉的硬起來。故當日不能與先生（汪）合作的人，也許正是先生今日需要的替人。此其一也。

顏（惠慶）、顧（維鈞）、郭（泰祺）等皆在此時甚惹人猜忌，而餘人實不夠分量，不得已才想到那位朋友身上去，因爲他是個比較有分寸的人，也沒有鮮明的色彩可以引人注意，而其人或可拾起那乙、丙、丁各條將墜的路線的工作。此其二也⑩。

　　胡所推薦的「那位朋友」，顯然即是汪的前任外交部長羅文榦。一個月前，胡曾推薦過一次，爲汪所拒。今胡再推薦。究竟他是怎樣的一位「外交家」呢？胡在二十二年六月十四日的《日記》（在南京）中有如下的描述：

在他（汪）帶來的文件裡，我見了一些重要文件。其中有一件是鈞任（羅文榦字）擬的新外交方針，是華北停戰以後的新說帖。其中的內容和平多了。鈞任粗中有細，不是完全不顧現狀的。外人因此說他會作官，則殊不公道。

然而他確也不是一個理想的外長。他太固執己見，不肯平心考慮別人的思想；他的天資見得到處，他可以不顧一切做去；然而他見不到處，他也任性孤行，則甚危險。及至他見到時，已誤事誤國不少了。

他太 rude，又太 crude，皆似有意學李鴻章與伍廷芳。亦足以引起不必有的反感。如今日他見精衛，短衣赤腳；見 lngram（英

⑩　同前注，頁二二七～二二八。

使館參贊）時，也短衣赤腳。精衛甚不以爲然，頗勸他。他似有意示我們他瞧不起外國人；此則是他用的 rudeness 來表現他的 crudity 了 **❽①**。

儘管羅的表現相當粗野，使胡覺得有些過分；但胡對其外交主張頗爲欣賞。長城戰役時，羅尙任外交部長，即不主張與日交涉。胡在二十二年三月十四日的《日記》云：

> 車上與鈞任（羅文榦字）談甚久，他主張此時決不能交涉；但他不是不願意在取消「滿洲國」的條件之下交涉，只是日本此時決不會承認這個先決條件。
>
> 鈞任的主張很徹底。他說，這個民族（指中國）是沒有多大希望的，既不能做比利時，又不能做普法戰後的法蘭西。如果我們能相信，此時屈伏之後，我們能在四十八年內翻身，我們也不妨此時暫且屈伏。但我（羅）是沒有這種信心的 **❽②**。

胡當時是主張交涉的，與羅之主張不同。但他對羅的主張卻甚欣賞。當時《日記》記云：

> 我細細想來，恐怕他（羅）是對的，我是錯的。是的，此時的屈伏，祇可以叫那些種種酣嬉無恥的分子一齊抬頭高興，決不能

---

❽①　《胡日記》，民國二十二年六月十四日。手稿本（十一）。
❽②　《胡日記》，民國二十二年三月十四日。按文中「屈伏」應爲「屈服」。

從此做到興國的目標❸。

胡認爲「釣任對於國際局勢，較有信仰」。胡更欣賞的，是羅的「外交哲學」，此「哲學」是以「賭學」爲例。羅在二十二年三月十日曾答胡一信，說明其「哲學」：

> 大示敬悉。賭錢全靠氣。輸錢的時候，千萬不要說你的夥計如何打錯牌；尤不可說莊家牌太好我打不過，垂頭喪氣；更不可說我輸不了，請莊家減冤賭債。也不可於輸錢的時候請朋友可憐。輸錢的時候，更要鎮定，一聲不響。如尚有籌碼，好好的再來一下。如籌碼不夠，則慢慢的觀察，俟莊家牌風轉時，買他一個大頭注。

> 千萬不可認輸，賭錢尤要講賭品。對朋友說的話，要勿失信。朋友幫你的忙，大家下你的門注；你即輸了這一副，萬不可即時下別門或飛注。

> 弟（羅）賭錢頗有學問。老兄（胡）好好的讀書人，輸了一副牌，面色便發青，做出寒磣樣子。弟以爲此時我們要寒磣，此後不要入賭場了。因爲寒磣之後，莊家永遠吃住我這一門，朋友將不捧場下我的門注，賭友皆看不起我。此後翻本永遠無望。

> 故我此副輸了，應照例下些注，一面飲杯茶，抽口煙。心且管難過，面仍要不改色。

---

❸　同前注。

向來賭大錢的人，誰沒有輸過！而且莊家現在亦未必本錢很多。以時間算，才一二時左右，尚未到天光（明）。趕快起些本，好好的提起精神，尚有幾點鐘可賭。

你不信我的賭學，你向問李律閣（原注：李律閣名宣威）罷。此篇賭的講義，望你保存。將來或成爲歷史上的文字啊！三月十日（二十二年）❽。

以上的「外交哲學」，如何應用到對日的交涉上去呢？羅在二十一年九月間給胡的一封覆函中，或是此一哲學的應用。該函云：

你（胡）來函反覆爭論直接交涉問題，我（羅）以爲此辦法是對的，惜去（二十）年初出事時（指九一八事變）未辦，現在日本正在得意時候，我們亦不必急急，總要在國際有些變化時候，或日滿更倒霉，則交涉尚易開口，彼此尚有價可講。目前我們最重要的，是不好將我們的氣餒下去。國民的抵制，義勇軍的搗亂，拿筆桿的口誅筆伐（外部在內）；最好拿槍桿的不要看命看得太重（但是太難）；有錢的拿錢接濟義勇軍；守土者總要學學做狗，賊來不咬一口，亦要吠兩聲；果能如此，堅持一、二年，不怕小鬼（指日本）不來請我們交涉。可憐我現在說的是醉話，現在的人不要錢、不要命，是沒有的事。國可亡，家可破，錢同命是捨不得的。以此種民族，焉有天天不受人侮辱呢❽？

---

❽　同前注。按文中「寒塵」應爲「寒傖」。
❽　〈羅文榦致胡適〉，民國二十一年九月十九日。《書信選》，中冊，頁一三五。

對於胡之再度推薦「替人」，汪卻搬出他「困守待援」的「守二門」的哲學，說：「先生（胡）能否注意到助長二門以內的人的吶喊，而忽視了守二門的人的沈默？先生，替人之難，即在於此」[86]。意即寧可保持沉默，而不願學狗吠，正是汪所說的：「與其打鑼求救而救兵終不到；且因打鑼更足引敵之侵略，孰若困守以待救之為得計」[87]。胡對汪的「困守待援」的評語是：「前回是『鳴鑼呼救』，今日祇是『困守待援』，這都是精衛給我信中說的話。文人祇會弄筆頭，創造名詞，自慰而已」[88]。

二十三年（一九三四）九月十七日，國聯改選非常任理事，中國落選未能連任（土耳其當選）[89]。胡氏為此致函汪氏，再勸汪退出外交部。函云：

> 去（二十二）年我回國時，即向先生進言，請先生與有壬兄退出外交部。以私交論，為愛先生；以公誼論，實為國家設想。那時此意未蒙先生採納。那時先生頗怪我不認先生為能「困守待援」之人。我以私人資格，已做到了「盡言」的限度，當然不便再嘵嘵了。及今思之，「困守待援」之外，似乎也應該有點「雪中送炭」的工作。今日的外交局勢直是一事不做，閒中不佈一子，萬一又有大危急，與三年前王儒堂（正廷）時代的局面（九一八前後）有何分別？為國家前途設想，我終不願避嫌不說話，

---

[86] 〈汪精衛致胡適〉，民國二十二年十二月二十五日。《書信選》，中冊，頁二二九。

[87] 見[61]。

[88] 《胡日記》，民國二十三年三月九日。

[89] 郭廷以，《中華民國史事日誌》，冊三，頁三九九。

我很盼望先生再思我的老話，與有壬兄同退出外部，慎選一位
能實行所謂「同時顧到外交四條路線（日、俄、國聯、美）的繼任
者**⑨**。

汪對胡的建議並無接納之意，祇是辯白與解釋。認爲唐「是一個
適當的次長」；而其本人，認爲：「我（汪）所希望接手的人，至今找
不著，這是我的晦氣」。對於「四條路線」，他說：「必須走上去，是無
疑的。先生（胡）知道，闊佬和闊佬拉交情是容易的，窮佬和闊佬拉
交情是難的」。他似乎認爲胡不能完全了解他，說是「外交上的危機，
不能一一寫在紙上」。說他：「以不懂外交的人而兼部長，以致一班老
外交家都不高興」。他固執地說：「我承受，我低頭挨罵，我很頑鈍的
挨罵」**⑨**。看來，汪是實在不願接受「調教」了。胡氏顯然感到失望，
故在〈一九三四年的回憶〉中寫道：

> 我曾寫四次長信，勸汪精衛先生與唐有壬先生退出外交部。但
> 這種不入耳之言，至今不曾有絲毫功效**⑨**。

看來胡、汪兩人對此時期外交問題的爭論，可謂各執己見，難有
共同的看法。比較言之，胡是樂觀的，汪是悲觀的；胡重視美、俄和
國聯的路線，是攻勢的外交；汪重視對日敷衍，是守勢的外交。胡偏
於理想，汪偏於現實。

⑨ 《胡日記》，民國二十三年九月二十二日，錄致汪精衛的九月二十四日函。
⑨ 〈汪精衛致胡適〉，民國二十三年九月二十八日。《書信選》，中冊，頁二六
○。
⑨ 《胡日記》，民國二十三年十二月十一日。手稿本（十二）。

柒、多線外交的曲折

對於胡所主張的外交四條路線，汪在原則上固無反對之理，但在實際措施上，卻認為相當困難。根據汪在二十六年（一九三七）七月間對國內知識界參加廬山談話中曾有如下的說明：

> 關於過去外交策略，我們無非希望人家能路見不平拔刀相助，當然不希望孤力（立）的同敵人拼命，更不希望死後讓人家拿花圈來挽祭我們。自從「九一八」到現在，我們在外交上求助人家的工作，我們曾盡過最大的努力。但是這種工作，如同求婚一樣，你雖提出求婚，而人家能否應允是一個問題。過去外交上這種求婚的工作，剛才已經說過，我們曾盡過最大的努力，努力的結果，始終得不到人家的應允。所以過去外交上的求婚工作，我們祇可承認求婚的技術或不十分好，不能說我們不努力 ❸。

至於為何祇是對日敷衍呢？汪的說明是：

> 對於日本的侵略，自「九一八」以後，日本在我北方一步逼緊一步，我們就一步退後一步，這究竟是什麼緣故？因為我們的國力不充，人民的訓練與組織不夠，及軍用武器的不精，還不能對敵人背城一戰，所以不得不忍辱負重的在人家緊逼侵略的時候，一步步往後退。原想延長時間，來做準備的工作，求國

<hr/>

❸ 汪兆銘〈九一八以來的外交〉，民國二十六年七月二十九日廬山談話會第二期第二次共同談話會速紀錄（黨史會藏檔）。

家的復興。對外如此，對內亦如此㉔。

　　至對各別國家如蘇聯、美、英以及國聯在「九一八」事變後數年間對中國的態度，以及中國對其「求助」的努力和效果，汪的看法，相當悲觀而失望的。以下是汪在廬山談話會中說明的大要：

對蘇聯：

(1)在德日防共協定及西安事變前（二十五年十一月以前），蘇聯政府對我態度極爲冷淡。二十一年我方提議締結中蘇不侵犯條約，蘇方堅拒。二十三年蘇聯不顧我方抗議，將中東路出售於日本。二十五年締結蘇蒙議定書。蘇方彼時望於我者，祇在中蘇商約之成立，而依照彼方主張，約之利在於彼，不在於我。

(2)德日協定公布與西安事變發生後，蘇方對我態度似較前略加積極。一方認蔣委員長爲今日中國之領袖，一方否認協助中國紅軍。對於澳總理提議締結太平洋公約，表示絕對贊同，並深望其成功㉕。

對美國：

㉔ 同前注。

㉕ 汪兆銘〈擬口頭報告外交問題綱要〉，民國二十六年七月十七日。廬山談話會速紀錄（黨史會藏檔）。按蘇聯售讓中東路事在二十二年（一九三三）五月二日由蘇外長李維諾夫正式向日提議，經過長時期談判，至二十四年（一九三五）三月二十三日在東京正式簽字。

⑴美國首創不承認用武力造成之局面，現對僞國仍維持其不承認的態度。

⑵美國除維持其消極態度外，對於東亞局勢在最近數年內，並無若何行動與表示。而其中立法案且有成爲永久法規之傾向。依照此項法規，凡遇國外戰爭，不分侵略與被侵略者，美國人民不得向交戰國運輸軍火或貸款。

⑶美國於中日間發生重大事故時，輒謂彼方若出週旋，或有激怒日本之虞。但對於東方任何發展，無時不在嚴密注意中。

⑷美國對於澳總理締結太平洋公約事表示贊同，但不願採取積極行動。

對英國：

⑴自我國將鐵路債務開始整理後，英國朝野認爲中國財政信用業已增加，頗有在中國爲相當投資之傾向。

⑵英國希望中國財政穩固，政局安定，對於我幣制改革，頗多協助。

⑶英國又希望中日間能循正當途徑改善關係，但不欲中國輕易放棄主權。

⑷中日間現有問題英國最爲關心者，厥爲走私。李滋羅斯在華時，屢曾建議中國應即向日要求停止走私，同時中國減低某種入口稅率。但事前總須與日方謀諒解。

⑸本年英舉行帝國會議時，澳總理提出締結太平洋公約計劃，我方聞訊後，即向英方表示贊同之意。惟英方迄未與任何有關國家正式討論。

對國聯：

(1)自二十二年國聯特別大會報告書通過後，日本已非國聯會員國。而國聯除繼續其不承認其僞國態度外，對於東北問題之歷屆決議，迄無任何辦法促其實現。意國侵略阿比西尼亞時，國聯曾有對意斷絕經濟關係之建議，但阿國被併後，國聯亦已取消前議。

(2)中國對於國聯雖多失望，然仍與國聯盡量合作，凡屬維持和平主張正義之建議，中國仍予參加 **96**。

　　儘管困難太多，但胡氏認爲：「汪先生除對日敷衍外，別無活動。此刻在歐美的外交完全停頓，這不是辦法。外交絕不能是單軌的。歐美方面的困難雖多，我們不能坐以待斃」 **97**。不過有些重要的秘密外交，並不一定要經過正常的外交途徑。例如二十四年（一九三五）三月在蘇聯出售中東路正式簽字後，蔣中正仍不放棄對蘇的爭取。他在這年春特派其侍從秘書鄧文儀爲駐蘇使館的武官，負有與蘇聯高級將領廣泛接觸爭取他們支持中國抗日的使命 **98**。二十五年（一九三六）夏，蔣又派陳立夫悄悄至日內瓦和蘇外長李維諾夫會晤。當時汪在德國「養病」，得此消息，頗感詫異，說陳是「和蘇聯代表秘密勾搭」 **99**。

96　同前注。

97　〈蔣廷黻致胡適〉，民國二十三年十一月二十四日。《書信選》，中冊，頁二六二。

98　張同新《蔣汪合作的國民政府》，頁三六二。

99　汪精衛〈十年來和平運動的經過〉。

　　同樣地，對歐美各國的爭取或合作，也不必完全經過外交途徑。特別是對美、英諸國利用財經的合作而達到爭取支援的目的。例如塘沽協定前後，行政院副院長兼財政部長宋子文於二十二年四月間出國，以數月的時間，歷訪美、英、法、意、德及國聯，出席世界經濟會議，顯著的收穫爲中美棉麥借款五千萬元的成立。英國允以庚子賠款四百七十萬鎊用於完成粵漢鐵路，意、德與中國的關係，漸臻密切，國聯設置對華技術合作委員會，派專人駐紮中國⑩。

　　這是南京國民政府進行的東西方平衡外交，日本的反應十分強烈，向中國政府提出抗議，揚言中國如果引進第三種勢力以對抗日本，它將採取必要的自衛行動。汪爲緩和日方的壓力，同時也使因爲美國棉麥借款而引起廣東方面的指責得到平息，蔣汪在撤換宋子文的問題上取得了一致的認識。十月二十九日，中央政治會議通過宋辭去行政院副院長及財政部長職務，而以孔祥熙繼任⑩。

　　宋去孔來，雖無實質上的差異，但知識界頗多同情於宋。胡氏在其《日記》中記道：

　　　　行政院萬一有一件大過失，國府主席有拒絕簽字之規定否？中政會有否決權否？

　　　　例如宋子文被迫辭職事，蔣介石趕來開中政會，他主席，精衛報告，全會無一人敢發言討論，亦無人敢反對⑩。

⑩　郭廷以《近代中國史綱》，頁六五一。一九七九年，中文大學出版，香港。
⑩　同⑱，頁二一三～二一四。
⑩　《胡日記》，民國二十三年二月五日。

　　孔氏接替宋的職務，仍以財經政策尋求英、美的合作。其二十四年的幣制改革，即是一個重要的成功案例。幣制改革，在宋主持財政時，即已著手進行。二十三年四月，實行廢兩改元，奠定了幣制改革的基礎。孔繼續這項工作。

　　中國貨幣原甚混亂，公私銀行多自發通貨，外匯常為外國銀行壟斷。廢兩改元後，幣制雖漸統一，但以國際白銀漲價，中國白銀大量外流，人民紛以鈔票兌現，物價為之跌落，工商業遭到嚴重困難。國府採英國財政家李滋羅斯（Leith-Ross）的建議，於二十四年十一月三日，實行法幣政策。變銀本位為匯兌本位，與英鎊、美金聯繫，禁止銀元流通，定中央、中國、交通三銀行的鈔票為法幣（後增農民銀行），其他銀行不得發行，由三銀行無限制的售賣外匯。打破了外國銀行的獨佔外匯。此一措施頗獲人民的擁護及英國的支持。日本雖多方破壞，仍得順利進行❶❸。美國對於幣制改革，原來表示冷淡，後亦轉而支持，同意收購中國白銀一億盎斯，協助穩定中國貨幣。此次幣制改革的成功，對中國經濟、政治以及兩年後的對日抗戰，都發生了深遠的影響。它使全國經濟呈現出欣欣向榮的景象，從前行使地方紙幣的偏僻省分也漸漸改用法幣。全國幣制無形中統一起來，各省經濟關係更加密切起來，中國又達到了經濟上的統一局面。尤其重要的是：假如中國依然停留在銀本位的時代，中日戰爭一旦爆發，就會因為戰費籌措困難，抗日戰爭恐怕無法支持到半年以上的。所以，法幣政策不但解除了當時的經濟困難，還奠定了長期抗戰的戰時財政經濟的基礎❶❹。

---

❶❸　郭廷以《近代中國史綱》，頁六六八。

❶❹　吳相湘《第二次中日戰爭史》，上冊，頁三〇六～三〇七，民國六十二年，綜合月刊社出版，臺北。

　　至於美國棉麥貸款對其時中國建設事業的幫助，也是不容忽視的。其中百分之四十用於幣制改革及整理金融，其餘則分別用於民用航空事業、贛省治標費及標本費（剿共及建設）、七省聯絡公路、衛生事業、西北建設、棉業統制、蠶桑改良、茶葉改良、燃料研究、調查研究等⑩。其中頗多與國防事業間接相關。

　　在中國尋求英、美以及其他國家合作的過程中，亦經常受到日本的反對及破壞，甚至提出嚴重的威脅。例如當二十三年（一九三四）中國與各國關係頗有進展時，日本外務省發言人天羽英二即於這年四月十七日發表聲明，謂中國如利用他國勢力以排斥日本之任何企圖與行動，均必加以排擊；各國如對中國採取共同行動，縱令爲財政或技術援助，日本亦表示反對。天羽的聲明，是對中國以及各國的警告，率直的揭示獨佔中國的野心。中國照例聲明予以辯解，各國輿論紛對日本譴責。蔣委員長的反應，爲當時未曾發表的兩篇演講，一爲四月二十三日在江西撫州對前線將士的講演，說十年必將日本逐出東北，收復臺灣、朝鮮⑩。一爲七月十三、二十及二十四日對廬山軍官訓練團的三次講演，題爲〈抵禦外侮與復興民族〉，指出日本不顧一切的來侵略中國，向全世界挑戰，實際等於自取滅亡。他確信：「我們祇須運用適當的戰略和外交的國策，就可使他（日本）屈服在我們面前」。蔣更自豪的說：「我一定有高明的策略可以打敗這小小的倭寇」⑩。

---

⑩　同⑱，頁二七三。

⑩　郭廷以《近代中國史綱》，頁六五二。

⑩　蔣中正〈抵禦外侮與復興民族〉（下），民國二十三年七月二十四日。見《先總統蔣公思想言論總集》，卷二〇，頁三四三～三四四，民國七十三年，黨史會編印。

捌、華北事件後胡的「雙管齊下」策

汪的「困守待援」策到了二十四年（一九三五）六月華北事件以後，已有難以維持下去的趨勢。原因是日本對華北的侵略行動的加緊，促使南京中央內部反汪妥協勢力的興起。同時，蔣委員長在對日妥協退讓下，雖與汪一致，但他此時的剿共工作大致告一段落，中央勢力及於西南川滇黔各省，對日態度漸趨強硬。汪氏仍然堅持其對日妥協屈服的主張，頗引起一些人士對其動機的懷疑。此時胡對汪氏顯然更為失望。其應付危局的意見，不再和汪商討，而向在南京的教育部長王世杰提出，要他轉達蔣中正委員長。顯然胡氏由其對汪的期望轉向於蔣。他在致羅隆基的函中說：「依我的觀察，蔣先生是一個天才，氣度也很廣闊，但微嫌近於細碎，終不能『小事糊塗』」●。為了表達他的意見，胡在六月十七、二十及二十七日連續三函王世杰，將其意見歸納為「雙管齊下」或「日本切腹」而「中國介錯」的策略。特別要王「千萬請設法使蔣先生知道此意」●。

華北事件是在二十四年六月，日人藉口於漢奸白逾桓等在天津之被暗殺，指為國民黨及蔣委員長之仇日，先後逼迫河北省主席于學忠、察哈爾省主席宋哲元去職，並要求撤退中央駐河北以及于、宋之軍隊；解散國民黨在各該省及平、津之黨部；取締一切排日活動。主持北平軍分會之何應欽力主退讓；汪之態度亦同。蔣雖不主張簽訂任何協定，然亦未能阻止何、汪等接受日本的條件。察省事件並有書面的接受。

● 〈胡適致羅隆基（努力）函〉，民國二十四年七月二十七日。《胡日記》，民國二十四年六月三十日後附錄。並見《胡譜》，冊四，頁一三九九。
● 〈胡適致王世杰函〉，民國二十四年六月二十日。《胡日記》，民國二十四年六月十九日後附錄。

其接受之條件，對中央最高軍事外交機關（國防委員會）從未爲詳細
之說明❿。

此時南京中央方面，對汪等之妥協屈服作爲，已形成一種反彈的
陣勢。據王世杰這年六月十八日自南京致胡函中的透露，說：「此間近
雖頗有洞明大勢文人在苦鬥，然力量不足，在大體上局勢黯淡如故也」。
函中且說：「緣日人半正式之要求，即在承認僞國，接受日籍軍政顧問，
締結對俄攻守同盟」。而日方此種要求，「某部分人近竟謂此種要求應
予考慮」⓫。所謂「某部分人」顯指汪派一些人士。胡覆王函亦云：
「公等在中央阻止『某部分人』的胡爲，是我極佩服的。」⓬此時南京
中央的一些「文人」對汪派之「苦鬥」顯然至爲激烈。陳布雷的《回
憶錄》有如下一段之記述：

> 是時京中政象，以蔣公出外日多，漸有紛紜軋轢之象，行政院
> （汪）與監察、司法（于右任、覃振、居正等）各院間，頗多齟齬，
> 賴葉楚傖秘書長彌縫調節其間，勉克相安而已。朱騮先(家驊)、
> 羅志希(家倫)、徐可均(恩曾)、蕭青萍(錚)諸人均曾來川有所
> 報告。余均勸彼等以大敵在前宜盡袪疑慮，既信任領袖，即應
> 信領袖所信任之人，毋意毋必，共度艱難，必中樞安定，始有
> 忍辱負重準備禦侮之可能也⓭。

⓾ 《王世杰日記》，民國二十四年七月十七日記。手稿本，冊一，頁一三～一
　　四。

⓫ 〈王世杰致胡適〉，六月十八日。《書信選》，中冊，頁三二四。該書將此函
　　列在一九三六年（二十五年）。按函之內容，應爲二十四年無疑。

⓬ 同⓾。

⓭ 《陳布雷回憶錄》，頁一〇四，民國五十六年，傳記文學社重排本，臺北。

當時南京中央「文人苦鬥」的情形，近年有位學者在一本著作中引述當時報刊的資料，有如下之記述：

六月十九日，在國民黨中央政治會議上，汪精衛及外交次長唐有壬報告華北事件的談判經過，蔡元培站起來質問汪精衛：對日外交究持何策？際此時局，殊有請外交當局説明之必要。汪答：對日外交這幾年來均持忍辱求全四字而行，現在亦復如是。蔡繼問：忍辱云云我輩固極明白，求全如何卻望予以解釋。汪避而不答。吳稚暉俏言相譏：求全兩字極易解釋，簡而言之，是衹忍辱以後求整個國家能完完全全送給敵人，勿興抗敵之師而糜亂地方罷了。汪憤然退席。

但國民黨部分中央委員未因汪怒而停止攻擊。他們在中政會上公開質問汪精衛。于右任大罵汪爲漢奸賣國賊，戴季陶語氣激烈而凌厲，孫科更拍案叫罵：不料以一二小人公然賣國！盛氣之下震翻桌上茶杯滾地摔碎。不過，此時華北對日外交正緊，日本的中日經濟提攜攻勢凶猛，急待解決。汪於是撒手不管，病入醫院，向反對派示威。這是六月三十日汪精衛躲進上海醫院，由孔祥熙代理院務的內幕⑭。

上項記述，雖然不免有渲染之處，但證以王世杰的《日記》，當時南京中央一些人士反汪情緒之濃厚，亦屬實情。王之《日記》記云：

汪院長因病於七月一日離京赴滬，旋即赴青島療養。

---

⑭ 同⑱，頁三六五，原注引自一九三五年八月二十四日《中興報》。

汪院長赴青療養後，病狀本已漸減；據赴青省視諸人（褚民誼、陳公博等）言，原已確定本（八）月中旬返京就職。惟近來在京中央執委及黨員，頗多恐慌；懼汪返而對日屈服政策將更變本加厲。因是中央政治會議於本（八）月七日會議開會時，覃振、石瑛、王陸一、焦易堂多人均主張設置外交委員會，以免外交大權之集中一人，並主張汪辭外交部長兼職。次日，汪即由青電國府主席及中央執行委員會辭院長及外交部長等職[115]。

　　王世杰之出任教育部長，原是二十二年四月胡向汪推薦而爲汪所接受的[116]。應是汪的支持者。但他對汪的對日政策並不贊同；同時他也認爲對日妥協的態度與政策，汪、蔣是一致的。王爲此事曾向汪辭職，爲汪蔣所堅留[117]。華北事件時，王對兩年來的「困守待援」政策有極爲不滿的批評[118]。

　　顯然，王氏也是當時南京中央「文人」中參加「苦鬥」的一員。胡氏的意見，旣不贊同汪的一派，也與南京方面的「文人」派不同。他的「雙管齊下」策分爲兩案，第一案爲：與日本公開交涉，解決一切懸案；第二案爲：定苦戰四年計劃使那「不很遠的將來」的國際大戰，促其實現。第一案與汪派接近；第二案與反汪派接近。

　　根據胡的解釋，第一案的大意爲「與日本公開交涉解決一切懸案」。

---

[115]　《王世杰日記》，八月九日記，冊一，頁一五～一七。
[116]　胡薦王任教育部長，見胡民國二十二年四月八日致汪函，及汪四月二十三日致胡函。《書信選》，中冊，頁二〇九～二一〇。
[117]　《王世杰日記》，民國二十四年一月十三日追記。冊一，頁一一～一二。
[118]　《王世杰日記》，民國二十四年七月十七日記。冊一，頁一四～一五。

原則爲求得十年的和平，方法爲有代價的讓步。其讓步是僞滿洲國的承認，其代價有三：一爲熱河歸還，長城歸我防守；二爲華北停戰協定完全取消；三爲日本自動的放棄辛丑和約及附帶換文中種種條件，如平津沽榆一帶的駐兵，及鐵路線上我國駐兵之限制等。第二案是從反面著想，另定苦戰四年的計劃[119]。其主旨是如何可以促進那個「不很遠的將來」的國際大戰，如何可以「促其實現」[120]。

基於以上情勢，提出第一案的理由是我們的政策，眼光可以望著將來，而手腕不能不顧到現在。我們必須先做意大利，而後做比利時。現在敵人逼我做意大利，做三角同盟中的意大利。我們祇能將機就計，努力利用這個做意大利的機會來預備將來做比利時。因爲「事到今日，已非兩年前的狀況可比。對世界固應趕緊結合，對日本尤不可不做一種可以使我們喘氣十年的 Modus Vivendi（暫時協定）。若無一個緩衝辦法，則不出一二年，日本人必不容許蔣先生安然整軍經武，也可斷言也」[121]。

第二案是第一案從反面著想，另定苦戰四年的計劃，原因是：委屈求全，意在求全；忍辱求和，意在求和。倘辱而不能得全，不能得十年的和平，則終不免於一戰[122]。而這「一戰」的目的，在促使那個「不很遠的將來」的國際大戰的實現。胡的主張是：

欲使日本的發難變成國際大劫，非有中國下絕大犧牲決心不可。

這個「絕大犧牲」的限度，總得先下決心作三年或四年的混戰、

---

[119]　同[118]。並見《胡譜》，冊四，頁一三九八。

[120]　〈胡適致王世杰函〉，民國二十四年六月二十七日。《胡日記》，該日附錄。

[121]　同[119]。並見《胡譜》，冊四，頁一三八二〜一三八三。

[122]　同[118]。並見《胡譜》，冊四，頁一三九八。

苦戰、失地、毀滅。

祇有這樣，可以促進太平洋國際戰爭的實現，也許等不到三四年。但我們必須要準備三四年的苦戰㉓。

胡把他的兩案叫做「雙管齊下」，一面謀得二三年或一二年的喘氣，把國內的武裝割據完全解決了；一面作有計劃的佈置，準備作那不可避免的長期苦鬥。他也稱其方案是「日本切腹而中國介錯」。即是說：日本武士自殺的方法是「切腹」，但切腹時必須請他最好的朋友從背後砍其頭，名曰「介錯」㉔。

胡致王世杰前後各函所提出的意見，顯有自相矛盾之處，有時要求得「十年」的喘氣時間；有時要謀得「二三年」或「一二年」的喘氣。如為謀得二三年或一二年的喘氣而以承認偽滿為讓步，豈非不可思議？儘管他說第一案「不是妥協論，乃是有代價的公開交涉，與妥協論者根本上大異也」㉕。但「妥協論者」尚未致公然以承認偽滿為讓步的條件。且胡本人在兩年前曾明白的說：「交涉的目標要在取消滿洲偽國，恢復中國領土及行政主權的完整」㉖。縱使兩年來的局勢有所改變，能否取得讓步的代價，也是頗有爭議。此在王世杰致胡的覆函中，有所辯論。至於第二案，正是當時蔣中正委員長數年來「安內攘外」政策的目的。與兩年後（二十六年）對日抗戰發生後，蔣之「持

㉓　同㉑。並見《胡譜》，冊四，頁一三八七～一三八八。
㉔　同前注。
㉕　同⑱。
㉖　胡適〈我們可以等候五十年〉，民國二十二年三月二十七日。《胡譜》，冊四，頁一一三六。

久戰略」以促國際形勢轉變的政策，正相吻合❿。胡之第二案的觀念，見其去年四月間所發表的〈一個民族的自殺——述一個英國學者的預言〉一文，顯然深受這位學者的影響。即是英國大史學家湯恩比（Arnold J. Toynbee）一九三四年在《太平洋事務》(*Pacific Affairs*) 季刊三月號發表的〈下一次的大戰在歐洲呢? 在亞洲呢?〉。大意是說日本和美國的戰爭是可能的。至於這場戰爭的結果，湯恩比毫不遲疑的說: 這一戰是一場辟尼戰爭(Punic War)。即是紀元前三世紀至二世紀羅馬與迦太基的戰爭，扮羅馬的是美國，扮迦太基的是日本。結局當然是迦太基的毀滅❿。

　　王世杰對胡的第一案不表同意，認為:「如以承認偽國為某種條件之交換條件，某種條件既萬不可得，日方亦決不因偽國之承認而中止其侵略與威脅。而在他一方面，則我國政府一經微示承認偽國之意思以後，對國聯，對所謂華府九國，既立刻失其立場，國內之分裂，政府之敗潰，恐亦難倖免」。至對「當做三角同盟中之意大利一節，則兄（胡）所比擬亦頗與事實不合。日人之倡同盟協定者，其內容即與日滿協定同; 軍事內政將無不受其控制」。「我焉得有做意大利之可能，焉得有『十年喘氣』的可能」❿! 至於第二案，王表示同意，而且南京中央方面的戴季陶、居正、孫科諸人的見解，亦與第二案略同。而其主要的方法，則在「團結」❿。胡對王之不同意見的部分，顯然耿

---

❿　蔣永敬〈胡適與抗戰〉，民國八十年八月，中華民國建國八十年學術討論會論文，臺北。

❿　《胡譜》，冊四，頁一二二〇～一二二一。胡之原文將 Arnold J. Toynbee 譯為「陀音貝」。

❿　〈王世杰致胡適函〉，民國二十四年六月二十八日。《胡譜》，冊四，頁一三九〇。

耿於懷；對於王之不願向蔣轉達他的兩案，亦不以爲然。因此他又致
函羅隆基，要羅將其致王的函以及致羅的函，請羅「帶給蔣先生一看」。
同時他對王之「團結」方法，也不贊成。竟將司大林放逐一個托洛斯
基，「何礙於建國大計」作比擬❸，顯有違其自由主義者的立場了。

玖、抗戰發生胡汪分道

　　汪去青島「養病」經蔣中正的勸請，於八月二十三日復職，十一
月一日國民黨在南京舉行四屆六中全會時，被刺受傷。十二月七日，
國民政府改組，汪辭行政院長及外交部長，由蔣中正接任院長，張羣
爲外交部長，唐有壬調任交通部次長。從此對日交涉，由蔣主導。汪
雖任中央政治會議主席，但已不負實際行政責任。更爲意外的，唐有
壬於十二月二十五日在上海被刺殞命。汪、唐之連續被刺，很容易使
人聯想到是「愛國者」不滿其對日屈服的反應。雖無確切的證據可資
證實，但胡氏亦不免有此「聯想」。他在十二月二十九日發表的一篇論
文中說：

　　　　近兩月之中，汪精衛院長被槍傷於南京，唐有壬次長遭慘死於
　　　上海，他們的愛國心本是無可疑的，他們的爲國任勞任怨的精
　　　神也是將來史家一定原諒贊許的。但我們總疑心汪、唐兩先生
　　　所以不蒙一部分人的諒解，至少其中的一個重要原因是近兩年
　　　來外交的不公開、文件不公佈，所以人民不知道究竟喪權辱國

---

❸　〈王世杰致胡適函〉，民國二十四年七月十一日。《胡譜》，冊四，頁一三九
　　一。

❸　同❸。並見《胡譜》，冊四，頁一三九九。

到了什麼地步❷。

不過，胡對傷者和死者也能表示其諒解的意思，說：「外交不公開，就是當局者願意單獨擔負屈辱的責任」❸。

此後一年多，汪赴歐洲，未見兩人有何交往或討論問題的記錄。一直到二十六年六月十八日胡到南京時，汪邀請胡參加七月間的廬山談話會。當胡於七月八日自北平往廬山時，盧溝橋事件已發生了。十一日胡到廬山，當天下午即與蔣中正晤談，陳述當時北平的情形、民情的激憤及中央不能放棄河北等等，談得激昂慷慨，蔣聽了十分感動。晚間，蔣約馮玉祥晚餐，馮也慷慨陳詞。馮走後，蔣一個人在室內踱來踱去，大約踱了一點多鐘，最後決定對日開戰。當晚電話給在廬山的軍事將領孫連仲、龐炳勛，要他們將駐在河南的軍隊開往河北保定去❹。

七月十六日，談話會開始舉行。十七日，蔣在會中發表〈中央對盧溝橋事件之方針〉。表示「盧溝橋事件能否不擴大為中日戰爭，全繫日本政府的態度」。並提出四點最低限度之立場，必以全力固守之❺。

汪在會中報告〈外交問題〉，內容綱要計分對日本、對英國、對蘇聯、對美國、對法國、對德義、對國聯各項。綜其印象，悲觀失望者多，少有樂觀之象。胡在會中的發言，對於蔣的表示「完全同意」；對

❷ 胡適〈我們要求外交公開〉，民國二十四年十二月二十九日《大公報》星期論文。見《胡譜》，冊四，頁一四四七。
❸ 同前注，頁一四四八。
❹ 王世杰約《胡譜》編者胡頌平的談話，民國五十四年二月二日。《胡譜》，冊五，頁一五九九～一六〇〇。
❺ 蔣中正〈中央對盧溝橋事件之方針〉，民國二十六年七月十七日。廬山談話會紀錄（黨史會藏檔）。

其態度，「非常興奮」。希望「要用全國的軍隊力量，充實河北國防」。
能如此，他「相信日本決不敢輕易言戰」。他認為：「華北諸負責當局
不屈服，不喪失主權而獲得相當解決，決不是日本的讓步，而是中央
雄厚實力之所致」[136]。對於汪所報告的「關於英日談判的聲明」，汪曾
說道：「英日在倫敦即將舉行談判，我方自始即極注意，屢曾電囑我駐
英大使表示吾方立場。英方亦一再聲說：凡與中國有關問題，必與中
國接洽」[137]。胡認為：

> 我方的表示還是太消極了。如果怕他們的談判會牽涉到華北或
> 整個中國的問題，我們應該表示：我們要甚麼；我們不要甚麼
> [138]。

從胡的發言中，胡對汪、蔣的態度，顯有不同，對蔣的表示較有
信心，對汪的意見，則有異議。不過就胡的觀察，是想藉由實力抵抗
而得到和平解決的希望，迅為事實所粉碎。七月底，平津失陷，戰爭
的擴大已無可避免。胡由廬山到了南京，心情至為矛盾，認為中國的
準備還不夠，戰事一發生，中央十年來準備的軍力將要毀壞，沿海各
省的一切也都要毀滅了；所以胡又主張中央再能忍讓，再有十年的準
備，我們就可以不怕了[139]。因此，在此戰爭擴大的緊要關頭，仍作最
大的和平努力。此時與汪的意見又接近了。蓋汪自承「盧溝橋事變發
生後，我（汪）對於中日戰爭固然無法阻止，然而沒有一刻不想著轉

---

[136]　胡適〈對盧溝橋事件的觀察與希望〉。同上紀錄。
[137]　汪兆銘〈擬口頭報告外交問題綱要〉。同上紀錄。
[138]　同[136]。
[139]　《胡譜》，冊五，頁一六一一。

圜」⑭。據後來參與汪僞組織的周佛海之回憶：

> 在戰必大敗，和未必大亂的堅確的認識之下，我(周)和幾位朋
> 友就一面設法約人直接間接向蔣先生進言，一面設法傳佈我們
> 的主張。汪先生的主張是完全和我們一致的。……所以我們當
> 時就無形中以汪先生爲中心，醞釀和平運動⑭。

胡與這個「中心」的關係如何呢？據周於戰後接受審判時供稱：

> 抗戰初期，政府還在南京，高宗武、陶希聖、胡適等經常在一
> 起，大家都認爲國家力量不足，無法支持抗戰。有一天，在西
> 流灣八號我家會面時，胡適開玩笑，說這是一個「低調俱樂部」
> ⑭。

胡之《日記》亦有片段的記述。二十六年八月十八、十九日記云：

> 回到教育部，始知周佛海先生有電話來約我去談話，他送車來
> 接，我到那邊見著高宗武、程滄波、梅思平、顧祝同、郭心崧
> 諸君（八月十八日記）。
>
> 昨夜談話的人，——高、周、程，——所謂「低調同志」，他們

---

⑭　吳相湘《第二次中日戰爭史》，上冊，頁四八三。原引自《和平反共建國文
　　獻》，卷上，頁一六～一七。

⑭　吳相湘，前書，頁四八四。原引同上《文獻》，卷下，頁一九～二二。

⑭　邵銘煌《汪僞政權之建立及覆亡》，頁一二，中國文化大學史學研究所博士
　　論文，民國七十九年。原引自益井康一《漢奸裁判史》。

要我與希聖再去見蔣先生一次。陳布雷先生今早替我們約定下午去見（八月十九日記）⑬。

胡的努力和平，當其甫到南京時，即於七月三十日到外交部亞洲司司長高宗武家，談「對日外交路線不可斷」。並打電話與陳布雷：「勉他作社稷之臣，要努力做匡過補闕的事」。三十一日，蔣中正邀餐，告以「已決定對日作戰」。胡心不謂然，臨別告辭時對蔣說：「外交路線不可斷。外交事應尋高宗武一談，此人能負責任，並有見識」。下午，汪到南京，找高去長談。談後高來見胡，始知蔣已找高去談過了。知和平甚難⑭。在王世杰二十六年八月間的《日記》中，亦頻記胡等的和平努力。

（八月三日）今日午後與胡適之先生談，彼亦極端恐懼，並主張汪、蔣向日本作最後之和平呼籲，而以承認僞滿洲國爲議和之條件。

（八月五日）今日午後晤汪精衛先生，據云胡適之所提和議意見，彼已轉告蔣先生；蔣先生以爲軍心搖動極可慮，不可由彼呼籲和議，亦不可變更應戰之原議。

（八月六日）胡適之於日昨親往蔣先生處，以書面提出彼之和議之主張。蔣先生甚客氣，但未表示意見⑮。

⑬　《胡日記》，民國二十六年八月十八、十九日。手稿本（十三）。
⑭　《胡譜》，冊五，頁一六〇九～一六一〇。
⑮　《王世杰日記》，民國二十六年八月三日至六日。冊一，頁八二～八四。

八月七日，南京中央全日舉行國防會議，決定積極備戰及全面抗戰。蔣委員長在會議時頗譏「某學者」（指胡）之主和。參謀總長程潛在會議席上指摘胡為「漢奸」。王世杰頗為胡抱不平[146]。但胡仍不放棄其和平的努力。八月十九日，戰爭已擴大到上海，胡與陶希聖仍在這天下午去見蔣，仍無結果。胡顯然有點不高興。這天《日記》有記：

> 下午四點半我們去見蔣先生。談話不很有結果。我們太生疏，有許多話不便談。但我們可以明白，他是最明白戰事的利害的，不過他是統兵的大元帥，在這時候不能唱低調。此是今日政制的流弊，他也不能不負其咎（他不應兼任軍與政）。他要我即日去美國。我能做什麼呢[147]？

至於汪的和平努力，更是不下於胡。在南京未陷以前，汪為主和一事寫給蔣中正的信，在十封以上，當面也談過多次[148]。周佛海的《日記》亦頻記汪之和平活動。例如八月三十日記：「偕希聖赴汪先生處，力陳戰事須適可而止，目前須開始外交之理由，並條陳步驟及人選。汪允向蔣先生力言。返家後，約適之、宗武商對日外交進行步驟及寫點具體方案，由宗武起草」。八月三十一日記：「布雷、滄波來談，希聖接汪先生電話，謂吾輩貢獻外交進行方式，不被蔣先生採納。大為失望，相對無言者數十分鐘」[149]。

不過胡在努力和平的同時，思想已開始在轉變。七月三十一日寫

---

[146] 同前注，民國二十六年八月七日。頁八四～八五。
[147] 《胡日記》，民國二十六年八月十九日。
[148] 邵銘煌，前文，頁一二～一三。
[149] 同前注，頁一三。

信給蔣廷黻時，曾以中、蘇兩國做比較，得出中國難以避戰的結論。原因是蘇俄能避戰，對外有抵抗的力量，對內有控制的力量。中國兩件都沒有，還沒有強到一個可以忍辱避戰的程度。此信似未發出，後來胡加批注說：「但此信很可以看出我的思想的開始轉變。……但我後來漸漸拋棄和平的夢想了。九月八日離京那天，我明告精衛、宗武、希聖三人，我的態度全變了。我從此走上了『和比戰難百倍』的見解」❶。雖然如此，胡之和平「夢想」，仍不時的出現❶。

　　此時中國已經走上「苦鬥」的道路，依胡在兩年前的「四年苦鬥計劃」，要經過三或四年苦鬥，太平洋的國際大戰才能實現。蔣中正委員長此時所實行的「持久戰略」，目的即在促使國際形勢的轉變，結成中、美、英、蘇的聯合反侵略陣線。蔣要胡去美、英做宣傳和外交活動，亦即爲此而努力。二十六年十月到二十七年七月，胡在美國各地做宣傳演講。然後到了英國，接到蔣的電報，要他擔任駐美大使。胡覆電接受「徵調」。有信給傅斯年，說已「逼上梁山」；並云：「國事至此，除『苦撐待變』一途，別無他法」❶。所談「變」者，依胡的解釋，是「包括國際形勢一切動態，而私心所期望尤在於太平洋海戰，與日本海軍之毀滅」❶。胡的期望，四年後終於實現。

　　至於汪精衛呢？對抗戰前途始終持以悲觀的態度。在南京時固然

---

❶　〈胡適致蔣廷黻〉（稿），民國二十六年七月三十一日。《書信選》，中冊，頁三六三～三六四。

❶　例如一九三八年九月末慕尼黑會議後，胡致函王世杰，認爲歐洲和平足供我國主和者之審慮。《書信選》，中冊，頁三八二～三八三。

❶　《胡譜》，冊五，頁一六三九～一六四〇。

❶　〈駐美大使胡適來電〉，民國二十九年四（十）月十二日。見《中日外交史料叢編四》，頁三四三，民國五十五年，中華民國外交問題研究會印行，臺北。

如此，在武漢時亦然；迨武漢失陷而至重慶，就乾脆脫離政府響應日本的「東亞新秩序」去了。

在南京時，汪曾致胡函云：「今日之事，最好是國民黨以全黨殉此最後關頭，而將未了之事，留之後人」❽。意指蔣之抗戰毫無希望。

二十六年（一九三七）十二月，南京失陷，政府遷往重慶，一部暫留武漢，主和者固非汪等少數人，但進行和平活動最力的，仍以汪為中心。主要為汪奔走的有高宗武、梅思平等。高之活動，王世杰根據周佛海的告知，在其《日記》中有如下一段之記述：

> 外交部前任司長高宗武辭司長職務後，即受政府密命駐香港，與日本方面在港之人往來。七月初，高氏經日本同盟通訊社之介紹，飛往上海，並由滬秘密飛往東京。高氏在東京居留約兩星期，至七月半始返。高返港後，曾將在東京晤談情形，具一書面，以專人飛漢呈送蔣先生閱過。高氏抵東京之次日，坂垣（陸軍省大臣）及多田（參謀次官及前華北駐屯軍司令）諸人即親來訪高。嗣後，高復晤見近衛首相、松岡洋右、影佐（偵昭，日本少壯軍人中之有力分子）及岩永（同盟社社長）等多人。但宇垣外相以避嫌之故，未出面與高相見。近衛曾告高，可與代表岩永氏詳談和平條件。岩永氏謂日本之要求為：一、承認「滿洲國」；二、華北特殊化；三、中日經濟合作；四、日本在中國若干地點駐兵（原注：據云此項駐兵不必含永久性，祇在監視和約之履行）；五、國民政府與華北華中偽組織合流，但仍以國民政府為主體；六、中國加入反共團體；七、蔣先生下野。岩永氏並

---

❽　〈汪精衛致胡適〉，民國二十六年八月四日。《書信選》，中冊，頁三六四。

謂日本之要求蔣先生下野，祗是因爲本年一月十六日之聲明，實際上並非欲藉此消滅蔣先生之實力，亦無意阻止蔣先生異日再起。高氏臨行時，日方尚表示將於八月半續派要人赴港再商。但據周佛海言，八月半似無日人到港之消息，大概係因月前蔣先生發表談話，否認對日講和所致[155]。

高是六月二十三日由香港赴東京，七月二十一日返香港，其報告是二十二日下午由周隆庠送至武漢交由周佛海轉呈蔣委員長。周見報告後，即約陶希聖到寓商談，由於報告中寫有「日本是在希望汪先生出馬」的字句，他覺得立刻送給蔣看，還不如先給汪看[156]。汪看了這個報告，特別是其中說到日本參謀本部希望汪出馬言和的一段，大爲吃驚。他立刻即將原件轉達蔣委員長[157]。

高宗武由日返港後因病住醫院。到八月下旬，由高介紹松本重治（同盟社中南總分局局長）與梅思平繼續談判，梅和汪的關係比高更密切。從八月二十九日至九月四日，連續進行五次會談。在最後一次會談上，梅將「和平運動」的準備和計劃向松本說明。並且表示：

和平運動非請汪先生領導不可。周佛海和我們的同志集合在汪先生的旗幟之下。與汪先生共同行動的有雲南的龍雲、四川的將領、廣東的張發奎以及其他人，已經秘密取得聯絡。反對停戰、撤兵的人，在中國是不會有的[158]。

[155] 《王世杰日記》，民國二十七年九月二十八日。冊一，頁三八一～三八四。
[156] 邵銘煌，前文，頁三〇。
[157] 陶希聖《潮流與點滴》，頁一六六，民國五十九年，傳記文學社出版。
[158] 邵銘煌，前文，頁三三～三四。梅向松本之表示原據松本重治，《上海時代》(下)。

十月十二日，日軍在廣東大鵬灣登陸。汪對報界發表談話說：「如果日本提出的和議條件不妨害中國國家的生存，吾人將接受作爲討論的基礎」 ⓯。十四日，近衛首相說：五相會議決定在攻佔漢口後，如蔣政權仍繼續存在，當設法使他崩潰。這表示高宗武和梅思平等的活動已顯出效用了。十月二十一日，廣州失陷，此時汪已至重慶，梅即於第二天從香港到重慶，攜帶了日本希望汪脫離重慶，另組政府，談判和平的條款。當時汪妻陳璧君也從香港到了重慶，汪夫婦和周佛海、梅思平連日在家秘密會商，後來又約了陶希聖和陳公博。會商多次，不能得到最後的決定。陳璧君堅決主張就走。十一月二日，梅離重慶時，汪已作了最後決定。他與日本在香港的人有電報聯絡。三日，日本政府針對武漢陷落（十月二十五日）後的新情勢，發表聲明，提出了「建設東亞新秩序」的口號⓰。

十一月十九和二十日，梅思平和高宗武在上海虹口重光堂的土肥原賢二的公館裡與日方代表今井武夫、伊藤芳男、影佐禎昭等會議。二十日簽訂了幾項協定。二十七日，高和梅到了重慶向汪報告。汪承認上海協定，預定十二月十日到昆明，再轉河內或香港。由於蔣中正十二月八日到了重慶，汪不敢按預定日期啓行。到了十七日才秘密離開重慶。汪脫離重慶後也有一段自述：

> 我於十七日到昆明的時候，雲南省政府主席龍雲問我道：聽說撤兵以二年爲期是嗎？我答：是的，停戰以後，二年撤兵完了。
> 龍雲道：能否早些？我答：我也想早些，但是能這樣已不易了。

⓯　吳相湘《第二次中日戰爭史》，上冊，頁四九〇。
⓰　同前注，頁四九三。

十八日我到河內，還有電報給蔣先生。二十二日近衛聲明發出
了，而二十六日蔣先生在重慶中央黨部演說，對近衛聲明不但
完全拒絕，並且加以徹底的攻擊。這篇演說公開發表，我爲中
國前途打算，我乃不得不將我的艷(十二月二十九日)電以及致國
防最高會議的信也公開發表了。於是蔣先生和我絕緣，由開除
黨籍而佈置暗殺，由暗殺不遂而通緝❻。

　　汪氏一不做二不休的在二十八年（一九三九）五月由河內到了上
海，再轉往東京，完全落入日人掌握中，和平運動已完全變了質。六
月底回到上海，進行「收拾時局」的工作。在日人予取予求的情況下，
十二月三十日汪與日方簽訂了〈日支新關係調整要綱〉和有關文件。
幾天以後，高宗武和陶希聖從上海逃到香港，把汪和日本人簽訂的文
件都公開出來，揭破了日本人的企圖。他們兩人發表的通電說：「日方
武人頤指氣使，迫令承受，或花言巧語，涕淚縱橫，汪先生迷途已深，
竟亦遷就允諾」❻。

　　按陶於汪氏脫離重慶後，與周佛海、陳公博等先後隨汪行動。陶
於二十七年底由河內轉香港，代汪發出艷電。且致函在美國的胡氏，
說明隨汪行動的原因❻。胡也有信勸陶，轉信者不願代轉❻。陶和高
宗武脫離汪的陣營時，兩人都有信給胡。陶謂：「不意盧溝橋事變以後
一念之和平主張，遂演至如此之慘痛結果也」。其最痛心者，是日方所

❻　汪兆銘〈十年來和平運動的經過〉。
❻　吳相湘，前書，頁五二二。
❻　〈陶希聖致胡適〉，民國二十七年十二月三十一日。《書信選》，中冊，頁三
　　九八～四〇〇。
❻　〈張慰慈致胡適〉，民國二十八年十月二十七日。《書信選》，中冊，頁四三
　　八。

提〈要綱〉，是中國「北自黑龍江，南至海南島，均歸彼(日方)掌握」。
汪原有意「退休」，經周佛海、梅思平之慫恿，則視為「談判成功」，
且依之以「建國」❻。高致胡函，僅表示：「年來奔走救國，結果幾得
其反。此次舉動(指離汪)，論私交不能如此作；論公則不能不如此作。
感情與理智衝突之痛苦，莫可言宣」❻。胡對這些「反正」者的優容，
胡的學生傅斯年不以為然，他給胡的信說：

> 近日高賊宗武夫婦常往大使館(胡之駐美使館)，此則此間友人大
> 有異論。

> 而汪逆之至於此，皆高丑拉攏也。至於半路出來，非由天良，
> 乃由不得志，且是政府一批大款買出來的。即孟餘(顧)亦如此
> 說。國家此時不將其寸磔，自有不得已之苦衷，先生豈可復以
> 人類耶❻？

汪的「和平運動」，實際已成為日本的傀儡工具。正如胡在二十二
年十二月二十日致函汪氏說他「除了投到甲國(日本)的懷抱去做朝
鮮，還有何路可走呢？」汪當然不承認他是「朝鮮第二」。他把他的投
日說成以「大亞洲主義」為核心的民族主義。和國際主義、共產主義
併立起來，製造一項似是而非的理論，以胡適的「國際主義」及陳獨
秀的「共產主義」來與他的「民族主義」作比較。特錄之如下，以見
汪之自我的解嘲：

❻ 〈陶希聖致胡適〉，民國二十九年一月十五日。《書信選》，中冊，頁四五三。
❻ 〈高宗武致胡適〉，民國二十九年五月五日。《書信選》，中冊，頁四六六。
❻ 〈傅斯年致胡適〉，民國二十九年八月十四日。《書信選》，中冊，頁四七八。

國際主義，以英美爲背景；共產主義，以蘇聯爲背景。兩種主義，迥然不同，卻有其相同的一點，便是反對民族主義。

國際主義、共產主義得勢，則民族主義倒霉，民族主義的核心大亞洲主義也就無從提起。因爲中國不如英美，整個亞洲也不如英美，中國在鄙薄之列，亞洲也在鄙薄之列，這是自然的結論。陳獨秀與胡適之討論整理國故，説「這是想從糞堆中找香水」。不錯，胡適之以能從糞堆中找得一點香水自誇，陳獨秀以爲香水何必從糞堆中找。兩個人議論不同，而將中國文化看成糞堆的立腳點，則無乎不同⓰。

⓰　汪兆銘〈簽訂中日同盟條約與發表大東亞宣言之講詞〉，民國三十二年十一月二十九日。《中華民國重要史料初編——對日抗戰時期》，第六編，〈傀儡組織㈢〉，頁四五四、四五六，民國七十年，黨史會編印。

第二節　胡適的和戰論

壹、前言

中國對日抗戰（一九三七～一九四五），實肇端於民國二十年（一九三一）的「九一八」事變。由此事變，繼以危及華北，帶來了中國空前的國難。使國人關切或爭議的目標，也都集中在對日的問題上。反應最爲敏銳的，則爲當時的知識分子。其中尤以華北平津地區的知識分子的表現更爲特出。他們不僅堅守崗位，危城講學；且不避危險，發表言論，提出他們解救國難的意見。到了抗戰發生，有的隨校西遷，有的加入政府行列，成爲對日抗戰有力的支持者。對民心士氣的鼓舞，自是不容忽視的。

自「九一八」事變到抗戰發生以後，胡適（一八九一～一九六二）的言行，正足代表這羣知識分子的典型。且胡氏自「五四」時代以來，即在知識界享有盛名。其思想言論，倍受矚目；其有關國事的意見，常有與衆不同的見解。尤其自「九一八」事變後，所提解救國難的意見，常能本諸道德勇氣，言其所當言，言人之所不敢言，有時雖受譏評，仍是義無反顧。由於胡氏具有廣博的國際知識與嚴格的思考訓練，對於中日問題與抗戰前途的觀察，常與後來事實的演變相吻合。其在民國二十四年（一九三五）所提的「不很遠的將來」的國際大戰，如何可以「促其實現」的方案，正是後來中國抗戰政策所要達成的目標。此一政策的形成與胡氏的方案，關聯如何，將爲本文所要探討的重點。此外，胡氏在「九一八」事變後所主張的中日直接交涉，長城戰役與塘沽協定後所主張的保全華北與積極的外交，「何梅協定」後的謀求喘

息時間與準備長期苦鬥之雙管齊下策，盧溝橋事變後要作一次最大的和平努力，以及後來的和比戰難和「苦撐待變」，終至太平洋大戰的爆發，胡在這些事件的演變中，所表達的意見與見解，其能本諸理性與保持客觀的態度，足以表現「書生報國」的特質。

貳、九一八事變主張直接交涉

「九一八」事變發生時，胡任教於北京大學。對此空前國難，胡氏的感受，在其《日記》中記云：「此事之來，久在意中，八月初與在君（丁文江字）都顧慮到此一著」❶。胡並在《丁文江的傳記》中說道：「在君的預言──『中國存亡安危的關鍵在於日本』──在四年半之後完全證實了！民國二十年九月十八夜日本軍人在瀋陽的暴行，果然決定了中國的命運，也影響到整個東亞的命運和整個世界的命運」。又說：「總而言之，大火已燒起來了，國難已臨頭了。我們平時夢想的『學術救國』、『科學建國』、『文藝復興』等等工作，眼看見都要被毀滅了。在君在幾年前曾很感慨的對我說：『從前許劭說曹操可以做「治世之能臣，亂世之奸雄」。我們這班人恐怕祇是「治世之能臣，亂世之飯桶」罷！』我們這些『亂世的飯桶』在這烘烘熱燄裡能夠幹些什麼呢」❷？胡之記述，實可反映當時知識分子的心情。

面臨如此鉅變，中國如何應變？國人意見至為紛歧。身當其衝者，則為東北邊防軍司令長官張學良氏，並兼中華民國陸海空軍副司令，坐鎮北平。對此事變所持態度，自始至終，即為「不抵抗主義」。南京

---

❶　《胡適的日記》（手稿本），冊十，民國二十年九月十九日，遠流出版公司，一九九〇年初版，臺北。

❷　胡適《丁文江的傳記》，頁一三五、一三六，民國七十七年三版，臺北，遠流出版公司。

國民政府主席兼行政院長及中華民國陸海空軍總司令蔣中正所持政策
則爲訴諸國際聯盟以促日方撤兵外，並堅持不撤兵不交涉之原則。此
時廣州與西南軍政人員對南京與北平方面採取對抗之立場，對不抵抗
與不交涉頗加抨擊。雖有直接交涉之主張，但亦未敢公開表示。蓋此
時民情沸騰，尤以青年學生爲甚。激於義憤，要求對日宣戰，罷課請
願。如公然唱和或主張對日直接交涉，必爲囂張的民氣所不容。更何
況日方也提出中日直接交涉的主張，國人對此更加懷疑❸。

　　在此眾議紛紜中，胡氏的主張是什麼呢？據胡氏後來回憶說：「在
『九一八』事件發生之後不久，我們一、二十個朋友曾幾次聚會，討
論東三省問題。我們公推蔣廷黻先生起草一個方案，我個人也提了一
個方案。廷黻的方案已夠溫和了，我的方案更溫和。大家討論了許多，
兩方案都不能通過。又公推兩位去整理我們的草案，想合併修正作一
方案。結果是整理的方案始終沒出現」❹。可見這羣知識分子，雖屬
國之菁英，要想提出一個解決問題的圓滿方案，也是無能爲力的。

　　中國既將日本出兵侵佔東北提交國聯公斷，而國聯亦曾兩次決議
促使日本撤兵。但日本方面卻於這年十月二十六日向國聯提出中日直
接交涉基本大綱五條如下：

　　⑴否認雙方之侵略政策及其行動。

　　⑵保證中國領土之完整。

<hr>

❸　關於「九一八」事變後中國方面的應變爭議，見拙撰〈從九一八事變到一
　　二八事變中國對日政策之爭議〉，見中央研究院近代史研究所編，《抗戰前
　　十年國家建設史研討會論文集（一九二八～一九三七）》，頁三五七，民國
　　七十三年（一九八四）出版，臺北。
❹　耿云志《胡適年譜》，頁一九三、一九四，四川人民出版社，一九八九年，
　　成都。

(3)對妨礙雙方之通商自由，及破壞國際友好感情之任何有組織
　　的運動，均應予以嚴格取締。

(4)有效保護滿洲各地日本人民之一切和平業務。

(5)尊重條約上所規定日本在滿洲之一切權益❺。

　　上列五條，一至四條，爭議較少，惟第五條所謂「尊重條約」實
指一九一五年之二十一條而言。南京國民政府方面鑒於民間反日情緒
之激昂，對日方所提直接交涉，持以反對的態度，認為「若在日軍未
撤之先，與之直接交涉，恐將成為城下盟之變相」❻。

　　對於日方的提議，胡氏則認為是解決問題的良機。因於十一月二
十五日作長函致當時的行政院副院長兼財政部長宋子文氏，主張承認
一九一五年之中日條約為開始交涉地步。但宋無答覆❼。按宋氏亦曾
試圖直接交涉者。當「九一八」事變之初，宋與日本駐華公使重光葵
曾提議組織共同委員會，赴瀋陽制止事變之擴大，並就地覓取滿蒙問
題解決辦法。日本外相幣原喜重郎同意進行。然以中國民氣已經沸騰，
政府慮低調外交將使青年羣衆接受共黨之指導，遂不果行❽。因此，
胡氏的意見，南京中央方面自亦有所顧慮。即如丁文江在其〈再論民

❺　〈日本政府對國聯行政院決議案宣言〉，一九三一年十月二十六日。見《革
　　命文獻》，第三十九輯，頁二三八一，民國五十五年三月，中國國民黨中央
　　黨史史料編纂委員會編印。

❻　〈中國國民黨中央秘書處覆汪精衛等電〉，民國二十年十二月十一日，南京
　　《中央日報》。

❼　〈胡適致外交部次長唐有壬函〉，民國二十一年七月四日(中國國民黨中央
　　黨史委員會藏)。

❽　梁敬錞《九一八事變史述》，頁一一三，世界書局，民國五十七年四版，臺
　　北。

治與獨裁〉一文裡說：「二十年（一九三一）十一月胡適之先生寫了一封長信給宋子文先生，主張及早和日本人交涉。我告訴他道：『我是贊成你的主張的。可是國民黨的首領就是贊成，也不敢做、不能做的，因爲他們的專政是假的』。」❾

迨民國二十一年一至三月間，東北錦州、哈爾濱等地相繼爲日軍所奪取，並成立僞「滿洲國」，交涉愈趨困難。惟胡氏鑒於這年五月五日中日上海停戰協定，日軍撤出上海，遂又樹起中日直接交涉的希望。因在六月十三日，寫成〈論對日外交方針〉，發表於《獨立評論》第五號。主張在承認日本上年提出的五條原則的基礎上，談判解決中日關係問題❿。九月十五日，致函外交部長羅文榦，以上海停戰協定爲例，有直接交涉的可能⓫。

胡致羅函之日，正是日本正式承認僞「滿洲國」的一天。交涉時機顯然更爲渺茫。故羅之覆函有云：「你來函反覆爭論直接交涉問題，我以爲此辦法是對的，惜去年初出事時未辦，現在日本正在得意時候，我們亦不必急急，總要在國際有些變化時候，或日滿更倒霉，則交涉尙易開口，彼此尙有價可講」⓬。胡氏知其不可爲而爲之的作風，不僅足以表現其「書生報國」的本色。且就「九一八」事變後的情況而言，其所主張的直接交涉，仍不失爲較佳的選擇。例如何應欽在檢討中國對日抗戰之「失卻時機的錯誤」曾說：

❾　胡頌平編《胡適之先生年譜長編初稿》（以下簡稱《胡譜稿》），冊三，頁九九八；並見《丁文江的傳記》，頁一三六。
❿　耿云志《胡適年譜》，頁二〇〇。
⓫　〈胡適致羅文榦〉（稿）。《胡適來往書信選》，中冊，頁一三四、一三五，中華書局香港分局，一九八三年。以下簡稱《書信選》。
⓬　〈羅文榦致胡適〉，前引書，頁一三五。

九一八事變既起，彼時中國輿情即異常興奮，但也有一部分人
燭及機先，主張相機及早解決。例如胡適之先生等即有不惜依
據日本所提五項原則，毅然直接交涉的主張。當局終於遲迴卻
顧，堅持不撤兵不交涉之原則，使致日本緩和派不能抬頭，軍
人氣勢日深，問題愈陷僵化❸。

事後軍政當局持有上述相同看法者，並非何氏一人。

叁、保全華北與積極外交方針

民國二十二年（一九三三）初，日軍侵略熱河及進攻長城各口。
三月三日，以熱河情勢危急，胡與丁文江、翁文灝聯名致電南京國民
政府軍事委員會委員長蔣中正，謂「熱河危急，決非漢卿（張學良字）
所能支持。不戰再失一省，對內對外，中央必避逃責。非公（蔣）即
日飛來指揮挽救，政府將無以自解於天下」。次日，蔣覆電決於五日北
上。熱河承德即於當晚失陷❹。時駐守承德者為張學良所屬第五軍湯
玉麟部，湯並兼熱河省主席。來犯日軍不過百餘人，湯即不戰而逃❺。
丁文江因撰〈給張學良將軍一封公開的信〉，胡亦撰〈全國震驚以後〉。
三月七日，胡將此兩文原稿（刊入《獨立評論》第四十一號）送致張
學良並附加一信云：「去年夏間曾勸先生（張）辭職，當蒙覆書表示決
心去職。不幸後來此志未得實行，就有今日更大的恥辱。然先生今日

---

❸　《胡譜稿》，冊三，頁九九七。原引自何應欽《八年抗戰與臺灣光復》（民
　　國五十九年版），頁一○四。

❹　耿雲志《胡適年譜》，頁二○九。

❺　郭廷以《中華民國史事日誌》，冊三，頁二三七，中央研究院近代史研究所
　　編印，民國七十三年，臺北。

倘能毅然自責求去，從容交卸，使閭閻不驚，部伍不亂，華北全部交
中央負責，如此則尚有自贖之功，尚有可以自解於國人世人之道」。十
日，張邀胡等談話，告知已經辭職❻。張去職後，由何應欽接替其軍
委會北平分會委員長，續調大軍不下三十餘萬，沿長城一千八百里戰
線間，與日軍激戰，我軍死傷四萬餘人。尤以古北口之戰最為慘烈，
據行政院長汪精衛的描述：

> 日本軍隊知古北口之不易下，於是加調淞滬戰役所未用過的重
> 砲，悉力來攻。碰了這些重砲巨彈，本來尚可固守兩個月的，
> 不到十天，連工事帶泥，全部炸翻了；連人帶槍，全部掩殁了。
> 人來的是一陣一陣的砲彈，我去的是一堆一堆的血肉，當日戰
> 爭之劇，情形之慘，與夫我軍抗戰之忠勇，不惟擔任慰勞的北
> 平學生為之雪涕，即視察戰地之外國武官，亦扼腕痛惜！古北
> 口既失，長城沿線無險可守，日軍遂得而長驅直入❼。

面對日本瘋狂的侵略與華北的危急，胡氏一面與南京中央方面保
持聯絡，討論對日問題；一面在平津地區的報刊發表其對時局的意見，
有的意見，頗與後來情勢的演變相吻合。以下是他幾篇重要言論的大
要：

三月十九日，《獨立評論》刊載胡撰〈日本人應該醒醒了〉，指出
「日本決不能用暴力征服中國」。

---

❻　吳相湘〈胡適「但開風氣不為先」〉，《民國百人傳》，冊一，頁一六二，傳
記文學出版社，民國六十年，臺北。
❼　汪精衛〈兩年來關於救亡圖存之工作〉，民國二十三年一月二十三日在國民
黨四屆四中全會的政治報告，中國國民黨中央黨史委員會存檔。

四月二日，《獨立評論》刊載胡撰〈我們可以等候五十年〉，指出
「我們要準備犧牲，要準備更大更慘的犧牲，同時我們要保存一點信
心，沒有一點信心，我們是受不起大犧牲的」。並云：「全世界的道德
的貶議是在我們敵人的頭上，我們的最後勝利是絲毫無可疑的」！

四月十六日，《獨立評論》刊載胡撰〈我的意見也不過如此〉，對
徐炳昶教授希望《獨立評論》社的朋友聯合宣言「主張堅決的戰爭」，
表示不能同意。認為「我自己的理智與訓練都不許我主張作戰」。對於
董時進在天津《大公報》發表的〈就利用「無組織」和「非現代」來
與日本一拼〉一文，表示：「老實說，我讀了這種議論，真很生氣，我
要很誠懇的對董先生說：如果這才是救國，亡國又是什麼」？如果「脫
開赤膊，提起鐵匠舖的大刀」──「如果這叫做『作戰』，我情願亡國，
決不願學著這種主張作戰」❸。

六月四日，《獨立評論》刊載胡撰〈保全華北的重要〉（五月二十
九日撰）。指出整個的中日問題，此時無法解決；而華北的危機，目前
必須應付。如何應付：一為主張犧牲平津，步步抵抗，決不妥協；一
為暫謀局部停戰，先保全華北，減輕國家損失。胡則主張後者，理由
如下：一為國家減輕損失。二為平津與華北是不可拋棄的。因為華北
是中國的重要富源；中國已成鐵路絕大部分在華北；天津關稅收入占
全國第二位；平津是北方文化中心，人才集中，教育與學術對中國影
響極大。三為平津與華北的保全在國際上的意義是避免戰事的擴大而
不可收拾。胡氏深信：「日本的行為若不悛改，這個世界為了整個世界
的安全，必有聯合起來共同制裁日本的一日。但今日決非其時」。胡並
斷言：「現時幾個有實力的國家，無不希望我們能做到對日問題的一個

<hr>

❸　吳相湘，〈胡適「但開風氣不為先」〉，《民國百人傳》，冊一，頁一六三、一
六四。

暫時的段落，上海的停戰是一個段落，今日華北的停戰又是一個段落。
軍事做到一個段落即是使敵人的暴力暫無用武之地」⑲。

　　當胡之〈保全華北的重要〉一文發表時，被稱爲「城下之盟」的
「塘沽協定」，已在五月三十一日簽字了。在協定簽字之前，胡曾與蔣
夢麟、丁文江應邀至北平軍分會與何應欽詳商停戰問題。汪精衛亦曾
致函胡氏附有〈覆某先生電稿〉，內稱：「惟一戰而敗，吾輩死固不足
惜，恐平津失陷，華北亦隨以淪亡。而土地喪失之後，收復無期，是
不啻吾黨亡而以平津華北爲殉也。此亦甚可動念者。如在最低限度內
有方法保全平津及華北，弟（汪）亦將不顧一切而爲之」⑳。其時〈塘
沽協定〉頗受各方的反對。即國民黨內部一些人士，對此協定亦爲不
滿。胡氏本其理性，主張停戰，發表〈保全華北的重要〉一文，使一
向對胡執禮甚恭的傅斯年，也一反常態而憤怒不可遏，申言退出《獨
立評論》社。

　　隨〈塘沽協定〉華北雖暫告停戰，但無人相信日本對中國的侵略
能夠停止或不會擴大。且日本亦無視國際條約的約束，宣佈退出國聯，
也使世界形勢爲之改變。這年十一月二十六日胡在《獨立評論》第七
十八號發表〈世界新形勢裡的中國外交方針〉文中指出：

> 　　我們不能斷言太平洋上的戰禍可以完全避免，但我們可以預料
> 今後的國際外交將有重大的新發展。蘇俄的國際理想主張與新
> 大陸的國際理想主義，加上國聯的理想主義，這三大集團的結
> 合，應該可以有一種有力的國際和平的主義出現。這種理想的

---

⑲　同前注，頁一六四。
⑳　〈汪精衛致胡適〉，附〈覆某先生電稿〉，民國二十二年四月二十三日。《書
　　信選》，中冊，頁二一一。

形成，如果可以不流血而有效，那是人類的大幸福。如果此種
理想必經過一次大犧牲才可實現，那是人類的愚蠢所招致，雖
深可惋惜，然其結果也許可以眞做到十五、六年前的哲人夢想
的「用戰爭來消滅戰爭」的境界❹。

　　胡在撰寫此文時，思考的重點爲：「世界大戰如果在不久即爆發，
我們應如何？大戰如能展緩兩三年，我們又應如何」？所謂世界大戰，
當即日、俄、英、美四國的戰爭。在文中不便露骨的表明。因於十一
月二十日致函汪精衞（行政院長兼外交部長）磋商。汪的看法，顯然
是極爲悲觀的❷。

　　胡對汪的悲觀看法，頗不以爲然。他甚至認爲汪之兼掌外交，「甚
非所宜」；而其助手唐有壬對於日本雖有認識，然對俄、英、美等，「則
甚不了解，且甚懷疑」❸。

　　根據胡氏的分析，認爲「對付華北的局面，不過是外交問題的一
個部分，決不是外交的全部。日本之外還有蘇俄，還有歐、美，還有
整個的世界」❷。外交要顧到世界的局勢，而不可限於一隅的局勢；外
交要顧到國家百年的大計，而不可限於一時的利害。因此，他要汪氏
要有信心；若懷疑蘇俄和歐、美對中國的瓜分或共管：「那麼，除了投
到甲國（日本）的懷抱去做朝鮮，還有何路可走呢」❷？這句話對汪氏

❹　《胡譜稿》，冊四，頁一一七五。
❷　〈汪精衞致胡適〉，民國二十二年十一月二十二日。《書信選》，中冊，頁二
　　二〇、二二一。
❸　〈胡適致汪精衞〉（稿），民國二十二年十二月二十日夜。《書信選》，中冊，
　　頁二二六、二二七。
❷　《胡譜稿》，冊四，頁一一七四。
❷　同❸，頁二二五、二二六。

來說，真是不幸而言中了。但汪在當時，仍不以胡之意見爲然。但在
蔣委員長當時或稍後的言論中，卻常有與胡氏觀點接近或相同之處。

肆、謀求喘息與準備長期苦鬥

　　民國二十四年（一九三五）五月二十九日，日本的華北駐屯軍司
令梅津美治郎派員向北平軍分會委員長何應欽提出多項要求，要求撤
換河北及天津行政首長，撤出軍隊及黨政機關。何於六月十日口頭承
認之，即一般所謂的「何梅協定」，使中日問題進入更緊張的階段。六
月十一日晨，胡氏特撰〈沉默的忍受〉一文，指出：「在這悲憤之中，
也不能不感覺到今番事件的遠大的意義、慘痛的敎訓」。要大家不必悲
觀。因爲「在這沉默忍受的苦痛之中，一個新的民族國家已漸漸形成
了」！「能在這種恥辱的空氣裡任免有實力的領袖，調動大批的軍隊，
而沒有微細的抗違，這是力量的開始，這是國難的訓練，這是強鄰的
恩賜」。認爲「多難興邦的老話是不欺人的歷史事實。我們不必悲觀」
❷⑥。

　　儘管中日問題愈來愈爲嚴重，但胡氏始終保持樂觀與信心。因爲
他是就整個的世界局勢來看中日問題。此與蔣中正委員長的看法非常
接近而或相同。民國二十三年（一九三四）蔣在〈東亞大勢與中國復
興之道〉的講詞中就曾指出中日之間的問題，乃是整個東亞的問題，
亦即所謂太平洋問題❷⑦。而胡氏之推崇蔣「在今確有做一國領袖的資

---

❷⑥　《胡譜稿》，冊四，頁一三七七～一三七九。

❷⑦　蔣中正〈東亞大勢與中國復興之道〉，民國二十三年三月五日。秦孝儀主編
　　　《總統蔣公思想言論總集》，卷一二，頁九五～九六，中央黨史委員會印行，
　　　民國七十三年。引據拙撰〈對日抗戰之政略〉，頁九，紀念抗戰建國五十年
　　　學術硏討會論文，民國七十六年七月，臺北。

格」❷。自非偶然。基於整個國際形勢來看中日問題，胡氏經過「深思遠慮」，認為此時必須假定兩個可能的局勢，作我們的一切國策的方針：

(1)在最近期間，日本獨霸東亞，為所欲為，中國無能抵抗，世界無能制裁。這是毫無可疑的眼前局勢。

(2)在一個不很遠的將來，太平洋上必有一度最慘的大戰，可以作我們翻身的機會，可以使我們的敵人的霸權消滅。這也是不很可疑的❷。

如何可以促進那個「不很遠的將來」的國際大戰，如何可以「促其實現」？胡的方案如下：

今日我們決不能夢想坐待別國先發難。最容易發難者為俄國，但蘇聯是有組織的、有準備的，所以最能忍耐，最能彎弓不發。其餘為美、英，他們更不願先發難，這是很明顯的。此外祇有兩個可能：一是日本先發難，一是中國先發難。

日本早已發難了，因為我國不抵抗，故日本雖發難了四、五次，而至今不曾引起國際大波瀾。欲使日本的發難變成國際大劫，非有中國下絕大犧牲決心不可。

我們試平心估計這個「絕大犧牲」的限度，總得先下決心作三

---

❷　吳相湘〈胡適「但開風氣不為先」〉，《民國百人傳》，冊一，頁一七一。

❷　〈胡適：與王雪艇書㈡〉，民國二十四年六月二十日。《胡譜稿》，冊四，頁一三八三。

年或四年的混戰、苦戰、失地、毀滅。

我們必須準備：(1)沿海口岸與長江下游的全部被侵佔毀滅，那就要敵人海軍的大動員。(2)華北的奮鬥，以至冀、魯、察、綏、晉、豫的淪亡，被侵佔毀壞，那就是要敵人陸軍的大動員。(3)長江的被封鎖，財政的總崩潰，天津、上海的被侵佔毀壞，那就要敵人與歐、美直接起利害上的衝突。凡此三大項，當然都不是不戰而退讓，都是必須苦戰力竭而後準備犧牲，因為祇有如此才能引起敵人的大動員與財政上的開始崩潰。……

祇有這樣，可以促進太平洋國際戰爭的實現，也許等不到三、四年；但我們必須要準備三、四年的苦戰。……這是破釜沉舟的故智，除此之外，別無他法可以促進那不易發動的世界二次大戰❸⓪。

　　胡氏上項陳述，正與民國二十六年（一九三七）七月盧溝橋事變發生後到三十年（一九四一）十二月太平洋國際大戰爆發前的過程情況，十分吻合。也是蔣委員長持久戰略的張本。即如蔣在抗戰發生不久後所說明的持久抵抗計劃如下：

這一次戰鬥，決不是半載一年可了。一經開戰，最後必分勝敗。如就兵力及國力比較，我們殊少勝利把握。但毅然與之作戰，且有最後勝利的自信者，係基於以下三項根據：(1)自二十四年以四川為後方根據地後，即以四川為國民政府之基礎。敵如入

---

❸⓪ 〈胡適：與王雪艇書(三)〉，民國二十四年六月二十七日夜。《胡譜稿》，冊四，頁一三八六～一三八八。

川，至少須三年時間。此爲敵人的時間所不許可。我軍節節抵抗，誘其深入；愈深入內地，於我抗戰愈有利。(2)祇要國民政府不被消滅，我之國際地位就能確立。敵人驕橫暴戾，到處樹敵，在二、三年以內，即難持久下去。我一時一地之得失，無害於根本大計。唯一方針，就是持久。(3)阿比西尼亞之亡國，雖因國際正義之不張，但中國在地理上與軍事上，與阿國不同。我們不僅幅員廣大，且有極堅強的抗敵意識。故日本決不能亡我❸❶。

　　蔣委員長的「持久戰略」計劃，就是要促進太平洋的國際大戰。所以他堅信：侵略國家的對面，一定會產生一個英、美、法、蘇的反侵略聯合陣線來。我英勇抗戰，定可改造國際形勢。如我繼續努力抗戰下去，定可達到各國在遠東敵視日本、包圍日本的目的，使日本陷於絕對的孤立❸❷。

　　胡氏的「不很遠的將來」的國際大戰「促其實現」的方案，對蔣的「持久戰略」以促國際形勢改變的決策，有無相關之處？或是胡氏的方案，有無向蔣表示過？根據胡於民國二十四年七月二十七日致羅隆基的信述其前項方案的大要，並要他「帶給蔣先生一看」❸❸。胡在晚年亦曾無意中談起：「我記得當時曾對蔣先生說過，如果決定全面抗戰了，我們不怕失敗，不怕犧牲，祇要能夠支持到三、四年之久，才

❸❶　蔣永敬〈對日抗戰之政略〉，頁七。原引蔣中正〈國府遷渝與抗戰前途〉，民國二十六年十一月十九日。《總統蔣公思想言論總集》，卷一四，頁六五四～六五六。

❸❷　蔣永敬〈對日抗戰之政略〉，頁一〇。

❸❸　〈胡適：與羅努生（隆基）書〉，民國二十四年七月二十六日。《胡譜稿》，冊四，頁一三九九。

能引起國際的變化，我們的民族才能有翻身的機會」❸。

　　爲了「不遠的將來」的國際大戰，中國有翻身的機會，胡氏希望能有十年的喘息時間。但這是不大可能的。因此，祇能退而求其次的「恐怕在今日要雙管齊下：一面謀得二、三年或一、二年的喘息，使我們把國內的武裝割據完全解決了；一面作有計劃的佈置，準備作那不可避免的長期苦鬥」❸。在此認定之下，胡氏仍主張不放棄對日交涉的機會，以謀得喘息的時間；同時反對地方軍人割據，以免妨礙那不可避免的長期苦鬥的準備工作。他更呼籲國人要有自信與反省。這都是要爲中國民族能夠「翻身」所作的努力。

伍、最大的和平努力

　　正如胡氏二十四年所預期的，祇有兩年的時間，長期的苦鬥便開始了。二十六年（一九三七）七月七日盧溝橋事變發生時，胡氏正應邀參加盧山談話會。在七月十七日的談話會中，蔣委員長向與會人員發表「中央對盧溝橋事件之方針」。表示：「盧溝橋事件能否不擴大爲中日戰爭，全繫日本政府的態度」。並提出四點最低限度之立場，必以全力固守之。更指出「希望和平而不求苟安，準備應戰而決不求戰」，以及「全國應戰以後之局勢，就祇有犧牲到底」。胡氏在會中曾就蔣委員長的聲明，發表意見，表示「非常興奮」。他希望用全國軍隊力量，充實河北國防。能如此，「日本決不敢輕易言戰」。他預料：「這次事件，如果宋哲元、秦德純、張自忠，華北諸負責當局不屈服，不喪失主權而獲得相當的解決，決不是日本的讓步，而是中央雄厚實力之所致」

---

❸　《胡譜稿》，冊五，頁一六一三。

❸　同❸，頁一三八九。

❸❻。不幸胡氏這一藉由實力抵抗而得到和平的希望，卻爲事實所粉碎。七月底，平津失陷，戰爭的擴大已無可避免。胡由廬山到了南京，心情至爲矛盾，認爲中國的準備還不夠，主張再能忍讓，再有十年的準備，我們就可以不怕了❸❼。因此，在此戰爭擴大的緊要關頭，仍作最大的和平努力。例如七月三十日到高宗武（外交部亞洲司長）家，談「對日外交路線不可斷」。並致電陳布雷，要他「努力做匡過補闕的事」。三十一日，蔣委員長邀餐，告以「已決定對日作戰」，胡心不謂然，臨別告辭時對蔣說：「外交路線不可斷。外交事應尋高宗武一談，此人能負責任，並有見識」❸❽。這天下午，汪精衛找高宗武去長談。談後高宗武來看胡，始知蔣今午已找高去談過了。經詳談後，深感此時要做的事等於造一件 miracle（奇蹟），其難如此❸❾。但胡仍不放棄其和平的努力。今據王世杰《日記》，其時主和者固非胡氏一人；而當時主和者心情實對戰爭前途缺乏信心，胡亦似乎亂了章法。王之《日記》有云：

> （八月三日）二、三日來，首都一般人士，均深感大戰爆發後之危險。無知識或無責任之人，感覺身家危險；有知識者則對國家前途不勝恐懼。故政府備戰甚力，而一般人之自信力仍日減。今日午後與胡適之先生談，彼亦極端恐懼，並主張汪（精衛）、蔣（中正）向日本作最後之和平呼籲，而以承認偽滿洲國爲議和之條件。吳達銓（鼎昌）今晨向予言：戰必敗，不戰必大亂。處

---

❸❻　第一期廬山談話會第二次共同談話會速紀錄，民國二十六年七月十七日，中國國民黨中央黨史委員會存檔。

❸❼　《胡譜稿》，冊五，頁一六一一。

❸❽　耿云志《胡適年譜》，頁二五九。據《胡適的日記》。

❸❾　《胡譜稿》，冊五，頁一六一〇。

此局勢，惟有聽蔣先生決定而盲從之。

（八月三日）今日午後約胡適之、吳達銓、周枚蓀（炳琳）、彭浩徐（學沛）、羅志希（家倫）、蔣夢麟諸人在家密談。胡、周、蔣均傾向於忍痛求和，意以爲與其戰敗而求和，不如於大戰發生前爲之。達銓則仍謂戰固必敗，和必亂。余謂和之大難，在毫無保證；以日人得步進步爲顯然事實；今茲求和，不祇自毀立場，徒給敵人以一、二月或數月時間，在華北佈置更強固，以便其進一步之壓迫。

（八月五日）今日午後晤汪精衛先生，據云胡適之所提和議意見，彼已轉告蔣先生；蔣先生以爲軍心搖動極可慮，不可由彼呼籲和議，亦不可變更應戰之原議。但蔣先生擬囑王亮疇（寵惠，外交部長）以外長資格仍與日方外交官週旋。

（八月六日）……胡適之於日昨親往蔣先生處，以書面提出彼之和議之主張。蔣先生甚客氣，但未表示意見❹。

八月七日，南京中央全日舉行國防會議，中央及地方軍政要員均參加會議，決定積極備戰及全面抗戰。據王世杰這天的《日記》：「蔣先生在會議時頗譏某學者（指胡適之）之主和。……參謀總長程潛在會議席上指摘胡氏爲漢奸」。王氏認爲程之指摘，「語殊可笑」；認爲蔣委員長之譏胡，亦有未當，因「政府既決定仍不放棄外交周旋，則胡

❹　《王世杰日記》（手稿本），冊一，頁八二～八四，臺北，中央研究院近代史研究所編印，民國七十九年。

氏主張，實際上並未被裁決」④。

　　自八月七日決定全面抗戰後，胡的和平努力顯然已停止進行。惟胡氏對主和的思想開始轉變，亦在和平努力的同時。據胡在七月三十一日寫信給蔣廷黻時，曾以中、蘇兩國做比較，得出中國難以避戰的結論。信中說：「蘇俄可以有避戰的資格，而我們沒有避戰的資格。蘇俄所以能避戰，第一因為對外有抵抗的力量，第二因為對內能有控制的力量。我們這兩件都沒有。……因為無力抵抗故終不能避戰。第二個因素更重要」。又云：「祇有強固的政府能忍辱，能接受屈辱的和平」。而中國「還沒有強到一個可以忍辱避戰的程度」。後來胡撿出此信加批注說：「此信似未寄出。但此信很可以看出我的思想的開始轉變。……但我後來漸漸拋棄和平的夢想了。九月八日離京那天，我明告精衛、宗武、希聖（陶）三人，我的態度全變了。我從此走上了『和比戰難百倍』的見解」④。

陸、「苦撐待變」

　　和既無望，唯有走上長期的苦鬥。依照胡氏兩年前的估計，要作三年或四年的混戰、苦戰、失地、毀滅，然後才可以促進太平洋國際大戰的實現。而所謂太平洋國際大戰，實即美日大戰也。胡氏這時所能為力的，就是以其在國際上的聲望，從事國際的活動；尤其是對美的活動。在二十六年九月四日，國民政府即商定託胡氏及錢端升、張忠紱三人赴美宣傳，且定日內啟行④。九月二十日，自香港起飛，經菲律賓、關島、中途島、檀香山，二十六日到舊金山。這天，對華僑

④　同前注，頁八四、八五。
④　耿云志《胡適年譜》，頁二五九。
④　《王世杰日記》（手稿本），冊一，頁九九。

發表演講：「算盤要打最不如意的算盤，努力要做最大的努力」。十月
一日在舊金山哥倫比亞電臺發表演說，題爲「中國在目前危機中對美
國的期望」。八日，飛華盛頓。十二日，偕駐美大使王正廷訪晤美國總
統羅斯福（Franklin D. Roosevelt）。此後在美國各地及加拿大發表
關於中國抗戰的講演，直到次年七月**④**。胡等三人這次來到美國的使
命及其活動成效如何？由於美國此時孤立主義的氣勢正盛，要有立竿
見影的效果，顯然是不可能的。也祇有不計近功，著眼未來，如張忠
紱之回憶：

> 我們三人到美國的最大希望爲：一面使美國政府能了解我們的
> 國情和我們政府被迫而抗戰的苦衷；一面在加強美國民間對中
> 國的同情，並喚起美國民眾對孤立政策知所警惕，等待時機成
> 熟，然後可以有所舉動。這是一種看不見的慢功，不能如申包
> 胥祇須感動秦哀公一人，秦國即可出師參戰。適之是一位學者，
> 端升和我兩人也沒有邀功的心理，因此我們約定，不求時譽，
> 祇問工作的效果**⑤**。

所謂「正其誼不謀其利，明其道不計其功」，祇要盡其在我，胡氏
堅信必有「種瓜得瓜，種豆得豆」的一天。如胡氏之自述：

> 我們這次可以說是爲世界作戰，至少是爲民主國家作戰，但我
> 們自己要先咬牙苦撐，不要先打算盤。苦撐一年、二年、三年，

---

④ 耿云志《胡適年譜》，頁二六一。耿譜記王正廷爲駐美「公使」，應爲大使
之誤。

⑤ 張忠紱《迷惘集》，頁一一五。出版未詳。

甚至如坂垣（坂垣征四郎，日本陸相）所説的十年。幾年內忽然來
了一個幫助，就好像窮人一旦得到愛爾蘭的大香濱馬票，豈不
痛快！但先當求之於己，咬牙苦撐。……我是哲學家，所以我
會算命。馬票也許有中彩的一天❹。

　　民國二十七年（一九三八）七月二十六日，胡氏由美國來到英國
倫敦，得到蔣委員長的電報，徵求他出任中國駐美大使的意見。不久，
第二個電報又到。胡考慮之後，覆電接受「徵調」。三十日，有信給傅
斯年，說已「逼上梁山」，祇得犧牲一兩年的學術生涯，勉力為之，至
戰事一了，仍回到學校去。又云：「國事至此，除『苦撐待變』一途，
別無他法」。此為胡氏「苦撐待變」名言最早見諸其本人的文字的記載
❹。

　　九月十七日，國民政府宣佈任命胡氏為駐美大使。十月五日到華
盛頓，次日到館視事。二十七日，向美總統遞交國書。此時中國抗戰
已經一年又三個多月。廣州和武漢在十月二十一日及二十五日相繼失
陷，中國抗戰更為艱苦，而美國孤立主義的氣勢囂張如故。當時成為
孤立主義後盾者，則為國會所通過的〈中立法〉。胡出任美使之後，其
工作的重點，則為針對美國孤立主義與中立法問題。此在胡致政府的
報告中，不時有所陳述。至於「借款、購械、宣傳、募捐四事雖屬重
要」，胡以為「均非外交本身，宜逐漸由政府另派專員負責」❹。此舉

---

❹　《胡譜稿》，冊五，頁一六四四。

❹　同前注，頁一六三八～一六四〇。

❹　耿云志《胡適年譜》，頁二六八。

顯然成爲後來宋子文代表蔣委員長來美以後要求撤換胡氏的原因❹。
至胡氏對孤立主義及〈中立法〉的修正作如何的努力呢？從胡的一些
電文來看，雖然困難重重，但也可因時勢而有所轉移。他在二十八年
一月二十七日致電陳布雷談及美國的孤立派問題說：

> 總統與外部對中日戰事堅不施行中立法，國會內外亦無如之何，
> 實爲孤立派失勢之起點。一年半以來，孤立論更衰。如中立法
> 之創始人 Senator Nyc 今日亦轉而主張取消對西（西班牙）禁運
> 軍火案。蓋孤立論是美國人的一個傳統信仰，非筆舌所能摧破。
> 祇有事實的演變與領袖人物的領導，可以使孤立的國家轉變爲
> 積極參加國際政治也❺。

一月三十日，胡致電王世杰，進一步談美國的孤立主義的轉變問
題，同時他也得出一項「射馬擒王」之法。電文說：

> 孤立派問題，關鍵在事實演變，在政治領袖，而不在輿論。……
> 此意弟去年與端升（錢端升）討論多次，端謂民意最重要，弟不

---

❹ 據《胡適的日記》（手稿本），一九四〇年七月十二日記。宋子文指胡云：
　「你（指胡）莫怪我直言。國內很多人說你講演太多，太不管事了。你還
　是多管管正事罷」！又一九四〇年十月十四日宋致蔣委員長電要求撤換胡
　氏，電文有云：「欲得美國之援助，必須萬分努力，萬分忍耐，決非高談空
　論所能獲效。際此緊要關頭，亟需具有外交長才者使美，俾得協助進行。
　……弟所以提議植之（施肇基），即爲此耳」。見《中華民國重要史料初編
　——對日抗戰時期》，第三編，《戰時外交一》，頁九九（臺北，中國國民黨
　中央黨史委員會，民國七十年九月出版。以下簡稱《戰時外交》）。
❺ 耿云志《胡適年譜》，頁二七四。

謂然。倘領袖者不能領導輿論，則美國四十年來參與世界政治
各次均必不可能矣。最近兩三月中之事，更可爲明例。如對日
兩次嚴重通牒，如對華借款，如對德召回大使，如對法許其購
買軍用飛機，而對日則勸阻軍火飛機之售日，此皆政府領袖決
心爲之，孤立派與和平派亦無可如何。弟非抹殺民意，但謂外
交著眼自有射馬擒王之必要。至於輿論與國會方面，弟亦不欲
忽略也㊶。

此時蔣委員長也要胡氏「向孤立派努力」。胡的努力方針是：「在
使美國政府人民明瞭我國待援情形及抗戰決心，使美能多多助我制裁
日本」㊷。此方針正是胡所主張的「苦撐待變」，重點非在「待援」，
而在國際局勢演變對我有利㊸。

民國二十九年（一九四○），中國的「苦撐」進入第三年，國際局
勢的轉變可謂急轉直下。這年，汪精衛南京僞組織出現，德義日三國
同盟，日軍進據越南，中國的「苦撐」，固已到了極限㊹。而美國的態
度，也大爲改變。胡氏即在這年十月十二日手擬長電說明「苦撐待變」
主張已經時勢、世局演變極有利中國；夢想的太平洋戰爭即將實現。
電文說：

適三年來所上介公及詠霓（翁文灝）諸兄電，凡涉和戰大計，總

㊶　同前注。
㊷　同前注。
㊸　吳相湘〈胡適「但開風氣不爲先」〉，《民國百人傳》，冊一，頁一八八。
㊹　蔣永敬〈日本南進與中國抗戰之危機及轉機〉，抽印本，頁一～一七，中央
　　研究院近代史研究所編，《抗戰建國史論文集》，民國七十四年，臺北。

不外「苦撐待變」四字。所謂變者，包括國際形勢一切動態，而私心所期望尤在於太平洋海戰，與日本海軍之毀滅。此意似近於夢境，然史實所昭著，以和比戰更難百倍，太平洋和平會議未必比太平洋海戰更易實現㊺。

一九四〇年底，羅斯福總統第三次當選連任之後，局勢轉變更大。在其十二月二十九日的廣播詞與翌年一月六日的國會致詞中，可謂完全拋棄了孤立主義而走上積極的干預國際政治了。

胡氏認為羅斯福兩篇大文之要旨，其魄力之雄偉，立言之大膽，均為三年來所未有。此中關鍵，全在三事：一為一九四〇年六月以後英國之危機；二為九月之柏林盟約；三為大選之揭曉㊻。此種國際局勢的大轉變，距離中國的「苦撐」，已是三年半的時間。較之胡所估計的「三年或四年」，相當準確。若就一九四一年十二月八日的太平洋戰爭之爆發，此距中國對日之「混戰、苦戰、失地、毀滅」，則為四年半的時間，較胡之估計時間遲了一年或半年。可謂雖不中，亦不遠矣。

柒、結論

民國二十年（一九三一）「九一八」事變，國人受此國難衝擊，爭議目標，亦多集中對日問題，其中尤以平津地區知識分子的表現，最為敏銳。彼等又以《獨立評論》社諸人為重心。而胡又為這一重心的

㊺　吳相湘〈胡適「但開風氣不為先」〉，前引書，頁一八九。胡電並見《中日外交史料叢編》㈥，頁三四三（臺北，中華民國外交問題研究會編印，民國五十六年）。

㊻　〈駐美大使胡適致陳布雷轉呈蔣委員長電〉，民國三十年一月十日。《戰時外交》㈠，頁一二七。

重心。其所發表的言論或向政府當局提出的意見，常能不同流俗，言其所當言，言人所不敢言。其在「九一八」事變後，在國人情緒激昂之中，盱衡世局與中國情況，認爲中日問題的解決，尙非到達「算總帳」的時機，故力主直接交涉。惟其時政府負責當局迫於輿情與內部的衝突，堅持「不撤兵、不交涉」的原則，而致錯過交涉的時機。事後軍政負責當局亦頗有因此而惋惜者。

二十二年(一九三三)〈塘沽協定〉以後，日本侵略勢力深入華北，民間固多憤慨與對政府當局之責難，而政府負責當局如行政院長汪精衛者亦對中日問題持以悲觀的論調。而胡氏根據其理性的判斷，認爲由於日本侵略勢力的威脅，國際理想主義正在結合，對日聯合制裁，雖非其時，然終將出現。故力主保全華北，以待時機。其在《獨立評論》發表〈世界新形勢裡的中國外交方針〉一文中指出：「我們不能斷言太平洋上的戰禍可以完全避免，但我們可以預料今後的國際外交將有重大的新發展」。他更不排除國際理想主義必經過一次大犧牲才可實現，其結果也許眞正做到「用戰爭來消滅戰爭」的境界。胡氏此言，在八年後一九四一年太平洋戰爭的爆發而獲證實。

二十四年 (一九三五)，在日軍的強迫下，有所謂「何梅協定」的發生。舉國爲之悲憤。胡氏撰有〈沉默的忍受〉一文，認爲「一個新的民族國家已漸漸形成了」。因爲中國在忍受這種屈辱的條件下，而能「任免有實力的領袖，調動大批的軍隊」，這是「國難的訓練」；所謂「多難興邦」，「不必悲觀」。因爲就整個國際趨勢來衡量：「在一個不很遠的將來，太平洋上必有一度最可慘的大戰，可以作我們翻身機會，可以使我們的敵人的霸權消滅」。如何來使這個「不很遠的將來」太平洋大戰的「實現」，胡氏認爲非中國下絕大犧牲決心不可。此「絕大犧牲」的限度，即爲「三年或四年的混戰、苦戰、失地、毀滅」。此一方

案胡曾一再向南京中央方面表達，更盼能帶給蔣委員長「一看」；胡也承認曾與蔣談過。就蔣當時或稍後的言論來看，與胡之方案，也十分接近或相同。在抗戰發生後，中國之「持久戰略」以促國際形勢轉變的政策，正與胡之方案相吻合。

　　胡雖主張太平洋大戰的「實現」須經中國的「絕大犧牲」，但他並不希望這一犧牲的降臨，他希望最好能有十年的喘息時間；縱不可能，也要有二、三年或一、二年的喘息，使中國能有時間作有計劃的佈置，準備作那「不可避免的長期苦鬥」。當盧溝橋事變發生後，胡仍認爲中國的喘息時間不夠，故作最大的和平努力。但事實的演變，使胡氏走上「和比戰難百倍」的見解。從而提出「苦撐待變」的名言。所謂「變」者：「包括國際形勢一切動態，而私心所期望尤在於太平洋海戰，與日本海軍之毀滅」。抗戰前期，胡之出使美國，即爲推動此種變局而努力。在其使美之初，美國孤立主義由極盛時期而至走上太平洋戰爭的爆發，其間變化，幾使胡氏成爲「預言家」；但胡亦不否認他是「一位哲學家」，而會「算命」。

　　如謂國際局勢的轉變，胡有「促進」之功，也許有所爭論；但其「先見之明」，提供了中國抗戰「苦撐」的信心與決心，應該是可以肯定的。

第三節　汪精衛〈舉一個例〉所涉抗戰「機密」之眞象

壹、前言

　　一九三八年十二月間，中國國民黨副總裁汪精衛自重慶潛往越南之河內，發表對日主和的電文，以響應日本首相近衛文麿對華誘和的聲明。此時日軍正在進行對華侵略戰爭，中國沿海重要城市以及廣州、武漢等重鎮已爲日軍所佔。國民政府遷都重慶，繼續對日抗戰。對於汪氏行動，認爲「通敵求降」，乃明令通緝。汪氏不服，復於一九三九年三月在河內發表〈舉一個例〉一文，將一九三七年十二月六日的國防最高會議紀錄公佈，來證明對日主和，是經過國家最高機關討論而共同決定的主張。此文一出，引起各方極大的震撼，並發生強烈的爭論。有的指責汪氏不應洩露國家機密；亦有指出汪氏所公佈的文件，經其「隨意添改僞造」；或對此文件的眞實性表示懷疑的。

　　由於上項原始文件，列爲最高機密，汪氏所發表的，是否與原始文件的內容相同？或是否由汪氏眞的加以「添改僞造」？無從證實。迄今四十多年，雖已時過境遷，但作爲一項歷史性的文獻來研究，不僅可以澄清當年的爭論，亦可助於了解汪氏當年洩露抗戰「機密」的眞象。

　　一九三七年十二月六日的國防最高會議紀錄，近年始由中國國民黨中央黨史會完全公開，並且原件影印。本文得就原始文件與汪氏〈舉一個例〉所公佈的文件，加以逐項比對。結果發現兩者有極大的差異，證明汪氏確曾「隨意添改僞造」文件。至其添改僞造文件的企圖：顯

爲混淆視聽，使人誤其在與政府演唱「雙簧」外，並爲洗刷其「通敵求降」的罪名。

貳、〈舉一個例〉與原始紀錄的比較

汪精衛的〈舉一個例〉一文，於民國二十八年（一九三九）三月三十一日在香港發表。此文主要內容，首悼其親信曾仲鳴之死，是「爲國事而死，爲對於國事的主張而死」；繼舉民國二十六年（一九三七）十二月六日國防最高會議紀錄爲例，以證明對日本之主和，非其一人之主張，而是「最高機關，經過討論而共同決定的主張」❶。

汪文發表時，重慶國民政府在港人員兪鴻鈞即向當地檢查處交涉，要求禁止各報登載，並向各報勸告，結果祇有汪系之《南華日報》於四月一日刊載，其他各報均未予登載❷。

〈舉一個例〉，是以公佈一項重要原始文件的方式，將民國二十六年十二月六日國防最高會議紀錄予以公開。其內容係紀錄外交部次長徐謨在這天會議中報告德國駐華大使陶德曼（Oskar Trautmann）轉來日本方面的議和條件，經向蔣中正委員長報告並與在南京的高級將領商討的情形，以及各將領和蔣委員長對日方條件所表示的意見。

〈舉一個例〉發表後，頗引起各方的震撼。有指爲此乃國家最高機密，汪氏不應洩露者，如吳敬恆當時指出：「汪氏斬斬於主和者不是

---

❶ 汪精衛〈舉一個例〉。《中華民國重要史料初編——對日抗戰時期》，第六編，《傀儡組織》㈢。頁七八，中央黨史會編印，民國七十年，臺北。以下簡稱《傀儡組織》㈢。

❷ 〈兪鴻鈞呈蔣委員長電〉，民國二十八年四月一日。《傀儡組織》㈢，頁七八。按汪文原注日期爲「民國二十八年三月二十七日」。此日期可能爲在河內發表之日期，或其完稿之日期。在港發表之日期，則係根據兪鴻鈞上電之記述。

他一人，就將國防最高會議紀錄披露，祇就是洩露外交軍事秘密，律有明刑，而且他就是當時會議的主席，利用其自身職務地位，以洩露秘密，處刑更嚴」❸。雲南省主席龍雲承蔣委員長之命致汪氏之函亦指出：「〈舉一個例〉文中將國家機密洩露中外，佈之敵人，此已爲國民對國家初步道德所不許」❹。有指爲此項機密文件係經過汪氏添改僞造者；亦有對此文件的眞實性表示懷疑者。前者如吳敬恆所指出的：「洩露自身職務地位上所管的秘密文件，已經夠犯罪；又把公家文件隨意添改僞造，適於己意，尤不是要想領袖羣衆者所應做」❺。後者如香港《申報》曾指出：「這個紀錄的是否可靠，或是紀錄中徐謨報告的是否眞正如此，我們固須採取絕對保留的態度」❻。

　　至於此一文件的眞實內容如何？所涉及的抗戰「機密」程度如何？而所謂「機密」，是否出於汪氏之「添改僞造」？由於抗戰時期的國防最高會議原始紀錄，多年來列爲「機密」，很少有人見其眞貌，因此對於汪氏是否「添改僞造」文件，也就難以確定。有的著作，也曾加以引用❼。

　　近年來中國國民黨中央黨史委員會根據原始資料，大量出版抗戰時期的史料，其中《傀儡組織》的史料就出版了四大冊，不僅收入汪氏的〈舉一個例〉，和各方對此文件的爭論，且公佈了這次國防最高會

---

❸　吳敬恆〈對汪精衛「舉一個例」的進一解〉。《傀儡組織》㈢，頁八六。

❹　〈唐生智陳龍雲發表致汪函全文致蔣委員長電〉，民國二十八年五月二日。《傀儡組織》㈢，頁一二二。

❺　同❸，頁九一。

❻　香港申報〈汪精衛的「例」〉。《傀儡組織》㈢，頁一〇〇。

❼　如吳相湘《第二次中日戰爭史》，頁四二七，綜合月刊社出版，民國六十二年，臺北。蔣委員長再接見陶德曼所作談話，雖未注明資料來源，但其文詞，即與汪之〈舉一個例〉中文詞相同。

議的原始紀錄❽。雖已時過境遷，但作為一項歷史性的文獻來研究，不僅可以澄清當年的爭論，亦可助於了解當年汪氏洩露抗戰「機密」的眞象。以下將就汪氏的〈舉一個例〉所發表的國防最高會議紀錄內容與原始紀錄的內容，用表列的方式，作一比較。

項　　目	〈舉一個例〉的內容	原始紀錄的內容	備註
文件標題	國防最高會議第五十四次常務委員會議	國防最高會議常務委員會第三十四次會議紀錄	不同
日　　期	二十六年十二月六日上午九時	二十六年十二月六日上午九時	同
地　　點	漢口中央銀行	漢口中央銀行	同
參加人員	出席：于右任、居正、孔祥熙、何應欽	出席者：孔祥熙、居正、何應欽、于右任	名次不同
		副主席：汪兆銘	前項無
	列席：陳果夫、陳布雷、徐堪、徐謨、翁文灝、邵力子、陳立夫、董顯光	列席者：徐謨、徐堪、陳布雷、董顯光、邵力子、陳立夫、陳果夫、翁文灝	名次不同
	主席：汪副主席	主席：汪兆銘	稱謂不同
	秘書長：張羣	秘書長：張羣	同
	秘書主任：曾仲鳴	秘書主任：曾仲鳴	同
		紀錄：狄膺	不同
徐次長謨報告			

❽ 原始紀錄原件影印見《傀儡組織》㈢，頁七～一五；紀錄全文見同書，頁一一一～一一四。此項文件並見本文附錄二。汪精衛的〈舉一個例〉，見本文附錄一。

(一)轉述德大使陶德曼之談話情形	德國駐華大使陶德曼於上月二十八號，接得德國政府訓令，來見孔院長；二十九號下午，又見王部長。據稱彼奉政府訓令云：德國駐日大使在東京曾與日本陸軍、外務兩大臣談話，探詢日本是否想結束現在局勢；並問日本政府如欲結束現在局勢，是在何種條件之下，方能結束。日本政府遂提出條件數項，囑德國轉達於中國當局。	十一月二十八、二十九兩日，德大使陶德曼先後訪晤孔部長、王部長，略謂彼奉德政府命，特向我轉達日方議和條件。據聲稱軍事上雖佔勝利，但仍願設法與中國恢復和平。	不同
(二)陶德曼轉來日方條件七項	一、內蒙自治 二、華北不駐兵區域須擴大，但華北行政權仍全部屬於中央；惟希望將來勿派仇日之人物為華北之最高首領；現在能結束，便如此做法；若將來華北有新政權之成立，應任其存在；但截至今日止，日方尚無在華北設立新政權之意；至於目前正在談判中之礦產開發，仍繼續辦理。	一、內蒙自治 二、華北沿滿洲國邊界至平津以南一帶，設立非武裝區，區內治安由中國警察維持之。如和議即刻成立，則華北全部行政權仍屬於南京政府；但須遴選與日本友善之官吏一人，主持最高行政職務。如和議目前不能成立，而華北有產生新行政機構之必要，則該行政機構於和議成立後，仍將繼續存在。截至現在止，日本政府並	同 不同

		無在華北設立自治政府之舉動。在華北經濟方面，所有衝突未發生前，關於礦產權利交涉事項，應予滿意結束。	
	三、上海停戰區域須擴大，至於如何擴大，日方未提及，但上海行政權仍舊。	三、上海設立非武裝區，較現有者略大，由國際警察管理之。餘無變更。	不同
	四、對於排日問題，此問題希望照去年張羣部長與川樾所表示之態度做去。詳細辦法係技術問題。	四、停止排日政策，此僅指上年在南京商議時日本提出之要求（如修訂教科書），予以照辦。	不同
	五、防共問題，日方希望對此問題有相當辦法。	五、關於反共一層，日方要求有一種辦法。	略同
	六、關稅改善問題。	六、減低日貨有關之關稅。	不同
	七、中國政府要尊重外人在中國之權利。	七、外國人權利當予尊重。	略同
㈢附加限制	如現在不答應，戰事再進行下去，將來之條件恐非如此。	如戰爭延長，則將來條件，必較此苛刻數倍。	略同
㈣陶大使赴京經過	陶大使見孔院長王部長後，表示希望可以往見蔣委員長。遂即去電請示，蔣委員長立即覆請陶大使前往一談。本人乃於三十日陪陶大使同往南京（內有陶大使在船上與徐談話）。十二月二日抵京。	陶大使述畢後，表示希望能有面達於蔣委員長之機會，當經孔部長王部長分別以電話電報報告蔣委員長。蔣委員長覆謂可請德大使往南京一行。遂由謨於三十日夜偕同德大使乘船赴京。十二月二日晨抵京。	略同

㈤蔣委員長邀集各將領會商情形	本人先見蔣委員長，蔣委員長對本人所述加以考慮後，謂要與在京各高級將領一商；下午四時又去，在座者已有顧墨三、白健生、唐孟瀟、徐次宸。蔣委員長叫本人報告德大使來京的任務。本人報告後，各人就問有否旁的條件？有否限制我國的軍備？本人答稱：據德大使所說，祇是現在所提出的條件，並無其他別的附件，如能答應，便可停戰。	先由謨將經過情形面陳蔣委員長。是日下午四時，委員長邀集徐部長永昌、白副參謀長崇禧、唐司令長官生智、顧主席祝同、錢主任大鈞等商討。余先報告如上述各節，繼蔣委員長詢問各將領意見；各將領詢問有無其他條件如限制軍備等，余答無之。	不同
㈥各將領對日方條件的意見	蔣委員長先問孟瀟的意見，唐未即答，又問健生有何意見？白謂祇是如此條件，那麼為何打仗？本人答：陶大使所提者祇是此數項條件。蔣委員長又問次宸有何意見？徐答祇是如此條件，可以答應；又問墨三，顧答可以答應；再問孟瀟，唐亦稱贊同各人意見。	諸人相繼表示意見，大致謂既非亡國條件，當可討論。	不同
㈦蔣委員長對日方條件意見	蔣委員長遂表示：一、德之調停不應拒絕，並謂如此尚不算是亡國條件。二、華北政權要保存。	無	不同
㈧蔣委員長對陶大使之談話	蔣委員長表示：對日不敢相信，日本對條約可撕破，說話可以不算數；但	蔣委員長表示要點如下：一、日方無信，已簽字之條約，尚往往撕毀。我方	不同

對德國是好友，德如此出力調停，因爲相信德國及感謝德國調停之好意，可以將各項條件作爲談判之基礎及範圍；但尙有兩點須請陶大使報告德國政府：一、關於我國與日談判中，德國要始終爲調停者，就是說：德國須任調人到底。二、華北行政主權須維持到底。在此範圍內，可以以將此條件作爲談判之基礎；惟日本不可自視爲戰勝國，以爲此條件乃是哀的美敦書。德大使乃問：可否加一句？蔣委員長說：可以。德大使說：在談判中，中國政府宜採取忍讓態度。蔣委員長云：兩方是一樣的。蔣委員長又謂：在戰爭如此緊急中，無法調停，進行談判，希望德國向日本表示：先行停戰。陶大使稱，蔣委員長所提兩點，可以代爲轉達；如德國願居中調停，而日本亦願意者，可由希特勒元首提出中日兩方先行停戰。蔣委員長說：如日本自視爲戰勝國，並先作宣傳，以爲中國已承認各項條件，則不能再談下去。

相信德方，願德方始終執調停之勞。二、華北行政主權應當完整，此爲我方堅持之點。三、日方所提條件，可作爲討論之基礎，但不能作爲如哀的美頓書中所列條件無可變更。四、日方不能以戰勝者自居，因我方並未承認爲戰敗者。五、日方不能將此條件片面的隨意宣佈。德使聆悉後，並稱中國能否持容讓之態度。委員長答：要容讓，兩方容讓。並問貴使對於雙方停戰有何意見？德使答：如兩方能接近，我元首或請中日兩方同時休戰。

(九)陶大使其他談話	在船中與陶大使私人談話，陶大使謂：中國抵抗日本至今，已表示出抗戰精神，如今已到結束的時機。歐戰時，德國本有幾次好機會可以講和，但終自信自己力量，不肯講和；直至凡爾賽條約簽訂的時候，任人提出條件，德國不能不接受。	無	不同
	陶大使又引希特勒意見，希望中國考慮；並謂在彼看，日之條件並不苛刻。	陶大使並告我（方）：希特勒曾謂：竭全力以保存國家，勝於任國家爲光榮之犧牲。意在勸我與日言和。	
	在歸途中，陶大使表示，以爲此次之談話有希望。在京時，陶大使並對蔣委員長說：此項條件並非哀的美敦書。		

叁、添改原始紀錄的原因

　　就上表比較的結果來看，汪氏〈舉一個例〉中所發表的國防最高會議紀錄與原始紀錄，就有了極大的差異。最明顯的差異，原始紀錄是第三十四次會議，〈舉一個例〉卻記爲第五十四次會議。對孔祥熙職銜的稱呼：原始紀錄稱孔部長，這是正確的。〈舉一個例〉則稱孔院長，這就錯了。因爲孔任行政院長是自民國二十七年一月一日。在二十六年十一、二月間接見陶德曼大使時，尙是行政院副院長兼財政部長。可見汪氏在「僞造文書」時，不經意的露了馬腳。可惜當時卻沒人把他指出來。

　　當時唯一指出汪氏「把公家文件隨意添改僞造」者，乃爲吳敬恆

氏。他對汪氏〈舉一個例〉的駁斥，是曾根據了原始紀錄的。他指斥
汪氏添改偽造文件的目的，是爲「適於己意」。這從上表比較的結果，
可以充分的顯示出來。其「添改偽造」的重點如下：

一、強調這次謀和，是出自德國方面的推動。例如〈舉一個例〉
中㈠轉述德大使陶德曼之談話情形，顯在暗示日本政府之提出條件，
係應德國駐日大使向日方要求的結果。吳敬恆曾指出這是原始紀錄所
無，認爲是汪氏「代爲敵人來掩飾敵人要德政府來講和的地步，免惹
敵國的怨恨」❾。而原始紀錄則逕記「轉達日方條件」。顯然出自日方
的主動。

二、對日方所提苛刻條件，加以掩蓋或含混其詞。例如日方所提
條件第二項在原始紀錄中，極爲苛刻而明確，亦甚詳細。而〈舉一個
例〉中則簡略而含混，並將「華北沿滿洲國邊界至平津以南一帶，設
立非武裝區」等苛刻字句，完全略去。又如日方條件第四項之排日問
題，原始紀錄要按日方要求（如修訂教科書）予以照辦，而〈舉一個
例〉則記「詳細辦法，係技術問題」。又如日方條件第六項，原始紀錄
爲「減低日貨有關之關稅」，而〈舉一個例〉則記爲「關稅改善問題」，
如此輕描淡寫，有意顯示敵人的寬大與謀和之誠意。

三、添造蔣委員長及各高級將領對日妥協的傾向。各將領對日方
條件的意見，在原始紀錄中爲「大致謂既非亡國條件，當可討論」，而
汪在〈舉一個例〉中則添造了很多的對話，用「可以答應」代以「當
可討論」；而且添造蔣委員長的話，說是「如此尚不算是亡國條件」不
應拒絕德之調停云云。在原始紀錄中，蔣委員長對陶德曼大使的談話，
直捷明確，語氣極爲堅定有力，保持國家領袖的尊嚴。例如原始紀錄

---

❾　同❸，頁九一。

記蔣委員長問:「貴使(陶德曼)對於雙方停戰有何意見」? 而〈舉一個例〉則添造蔣委員長云:「在戰爭如此緊急中,無法調停,進行談判,希望德國向日本表示: 先行停戰」。顯在暗示蔣委員長渴望對日停戰談判。至於蔣委員長當時的真實態度如何? 蔣委員長在民國二十八年一月曾有如下之說明:

> 當時我(蔣委員長自稱,下同)在南京,德大使在漢口轉來敵人談判條件,說是以永定河為界,河南面是我們的。我回覆德大使請他來南京再談。這樣,有人(按: 指汪)就著急,以為時機不可失,由漢口到南京要有四天,恐怕在四天之內發生變卦,為什麼不立時答允他呢? 殊不知我的本意不是在談判不談判,就是要爭取這四天,為軍事上的緩兵之計。我負有國家民族生死存亡的責任,為要保守南京,當然可以有這種利用機會之權利。後來德大使到了南京,即與在南京的高級將領商量,決定答允他可以拿這個東西來商量;其實如何商量,我們還有絕對自由之權。汪先生以為我真有意和他商量,……這是錯了❿。

汪氏既以國防最高會議紀錄為「例」而舉之,顯在利用官方文件以取信於人;但又加以「隨意添改偽造」,他的企圖何在呢? 當時吳敬恆曾指出汪氏此舉,有兩個企圖:

一、「是我們朋友那天聽汪夫人對『同志』訓詞,她說: 我們要達到目的,先要造成能把和戰問題公開討論;至少要使和的問題能同樣讓大家自由討論,現在時候已經到了。因此,汪氏便放第一聲大砲,

❿　蔣中正委員長在中國國民黨五屆五中全會講〈外交趨勢與抗戰前途〉,民國二十八年一月二十六日,重慶。中央黨史會藏會議速紀錄。

想引起贊同呀，駁辯呀，鬧得一塌糊塗，企圖動搖人心，破壞抗戰，
可使敵人哈哈稱快」。

　　二、「是宣露國防會議的紀錄，要使香港等處汪派造一種謠言，說
是『汪家豔電，與政府是唱雙簧』，有著證據」⓫。

　　依汪氏本人的說明，是在證明主和不是他一個人的主張，而是經
過最高機關討論所共同決定的主張⓬。

　　但汪氏既要舉出證據，就應該是眞憑實據，不應該「隨意添改僞
造」。其態度實在有欠光明正大。其眞正的企圖，可能是在利用抗戰的
「機密」文件來洗刷其「通敵求降」的罪名，以博取國人對其主和的
支持。但遺憾的，這些「機密」，大多出自汪氏之「隨意添改僞造」。
對洗刷其罪名與博取國人之支持，並無裨助。

⓫　同❸，頁八九～九〇。按「豔電」是指汪於民國二十七年十二月二十九日
　　在河內發出對日主和之電報。

⓬　同❶。

附錄一

舉一個例 汪精衛

曾仲鳴先生彌留的時候，有鄭重而簡單的兩句話：「國事有汪先生，家事有吾妻，我沒有什麼不放心的」。曾先生對於國事的主張，與我相同；因爲主張相同，常在一處，所以此次不免於死。曾先生之死，爲國事而死，爲對於國事的主張而死。他臨死的時候，因爲對於國事尚有主張相同的我在，引爲放心。我一息尚存，爲著安慰我臨死的朋友，爲著安慰我所念念不忘他，他所念念不忘我的朋友，我已經應該更盡其最大的努力，以期主張的實現；何況這主張的實現，是國家民族生存所繫！

我因發表豔電，被目爲主和，主和是我對於國事的主張了；這是我一人的主張麼？不是；是最高機關，經過討論而共同決定的主張。這話有證據沒有呢？證據何止千百！今且舉一個例罷：

國防最高會議第五十四次常務委員會議

時　　間　二十六年十二月六日上午九時

地　　點　漢口中央銀行

出　　席　于右任　居正　孔祥熙　何應欽

列　　席　陳果夫　陳布雷　徐堪　徐謨　翁文灝　邵力子　陳立夫
　　　　　董顯光

主　　席　汪副主席

秘書長　張羣

秘書主任　曾仲鳴

徐次長謨報告：

德國駐華大使陶德曼，於上月二十八號，接得德國政府訓令，
來見孔院長；二十九號下午，又見王部長。據稱彼奉政府訓令
云：德國駐日大使在東京曾與日本陸軍外務兩大臣談話，探詢
日本是否想結束現在局勢；並問日本政府如欲結束現在局勢，
是在何種條件之下，方能結束。日本政府遂提出條件數項，囑
德國轉達於中國當局。其條件爲：㈠內蒙自治。㈡華北不駐兵
區域須擴大，但華北行政權仍全部屬於中央；惟希望將來勿派
仇日之人物爲華北之最高首領；現在能結束，便如此做法；若
將來華北有其新政權之成立，應任其存在；但截至今日止，日
方尚無在華北設立新政權之意；至於目前正在談判中之礦產開
發，仍繼續辦理。㈢上海停戰區域須擴大，至於如何擴大，日
方未提及，但上海行政權仍舊。㈣對於排日問題：此問題希望
照去年張羣部長與川樾所表示之態度做去，詳細辦法係技術問
題。㈤防共問題：日方希望對此問題有相當辦法。㈥關稅改善
問題。㈦中國政府要尊重外人在中國之權利云云。陶大使見孔
院長王部長後，表示希望可以往見蔣委員長；遂即去電請示。
蔣委員長立即覆請陶大使前往一談，本人乃於三十日陪陶大使
同往南京。在船中與陶大使私人談話；陶大使謂：中國抵抗日
本至今，已表示出抗戰精神，如今已到結束的時機。歐戰時，
德國本有幾次好機會可以講和，但終自信自己力量，不肯講和；
直至凡爾賽條約簽訂的時候，任人提出條件，德國不能不接受。
陶大使又引希特勒意見，希望中國考慮；並謂在彼看，日之條
件並不苛刻。十二月二日抵京。本人先見蔣委員長，蔣委員長
對本人所述加以考慮後，謂要與在京各高級將領一商；下午四
時又去，在座者已有顧墨三、白健生、唐孟瀟、徐次宸。蔣委

員長叫本人報告德大使來京的任務。本人報告後，各人就問有
否旁的條件？有否限制我國的軍備？本人答稱：據德大使所
說，祇是現在所提出的條件，並無其他別的附件；如能答應，
便可停戰。蔣委員長先問孟瀟的意見，唐未即答；又問健生有
何意見？白謂祇是如此條件，那麼為何打仗？本人答：陶大使
所提者祇是此數項條件。蔣委員長又問次宸有何意見？徐答祇
是如此條件，可以答應；又問墨三，顧答可以答應；再問孟瀟，
唐亦稱贊同各人意見。蔣委員長遂表示：㈠德之調停不應拒絕，
並謂如此尚不算是亡國條件。㈡華北政權要保存。

下午五時，德大使見蔣委員長，本人在旁擔任翻譯。德大使對
蔣委員長所說，與在漢口對孔院長王部長所說者相同，但加一
句謂：如現在不答應，戰事再進行下去，將來之條件恐非如此。
蔣委員長表示：對日不敢相信，日本對條約可撕破，說話可以
不算數；但對德是好友，德如此出力調停，因為相信德國及感
謝德國調停之好意，可以將各項條件作為談判之基礎及範圍；
但尚有兩點須請陶大使報告德國政府：㈠關於我國與日談判
中，德國要始終為調停者，就是說：德國須任調人到底。㈡華
北行政主權須維持到底。在此範圍內，可以將此條件作為談判
之基礎；惟日本不可自視為戰勝國，以為此乃是哀的美敦書。
德大使乃問：可否加一句？蔣委員長說：可以。德大使說：在
談判中，中國政府宜採取忍讓態度。蔣委員長云：兩方是一樣
的。蔣委員長又謂：在戰事如此緊急中，無法調停，進行談判；
希望德國向日本表示：先行停戰。陶大使稱，蔣委員長所提兩
點，可以代為轉達；如德國願居中調停，而日本亦願意者，可

由希特勒元首提出中日兩方先行停戰。蔣委員長說：如日本自
視爲戰勝國，並先作宣傳，以爲中國已承認各項條件，則不能
再談判下去。在歸途中，陶大使表示，以爲此次之談話有希望。
在京時，陶大使並對蔣委員長說：此項條件並非哀的美敦書。
陶大使在船中即去電東京及柏林，但至今尚未有回覆，此後發
展如何，尚不可知。

附注一：國防最高會議主席是蔣中正，副主席是汪兆銘。當時國府表面上由
　　　　南京遷往重慶，實際上在武漢辦公；蔣主席因軍事指揮，留在南京，
　　　　故國防會議，由汪副主席代理主席。
附注二：外交部長王寵惠，亦爲常務委員之一，是日因感冒請假，故由次長
　　　　徐謨列席，且徐次長新偕德大使由南京回，亦有列席報告之必要。
附注三：徐次長報告中所說：墨三，是顧祝同；健生，是白崇禧；孟瀟，是
　　　　唐生智；次宸，是徐永昌。

　　看了以上的報告，則我在去年十二月二十八日致國防最高會議函
中所說：「猶憶去歲十二月初，南京尚未陷落之際，德大使前赴南京，
謁蔣先生，所述日方條件，不如此明劃，且較此爲苛，蔣先生體念大
局，曾毅然許諾，以之爲和平談判之基礎」。其內容具如此。

　　此外還有證據沒有呢？何止千百！但其性質尚未過去，爲國家利
害計，有嚴守秘密之必要；而德大使調停之事，則已成過去，故不妨
舉出來作一個例。

　　於此便會發生以下三個疑問：

　　第一、德大使當時所說，與近衛內閣去年十二月二十二日聲明相
比較，德大使所說，可以爲和平談判之基礎，何以近衛聲明，不可以
爲談判之基礎？

　　第二、當德大使奔走調停時，南京尚未陷落，已經認爲和平談判可以進行；何以當近衛聲明時，南京、濟南、徐州、開封、安慶、九江、廣州、武漢，均以相繼陷落，長沙則尚未陷落，而自己先已燒個精光；和平談判，反不可以進行？

　　第三、當德大使奔走調停時，國防最高會議諸人，無論在南京或在武漢，主張均已相同；何以當近衛聲明時，又會主張不同，甚至必將主張不同的人，加以誣衊；誣衊不足，還要奪其生命，使之不能爲國效力？

　　對於以上三個疑問，我不欲答覆；但對於和戰大計，卻不能不再爲國民一言。

　　有人說過：「旣已主戰，則不應又主和」。此話不通。國家之目的，在於生存獨立，和戰不過是達此目的之手段；到不得不戰時則戰，到可以和時則和；和之可不可，視其條件而定；條件妨及國家之生存獨立，則不可和；條件而不妨及國家之生存獨立則可和。「如此尚不算是亡國條件」，言猶在耳，試問主和有何不可？

　　有人說道：「中國因抗戰而得到統一，如果主和，則統一之局又歸於分裂」。這話我絕對反對。從古到今，對國家負責任的人，祇應該爲攘外而安內，絕不應該爲安內而攘外；對外戰爭，是何等事？卻以之爲對內統一之手段！中國是求國家之生存獨立而抗戰，不是求對內統一而抗戰；以抗戰爲對內統一之手段，我絕對反對。何況今日之事，主和不會妨害統一，而不主和也不會不分裂！

　　有人說道：「如果主和，共產黨立刻搗亂」。我以爲共產黨是以搗亂爲天性的；主戰也搗亂，主和也搗亂；共產黨的搗亂，如果於主和時表面化，比現時操縱把持挑撥離間的局面，祇有較好，沒有較壞。

　　有人說道：「國際並不盼望我們和」。我以爲和與戰是國家民族生

存所繫，應該由我們自己決定，立於主動的地位，以運用外交，求國際形勢有利於我；決不應該俛仰隨人；何況現時除第三國際外，並沒有其他國家反對我們和！

如上所述，已經明瞭。還有鄭重聲明的：甲午戰敗之後，有屈辱的講和；庚子戰敗之後，有屈辱的講和。這說起來就難過的。我不願這一次的講和是如此。普法戰爭之後，法國有屈辱的講和，直至大戰而後吐氣；大戰之後，德國有屈辱的講和，直至今日而後吐氣；這是說起來就得意的。我也不願這一次的講和是如此。因爲這樣的循環報復，無有已時，決非長治久安之道；我所誠心誠意以求的，是東亞百年大計。我看透了，並且斷定了，中日兩國，明明白白，戰爭則兩傷，和平則共存；兩國對和平祇要相與努力，必能奠定東亞百年長治久安之局；不然，祇有兩敗俱傷，同歸於盡。這種看法，兩國人都有懷疑的，然而也都有確信的；尤其二十個月的苦戰，日本的消耗，不爲不大，中國的犧牲，不爲不重，兩敗俱傷同歸於盡的一條路，與共同生存共同發達的又一條路，明明白白，擺在面前。兩國有志之士，難道怵於一時之禍福譽毀，而徘徊瞻顧，不敢顯然有所取捨嗎？我希望大家本著獨立不屈不撓的精神幹去。和平建議之第一個犧牲者曾仲鳴先生，已將他自己的血，照耀著我們，往共同生存共同發達之道路而前進。

末了，我還有幾句話：當二月中旬，重慶曾派中央委員某君來，給我護照，俾我出國；我託他轉致幾句話：其一，我不離重慶，豔電不能發出；然當此危難之時，離重慶已經很痛心的了，何況離國！我所以願意離國，是表示祇要主張得蒙採納，個人不成問題。其二，聞得國民政府正在努力促成國際調停，這是可以的；然而至少國際調停與直接交涉同時並行；如此，則我以在野之身，從旁協助，亦不爲無

補。其三，如果國民政府，始終不下決心，任這局面僵下去，我雖離國，也會回來。以上幾句話，定然是構成三月二十一日事變之原因。所可惜的，曾仲鳴先生比我年輕，卻賫志以歿，先我而死。

我這篇文字發表之後，說不定在什麼時候，我會繼曾仲鳴先生而死；我所盼望的，我死之後，國人能留心看看我這篇文字，明瞭我的主張，是中國生存獨立之要道，同時也是世界與東亞長治久安之要道。我的主張，雖暫時不能為重慶方面所採納，終有一日，為全國人民乃至中日兩國人民所採納，則我可以無憾。

民國二十八年三月二十七日

（錄自中央黨史會庫藏史料）

附錄二

國防最高會議常務委員會第三十四次會議紀錄（原始紀錄）

日　　期：二十六年十二月六日上午九時

地　　點：漢口中央銀行

出席者：孔祥熙、居正、何應欽、于右任

副主席：汪兆銘

列席者：徐謨、徐堪、陳布雷、董顯光、邵力子、陳立夫、陳果夫、
　　　　翁文灝

主　　席：汪兆銘

秘書長：張羣

秘書主任：曾仲鳴

紀　　錄：狄膺

報告事項

一、徐次長謨報告，十一月二十八、二十九兩日，德大使陶德曼先後訪晤孔部長王部長略謂：彼奉德政府命特向我轉達日方議和條件，據聲稱軍事上雖佔勝利，但仍願設法與中國恢復和平條件爲：㈠內蒙自治。㈡華北沿滿洲國邊界至平津以南一帶設立非武裝區，區內治安由中國警察維持之，如和議即刻成立，則華北全部行政仍屬於南京政府，但須遴選與日本友善之官吏一人，主持最高行政職務。如和議目前不能成立，而華北有產生新行政機構之必要，則該行政機構於和議成立後，仍將繼續存在。截至現在止，日本政府並無在華北設立自治政府之舉動。在華北經濟方面，所有衝突未發生前，關於礦產權利交涉事項，應予滿意結束。㈢上海設立非武裝區較現有者略大，由國際警察管理之，餘無變更。㈣停止排日政策，此僅指上年在南京商議時日本提出之要求(如修訂教科書)，予以照辦。㈤關於反共一層，日方要求有一種辦法。㈥減低日貨有關之關稅。㈦外國人權利當予尊重。日方又謂，如戰爭延長則將來條件必較此苛刻數倍。陶大使並告我，希特勒曾謂：竭全力以保存國家，勝於任國家爲光榮之犧牲。意在勸我與日言和。陶大使述畢後表示，希望能有面達於蔣委員長之機會，當經孔部長王部長分別以電話電報報告蔣委員長，蔣委員長覆謂，可請德大使往南京一行。遂由謨於三十日夜偕同德大使乘船赴京，十二月二日晨抵京，先由謨將經過情形面陳蔣委員長。是日下午四時，委員長邀集徐部長永昌、白副參謀長崇禧、唐司令長官生智、顧主席祝同、錢主任大鈞等商討，余先報告如上述各節，繼蔣委員

長詢問各將領意見，各將領詢問有無其他條件，如限制軍備等。余答無之，諸人相繼表示意見，大致謂既非亡國條件，當可討論。既而余偕德大使謁蔣委員長，德使申述來意後，並聲明日方意思，此項條件現在仍無變更，如戰爭繼續下去，則將來條件如何變更不能預料。蔣委員長表示要點如下：㈠日方無信，已簽字之條約尚往往撕毀，我方相信德方，願德方始終執調停之勞；㈡華北行政主權應當完整，此為我方堅持之點；㈢日方所提條件可作為討論之基礎，但不能作為如哀的美敦書中所列條件無可變更；㈣日方不能以戰勝者自居，因我方並未承認為戰敗者；㈤日方不能將此條件片面的隨意宣佈。德使聆悉後並稱：中國能否持容讓之態度。委員長答：要容讓兩方容讓，並問貴使對於雙方停戰有何意見？德使答：如兩方能接近，我元首或請中日兩方同時休戰。德使旋即退出與余商量，將委員長談話要旨，電達德政府及駐東京德大使，現在等候覆電。

（見《中華民國重要史料初編——對日抗戰時期》，第六編，《傀儡組織》，頁一一一～一一三，中央黨史會編印，民國七十年出版，臺北。）

第六章　危機與轉機

第一節　抗戰進入艱苦階段
——據《王世杰日記》資料

一、歐戰惡化，日本蠢蠢欲動

　　民國二十九年（一九四〇）中國對日抗戰進入第三個年頭，也是中國抗戰走上更艱苦的階段；尤其在這年六、七月間，正是中國抗戰滿三週年的時期，日本對戰爭的拖延下去，已感不耐，乃不惜採取一切可資使用的方式，來壓迫中國的屈服，以求結束所謂的「中國事變」。因此，中國所面臨的困難，也就可想而知了。

　　日本對中國的打擊和壓迫，是多方面的。在國際方面，要孤立中國，斷絕其他各國對中國的援助，截斷中國對外的交通運輸；在軍事方面，除了加緊軍事進攻外，對中國抗戰的大後方，尤其是陪都重慶實施大規模而不間斷的轟炸，以瓦解中國軍民的抗戰意志；在政略方面，建立和承認南京汪偽組織，對重慶進行和平攻勢，以動搖中國抗戰的外交方針。

　　中國方面在日本的多方面壓力下，所面臨的困難和危機是怎樣的呢？重慶中央方面的反應是怎樣的呢？此在《王世杰日記》中，可以

得到許多的眞實面。

　　一九三九年九月歐戰發生，英、法因波蘭問題，對德開戰。到了第二年（一九四〇）四、五月間，德軍攻勢凌厲，丹麥、挪威、荷蘭、比利時等國相繼被德軍攻陷。英、法聯軍節節敗退。六月十四日，德軍佔領巴黎，十七日，法國對德投降。英軍被迫退回三島。英倫更遭受德空軍的轟炸。日本軍閥受到德軍在歐洲戰場勝利的鼓勵，也就蠢蠢欲動了。其時使日本軍閥感到丟臉的，以英、法兩個強國，在不到一年的時間內，就被德國打敗；而以一個貧弱的中國，經過三年的戰鬥，不但沒有被世界五強之一的日本打敗，而且愈戰愈勇。日本大本營認爲：「中日戰爭迄已三年，中國雖已陷於困難之極，然仍未放棄抗戰者，係由於估計日本國力過低，及依賴於第三國援助所致。因此，日本必須集中政略戰略之壓力，強化日本國內體制，以毅然決然之態度，對付援華各國，藉圖迅速解決中國事變」。看來日本爲了要解決所謂「中國事變」，不惜要對美、英各國挑戰了。首先，我們來從王的《日記》中看看歐洲戰局的變化和日本的動向：

　　　　（民國二十九年四月十五日）德國破壞丹麥、挪威之中立以後，荷蘭等小國之地位，亦岌岌可危。日本報紙突然主張日本對於荷屬東印度之屬地，必要時應採取斷然行動，以防戰事波及於遠東❶。

　　　　（五月十六日）德軍昨已佔領荷蘭一切要點。荷陸軍對德投降❷。

　　　　（五月二十二日）英法同盟軍仍繼續爲德軍所挫。德軍於昨日已突

---

❶　《王世杰日記》，冊二，頁二五七，民國二十九年四月十五日記。
❷　同上，頁二七五，民國二十九年五月十六日記。

進至英國海峽。同盟軍極受威脅。予(王)日來極焦慮；蓋德國
此次如獲勝利，世界前途不堪設想矣❸。

(五月二十四日) 今日與王亮疇(寵惠)商談南洋問題。午後晤英
使卡爾告以日本內閣或將改組，改組後或將放棄其對歐戰之「不
介入」政策，而進圖南洋及香港；爲共同應付計，中英法蘇似
宜成立一對日之協定。彼謂稍緩或可提出此議❹。

(五月二十九日) 比王下令停戰，對德屈服(原注：其內閣在法，
則否認其命令)。比國軍隊三十萬人均投降。此爲歐戰以來英法
所受最嚴重之打擊❺。

二、德軍陷巴黎，日本強迫法國封閉越南交通

六月十四日，巴黎失陷，日本立即威脅法國停止越南(安南)封
閉對中國之交通。法越當局在日本的壓力下，自六月二十日起，即停
止對華運輸。接著又脅迫英國停止緬甸對中國之運輸。中國方面所受
到的威脅，是極爲嚴重的。王在《日記》中頻有記述：

(六月九日) 德國再度向法軍猛攻，意在奪取巴黎❻。

(六月十一日)意大利對英、法宣戰。墨索里尼爲純粹之投機者，

---

❸　同上，頁二七九，民國二十九年五月二十二日記。
❹　同上，頁二八〇，民國二十九年五月二十四日記。
❺　同上，頁二八二，民國二十九年五月二十九日記。
❻　同上，頁二八八，民國二十九年六月九日記。

其於此時參戰，顯係因巴黎危急所致❼。

　（六月十四日）敵方近又發表談話，要求法國政府停止安南方面之對華軍火運輸。蓋巴黎之形勢益急，敵方欲藉此種威脅，以達其斷我軍火來源之企圖也。萬一英、法地位益危，敵方或竟由桂南進攻安南，奪取滇越路，以進攻雲南。此事甚可慮，但我方似尚無相當之準備❽。

　（六月十七日）法國內閣改組，以八十四歲之貝當（Petain）將軍為總理。新閣向德求和，歐戰發生急變❾。

　（六月十八日）安南方面形勢益急，我力促政府迅即採取必要之措置。蔣先生謂俟宜昌戰事結束，即佈置越南邊境軍事。蓋我軍力亦頗感分配之不敷也❿。

　（六月二十日）安南政府因日本之壓迫，下令禁止汽油出口。我囤積安南之汽油約三萬餘噸，其他物品約六萬噸。此事極嚴重。今日蔣先生迭約各方關係方面主管人議應付辦法⓫。

　（六月二十二日）午間偕王亮疇（寵惠）、張岳軍（羣）赴黃山，與蔣先生商越南問題。法政府已徇日本要求，禁止一般貨物運華。蔣先生言，今後我國國外接濟受影響，作戰方略或須放棄一切陣地戰。至對於日軍佔領越南之準備，則擬調兵三軍駐滇桂邊

❼　同上，頁二八九，民國二十九年六月十一日記。
❽　同上，頁二九一，民國二十九年六月十四日記。
❾　同上，頁二九三，民國二十九年六月十七日記。
❿　同上，頁二九三，民國二十九年六月十八日記。
⓫　同上，頁二九四，民國二十九年六月二十日記。

境。惟交通困難，調兵赴滇桂邊地，並大需時日 ⓬。

三、日又壓迫英國封閉緬甸對華交通

（六月二十七日）敵人威脅英國，要求英政府停止香港及緬甸之對華運輸 ⓭。

（六月三十日）敵人於逼迫安南政府斷絕中越運輸以後，續向英政府（壓迫），停止香港、緬甸對華之運輸。今日予（王）代介公撰電致英卡爾大使，大意謂日本野心非遷就所能滿足，日本此項要求涉及英國對華根本政策，尤不可接受 ⓮。

（七月十一日）越南交通已全停，中緬運輸問題英日間亦在談判，前途亦可慮。今後不獨軍火輸入爲難，即電信等器材非自外輸入不可者，亦將不能輸入。在宜昌未失守以前，我尚可由寧波經長沙、沙市、宜昌以水道運外物入，今則宜昌被敵佔據，寧波海口敵人是否不予封鎖，亦殊難定。至於西北國際路線，運輸能力極有限，且蘇俄能予我接濟及我對俄輸出亦有限。今後撐持戰爭，確是困難。昨日予（王）告蔣先生，謂我最少尚應有一年半之軍需準備。蔣先生言已有一年準備，其餘之數當陸續設法。但一切軍用品之購置，向由孔部長（祥熙）主持。此公泄泄沓沓，誤事不少。今後節制各項軍用品之消費，與迅速設法

⓬　同上，頁二九五，民國二十九年六月二十二日記。
⓭　同上，頁二九七，民國二十九年六月二十七日記。
⓮　同上，頁二九九，民國二十九年六月三十日記。

補充之責，倘仍屬此公，前途甚可慮也⑮。

（七月十二日）近日政府中人頗多氣餒者，今日張公權（嘉璈）在參政會報告交通情形，極其悲觀。王亮疇、孔庸之（祥熙）諸人均為悲觀而氣餒者。惟局勢愈險，愈宜努力以圖挽救，負責之人倘不咬定牙根，向前猛進，其他意志薄弱者必更餒⑯。

四、英對日屈服，勸中國與日言和

（七月十五日）英外相面告郭大使（泰祺），勸中國與日言和。昨日英國新加坡代理總督瓊思（Jones）廣播，亦作同樣表示，且謂中日如不能恢復和平，英國即不能顧惜其諾言（按即不願維持中緬交通之意）。今晨予與王亮疇等在介公處詳商，由外部對英嚴重抗議，對緬甸交通問題至少應請英政府維持陸（路）交通，不使中斷；至於海路我可聲明在一、二月內暫停軍火運輸。至於中日和議一層，在抗議書中不說及，蓋郭使已面拒之矣。

（七月十六日）胡使（適）來電（自美國），謂美政府中人頗盼我方對於英國提議中日磋商和平一事，表示拒絕，一面美政府正考慮聲援中國方法。今晚蔣先生遂發出聲明指責英國態度⑰。

（七月十九日）英首相邱吉爾於日昨在英議會演說，謂英日間已

---

⑮　同上，頁三〇五～三〇六，民國二十九年七月十一日記。
⑯　同上，頁三〇六～三〇七，民國二十九年七月十二日記。
⑰　同上，頁三〇八～三〇九，民國二十九年七月十五、十六日記。

成立協定，禁止軍械、軍火、汽油、載重汽車及鐵路材料由緬甸輸入中國，其期間以三個月爲限。在此期間內，英願協力促成中日和平。邱氏聲明此種協定之成立，係因英國自身正在生死關頭之故；並謂中日和平恢復後，英國願放棄領事裁判權，退還租界，並依平等互惠原則修訂中英條約⑱。

五、中央要員憤慨英國賣友行爲，亟謀求變

（七月十七日）晚間王亮疇、孫哲生（科）約談；哲生主張撤回駐英大使，退出國聯，親蘇聯德。予（王）覺此皆投機冒險舉動，未表同意。

（七月十八日）今晨國防最高委員會，孫哲生提出昨晚之主張，吳稚暉先生表示反對，餘多附和⑲。

今查得民國二十九年七月十八日的國防最高委員會常務委員會第三十六次會議速紀錄，對外交問題發言者除外長王寵惠作緬甸禁運及郭大使與英方交涉情形的報告外，發言的有孫科、吳敬恆（稚暉）、鄧家彥、張屬生、居正、孔祥熙、張羣等，除吳有不同意見外，餘皆如王之《日記》中所記，附和孫科的意見。茲將孫、吳、孔、張四人的發言原文錄之如下：

孫科發言：

---

⑱　同上，頁三一〇～三一一，民國二十九年七月十九日記。
⑲　同上，頁三一〇，民國二十九年七月十七、十八日記。

我國外交政策日趨困境，似不能再以不變應萬變之方法應付危
局。因法既屈服，英又將失敗；英果敗，美爲保持西半球亦無
餘力他顧，勢必退出太平洋，放棄遠東。我之外交路線，昔爲
英美法蘇，現在英美法方面均已無能爲力，蘇雖友好尚不密切。
今後外交應以利害關係一變而爲親蘇、聯德，再進而謀取與意
（大利）友好之工作，務必徹底進行。英法既幫助敵人，中斷我
之運輸線，妨害中國抗戰，在英停止緬甸運輸實施之日，應即
召回我駐英駐法大使，同時宣告退出國聯，藉以對美表示民主
國家辜負中國，使中國迫於生存改走他道。擬請孔代主席（祥
熙）、王部長（寵惠）、張秘書長（羣）陳明委員長，從速決定方策。

吳敬恆發言：

德、意、日聯合之軸心國家，一時似牢不可破，我欲聯德，恐
非所許。過去我之對蘇，可謂鞠躬盡瘁。現在敵人欲拔泥足，
侵略南洋，蘇應從速制日；否則德、意、日軸心益堅固，勢必
威脅美國，而蘇聯亦危。

（鄧家彥、張厲生、居正均發言贊同孫科意見。略）

會議主席孔祥熙發言：

我國外交政策，現在應予檢討，改走有利途徑，英對我關稅及
天津存銀等問題，處處出賣中國，當不能再事虛與委蛇。德國
軍人，尤其國防部中人，有許多做過我國顧問，對我頗有好感，

要做聯絡工作，似亦不難。德、英戰爭，英雖不屈服，恐亦難免失敗。德、蘇感情，仍不良好，德解決英國後，或將對蘇用兵。美國務卿赫爾昨有廣播，對英停止緬甸運輸事，認為妨害自由貿易政策，美與我道義上很表同情，利害方面亦表同情。今由各委員發表之意見，擬報告委員長核奪。

張羣報告：

我外交政策，對美、蘇加緊合作；對德、意積極改進邦交；對英、法維持現狀，此七中全會政治決議案所決定之外交政策。現英、日妥協，停止緬甸運輸，我對英態度應重新考慮，但不必視為變更政策。所謂不變應萬變者，係歐戰初起時總裁之表示。所謂不變之意義應釋為：(1)抗戰政策不變；(2)多求國際友誼合作之方策不變；(3)擁護九國公約之態度不變。並且一切都不變。至於外交技術上，自應隨時改進[20]。

六、蔣委員長以不變應萬變

　　孫科前項發言中所云：「似不能再以不變應萬變之方法應付危局」，顯然是對蔣中正委員長七月四日在國民黨五屆七中全會所作的外交問題之指示而言。因為該次會議中孫科即已主張變更外交政策，他認為：照目前局勢，英國維持不了遠東的地位，對日可能一再讓步；萬一英國不能維持緬甸交通，中英關係勢將由此斷絕。中國為求生存，唯有

---

[20] 國防最高委員會常務委員會，第三十六次會議速紀錄，民國二十九年七月十八日（黨史會藏檔）。

走向西北莫斯科與柏林路線。現在英美一面怕中國與蘇聯發生密切關係，一面又不能盡量援助中國；同時，此次歐戰，法、德停戰以後，德國事實上已獨霸歐洲，英已沒落。故我對德外交，應予加強。孫科上項主張，是在七月二日向國民黨五屆七中全會說的。王在這天的《日記》中批評爲「幼稚之極」！《日記》云：

> （七月二日）晚間中央全會開會時，孫哲生主張，如越、緬運輸斷絕，我當派「特使」赴德。此語可謂幼稚之極！姑無論我之抗戰有其一貫立場，且德國此時正欲利用日本與英爲難，何至與我親善？（原注：前年陳介赴德幾至不能遞國書）即令德與我親善，其援助又從何而至❷❶。

重慶中央內部妥協的氣氛相當嚴重，蔣委員長堅持抗戰到底的決心，顯然也受到嚴重的懷疑。而主張妥協之人，幾乎居於中央要員的多數。蔣是否受此嚴重形勢的影響而對抗戰有所動搖呢？如無動搖，又如何來平服這股失敗主義的情緒呢？他在七月四日的中全會上做了一項很長的外交問題的分析。結論是說：

> 敵人之野心與政策，已被我們打倒，其他問題，自易解決。祇要我們繼續堅定下去，抗戰一定可以成功❷❷。

七、蔣委員長的不變原則受到質疑

❷❶ 《王世杰日記》，冊四，頁三〇一，民國二十九年七月二日記。
❷❷ 國民黨五屆七中全會會議速紀錄，民國二十九年七月四日（黨史會藏檔）。

以後世局的變化，都足以證明蔣的分析是完全正確的。但當時黨內高階層人士仍難相信。例如王世杰在七月九日的《日記》中記道：

> 黨中傾向於聯德者頗不乏人，但我國言論，如露此傾向，必定失美、英同情，無殊自殺。予對於今後宣傳工作，細思之後，擬仍維原來態度；如不能獲黨內之諒解，寧辭去宣傳部職，不作無謂之遷就以誤國㉓。

此時重慶中央對蔣委員長不變原則的質疑，顯已形成一股強大的壓力，中宣部長王世杰竟不惜以辭職來對抗這股壓力。不僅如前述七月十八日的國防最高委員會的大家求變的反應外，而在蔣委員長官邸召集的談話中，仍有不斷的求變之言論。如王在七月十日的《日記》云：

> 今日余渡江赴黃山，向蔣先生力言，我外交政策不可變更，聯德即放棄立場，亦無任何實益。亮疇、岳軍等仍傾向於與德人敷衍㉔。

對於七月十八日的國防最高委員會大家仍然要向蔣建議改變政策或方法問題。二十日蔣即在官邸召集大家來會商。王在這天《日記》中記云：

> 今午在黃山蔣先生居邸，商討外交政策，孫哲生、王亮疇、何

㉓　《王世杰日記》，冊四，頁三〇三～三〇四，民國二十九年七月九日記。
㉔　同上，頁三〇四，民國二十九年七月十日記。

敬之 (應欽)、孔庸之、白健生 (崇禧)、張岳軍等在座。討論結
果，蔣先生不主張召回我駐英大使，亦不主張退出國聯。

蔣先生報告，宋子文有電來(自美國)，謂美國政府願貸款於我，
向蘇俄購軍械；或售軍械於我，經海參崴運華㉕。

　　蔣之上述報告，顯在安撫與會要員。事實上，此時中、蘇關係，
已極冷淡；美國既有意援華，何需經過蘇俄。按蘇俄在去年九月歐戰
發生與德勾結，瓜分波蘭，繼而併吞波羅的海三小國，還責中國在國
聯未予支持；更不理會中國的請援要求，同時與日本談判商約。對於
經由海參崴運軍械事先則拒絕，後又要求中國以美國借款購買蘇俄軍
火。真是侮蔑中國過甚。所以蔣在《日記》中說：「俄政府自去年 (一
九四○) 以來，對我侮辱蔑視，干涉我內政，明白掩護共黨，而且在
新疆設飛機場，侵犯我領土，不一而足」。而孫科聲稱要「親蘇」、「聯
德」，難怪王世杰批評他為「幼稚之極」！
　　「聯德」的呼聲，不僅在國民黨內部喧嚷，即富有時譽的《大公
報》，亦有聯德的言論。王氏主管宣傳，深為不滿，其在《日記》中記
云：

(七月三十日)《大公報》主筆張季鸞，雖有時譽，究不甚明瞭世
界大事；大都一知半解，爭趨時尚。最近該報傾向聯德，殊可
笑。予 (王) 今日已囑檢查機關量為限制。蓋此時倡親德之論，
必喪美國同情。且希特拉一類人，如果得勢，豈能福我中國㉖！

㉕　同上，頁三一二，民國二十九年七月二十日記。
㉖　同上，頁三一六，民國二十九年七月三十日記。

(八月二日)《大公報》傾向於聯德。該報主持者張季鸞、王芸生，略有時譽，實則祇是遇事追隨時尚，毫無眞知灼見，亦無信仰。不能使予敬重㉗。

八、日軍加緊陸空攻擊，中國痛苦愈深

日本軍閥爲了加速結束「中國事變」，除了壓迫法、英斷絕我西南對越緬之交通外，更加緊對我陸、空之攻擊。在陸軍攻擊方面，陷我宜昌，威脅到抗戰大後方四川的門戶；其進一步的動作就是要進攻四川和雲南。在空中攻擊方面，對戰時陪都重慶進行不間斷的「疲勞轟炸」，且遍及川省各空軍基地和資源地區。中國方面所遭受的困難，眞是嚴重極了。同時，由於對外交通的封閉，日本陸空之攻擊與破壞，更引起嚴重物價飛漲。此在王的《日記》中頻有記述。以下祇能擇其要者。

(五月二十八日)今日敵機百餘架襲渝，宣傳部中彈，余(王)之辦公室被損毀。但近日敵機襲擊之力雖較去歲夏間尤鉅，我之救護組織亦較去歲大有進步。今日市中傷亡聞亦有七百餘人，但被傷者均能於短時間內得到救護。惜我空軍數量太小，空防較弱㉘。

(六月十二日)敵機一百五十餘架襲渝，以市區爲主要目標。予於敵機入市區時，攜雪兒等避居油市街四號參政會之防空洞。

㉗　同上，頁三一八～三一九，民國二十九年八月二日記。
㉘　同上，頁二八二，民國二十九年五月二十八日記。

洞外中四彈，予幾遭不測。幸防空洞未倒塌❷❾。

（六月十三日）宜昌陷落。此事使予驚異，較昨日防空洞中自洞外炸彈聲爲尤甚。因我軍部日來曾一再於會議上表示有勝利之把握也❸⓿。

（六月十六日）敵機一百餘架於午間襲渝，轟炸國府路及市區，國民政府及軍委會之房屋一部分被毀。但敵機有五、六架被擊落。

近日敵機大舉轟炸，但我各機關及至一般民衆仍能維持工作秩序，救護得力，延燒房屋及傷亡之人俱少。敵之消耗似超過於彼所毀壞❸❶。

（六月三十日）敵機連日轟炸重慶，外交部人員之工作精神甚不好❸❷。

（七月七日）今日余漢謀司令自粵來，對蔣先生言，前線士兵祇能日食一粥一飯。予聞之不勝震駭❸❸！

（八月十九日）今日午後敵機約二百架分數批襲渝，集中轟炸市區，所投大半爲燃燒彈。城內一時有多數火起，迨晚八時始漸息。此爲今歲敵軍空襲中最大之火劫。軍事委員會大部被毀❸❹。

❷❾　同上，頁二九〇，民國二十九年六月十二日記。
❸⓿　同上，頁二九〇～二九一，民國二十九年六月十三日記。
❸❶　同上，頁二九二～二九三，民國二十九年六月十六日記。
❸❷　同上，頁三〇〇，民國二十九年六月三十日記。
❸❸　同上，頁三〇三，民國二十九年七月七日記。
❸❹　同上，頁三二八，民國二十九年八月十九日記。

（八月二十日）日昨敵人飛機襲渝，有戰鬥機護衛轟炸機。戰鬥機之續航力甚短，敵人此項戰鬥機或係由宜昌起飛。今日午後敵機續有百餘架襲渝市，投燒夷彈甚夥，城區又大火。此兩日之大火，較諸去歲五月四日之火尤慘❸❺。

按中國空軍自二十七年十月武漢會戰後，損失至重。經整訓與補充後，二十八年計有各型飛機二一五架。二十九年蘇俄志願隊撤銷，減爲一六〇架，年底僅餘六十五架，已不堪作戰了。這年秋，日本在華飛機增至八百架以上，性能遠較中國飛機爲優。更嚴重的是日軍要由鄂西進攻四川，以及四川物價的高漲。王之《日記》記云：

（八月二十四日）據陳辭修（誠）言，敵軍已向武漢增兵，似將於九月攻鄂西及四川。此事自在意中，然極嚴重。予謂政府必須調精銳軍隊守鄂西。現時調往鄂西、川東一帶者，似多疲散隊伍，令人焦慮❸❻。

（八月二十五日）物價高漲，較戰前高數倍（原注：就米價言亦在七、八倍以上），公務人員之薪給仍維戰前之標準，且有折扣。此一問題，政府迄未精密研究解決辦法，殊屬非是❸❼。

九、中共之要脅

❸❺　同上，頁三二九，民國二十九年八月二十日記。
❸❻　同上，頁三三一，民國二十九年八月二十四日記。
❸❼　同上，頁三三二，民國二十九年八月二十五日記。

中共軍自從二十七年（一九三八）底到二十九年（一九四〇）上半年在河北、山東及山西等省襲擊國軍擴大地盤以來，到二十九年六、七月間，河北之共軍又移至黃河南岸，佔據魯西，即向豫東及皖北伸張，和來自長江以南的新四軍相呼應，向蘇、魯、皖、豫等省邊區節節進逼。現在再從王之《日記》中來看中共在越緬對華交通封閉後對重慶中央之要脅：

> （七月二日）今午與蔣先生談改組政府事，並告以黨外分子（原注：共產黨在內）似要求加入政府，是否可以考慮？蔣先生以爲乘危要挾，決不可應允❸。

> （七月二十二日）共產黨問題，最近由白健生與周恩來會商，已商定一種辦法：大概共產黨軍隊之在皖者須移往魯北；共產黨軍隊改編爲八師及數個獨立旅團（原注：現時第十八集團軍之經中央承認者祇三師）；陝北邊區劃定十八縣於共產黨。周恩來將往延安求得最後決定❸。

以上白、周會商的情況，大致是依照中共方面的要求。但周恩來向延安請示的結果，中共條件又變。其中最使中央不能接受的，是要求按照共軍之第十八集團軍、新四軍及各地游擊隊全數發餉；各游擊隊留在各戰區不動。所以這個要求即無從談起了。至於此時中共軍究竟有多少呢？王之八月六日的《日記》記云：

---

❸　同上，頁三〇〇～三〇一，民國二十九年七月二日記。
❸　同上，頁三一三，民國二十九年七月二十二日記。

中國共產黨軍隊之數量與實力如何？一般人均不甚明瞭。今日
閱調查統計局密報，估計其軍隊為四十六萬人，槍枝約三十五
萬枝。此項估計如屬實，殊可驚駭。該密報並謂共產黨有擴充
其軍隊為百萬鐵軍之計畫❹。

國民政府所屬之江蘇、山東省政府及其軍隊亦被中共軍解決。王
之九月十二日的《日記》有記：

據何敬之今晨向國防最高委員會報告，共產黨仍多方藉口，要
求再擴充軍隊與地盤；並續在蘇北與韓德勤（江蘇省主席，旋被
俘）衝突；在山東則襲擊沈主席鴻烈；沈幾被擒。以是國共糾紛
仍難停止❹。

十、日再對越施壓，威脅雲南

日本在六、七月間壓迫法國和英國封閉越南和緬甸對中國的交通
運輸後，中國雖然遭遇極大之困難，但仍無屈服之意。日本為進一步
威脅中國抗戰的大後方雲南，於是繼續對法越方面施加壓力，要使日
軍進入北越，以下是王在《日記》中記日方的行動和中國方面的反應：

（八月十日）敵政府向越南政府壓迫，要求通過軍隊或海陸軍根
據地（內容不詳）。法政府似有接受其要求之傾向。何部長敬之

---

❹　同上，頁三二一～三二二，民國二十九年八月六日記。
❹　同上，頁三四一，民國二十九年九月十二日記

赴滇佈置軍事❷。

（八月十二日）蔣先生在國府紀念週報告，謂對敵人攻川、攻滇之軍事佈置，已大致就緒❸。

（八月二十八日）據顧少川（維鈞）致外部電，法國政府在原則上已接受日本假道越南之要求。何敬之自昆明返渝，對於越南防務，謂已大致佈置就緒❹。

（九月三日）今晚在王亮疇宅吃晚飯〔招待美國合衆社社長柯瓦特（Howard）〕。亮疇云：日本駐越南之軍事代表西原少將已向越南政府提出要求限於九月三日晚十二時前接受，否則將採軍事行動。越督甚憤慨，對我表示願聯合抗日；並即開放滇越鐵路，盼望我能以飛機助之。我應允合作，並告以我已有大軍在滇越邊境，日軍如攻越，我軍當從側背擊之，並告以日軍目前受我在越桂邊境軍隊之牽制，決不敢冒險入越❺。

十一、日軍入越，美有反應

（九月四日）日陸軍省否認曾致最後通牒於越南當局。今晚何敬之與予言，日本駐河內領事已往越督處道歉，並要求繼續談判。敵人對越，目前仍是虛聲恫嚇，由此揭穿矣。越南當局因此又

---

❷ 同上，頁三二三～三二四，民國二十九年八月十日記。
❸ 同上，頁三二四～三二五，民國二十九年八月十二日記。
❹ 同上，頁三三三，民國二十九年八月二十八日記。
❺ 同上，頁三三五～三三六，民國二十九年九月三日記。

不欲與我續商軍事合作。

(九月五日) 敵對越南顯然尚無充分軍事準備。美政府已於月前秘密警告日政府，謂對越南地位之變更不能忽視。蓋已將越南與荷屬東印度同等看待。今日美國方面已將此種警告露佈矣❹。

(九月八日) 閱顧少川致外部電，法維琪政府已允日軍假道由海防乘火車至中越邊境，人數以三萬人為限，並得利用海防附近各空軍根據地。

(九月九日) 法政府通知我方謂日軍在越實行登陸時，我軍可開入越南境內佔取險要，越南當不予以任何阻撓❹。

(九月十二日) 法越政府已應允日軍假道越南，我軍事當局於前日午後四時將滇越邊境之鐵道大橋樑炸燬❹。

(九月二十日) 今晨何敬之部長在參政會報告，謂我對敵軍入滇路線 (共有三線，但均崎嶇) 均已著手切實破壞，敵軍將無法由滇越邊境攻滇。我之軍略為在滇邊取守勢，在越桂邊區於必要時取攻勢，以擊敵軍入越之側背❹。

(九月二十四日)日軍由廣西邊境侵入越境，法方以為非協定所許可 (據說日法協定衹許日軍由海道登陸，未規定日軍可由桂入越)，予以抵抗，在同登附近激戰。

❹ 同上，頁三三六～三三七，民國二十九年九月四、五日記。
❹ 同上，頁三三九，民國二十九年九月八、九日記。
❹ 同上，頁三四一，民國二十九年九月十二日記。
❹ 同上，頁三四六，民國二十九年九月二十日記。

越督於日法協定簽訂後曾發表無恥之談話。但今日暗中又託我駐河內總領事向我要求軍事合作，並要求由彼派人來渝，由我派人赴越。此為越督德古第二次向我商合作；但彼之實際傾向似仍在對日求妥協。法維琪政府近日且告顧少川，謂我軍如於日軍入越後入越，越必抵抗！足見法越當局步驟之亂，且其背後尚有德國壓力。

（九月二十六日）美國政府方面人表示將以二千五百萬元（美金）貸與我政府，穩定法幣。此事之成，未始與敵軍侵越無關。

（九月二十七日）美政府宣佈自十月十六日禁止一切廢鐵出口，惟英國除外。此係美政府對日侵越南之又一反響❺⓪。

日本受到德國勝利的引誘，擴大侵略行動，與西方國家利益衝突漸著，引起美國的反響，英國對日態度亦漸轉強，日本軍閥仍要蠻幹下去，太平洋戰爭也就不遠了。而日本還要經由德國對華迫和，中國更是不加理會了。

❺⓪ 同上，頁三四八～三五一，民國二十九年九月二十四、二十六、二十七日記。

第二節　日本南進與中國抗戰之危機及轉機

壹、前言——日本決定南進政策

　　一九四〇年（民國二十九年）六月，德國在歐洲戰場得到了更大的勝利，英軍被迫退守三島，法國已經崩潰，丹麥、挪威、荷蘭、比利時等國相繼被德攻陷。原與德國有共同防共之約的日本，更加敬佩德國，也垂涎英、法、荷在東亞的屬地和石油、橡膠等重要軍用資源。七月二十二日，近衛文麿第二次組閣成功，以主張強硬外交的松岡洋右爲外相。旋由內閣以及大本營、政府聯席會議的決定，採取兩項所謂「劃時代」互爲表裡的新政策：一爲基本國策綱要（對內政策）；一爲應付世界新情勢的時局處理綱要（對外政策）方針。這是日本把「中國事變」發展爲大東亞戰爭的重大動機❶。也就是她將北進對俄作戰的目標改變爲南進對英、美、法、荷作戰的轉捩點❷。後一「時局處理綱要」，實爲日本南進之張本。要項如下：

　　一、關於處理中國事變，須集中政略戰略之綜合力量，尤須克盡一切手段，以斷絕第三國之援華行爲，俾得迅謀中國政府之屈服。

---

❶　服部卓四郎《大東亞戰爭全史》㈠（國防計畫局編譯室譯印，民國四十五年），頁六～八。以下簡稱《大東亞戰史》。

❷　吳相湘《第二次中日戰爭史》，上冊，頁五三六，民國六十二年，綜合月刊社，臺北。

二、關於對外策略，除迅速處理中國事變外，須依下列各項，
更以解決南方問題爲目標：

　　(1)以對德、意、蘇策略爲重點，尤須迅謀加強與德、意兩
　　　國之政治聯合，並謀對蘇邦交之迅速調整。

　　(2)對於美國的策略，於不得已時雖不惜惹起邦交惡化，但
　　　仍須極力避免增加摩擦。

　　(3)對於法屬越南及香港等地之策略如下：

　　　1.徹底斷絕透過法屬越南（包括廣州灣在內）援華，越
　　　　南更須同意日軍補給隊通過及使用飛機場，並使日本
　　　　獲得必需的資源。視情況得行使武力。

　　　2.徹底切斷中緬公路，迅速消除香港的敵性。

　　　3.消除中國境內租界中的敵性及謀交戰國軍隊之撤退。
　　　　前二項視情況得用武力。

　　　4.對於荷屬東印度，暫以外交措施，以確保其重要資源
　　　　❸。

　　上項時局處理綱要提出之原因，據日本大本營之說明，乃因：「中
日戰爭迄已三年，中國雖已陷於困難之極，然仍未放棄抗戰者，係由
於估計日本國力過低，及依賴於第三國援助所致。因此，日本必須集
中政略戰略之壓力，強化日本國內體制，以毅然決然之態度，對付援
華各國，藉圖迅速解決中國事變」。其次則因歐洲戰局，英國或將崩潰，
世界形勢，必將有激烈的變動，正是日本解決南方的良機。此外，日
本原缺石油、橡膠、特殊鋼鐵原料，以及其他重要戰略物資，須賴英、

---

❸　服部卓四郎《大東亞戰史》㈠，頁八～九。

美或其勢力範圍之輸入。其時美已廢止美日通商航海條約，並禁止對日輸出機械、石油、廢鐵等。日爲自存起見，必須攫取南方資源，以謀自給自足❹。

貳、南進政策的推行

日本爲推行其南進政策，首對英、法施加壓力，斷絕緬、越對華交通，以切斷他國對華之援助；繼即進兵越南；成立德、意、日三國同盟條約，並謀調整日、蘇之邦交，期使中國在國際上陷於孤立無援的境地，來壓迫中國的屈服。

日本發動侵略中國的戰爭，並提出「建立東亞新秩序」的主張，志在獨霸東亞，此對英、美、法、蘇在遠東的地位和權益，均爲直接的威脅。故英、美、法、蘇在基本立場上，均不願見日本在東亞的擴張行動，而同情於中國之抗戰。中國之實施持久戰略，即是針對此一國際情勢，決定抗戰的外交方針：一爲希望友邦制裁敵人；二爲希望友邦支援中國❺。其對象，以美、蘇、英三國爲主；其重心，在政治上聯美，故中美關係是以政治爲中心；在經濟交通上聯英(法)，故中英關係是以經濟爲中心；在軍事上聯蘇，故中蘇關係是以軍事爲中心。對於中日問題之解決，必須與遠東問題或太平洋問題一併解決❻。迨二十八年（一九三九）九月歐戰發生，侵略國與反侵略國之間的壁壘趨於明顯，蔣委員長指出：「我們抗戰的目的，率直言之，就是要與歐

---

❹　同上書，頁九～一〇。

❺　王寵惠〈外交部工作報告〉，中國國民黨五屆八中全會速紀錄，民國三十年三月二十五日（黨史會藏檔）。

❻　蔣中正〈外交趨勢與抗戰前途〉，中國國民黨五屆五中全會速紀錄，民國二十八年一月二十六日。

洲戰爭——世界戰爭同時結束，亦即是說中日問題要與世界問題同時解決」❼。但自一九四〇年夏，歐戰發生變化後，日對英、美、法、蘇採取分化的策略，對美、蘇漸趨和緩，對英、法加緊壓迫。對美方面，日過去對於美國的要求損失賠償，全用敷衍手段拖延；近則對美國人民的財產損失，逐案按價賠償，最大的一筆有一百萬美元。對蘇方面，原來蒙僞劃界問題，日本向不願接受蘇聯要求而擱置；近則完全接受蘇聯要求，於是劃界問題暫告解決。日方如此委曲，都是遷就美、蘇的表示。至對英、法的態度，卻事事壓迫❽。其事實經過有如攫取天津英、法租界之白銀，迫使越、緬之停運，進兵越南，以及德、意、日三國同盟之成立。

天津白銀問題：我國在天津英、法租界存有白銀，作爲貨幣發行的準備金。日想攫取此項白銀而封鎖天津租界。英、日進行交涉時，我國曾向英方聲明，不得隨便處置此項白銀。卒因英國對日妥協程度太大，於一九四〇年六月十九日，英日簽訂關於天津白銀協定，英允提出十萬鎊作爲「華北賑災」之用。同日，日又強迫法國提出二十萬鎊，法方祇有照辦❾。

越南之停運：我國戰時對外交通運輸，自二十七年十月廣州及武漢失陷後，東南沿海對外交通已斷。除西北對俄維持交通運輸外，尤以西南對法屬越南及英屬緬甸之交通運輸爲最重要。日爲切斷外國援華的重要國際路線，當英、法在歐洲戰場失敗時，即對英、法施加壓

❼　蔣中正〈中國抗戰與國際形勢〉，中國國民黨五屆六中全會講詞，民國二十八年十一月十八日。《蔣總統思想言論集》，卷一五，頁二一八（中央文物供應社發行，民國五十五年）。

❽　王寵惠〈外交報告〉，中國國民黨五屆七中全會速紀錄，民國二十九年七月二日。

❾　王寵惠〈外交部工作報告〉（同❺）。

力，封閉緬、越對華的交通。一九四〇年六月十七日，法國宣佈對德投降。十九日，日本即向法國及越南總督提出派遣監視員到越南去禁止輸華物資的通過。二十九日，日本派遣的監視團到了河內❿。法越當局在日本的壓力下，自六月二十日起，即停止對華運輸⓫。法方原允日方要求，在越南停運者僅爲汽油及武器⓬，但因越方過於遷就，卻超過了日方的希望。日監視團來越之始，僅以禁運軍用品爲目的，但見越方有意外之讓步，遂作得寸進尺其他種種要求，越方亦有求必應⓭。不僅停止軍用品之運輸，其他一切商貨，亦全部停運⓮。

緬甸之停運：日對越南既已得逞，遂即強迫英國接受其要求：一、撤退上海交戰國軍隊；二、停止香港、緬甸交通運輸⓯。中國認爲緬甸交通，關係抗戰重大，促英設法維持。英方初稱：關於緬甸運輸，英不致出賣中國而自毀立場，當堅持原則，與日週旋；關於上海，因策略關係，或將駐軍撤往香港；至香港爲英屬地，決以武力防守⓰。但英國旋即不堪日本壓迫，與日成立諒解。一九四〇年七月十八日，由緬甸政府公佈命令，在三個月期間停止軍火、汽油等物資經緬甸運

❿　吳相湘《第二次中日戰爭史》，下冊，頁七一九。

⓫　〈駐河內總領事館致外交部電〉，民國二十九年六月二十日，《中日外交史料叢編》㈥（中華民國外交問題研究會編印，民國五十六年），頁一〇四。以下簡稱《中日外交史料》。

⓬　〈駐柏林大使陳介致外交部電〉，民國二十九年六月二十一日。《中日外交史料》㈥，頁一〇六。

⓭　〈駐河內總領事館呈外交部文〉，民國二十九年七月十六日。《中日外交史料》㈥，頁一〇八。

⓮　王寵惠〈外交部工作報告〉（同❺）。

⓯　王寵惠〈外交報告〉（同❽）。

⓰　〈駐英大使郭泰祺致外交部電〉，民國二十九年七月二日。《中日外交史料》㈥，頁一三〇。

入中國；惟其他普通商貨，仍可照運❶。同一天，英國首相邱吉爾
（Winston S. Churchill）在下議院說明英國接受日本的要求，禁止
軍火、卡車、汽油、鐵路器材通過緬甸及香港運往中國。邱吉爾說：
英國爲本身生死存亡鬥爭的時候，不能顧及對中國的義務❶。

越南、緬甸運輸既斷，中國的國際交通線祇剩下中蘇之間的一條
線了❶。事實上，自民國二十九年（一九四〇）以來，中蘇關係陷入
低潮。蔣委員長在其日記中記云：「俄政府自去年（一九四〇）以來，
對我侮辱蔑視，干涉我內政，明白掩護共黨，而且在新疆設飛機場，
侵犯我領土，不一而足」❷。而日、蘇之間且於是年六月締結蒙僞劃
界協定❷。

當日本壓迫法、英停止越南、緬甸對華運輸時，中國曾要求美、
蘇有所表示，來制止日本此一行動。但美、蘇對越南停運並無表示。
美對緬甸停運雖有表示，但甚消極❷；蘇聯則僅允由輿論表示，其態
度較美尤爲消極。蘇且諷刺美國對華同情多言詞少實際，對日禁運且
有顧慮，運用武力更無可能。日正看破此點，故敢猖狂無忌❷。英駐
華大使卡爾（Sir Archibald J. C. Kerr）則謂：「緬路之封閉，由於

❶ 王寵惠〈外交部工作報告〉（同❺）。

❶ 吳相湘，前引書，上冊，頁七二〇。

❶ 吳相湘《第二次中日戰爭史》，上冊，頁七二〇。

❷ 郭廷以《近代中國史綱》，頁七〇六（一九七九年，香港中文大學）。

❷ 〈王寵惠向國防最高委員會常務會議之外交報告〉，第三十五次會議紀錄，
民國二十九年六月二十日（黨史會藏檔）。以下簡稱《國防常會》。

❷ 〈胡適大使來電，美外部對緬甸禁運之聲明〉，民國二十九年七月十六日。
見《中日外交史料》㈥，頁一四〇。

❷ 〈駐蘇大使邵力子覆蔣委員長電〉，民國二十九年七月十九日。秦孝儀主編
《中華民國重要史料初編——對日抗戰時期》，第三編，《戰時外交》㈡，
（民國七十年，國民黨黨史會出版）頁三七八。以下簡稱《戰時外交》。

美國之不能合作」❷。事實上，當日本要求英國封閉香港、緬甸對華
運輸時，英、澳駐美使節曾合力要求美國如不能以實力迫使日本放棄
侵略行動，英、美應即聯合促成中日間的「和平」，並應對日本作出實
質的讓步❷。在此同時，英外長亦面告我駐英大使郭泰祺，願中日問
題謀整個之解決。新加坡代督復有停運議和相提並論之演說。此舉既
使中國懷疑憤慨，美國對此亦表反感❷。美國務院對英促成中日「和
平」之提議，予以拒絕❷。

　　滇緬交通的封閉，對於中國人之抗戰心理，曾發生不利之影響。
據兩名美國新聞記者當時在重慶的報導，自滇緬交通中斷後，在其公
共和私人場合中所接觸到的中國人士，發覺對中日和平問題的談論，
有極其顯著的增加。甚至著名的中國官員亦不諱言此事，認為六個月
內戰爭即要結束而還都南京❷。

　　日軍進佔越南北部：日本大本營為進一步截斷越南及緬甸的援華
國際路線，及攫取越南航空基地，俾對昆明方面實施航空作戰起見，
認為有進佔越南北部的必要。且當時駐在廣西南寧以西地區的日軍第
五師團，認為有迅速調往上海地區之必要。在交通運輸上，該師須經

❷　〈外交部長王寵惠與英大使卡爾談話紀錄〉，民國二十九年十月三日。《中
　　日外交史料》(6)，頁一四二。
❷　〈美國務卿赫爾 (Cordell Hull) 與英大使及澳公使談話備忘錄〉，一九四
　　〇年六月二十八日，華盛頓。*Foreign Relations of the United States,
　　1940*, vol. 4, the Far East（Washington 1955），p. 369.
❷　〈駐英大使郭泰祺致外交部電〉，民國二十九年七月十六日。《中日外交史
　　料》(六)，頁一三五。
❷　〈美國務卿赫爾答英大使及澳公使談話〉，*Foreign Relations of the
　　United States, 1940*, vol. 4, p. 371.
❷　〈美駐華大使詹森呈國務卿電〉，一九四〇年七月二十七日，重慶，*Foreign
　　Relations of the United States, 1940*，vol. 4, p. 409.

由越南北部始能運滬。日、法之間遂在東京進行交涉，八月三十日成立原則性的協定。日軍華南方面軍司令即根據其大本營的命令，於九月二十三日零時開始進佔。陸軍由廣西鎮南關開入同登。海軍則於九月二十六日在海防登陸㉙。根據越日九月二十二日的協定，越准日軍佔據越北三據點：一、富壽；二、老街或諒江府；三、河內附近之嘉林。並允鎮南日軍分批入越，每批人數以交通工具所能容納之數量為限。乃協定簽字後，華南日軍尚引為不滿，竟由南關衝入同登，與法越軍發生衝突㉚。根據協定，在越境內日軍不得超過二萬五千人。但自九月二十七日德、意、日三國條約成立後，日佔越南，已無須根據越日協定。入越日軍數，已不受協定的限制；其司令部移設河內，均不在協定範圍之內㉛。十月七日及十三日，日機空襲昆明，均由嘉林機場起飛。集中於該處之日機，約有一百五十架㉜。是時雲南情勢至為嚴重，參謀總長何應欽曾奉命至昆明，作應變之措施㉝。

德、意、日三國條約之成立：一九四〇年九月二十七日，德、意、日三國締結同盟條約，劃分世界勢力範圍，互認彼此在歐洲及亞洲之「新秩序建設」，及三國的政治、經濟、軍事的互相援助㉞。三國條約的締結，是日本「時局處理綱要」之最初和最大的發展。陸軍希望利

㉙　服部卓四郎《大東亞戰史》㈠，頁二一。
㉚　〈王寵惠向國防常會外交報告〉，民國二十九年九月二十五日，第四十一次會議紀錄。
㉛　〈王寵惠向國防常會外交報告〉，民國二十九年十月七日，第四十二次會議紀錄。
㉜　〈王寵惠向國防常會外交報告〉，民國二十九年十月二十一日，第四十三次會議紀錄。
㉝　〈何應欽向國防常會軍事報告〉，民國二十九年八月二十九日，第三十九次會議紀錄。
㉞　日德意三國條約全文，見《大東亞戰史》㈠，頁一九。

用德國的力量，以牽制蘇俄；且爲強化日本對美、英的國際地位，以謀迅速解決「中國事變」。自一九三六年德、日防共協定以來，原以蘇俄爲對象；但是現在爲了解決南方問題，乃改以美國爲對象，且將拉攏蘇俄參加同盟條約❸。

日本當局預料戰後之世界新局面，勢將分爲東亞、蘇聯、歐洲、美洲四大領域。以東亞之指導者自居的日本，可與歐洲之指導勢力的德、意密切合作。對於蘇聯，努力使其趨向三國利害關係較少的方面進展，如波斯灣及印度方面。至日本建設大東亞新秩序的考慮範圍，是以日、滿、華爲基幹，擴及舊德屬委任統治諸島、法屬越南及其太平洋島嶼、泰國、英屬馬來及婆羅洲、荷屬東印度、緬甸及印度等地域。但在與德、意交涉時，所提示之南洋地域僅爲緬甸以東、荷屬東印度，及新卡里多尼亞（New Caledonia）等地。印度暫視爲蘇聯之範圍❸。

日外相松岡洋右與德國特使施達瑪（Dr. Heinrich Stahmer）在東京會談關於三國締結條約的結果，雙方同意以下各點：一、三國均希望美國不參加歐戰及中日紛爭；二、德不要求日本對英作戰；三、祇要三國一致採取毅然決然的態度，始能抑制美國的行動；四、三國條約成立後，應使蘇聯加入，並由德國斡旋日、蘇之關係；五、德國竭力避免牽入美、日在東亞之衝突❸。

日本御前會議曾就三國條約對於處理「中國事變」，調整日、蘇邦交，以及日、美關係，可能產生的後果及影響，有所討論。據松岡在會中之說明，關於解決「中國事變」，彼之眞意在俟三國同盟成立後，

---

❸　服部卓四郎《大東亞戰史》㈠，頁一一。

❸　同上書，頁一二。

❸　同上書，頁一三。

再設法利用德國，以促進中日直接和平交涉，彼信可得相當效果。關於調整日、蘇邦交，松岡判斷，蘇聯亦有此準備。關於日、美關係，松岡認爲現在美國對日感情，已極度惡化，須以毅然決然的態度，才能避免戰爭。本條約的目的，即在防止美國對日形成包圍。但樞密院議長原嘉道認爲本條約公佈後，日本態度已大白於天下，美國必將加強壓迫日本，強化援華，將使日本陷於長期疲勞戰爭中❸。

叁、中國面臨之危機

日本爲謀迅速解決「中國事變」，一方面從國際上斷絕中國的外援，同時加緊對中國的軍事與政治壓力，致中國在二十九年（一九四〇）的下半年，確曾面臨各種嚴重的危機。其中較爲重要者，重慶之遭受日機的轟炸、經濟情況的惡化、中共的威脅、日本之和平攻勢。

爲瓦解中國軍民的抗戰意志，日軍於二十九年六月十二日攻陷宜昌，構成對四川後方的軍事與經濟的威脅❸。更以空軍對戰時首都重慶實施「疲勞轟炸」。自二十八年春，日本空軍即改變在華作戰目標，不僅破壞中國軍事設備，更盲目濫炸後方城市。二十九年夏秋之際，四川天氣明爽無霧，日機又從五月到十月長期轟炸重慶六個月，中國人稱爲「疲勞轟炸」。被炸的地區且遍及四川省內各空軍基地和資源地區❹。每天約有一百一十架到一百六十架的日機轟炸重慶❶。到了秋

---

❸　同上書，頁一三～一八。

❸　蔣委員長於二十九年十月七日致在美之宋子文電云：「敵驅逐機近日由宜昌直飛蓉、渝二地，掩護其轟炸機，隨意所至，肆無忌憚」。見《戰時外交》㈠，頁四一三，又孔祥熙在國防常會中報告云：「兩湖食鹽，自宜昌失陷以後，接濟困難」。民國二十九年六月二十日，第三十五次會議紀錄。

❹　吳相湘《第二次中日戰爭史》，下冊，頁五八五～五八八。

❶　蔣中正〈最近國際大勢與中日戰局〉，民國二十九年六月十七日，《先總統

天，日本使用新製造的零式飛機在二萬七千英呎高空飛行，被擊落的中國飛機，尚不知被何物所擊落。日本飛行員曾在成都機場降落，放火燒燬俄式飛機及教練機。其他日機在機場上空盤旋，迫使中國飛機不得起飛。日機大隊在中國各大城市不斷低飛盤旋，以延長空襲時間，使人民恐怖，以動搖中國軍民的抗戰信心[42]。當時蔣委員長曾對美駐重慶大使詹森（T. Nelson Johnson）說：「七、八月間，敵機來襲，我機尚能應戰，惟至今日，數量不充，不能再令起飛禦敵矣。其結果，敵機狂施轟炸，橫行無忌，此實使民衆轉側不安，尤以商民爲甚，常轉相間曰：無英、美援助，我抗戰能持多時耶？倘美機未到以前，國際交通遽告斷絕，人心動搖，局勢恐有不易維持之虞」[43]。

中國空軍自二十七年十月武漢會戰後，損失至重。經整訓與補充後，二十八年計有各型飛機二一五架。二十九年蘇俄志願隊撤銷，減爲一六〇架，年底僅餘六十五架。這年秋，日本在華飛機增至八百架以上，在性能上遠較中國所有的飛機爲優[44]。此時俄援既停，美援無期，中國軍民以無比的耐力，忍受日機的狂炸。

英、法在歐洲之戰敗，越、緬對華之停運，宜昌之失陷，復以二十九年國內米糧之收成不佳，加以日本對華實行經濟作戰，使中國抗

蔣公思想言論總集》，民國七十三年黨史會編印，卷一七，頁三六五。

[42] 陳納德著，陳香梅譯《陳納德將軍與中國》，頁八七，民國六十七年，臺北，傳記文學社。

[43] 〈蔣委員長接見美駐華大使詹森談話紀錄〉，民國二十九年十月十八日。《戰時外交》，頁一〇二～一〇三。

[44] 何應欽《八年抗戰》，頁三一〇～三一一，民國七十一年，國防部史政編譯局。又蔣委員長二十九年十月七日致在美之宋子文電云：「俄式驅逐機升高速度至六千公尺須十五分鐘以上，而敵機祇要六分鐘就可升至六千米以上。故對之望塵莫及，祇有讓其猖獗。以後俄國即使供給我飛機，亦必不能望其以新式機交我也」。《戰時外交》（一），頁四一三。

戰三年以來，面臨極嚴重的經濟危機。蔣委員長於二十九年五月告知
美國駐華大使詹森說：「歐洲形勢之嚴重化，自然影響遠東全局，尤影
響中國之對日抗戰。溯自三年前中日戰爭爆發以來，蘇聯繼續以軍需
品供給中國，同時美、英、法三國則在財政方面予吾人以援助。德軍
既進攻荷蘭、比利時、盧森堡，同盟國乃不得不傾其資源以抵抗德國。
職是之故，自難期望英、法再予吾人以財政之援助」❹。越南停運後，
影響甚巨，存越貨物，既無法運出，而中蘇易貨，亦生障礙❹。滇中
糧食，以前仰給越南，現亦中斷❹。緬甸之封閉，對我影響尤為嚴重，
不獨美國貨品無從進口，即允我不斷供給的蘇聯貨品之來源亦絕❹。
日軍佔領宜昌，截斷了四川、兩湖間的水運，對重慶的壓力至巨❹。
二十九年，自由中國十五省的稻穀收成較上年減少百分之二十❺。惟
產米的主要區四川，這年則減少百分之五十三❺。重慶稻穀價格指數
逐月上漲，五月份的指數是戰前的二一三，十二月份的指數高達一、
○○四，其他物價也跟著上漲。成都市長楊全宇就因為囤集糧食而被

❹　〈蔣委員長接見美駐華大使詹森談話備忘錄〉，民國二十九年五月十五日。
　　《戰時外交》㈠，頁二七二。

❹　〈孔祥熙向國防常會之報告〉，民國二十九年六月二十日（同❸）。

❹　〈何應欽向國防常會之報告〉，民國二十九年八月二十九日，第三十九次會
　　議紀錄。

❹　〈蔣委員長接見美大使詹森談話紀錄〉，民國二十九年十月十八日。《戰時
　　外交》㈠，頁一○○。

❹　郭廷以《近代中國史綱》，頁七○八。

❺　吳相湘《第二次中日戰爭史》，下冊，頁六三一。

❺　據中央農業調查所供給之數字，四川二十九年產米較上年減少百分之四十
　　二。四川農業調查所供給之數字則為百分之五十三。一般專家咸以為後一
　　數字較為正確。《戰時外交》㈠，頁五七四。

處死刑❷。當時中國自由地區發生米荒，有饑饉之虞❸。

　　至日本的經濟戰，則爲是年五月南京汪僞組織宣佈擬在上海設立發行銀行。復以天津英、法租界所存作爲發行準備金的白銀被日攫奪，中國幣制所受之壓力益形嚴重，以致物價上漲，匯價跌落，經濟狀況日趨疲弱❹。是年八月蔣委員長曾致電在美之宋子文氏，告以：「此時我國抗戰最大難關爲經濟，而武器尙在其次。此時米價比去年已貴至八倍以上，通貨膨脹，不能再發，若不能在金融上設法調劑，則民生饑凍，加以共黨必從此搗亂，則抗戰必難久持」❺。

　　在滇越、滇緬交通斷絕時，中國另一嚴重危機，則爲中共的威脅，蔣委員長曾於二十九年十月間告訴詹森說：「近兩月，中國共產黨日見猖獗，陰謀顯著，即在蘇北亦尙作阻礙抗戰之舉，此爲敵國危機之一」。又云：「就目前狀況言，彼等(中共)於報面迄今尙無反對中央之論調。然自滇緬路封閉之後，三個月來，口頭反對中央之辭，乃日見沸騰。因此影響民心。目前人民抗戰精神已遜於去年矣。我繼續抗戰之前途，實有此內在之威脅」❻。根據顧維鈞得自莫斯科的消息，謂「第三國際旣利用中國饑荒，民生塗炭，令中共作反政府活動」❼。據這年七月七日中共中央「關於目前形勢與黨的政策的決定」(簡稱「七七決定」)

❷　吳相湘《第二次中日戰爭史》，下冊，頁六三一。

❸　〈顧維鈞轉述法國駐華大使戈思默消息致外交部電〉，民國三十年一月六日。《中日外交史料》(六)，頁一二六。

❹　〈蔣委員長致美總統羅斯福電〉，民國二十九年五月十四日。《戰時外交》(一)，頁二七一。

❺　〈蔣委員長致宋子文電〉，民國二十九年八月十一日。《戰時外交》(一)，頁二七七。

❻　〈蔣委員長接見美大使詹森談話紀錄〉，民國二十九年十月十八日。《戰時外交》(一)，頁一〇〇～一〇一。

❼　〈顧維鈞轉述駐蘇法大使消息致外交部電〉(同❸)。

認為中國目前的危機，正是他們「爭取好轉的可能」。該文件指出：「由於日本切斷我西南國際通路，並積極向正面進攻，企圖用大的壓力分裂中國內部，壓迫中國投降。這樣就使中國抗戰局面隨著新的環境變化，空前的困難時期與空前的投降危機快要到來了；但同時克服投降危機，爭取好轉的可能也增多了」。中共認為可以利用這一時機，把他們自己變為「團結全國抗日力量的中心」。其辦法，在「七七決定」中列了十七項之多。其中關於軍事方面的，有「必須繼續擴大與鞏固八路軍、新四軍及抗日游擊隊」。其方針是：「敵人佔領區，主要的方針是鞏固；而在其他區域（按：當指政府區）的方針，主要的是擴大，並在擴大中鞏固之」⑱。換言之，中共的方針：在敵人佔領區是守；在政府區是攻。

至中共的實際行動，據參謀總長何應欽的軍事報告指出：十八集團軍（原即八路軍）自從二十七年底到二十九年上半年在河北、山東及山西等省襲擊國軍，擴大地盤以來，到二十九年六、七月間，河北十八集團軍又移兵黃河南岸，對國軍孫良誠、高樹勛部攻擊。孫、高兩部原駐黃河以北，曾於三月間被其攻擊，退往南岸魯西地區；今又遭其攻擊，乃又退回北岸。十八集團軍佔據魯西後，即向豫東及皖北伸張，和自長江以南北渡的新四軍陳毅等部相呼應，向蘇、魯、皖、豫等省邊區節節進逼。同年八月，魯西十八集團軍分兵魯南，攻佔山東省政府所在地的魯村。繼移兵南下，和新四軍會合，包圍江蘇省政府主席韓德勤部。十月初，韓部第八十九軍在泰興黃橋被圍攻，軍長

---

⑱　〈中共中央關於目前形勢與黨的政策的決定〉，一九四〇年七月七日。郭華倫《中共史論》，冊四，頁一三一～一三五（中華民國國際關係研究所，民國六十年）。

李守維以下死者數千人，是爲黃橋事件❺。

　　當時重慶國民政府處境至危，對於中共的威脅，力謀安撫。何總長應欽根據中共先後所提出的要求，與周恩來、葉劍英商談結果，於七月十六日由中央提出一項解決方案，大致是依照中共的要求：對中共邊區的十八縣予以承認；冀、察兩省及魯北、晉北地區，劃爲中共戰區；十八集團軍（原爲三個師）擴編爲三軍六個師、五個補充團，新四軍擴編爲兩個師（原爲一師）。此案內容，大半係採納葉劍英的意見。其中戰區範圍的擴大，已超過中共半年前的要求（原爲冀、察兩省）。而中共周恩來向延安「請示」的結果，又提更多的條件：一、擴大第二戰區（即中共轄區部分）至山東全省及綏遠一部；二、按十八集團軍、新四軍，及各地游擊隊全數發餉；三、各游擊部隊留在各戰區，劃定作戰線，分頭擊敵❻。這完全是漫天要價，不希望與中央達成任何協議了。

　　中共對於中央提示案既加拒絕，統帥部決定採取堅定的態度，以求軍令的貫徹。十月十九日由何總長應欽、白副總長崇禧發出皓代電，命令十八集團軍及新四軍分別在限期以內移往黃河以北作戰。中共雖知統帥部有貫徹軍令的決心，仍採取拖延拒絕的態度。翌年一月，長江以南的新四軍遂被政府軍繳械，中央並撤銷其番號。是爲新四軍事件❼。中央對中共態度之堅強，適在十月十八日滇緬路重行開放的第二天，顯與國際情勢之轉變有關。

---

❺　蔣永敬〈新四軍事件的前因〉，《中國大陸》，九七期，民國六十四年九月，臺北。

❻　同前注。

❼　同前注。中央撤銷新四軍番號後，中共發表陳毅爲新四軍軍長，仍在長江以北活動。

關於日本之和平攻勢，在其外相松岡洋右的眞意，俟德、意、日三國同盟成立後，再設法利用德國來促進中日直接和平交涉。一九四〇年十一月十三日，日本御前會議決定「中國事變處理綱要」，預定在該月底日本承認南京汪記政權以前，來達成中（重慶）日的和平。這一工作，由日本政府施行，請德國從中斡旋，並以調整日蘇邦交爲手段，促成重慶與南京政府之「合作」⑫。當時中、日雙方代表在香港頻有接觸，中國提出：一、日本全面撤兵；二、撤銷南京汪僞政權，作爲談判基礎⑬。此距日本屈服中國的條件顯然過遠⑭。德國外長李賓德羅甫（von Ribbentrop）於蘇聯外長莫洛托夫（V. M. Molotov）一九四〇年十一月十二日訪德時，邀中國駐德大使陳介談話。曾往日本促成三國同盟的施達瑪亦在座。德外長告陳大使，謂德、蘇關係日見進步，德之實力遠勝他國，統一歐洲志願之完成已無問題，預料對英戰爭，本年年終或遲至明年春必可結束。中國若不速與日本議和，則日本必將承認汪政權，意大利亦必隨之承認，而德國因軸心關係亦不得不予承認。彼時中國地位將益爲困難，而英、美已絕無力量援助中國；其所稱援助實係口惠而實不至。反之，中國若與日本議和或竟加入軸心，則德國可以保證日本必忠實履行其和平條款，不致越出範

⑫ 《大東亞戰史》㈠，頁二二～二三。吳相湘《第二次中日戰爭史》，上冊，頁五三九～五四一。

⑬ 吳相湘，同前書，上冊，頁五三九。原據《太平洋戰爭への道》㈣，朝日新聞社刊，頁二四二～二四三。

⑭ 日方擬定的條件爲中國承認僞滿，與日本共同防衛東亞，日本在蒙疆、華北及長江下游駐兵，在海南島及華南駐留艦隊，日開發中國資源及經濟合作等。《大東亞戰史》㈠，頁二四。吳相湘，同前書，上冊，頁五四〇～五四一。

圍。德方對蔣委員長深爲欽佩，深盼對此最後機會予以審愼之考慮[65]。中國政府對德國的建議沒有答覆。

德外長前項斡旋中日議和的方式，對於德蘇之間曾否決定有關中日問題，以及對於今後中蘇關係的影響如何，在蔣委員長對美大使詹森談話時，曾作如下之推測：「李賓德羅甫以此告陳大使，適莫洛托夫與希特勒會晤之時。莫洛托夫返莫斯科之後，塔斯社雖即發表否認日、蘇劃分在中國勢力範圍及蘇聯停止援華之消息；予以爲彼等談話之時，必提及中日問題，惟不知已有所決定否？德國將承認汪僞組織，予信蘇聯當不致步其後塵；惟對華態度或將漸轉冷淡耳」[66]。稍後，蔣委員長接獲情報，得知莫洛托夫訪德之後，德、蘇關係不獨未見增善，反見惡化。日、蘇關係亦然[67]。蓋德、蘇會議後，蘇聯索價過高，德乃放棄拉攏蘇聯參加德、意、日軸心的企圖。希特勒且於這年十二月十八日下達準備對蘇作戰之密令。此項行動，事前並未通知日本，且出日本意料之外[68]。

日本謀和旣無結果，即於十一月三十日簽訂日汪僞約，實即承認汪僞政權。此對重慶國民政府的地位，雖無影響，但對敵人佔領區的人民抗日情緒，可能發生渙散的現象。轉而影響自由地區日趨嚴重之經濟與軍事問題[69]。如無有效的挽救辦法，對國民心理與經濟狀態，

---

[65]　〈外交部次長徐謨與美大使詹森談話紀錄〉，民國二十九年十一月十九日。《戰時外交》㈠，頁一一五。

[66]　〈蔣委員長接見美大使詹森談話紀錄〉，民國二十九年十一月二十一日。《戰時外交》㈠，頁一一七。

[67]　〈蔣委員長接見美大使詹森談話紀錄〉，民國二十九年十二月一日。《戰時外交》㈠，頁一二三。

[68]　《大東亞戰史》㈠，頁二〇。

[69]　同[62]。

必將發生不測變化⓻。留在後方的，仍不乏汪氏同情分子，國民政府不得不予清除，結果逮捕了一百五十五人。這年年底，汪氏的高級同謀者之一石友三經過軍法審判，以叛逆罪被處死刑⓼。

肆、中國應變的方針與行動

歐戰的遽變，國際的暗淡，使日本侵略的氣燄更為囂張。在其南進的政策下，由斷絕我國對外交通，而至進兵北越，進而成立德、意、日三國軸心集團；同時對我抗戰後方實施「疲勞轟炸」與軍事威脅，由迫和而至承認汪偽組織。我國在此壓力下，經濟情況的惡化，中共的乘機威脅；國民心理的變化，尤足憂慮。這是民國二十九年夏秋間我國抗戰所面臨的危機。外交部長王寵惠在重慶中央曾經指出：「在二十九年七、八、九三個月滇緬路封鎖期間，我國對外國際路線，完全斷絕，危險情形，極其嚴重；且危險所在，不僅交通一端而已。設三月期滿而英國態度仍不改變，則影響我抗戰實極重大」⓽。但自十月十八日滇緬交通重行開放以後，我國抗戰形勢即由危機而呈現轉機。在此危機與困難的階段中，中國如何應付這一艱險的環境？由政策的檢討而至方針的決定，以及所採取之行動，其間歷程，頗值探討。

二十九年六、七月間，英、法在歐洲戰敗，日本乘機壓迫英、法封閉越、緬對我交通。此時蘇聯對我態度，日趨中立，美國態度曖昧。重慶中央對此情勢轉變，自在密切注意之中。七月初，中國國民黨五屆七中全會在渝集會，討論外交與國際形勢。立法院長孫科認為，照

⓻　〈蔣委員長致駐美大使胡適電〉，民國二十九年十一月三十日。《戰時外交》（一），頁一二一。

⓼　董顯光《蔣總統傳》，頁三一九（中華大典編印會，民國五十六年）。

⓽　王寵惠〈外交部工作報告〉（同❺）。

目前局勢，英國維持不了遠東的地位，但英對敵可能一再讓步，犧牲中國。萬一英國不能維持緬甸交通，中英關係勢將由此斷絕。中國爲求生存，唯有走向西北莫斯科與柏林路線。現在英、美一面怕中國與蘇聯發生密切關係，一面又不能盡量援助中國；同時，此次歐戰，法、德停戰以後，德國事實上已獨霸歐洲，英已沒落。故我對德外交，應予加強❼❸。迨英宣佈封鎖緬甸對我交通，孫科更在中央決策會議中表示我國外交政策日趨困境，似不能再以不變應萬變之方法應付危局。因法既屈服，英又將失敗，美亦勢必退出太平洋，放棄遠東。我之外交路線，昔爲英、美、法、蘇，現在英、美、法方面均已無能爲力，蘇雖友好尚不密切。今後外交應以利害關係一變而爲親蘇聯德，再進而謀取意大利友好之工作❼❹。上項論調，對於抗戰前途，顯已失去信心。吳敬恆對於上項意見頗不贊同，認爲「德、意、日聯合之軸心國家，一時似牢不可破，我欲聯德，恐非所許。過去我之對蘇，可謂鞠躬盡瘁。現在敵人欲拔泥足，侵略南洋，蘇應從速制日，否則，德、意、日軸心益堅固，勢必威脅美國，而蘇聯亦危❼❺。吳氏之言，雖爲以後事實所證實，但當時持悲觀論調者，亦非少數。此一問題，事關抗戰根本大計，而所謂「似不能再以不變應萬變」者，顯對蔣委員長而發。爲了溝通意見，應付危局，蔣委員長即在五屆七中全會表示其見解與態度。認爲：

日本征服中國實行東亞門羅主義的野心，已被我們抗戰三年所

---

❼❸ 中國國民黨五屆七中全會速紀錄，民國二十九年七月二日，重慶（黨史會藏檔）。

❼❹ 國防常會第三十六次會議紀錄，民國二十九年七月十八日。

❼❺ 同前註。

粉碎。它現在實際虛弱，而外表虛張聲勢，進攻安南來威脅我
們。它並非不知徒勞無功，但除此方法之外，別無良策。總之，
敵人之野心與政策，已被我們打倒，其他問題，自易解決。祇
要我們繼續堅定下去，抗戰一定可以成功⑯。

　　方針既定，則其他所有問題或困難，均循此方針求其解決與克服。
例如對滇緬路之封鎖，除抗議英國違反國際公法與蔑視其國際義務外，
則表明中國決不因對外交通之梗阻而被迫求和或竟接受日本之任何條
件⑰。日軍進駐越南，對雲南構成威脅。雲南軍政負責人龍雲素稱驕
橫，態度動搖，因中央軍的進駐而獲無事⑱。參謀總長何應欽奉命入
滇與龍籌商滇南防務及作戰計劃，經費均由中央負擔。滇中將領態度
忠實，抗戰意志堅強⑲。宋子文且遠自美國致電龍雲，告其「美將參
戰及第一批借款已成功，此後借款可源源而來，維持法幣不成問題」
等語⑳。顯為安其動搖之心理。

　　對於日機之「疲勞轟炸」，除向美、蘇洽購飛機外，則有賴國民之
忍耐犧牲精神以克服之。此一情勢，一直到三十年底太平洋戰爭發生
時，始見改善。

---

⑯　〈蔣總裁對於外交問題之指示〉，民國二十九年七月四日，中國國民黨五屆
　　七中全會速紀錄。

⑰　〈外交部對英封鎖滇緬運輸發表聲明〉，民國二十九年七月十六日。《中日
　　外交史料》(六)，頁一三四。

⑱　郭廷以《近代中國史綱》，頁七〇八。

⑲　〈何應欽向國防常會之報告〉，民國二十九年八月二十九日，第三十九次會
　　議紀錄。

⑳　〈宋子文自美呈蔣委員長電〉，民國二十九年十月二日，《戰時外交》(一)，
　　頁二八二。

關於經濟情況惡化的克服，對英、美借款的成功，固然解決了一些困難，中國本身亦做了不少的改革措施。其中最重要者，則爲二十九年十一月十三日行政院會議決定全國田賦徵收實物，以調劑軍糈民食，平均人民負擔，緩和了物價和通貨問題。三十一年度，省的預算編入國家預算之中，省的主要收入田賦也由中央接管。中央有了統籌支配財政的力量，度過戰時的財政難關。田賦徵收實物後，全國官兵及公敎人員除薪金外，每月可得主食米或麵，不受糧價波動影響，生活可以比較安定❽。加以英、美借款的成功，經濟危機得以緩和下來。據行政院副院長兼財政部長孔祥熙在三十年初指出：近來財政經濟極爲穩定，過去逃避頗多資金，近已逐漸收回。英、美借款順利，對我財政助力極大。法幣信用日增，公債在國外均上漲，金融基礎益臻健全。至糧食物價於排除障礙後，正在盡力設法抑平❾。

中共問題，則以諸多因素之考慮，祇做到「新四軍事件」爲止境。此與對日抗戰，同爲當時之嚴重的問題。蔣委員長曾於三十年二月間告知美總統之代表居里（Lauchlin Currie）說：「中國當前之危機有二：第一，第三國際將先赤化中國，然後擴大而至全世界；第二，日本則先征服中國，以遂其征服全世界之迷夢。故我抗戰，非如一般想像之簡單，一方面須驅日軍於國境之外，一方面復須阻止共產主義在國境內之蔓延，其使命實具雙重意義」❿。中共問題，是抗戰時期始終未能解決的問題。

關於日本之發動和平攻勢及其承認汪僞組織問題，此不僅未能達

❽　吳相湘〈第二次中日戰爭史〉，下冊，頁六三一～六三三。

❾　〈孔祥熙向國防常會之報告〉，民國三十年一月十三日，第五十次會議紀錄。

❿　〈蔣委員長接見居里談話紀錄〉，民國三十年二月十五日。《戰時外交》㈠，頁五五八。

到解決「中國事變」之目的，反而促成中國爭取美、英、蘇對華支援
的有利條件。德國外長李賓德羅甫建議中國與日議和，並希望中國加
入軸心集團。這是美、蘇所最不願見的事實。蔣委員長雖不致考慮此
一建議，卻將此一建議內容詳細的告知了美國，使美國知所警惕。日
本方面，為了配合其承認汪偽組織，擬在軍事上謀取一次勝利，因在
一九四○年十一月二十四日起，發動豫西襄河流域攻勢，卻被中國軍
以包圍、追擊的方式，分路敗退，反使中國軍獲得一次勝利。此役對
中國而言，實具有下列重大意義：第一，日軍原想於承認汪偽組織之
際，獲取一大勝利，以期振奮其軍心民心，並聳動國際視聽，但結果
適得其反。第二，中國軍此次大勝，不特使國際明瞭日無進攻能力，
承認汪偽組織毫無用處，且可直接影響日本軍民心理。第三，使突入
宜昌、沙市之日軍，依然在中國軍側面箝制之下，毫無進展餘地❽❹。
中國政府同時利用日本之承認汪偽組織，要求美、英、蘇反對日本此
舉，並予中國以積極的援助。當日本於十一月三十日與汪偽組織正式
簽約時，美政府立即宣佈給予中國大借款一億美元，並宣言繼續承認
重慶之中國政府為合法政府❽❺。英、蘇方面亦分別表示對華政策不變，
並予中國以經濟或軍火的援助❽❻。

　　上述各種實際的應變措施，以消極而被動者居多。尚有一項最重
要而積極的措施，則為宋子文以蔣委員長的全權代表身分於二十九年

---

❽❹　〈何應欽向國防常會之報告〉，民國二十九年十二月二日，第四十六次會議
　　紀錄。

❽❺　〈蔣委員長接見美大使詹森談話紀錄〉，民國二十九年十二月一日。《戰時
　　外交》㈠，頁一二二。

❽❻　王寵惠〈外交部工作報告〉（同❺）。蘇聯之表示態度，係在日方向其解釋
　　日汪偽約時，由蘇駐日大使對日聲明蘇聯對華政策不變，非如美、英之鄭
　　重。

六月中奉派赴美活動⑰。宋氏在美兩年餘，正是中美關係緊要階段。
其赴美時之國際環境及美之對華態度，以及工作經過，宋於三十一年
十一月間向重慶中央有一報告。概略如下：

　　子文出使美國，是在二十九年的夏間。當時國際情形，非常黑
　　暗。波蘭早已被佔領，丹麥、挪威、荷蘭、比利時等國相繼淪
　　陷。聯軍中最有力量的法軍，慘敗投降。英軍退守孤島。納粹
　　兇燄幾乎遍及全歐。東亞方面的日寇，因英法之敗更加猖獗。
　　我國艱苦抗戰已經三個年頭了。總裁因為要瞭解美國的政策，
　　並為獲得友邦的援助與合作，所以命子文到美國去。美國當時
　　雖然同情於反軸心國家，但是本身沒有軍事上的準備。德軍之
　　強悍，聯軍之失利，內部孤立派之阻撓，在在使美國不願開罪
　　於德；同時為避免兩洋作戰，也不願開罪於日本。而多數人民
　　的心理，又以為上次歐戰的結果，戰爭並未能消滅戰爭；對各
　　種根本問題，亦未能得到絲毫的解決，因此厭戰的情緒，甚為
　　濃厚。

　　子文抵美見羅斯福總統時，總統坦率告以戰事種種危急狀態，
　　英國本土被德空軍日夜轟炸，且不時受德軍登陸的威脅。美國
　　軍事專家都以為十之七、八不能支持，但羅斯福總統相信英國
　　必能支持，美國定有足夠的時間準備一切。至於軸心國家，祇
　　知以力服人，不顧世界潮流，終將失敗。中國方面，在蔣委員
　　長領導下，英勇抗戰，極為欽佩，在許可範圍內，美國當盡力

---

⑰　〈蔣委員長致美總統羅斯福函〉，民國二十九年六月十四日。《戰時外交》
　　㈠，頁二七四。

爲精神上物質上的援助。惟以中立法及輿論牽制重重，不易作
各種接濟，但已有此決心。

　　子文在美，一面將國際情形呈報總裁，一面轉達總裁的旨意於
對方；同時向羅斯福總統左右及當局闡明我國眞象，解釋我國
合理的要求，並注視輿論的演變。在美兩年多的工作，賴總裁
隨時的指示，國內各方面的諒解和協助，得以解決許多困難⑱。

　　美對遠東政策與態度，關係中國抗戰至巨，欲其制裁日本侵略而
助中國抗戰，一方面固因日本之南進所使然，而中國立場之堅定與英
勇不屈之奮鬥，更爲重要也。

伍、國際情勢開朗與中國抗戰之轉機

　　日本的南進，促成美國對遠東問題的關注。尤其是德、意、日三
國同盟之成立，立即引起美國強烈的反應。一方面加緊本身的備戰，
同時對日實施經濟制裁與對華經濟援助。英國與蘇聯亦轉變對華的態
度，恢復對中國的援助。此一國際情勢的開朗，對中國之抗戰，實爲
一大轉機。一九四〇年底，美總統羅斯福（Franklin D. Roosevelt）
三度當選連任後，美之態度，更趨積極。中國抗戰的信心，更爲堅定。
日本要想解決「中國事變」，更是渺茫了。

　　當日本外相松岡極力進行德、意、日三國同盟時，其軍令部長永
野即認爲：締結本同盟後，日本對美、英貿易關係將更加惡化，甚或
更難獲得依賴美、英的物資；形成日、美長期戰爭的可能性更大。其

---

⑱　〈宋子文報告關於美國情形〉，民國三十年十一月十六日向中國國民黨五屆
十中全會報告，黨史會藏會議速紀錄。

樞密院議長原嘉道亦認爲該同盟成立後，美必加強壓迫日本，強化援華，將使日本陷入長期疲勞戰爭中。但強硬的松岡，似乎不以爲然❽。事實上，由於日本在一九四〇年九月二十三日進兵越南及二十七日三國同盟條約的公佈，美國即於是月二十六日公佈禁止鋼鐵及廢鐵輸入日本。英國亦於十月八日通告自十八日起重行開放中緬交通❾。各方反應，多對日本害多利少。

三國盟約公佈之後，蔣委員長即致電蘇聯首領史達林（Joseph Stalin），指出三國同盟協定成立後，國際局勢必將迅速演變，此事在亞洲方面，當爲日本帝國主義作更大冒險之開始❿。史達林對蔣委員長之電遲未作答，直至世局開朗，始於十月十六日向蔣委員長表示其對三國盟約之意見，認爲：「日本至最近時期，原爲孤立，在三國同盟後，則日本已非孤立，因已有如德、意兩國之同盟者。但因三國協定之矛盾性，在某種國際形勢之下，可反使日本不利，即因其打破英、美對日中立之基礎也。足見三國協定在此一方面，可爲中國造成若干有利。美國對廢金屬及其他數種貨品之禁運，以及緬甸路之開放，皆其直接證明」❶。

德、意與英作戰，日與德、意成立盟約，實即公然與英爲敵。英首相邱吉爾因於十月三日接見中國駐英大使郭泰祺，告以：「日、德、意同盟，國際空氣一清，而美孤立派失勢」。繼言：「英國處境勝於三

---

❽ 《大東亞戰爭史》㊀，頁一四、一六。松岡謂日本有強大的海軍，美將採強硬態度抑或冷靜的反省，公算各半。

❾ 同前註，頁二二。

❿ 〈蔣委員長致史達林電〉，民國二十九年九月二十九日。《戰時外交》㊁，頁三七九。

❶ 〈史達林致蔣委員長函（譯文）〉，民國二十九年十月十六日。《戰時外交》㊁，頁三八二。

月前，當時對緬路若不讓步，恐日將宣戰，故離開中立暫爲停閉。現決期滿重開，八日將向國會宣佈，請密陳蔣委員長」。邱且告郭：「美總統選舉後，盼其更加強合作，益以蘇聯、中國，軸心國家不足敵也」❸。新加坡《晨壇報》顯在英方授意下，於十月三日發表評論，指出三國盟約後英之對華政策云：「滇緬公路之開放，似已不無可能。當時英國承認封鎖三個月，原期日本努力與中國成立普通協定；但過去日本並無遵守諾言之誠意，反而武力侵佔越南，並與軸心國結盟。今遠東現狀已被打破，英國實無延長滇緬公路封鎖期限之可能。今後必然結果，乃爲英國更擴大援華，更密切與美合作及更力行的實施英、蘇政策」❹。英於十月十八日重開滇緬交通後，十二月間，又借款一千萬鎊與我。日承認汪僞組織時，英政府復表明其態度，繼續承認重慶國民政府爲中國合法政府。此外，在遠東軍事設備方面也在加強，特設遠東軍總司令，指揮駐在遠東的一切海陸空軍，這是預備作戰的措施❺。

美國對德、意、日三國盟約的反應，最爲強烈。駐美大使胡適在十月十二日致重慶中央的電報中說明當時世局以及美國情況的演變如下：

> 至最近一月中，重大演變多端：一爲美國實行建造兩大洋海軍，增加海軍實力一倍。二爲日本侵入安南，使美國立時宣佈對華

❸　〈駐英大使郭泰祺呈蔣委員長電〉，民國二十九年十月四日。《戰時外交》㈡，頁一一八。
❹　〈駐新加坡總領事館致外交部電〉，民國二十九年十月五日。《中日外交史料》㈥，頁一四三～一四。
❺　王寵惠〈外交部工作報告〉（同❺）。

二項借款，廢鐵全部禁運。三爲德、意、日三國同盟，使美國人民更明瞭此三個侵略者對美之同樣仇視。四爲十月四日近衛（日首相近衛文麿）、松岡（日外相松岡洋右）同樣威嚇美國之狂論，使美國輿論大憤，使美政府遠東各地美僑準備即時撤退，以示決心。五爲美國海軍部十月五日增調海軍後備員三萬五千人，使美海軍現役員總數增至二十四萬人。六爲日本忽變態度，先否認松岡談話，後又聲明近衛談話亦祇是隨口答報界的質問，非事先預備之談話。七爲十月八日英國正式宣佈十七日滇緬路重開。八爲美政府遣送海軍新員四千二百人，陸軍防空砲隊千人赴檀香山增防。九爲上月國會通過空前之平時兵役法，凡二十一歲至三十五歲之壯丁約一千六百餘萬人均須登記，聽候遣送受軍事訓練。十月十六日爲全國壯丁登記之日，亦即全部廢鐵禁運之日，亦即滇緬路重開之前夕。凡此九事皆在一月內急轉直下，使人有水到渠成、瓜熟蒂落之感❾❻。

胡氏尚謂：「我國苦撐三年餘，功效雖已甚明顯，但今日尚未可鬆懈」❾❼。同時，宋子文亦自美來電，說明當時美方的反應：一、美政府已知美、日戰事不能免。二、大部分人民雖同情中、英，但極不願美國作戰。三、美總統明瞭世界大局可謂百分之百，其表情爲百分之五十，其應付危機效能祇百分之三十，故除非日本立刻逼迫過甚，大選前難見有效行動。四、除對我局部外交、經濟援助外，美政府無切

---

❾❻　〈駐美大使胡適電〉，民國二十九年十月十二日。《中日外交史料》(四)，頁三四三。吳相湘《中日第二次戰爭史》，下冊，頁七二〇～七二一。原電記爲「四月十二日」，吳指爲「十月十二日」之誤。

❾❼　同前註，頁三四四。

實助我政策。飛機接濟，祇海軍部長主張，其餘政要並不積極。五、援華空氣固見濃厚，惟美日戰爭尚未開展，欲其切實助我，非空文所能奏效。總之，欲得美國援助，必須萬分努力，萬分忍耐❾❽。

　　一九四〇年底，羅斯福總統第三次當選連任之後，局勢大有轉變。其因獲得人民之支持而地位加強，乃認為將美國主持正義的態度對日本作勇敢的表示，此正其時❾❾。其正義的態度與勇敢的表示，在其十二月二十九日的廣播詞與翌年一月六日之致國會詞中充分表現之。我駐美大使胡適將兩詞的要旨歸納為以下八點：一、公然承認美國百十七年來之安全，實由於英、美海上之合作，英若顛覆，美必孤危；二、公然承認民主國家之政治哲學與侵略國家之政治哲學勢不兩立，絕無妥協之可能；三、公然指出九月二十七日柏林三國盟約是侵略國家對美國之威脅；四、公然指出美國現時所以暫能避免戰禍，祇是英、華、希臘三國之苦力抗戰，使戰禍不波及美洲；五、一月六日致國會詞明定美國政策三大綱：甲、以全力經營國防；乙、對任何為自由而抗戰之勇敢民族，美國皆負援助之義務；丙、道義與本國安全均不許犧牲他國自由換來的和平；六、為貫徹上述政策，美國須成為民主國家之兵工廠；七、若侵略國家解釋此項援助為戰爭行動，美國不受其恐嚇；八、吾人所期望之新世界，不是侵略者的新秩序，乃是道義的秩序。胡氏認為羅斯福兩篇大文之要旨，其魄力之雄偉，立言之大膽，均為三年來所未有。此中關鍵，全在三事：一為一九四〇年六月以後英國之危機；二為九月之柏林盟約；三為大選之揭曉❿。隨著政策的確定，一九四一年四月二十五日，美、英兩國分別貸予中國五千萬美元及一

---

❾❽　〈宋子文呈蔣委員長電〉，民國二十九年十月十四日。《戰時外交》㈠，頁九九。

❾❾　董顯光《蔣總統傳》，頁三一四。

千萬英鎊，以充穩定中國貨幣之基金。同年五月底，中國與華盛頓達成協議，由美國以一億美元之物資撥給中國。當中國處於最深的厄運時，這些財政上的協助予以支持中國者至大⑩。

蘇聯對於德、意、日三國盟約之成立，一直保持緘默。在該約成立後的兩天，蔣委員長曾致電史達林，請其「明教」。但史遲遲其答，謂其「奉答遲緩，乃因來示所提問題之複雜性。余甚難對閣下有所建議，則因余對中國及日本之環境未能充分明悉」⑩。這顯然是推托的話。據駐蘇大使邵力子探詢蘇聯政府真意，蘇仍守其中立政策，我似不能望其立即改變態度⑩。據駐羅馬尼亞梁公使與駐羅之蘇、英、美各公使晤談後所得印象，認為蘇將暫取靜觀態度，希望日本南進，促成與英、美的衝突⑩。蓋中日戰爭發生以來，蘇聯對中國的態度，始終是若即若離，難以捉摸。一面以志願空軍援助中國，一面謀緩和對日關係。當滇緬交通封閉之後，不准美國軍火經海參崴運往中國，後又要求中國以美國借款購買蘇聯軍火。日本為了孤立中國，準備與蘇聯訂立互不侵犯條約。蘇聯希望與日、德、意共同簽訂公約，劃分勢力範圍，未能如願⑩。是以蘇外長莫洛托夫訪德之後，德、蘇關係不獨未見增善，反見惡化；日、蘇關係亦然⑩。蘇聯乃恢復對華武器之

---

⑩　〈駐美大使胡適致陳布雷轉呈蔣委員長電〉，民國三十年一月十日。《戰時外交》㈠，頁一二七。

⑩　董顯光《蔣總統傳》，頁三一五。

⑩　〈史達林致蔣委員長函（譯文）〉（同⑫）。

⑩　〈駐蘇大使邵力子呈蔣委員長電〉，民國二十九年十月一日。《戰時外交》㈡，頁三八〇。

⑩　〈王寵惠向國防常會之報告〉，民國二十九年十月七日，第四十二次會議紀錄。

⑩　郭廷以《近代中國史綱》，頁七〇五～七〇六。

⑩　〈蔣委員長接見美大使詹森談話紀錄〉，民國二十九年十二月一日。《戰時

供應，以爲報復。二十九年十一月二十五日蘇駐華大使潘友新（A.S. Panuyaskkin）往見蔣委員長，稱其政府已預備飛機、大砲與輕、重機槍及汽油，可繼續接濟，但祇運到哈密交貨❿。翌年一月十六日，蘇駐華武官崔谷夫（Vassily I. Chuikov）又向蔣委員長說明蘇聯運華武器之種類及數量，有最新快速中型 SB 式轟炸機一百架，最新 E16 式驅逐機及一五三式驅逐機各七十五架。以上三種飛機合計二百五十架，附有十次作戰用之配備。且一五三式機威力最大，射中敵機即可鋸成兩截。七六米口徑野砲二百門，高射砲五十門，計附砲彈三十萬發。輕機槍八百挺，重機槍五百挺，子彈一千八百萬發。載重汽車三百輛及汽油機等❿。三十年初，我空軍計自蘇聯補充轟炸機一百架，驅逐機一百四十八架，但性能仍遠遜於日本之零式驅逐機。六月，由美購到 P40 驅逐機一百架。截至三十年底，計有各型飛機三六四架❿，爲去年底的七倍。由於中國空軍及防空力量的增加，以及太平洋戰爭之發生，日機空襲後方的次數大見減少❿。

蘇聯對德、意、日三國盟約之反應，雖不及英、美之強烈，但對中國武器供應之數量及速度，則非英、美所能及。惟蘇、日之間謀求諒解，仍未間斷。一九四一年（民國三十年）四月十三日，蘇、日成立中立協定，互相承認滿、蒙，並使日本放心南進，以對付英、美❿。

外交》㈠，頁一二三。

❿ 〈蔣委員長致駐蘇大使邵力子電〉，民國二十九年十一月二十五日。《戰時外交》㈡，頁五二三。

❿ 〈蔣委員長接見蘇武官崔谷夫談話紀錄〉，民國三十年一月十六日。《戰時外交》㈡，頁五二六。

❿ 何應欽《八年抗戰》，頁三一一。

❿ 吳相湘《第二次中日戰爭史》，下冊，頁五九〇。

❿ 郭廷以《近代中國史綱》，頁七〇六。

　　德、意、日三國盟約的成立，實爲我國抗戰轉機一大關鍵。據外交部長王寵惠於民國三十年三月間在重慶中央的一項外交報告中指出：

> 在三國同盟未簽訂前，英、美對日總是採取緩和政策，理由就是恐怕日本跑進德、意集團去。自從三國同盟簽訂以後，英、美對日緩和政策業已完全失敗。德、意有所謂歐洲新秩序的建立，日本有所謂大東亞新秩序的建立，將英、美、蘇聯一起夾在這兩個新秩序中間。形勢演變至此，從前援助我們的友邦，向來認爲歐洲戰爭與遠東戰爭爲兩回事者，現已打成一片了。英、美現在不但承認對日緩和之非計，並已承認歐洲的反侵略戰爭與遠東的反侵略戰爭，實在是整體的一件事。無所謂歐戰，亦無所謂遠東。所以三國同盟成立後，影響我們的外交形勢很好⑫。

　　中國外交形勢的好轉，隨著一九四一年（民國三十年）的開始而更爲樂觀。美駐華大使詹森在這年一月自重慶致華盛頓的一項電文指出：

> 雖然對未來仍有若干不穩定以及出現的若干困難仍待克服，重慶已在空前樂觀的浪潮進入一九四一年。這些樂觀意指著一項信念，即中國終於在全世界對抗侵略的鬥爭中與所謂民主國家不可分的連在一起了。中國將從這些國家得到日益增加的有效

---

⑫　王寵惠〈外交部工作報告〉（同❺）。

的支援。中國也爲日本的日益困難而喜悅。日本的那些困難是內部的艱苦與美國、英國關係更加緊張，不能拉攏蘇俄，解決不了「中國問題」；甚至於造成若干進步以安撫中國佔領區。一般感覺是遠東未來的命運，將大大的依附歐洲戰爭的結束⑬。

陸、結論

日本南進的目的，在迫使中國屈服，解決所謂「中國事變」，以遂其建立大東亞新秩序之企圖。故乘一九四〇年（民國二十九年）六月間歐洲戰局遽變，英、法戰敗之際，壓迫英、法封閉緬、越對華交通，斷我外援之路；並進兵越南，威脅我抗戰後方之雲南；進而成立德、意、日三國同盟條約，一方面抑制美國的行動，同時拉攏蘇聯，並求日、蘇邦交之調整，使中國在國際上完全陷於孤立無援之境地。此外，復在軍事上加緊對中國的打擊，一面攻佔鄂西之宜昌，形成對四川後方的威脅；同時大舉空襲戰時的首都重慶，實施長時間的「疲勞轟炸」，以謀瓦解我軍民抗戰意志。最後則以誘迫方式，發動和平攻勢，以求「中國事變」之解決。

我國抗戰外交政策，原建立於英、美、法、蘇關係之友好與合作的基礎上，以牽制日本的侵略行動。當歐戰遽變與日本南進之初，英、法自顧不暇，蘇聯日趨中立，美以國內孤立派的得勢，避免開罪日本。是以我國之國際環境，頗呈暗淡之局。加以對外交通斷絕，日軍之壓力與其和平攻勢，使我國在二十九年的夏秋間，處於最危險、最困難

---

⑬　〈美駐華大使詹森呈國務卿電〉，一九四一年一月二十四日於重慶。《美國遠東外交關係文件》，一九四一年，頁二〇四～二〇五，民國五十一年，臺北聯合報譯印。

的情況下：如經濟情況的惡化、中共之乘機威脅、國民心理變化之莫測等。面對這些危機，蔣委員長原定之抗戰外交原則：「中日問題要與世界問題同時解決」，受到懷疑與挑戰。因有主張因應時勢而須改變上項原則者，即應由昔之英、美、法、蘇的外交路線，變爲德、意、蘇的外交路線。惟蔣委員長以爲敵之各種壓力與手段，無一而非搖動我之抗戰心理，逼我改變抗戰決心，如我放棄原定之原則，正是中敵之計。英、法縱敗，而美、蘇尙未捲入歐戰漩渦，故其在太平洋的勢力仍無變化，遠東問題仍不會有所變遷。故我抗戰和外交，仍按預定計劃進行。日敵外強中乾，祇要我們堅定下去，抗戰一定成功。

　　應變方針既定，他如經濟情況之惡化，中共之要脅，國民心理以及對外關係問題，均以最大的努力以謀克服或改進之。經濟問題，則以田賦改徵實物與英、美之借款而趨穩定；中共問題，則以「新四軍事件」爲結局；國民心理問題，除在日承認汪僞政權前夕獲取一次戰役的勝利外，則以經濟之穩定和新四軍事件，而獲得鼓舞；對外關係，以中美關係爲重點，對英、蘇兩國，繼續增進其友好與合作。迨滇緬交通重開，國際局勢開朗，我國抗戰前途乃呈轉機。此在日本方面，實其南進所造成本身之不利，而以三國盟約之成立爲其關鍵。中國方面，蔣委員長的深謀遠瞻與堅定不移的意志，更具決定性的作用。誠如胡適當年所云：「抗戰開始以來，介公深謀遠瞻，毅然主持長期抗戰根本大計，雖歷盡艱危，始終不渝。至今日此根本大計之明效始大顯」⑭。胡氏之言，當有所本。

⑭　〈駐美大使胡適致陳布雷轉呈蔣委員長電〉（同⑩）。

第七章　中蘇同盟條約之談判

第一節　宋子文與史達林中蘇盟約談判紀實
——據《戰時外交》資料

壹、中蘇條約與雅爾達協定的對比

　　一九四五年八月十四日〈中蘇友好同盟條約〉由中國外交部長王世杰和蘇聯外交部長莫洛托夫（V. M. Molotov）各以兩國「全權代表」資格在莫斯科簽字。這個條約雖名爲「友好同盟」，實際則爲執行這年二月十一日蘇、美、英三國領袖的〈雅爾達（Yalta）秘密協定〉。該協定之主要內容，在爲處置中國之外蒙及東北之旅順、大連港和中東、南滿鐵路問題。即：一、外蒙古「人民共和國」之現狀加以保存；二、大連商港應闢爲國際港，蘇聯在該港之優越權利應獲保障；三、旅順仍復爲蘇聯所租用之海軍基地；四、中東鐵路以及通往大連之南滿鐵路，應由中蘇雙方共組之公司聯合經營，蘇聯之優越權利應獲保障，中國對滿洲應保持全部主權。惟上述關於外蒙、旅順、大連以及中東、南滿兩鐵路諸點，必徵得中國蔣主席之同意；羅斯福（Franklin D. Roosevelt）總統將依據史達林（Joseph Stalin）之意見採取措施，

以獲得蔣主席之同意。協議中且規定:「三強領袖業已議決,蘇聯所提
要求於日本被擊敗後必予實現,蘇聯則準備與中國國民政府締結中蘇
友好條約,俾以其武裝部隊協助中國,解放中國所受日本之束縛」❶。
此一協定,完全是一椿秘密交易。對中國所作如此重大之處置,不僅
沒有中國代表的參與,事後且對中國保密,中國所受的屈辱與出賣,
真是無以復加了。

　　為了執行雅爾達協定,而締結中蘇友好條約一事,史達林指定宋
子文要在這年七月一日以前到達莫斯科,直接談判。宋氏當時的職務
是行政院長兼外交部長。七月三十日,行政院改組,宋辭外交部長兼
職,由王世杰繼任。中蘇條約談判,可分兩個階段,第一階段是從一
九四五年六月三十日到七月十二日,由宋子文與史達林直接談判六次。
第二階段是從八月七日到十三日,宋、史直接談判五次,並有王世杰
參加。第一階段的六次談判,均有中文記錄可憑;第二階段的各次談
判,僅有報告,故不若第一階段之詳盡也。

　　宋、史中蘇條約談判前後兩個階段,約為時二十天,訂下中蘇友
好同盟條約,以及中蘇關於中國長春鐵路(中東、南滿兩鐵路合併)、
大連、旅順口、進入東三省蘇軍與中國關係等四項協定及照會、議定
書等。對於雅爾達協定究竟改變了多少?或有無實質上的改變?還是
超過對雅爾達協定的讓步?殊難加以精確的比較與衡量。蓋雅爾達協
定僅為籠統的原則,而中蘇條約及其有關協定則較為明確而具體也。
為醒目起見,可作對照如下:

---

❶　美、英、蘇三國元首於雅爾達簽訂秘密協定全文(譯文),一九四五年二月
　　十一日。見秦孝儀編《中華民國重要史料初編——對日抗戰時期》,第三編,
　　《戰時外交》㈡,民國七十年,國民黨黨史會出版,頁五四一。以下簡稱
　　《戰時外交》㈡。

⑴關於外蒙古

1. 雅爾達協定爲：外蒙古（蒙古人民共和國）的地位應予維持。
2. 中蘇照會：中國去文：茲因外蒙古人民一再表示其獨立之願望，中
　國政府聲明於日本戰敗後，如外蒙古之公民投票證實此項願望，中
　國政府當承認外蒙古之獨立，即以其現在之邊界爲邊界❷。
　蘇聯來文：茲並聲明蘇聯政府將尊重蒙古人民共和國（外蒙）之政治
　獨立與領土完整❸。

　　按：雙方對雅爾達協定中的外蒙古「地位應予維持」涵義爭執最
大。中國方面則認爲是現狀不變，蘇聯方面則認爲是承認其獨立，談
判幾至決裂。結果中國方面讓步，承認外蒙獨立。但照會之中國去文
避用「蒙古人民共和國」字樣，蘇聯來文則故意用此字樣。如果按照
中國方面的看法，顯然是超過對雅爾達協定的讓步，而按蘇聯方面的
看法則否。

⑵關於大連

1. 雅爾達協定爲：大連商港應闢爲國際港，蘇聯在該港之優越權利應
　獲保障。
2. 中蘇協定：
　　A、大連爲一自由港，對各國貿易及航運一律開放。
　　B、中國政府在該自由港指定碼頭及倉庫租與蘇聯。

---

❷ 〈王世杰致莫洛托夫照會〉，一九四五年八月十四日。《戰時外交》(二)，頁
　六五七。
❸ 〈莫洛托夫致王世杰照會〉，一九四五年八月十四日，同上。

　　C、大連之行政權屬於中國。港口主任由蘇籍人員遴選，副主任
　　　在華籍人員中遴選。

　　D、對日作戰時，大連受旅順蘇聯海軍基地之軍事統制❹。

3.中蘇議定書：大連所有港口工事及設備之一半，無償租與蘇方。港
　口之擴展或重建，應由中蘇同意❺。

(3)關於旅順

1.雅爾達協定爲：旅順仍復爲蘇聯所租用之海軍基地。

2.中蘇協定：

　　A、中蘇兩國共同使用旅順口爲海軍根據地。

　　B、設立軍事委員會處理使用事項，委員華籍二人，蘇籍三人，
　　　委員長爲蘇方，副爲華方。

　　C、根據地之防護，中國政府委託蘇聯政府辦理。

　　D、民事行政屬於中國旅順政府。主要民事行政人員之任免，徵
　　　得蘇聯軍事當局之同意。

　　E、蘇聯有權在該地區內駐紮陸、海、空軍❻。

　　按：大連在雅爾達協定中爲國際港，中蘇協定改稱自由港。港口、
碼頭有關規定，均爲蘇聯優越權利之確定。

　　旅順在雅爾達協定中爲蘇方租用。中蘇協定改爲兩國共同使用，
民事行政屬中國。似較雅爾達協定爲進步，但亦僅是名義上的，實質
的改變不大。

---

❹　〈關於大連之協定〉，一九四五年八月十四日，同上，頁六六二。
❺　〈關於大連之議定書〉，同上，頁六六三。
❻　〈關於旅順口之協定〉，一九四五年八月十四日，同上，頁六六四。

⑷中東、南滿鐵路（合稱中長鐵路）

1. 雅爾達協定爲：中東鐵路以及通往大連之南滿鐵路，應由中蘇雙方共組之公司聯合經營，蘇聯之優越權利應獲保障，中國對滿洲應保持全部主權。

2. 中蘇協定：

　　A、中國長春鐵路（簡稱中長路）歸中蘇共同所有並共同經營。共同經營應在中國主權之下，由一單獨機構辦理，並純爲商業性質。

　　B、共同所有權，平均屬於兩方，不得轉讓。

　　C、中蘇合組中長路公司，理事十人，中蘇各五人。理事長華籍，副爲蘇籍。理事長有兩票權。

　　D、中長路局長爲蘇籍，副爲華籍。其他重要人員中蘇平均充任。

　　E、鐵路警察由中國政府組織及監督。

　　F、對日作戰時期，供蘇聯軍運。

　　G、蘇聯貨運免稅❼。

　　按：兩路在雅爾達協定中僅規定兩國聯合經營，而中蘇協定則加上共同所有權，顯然是超過對雅爾達協定的讓步。

⑸對中國的承諾

1. 雅爾達協定爲：協助中國對日宣戰，締結中蘇友好條約。

2. 中蘇友好條約：協同其他聯合國對日作戰。不與日本單獨談判。和

---

❼ 〈中蘇關於中國長春鐵路之協定〉，一九四五年八月十四日，同上，頁六五八～六五九。

平再建後，彼此尊重主權及領土完整與不干涉對方內政。給一
切可能之經濟援助等❽。

3.中蘇照會：

A、蘇聯政府予中國以道義上與軍需品及其他物資之援助，
此項援助當完全供給中國國民政府。

B、蘇聯政府以東三省為中國之一部分，對中國在東三省
之主權重申尊重，對其領土與行政之完整重申承認。

C、關於新疆最近事變，蘇聯重申無干涉中國內政之意❾。

4.進入東三省之蘇軍與中國關係之協定：

A、蘇軍進入東三省後，中國政府派代表及助理人員在收
復區設立行政機構及樹立軍隊，與蘇方合作。

B、中國政府派軍事代表駐於蘇軍司令部，保持聯繫。

C、在中國領土內所有中國籍軍民，歸中國管轄❿。

按：上述承諾，有的空洞，有的多為事實所否定。且進入東三省
之蘇軍與中國之關係，實處於佔領軍之地位。

以上僅就表象來看中蘇友好同盟條約及其有關協定、照會、議定
書等與雅爾達協定的異同和關係。為了進一步瞭解中國依據雅爾達協
定和蘇聯談判中蘇條約的過程及其波折，以下則就雅爾達協定的由來，
中國獲知此項協定的經過和反應，宋氏銜命先向美國方面溝通，再與

❽　〈中蘇友好同盟條約〉，一九四五年八月十四日，同上，頁六五三。

❾　〈莫洛托夫、王世杰來往照會〉，一九四五年八月十四日，同上，頁六五五～
六五六。

❿　〈蘇軍進入東三省之協定〉，一九四五年八月十四日，同上，頁六六六～六
六七。

史氏進行談判，及其談判的內容與爭論，其中有外蒙、旅順、大連、中東、南滿鐵路、撤兵、中共，以及新疆等問題，作一紀實。

貳、雅爾達協定前美蘇對華空氣

雅爾達協定，雖爲蘇、美、英三強領袖所簽訂，但主要的還是出自史達林和羅斯福的決定，英首相邱吉爾（Winston Churchill）不過居於配腳地位，但亦不無推波助瀾作用。

羅斯福爲甚麼會與史達林簽訂雅爾達密約？美國官方事後的解釋很多。例如爲了協調中蘇的關係，解決國共之爭；爲了蘇俄協助擊敗日本；還有，如果沒有密約，蘇俄將要拿去的地方，甚至於更多；有了此一密約，反而可使蘇俄有所約束。也有認爲羅斯福身體不適，草率從事；也有認爲羅斯福不熟悉東方情勢，特別是對中國東北之歷史，致爲史達林所蒙蔽；也有認爲羅斯福深望中國早日統一，恐蘇俄一旦參戰後必將爲所欲爲，故設法先予防範。但可以確定的原因，則爲羅斯福亟望早日擊敗日本，惟對中國作戰能力頗失信心，轉而期待蘇俄參戰，以致造成史達林的乘機勒索。此種不利中國的情況，亦隨中國戰場的失利而相繼發生。一九四四年九、十月間，湘桂戰事失利，復以史迪威（Joseph W. Stilwell）事件，中美關係陷於低潮，也就傳來不利於中國的消息。例如這年十月十四日駐英大使顧維鈞自華盛頓電呈蔣主席中正說：「訪晤參謀總長李海上將（Admiral William D. Leahy），談及遠東軍事，彼對我近月抗戰能力不及往年，並以空軍雖增加，我軍械仍屬有限，殊爲焦慮」。又詢以蘇俄參加將來戰爭問題，李海答：「想必加入，但料蘇俄願在遠東取得旅順不凍港，英必贊成，美亦無反對之意」❶。顧維鈞回到倫敦任所後，又於十一月九日電呈

❶　〈顧維鈞呈蔣主席電〉，一九四四年十月十四日。同上，頁五三九。

蔣主席說:「以鈞推測,美方曾表示希望蘇聯早日參加對日作戰,俾日寇之敗。並探蘇聯之意,而蘇聯表示,欲乘機取得旅順爲參加條件之一。李海上將向鈞提出此點,並將英、美態度見告,似欲探詢我方感想。再聞蘇聯國內近月來對旅順港頗多關注之證,不但雜誌著論,稱旅順爲蘇聯之寶貝,一如其他蘇聯領土,且有專書出版,追述旅順之失(按指日俄戰爭),視爲遺憾云」⑫。當雅爾達密約發生後,顧即告知宋子文說:羅斯福總統原期中國陸軍對擊潰日本能負大部分責任,但以去年(一九四四)我國軍事失利,羅感覺我國力量不夠,美國輿論又不願見大部美國士兵犧牲,故羅轉而盼望蘇聯能參加遠東戰爭。蘇聯因深悉此情,故提出要求⑬。

　　羅斯福總統對中國失望的心態,也可從孔祥熙一九四四年十一月十六日訪羅的談話中,充分的流露出來。據孔在訪羅後,向蔣主席電呈:頃訪羅氏,所談要點如下:(1)軍事問題,伊據魏德邁(Albert C. Wedemeyer)報告,中國軍事前途悲觀,軍官多無現代軍事智識,多半不能稱職,部隊體弱多病,營養不足,軍械陳舊,無法應用,補充兵源缺乏。羅本人向認中國人力充足,今如此大失所望。過去役政積弊甚大,各省仍有一部分爲軍閥把持,魚肉人民,對政令陽奉陰違。美國目的在擊潰日本,本擬利用中國人力,觀察現情,實不可恃,頗覺憂慮。(2)統一問題,所謂華北共黨,實係農民,蘇俄亦不認爲共黨,望政府設法容用。此時如不團結,戰後各自爲政,伊實憂慮。周恩來既已來渝,望我善爲解決。(3)遠東軍事,僅憑海空軍,無法結束,必需陸軍。中國倘陸軍無多貢獻,再須自美調運,則費時多多,於中國

⑫　〈顧維鈞呈蔣主席電〉,一九四四年十一月九日,同上,頁五四〇。
⑬　〈宋子文呈蔣主席電〉,一九四五年五月二十六日,同上,頁五四八。

亦屬不利⓮。

　　在此同時，美、蘇之間亦在進行交易。一九四四年九月二十三日史達林請美國駐蘇大使哈里曼（W. Averell Harriman）轉詢羅斯福，美國是否仍需蘇聯參加對日作戰。羅於十月四日致電史氏，重申與蘇聯共同擊敗日本的希望。史即於十月十五日向哈里曼表示：應事先與蘇聯商決蘇聯參戰的政治條件。十二月十四日，哈里曼奉羅命向史氏探詢參戰的政治條件，史表示：(1)千島群島與庫頁島南部歸還蘇聯。(2)租借旅順、大連及其周圍地區。(3)租借中東鐵路與南滿鐵路。(4)承認外蒙古現狀，即維持蒙古人民共和國的獨立。哈里曼隨即向史指出在一九四三年十一、二月間德黑蘭（Teheran）會議時，羅祇允以大連為自由港，而非將旅、大租給蘇聯。史答容後商量，史並保證尊重中國在東北的主權。

　　蘇聯對遠東的動向，以及美國方面的態度，中國最高當局自在密切注視之中。早在一九四四年三月間，外蒙、新疆邊境發生衝突，漆有蘇聯紅星徽章的飛機，公然自外蒙侵入新疆，肆行轟炸及掃射。復以日蘇之漁業協定與日本歸還蘇方之北庫頁島的油權，顯示日蘇有所諒解。使得日本得以調遣關東軍，發動「一號作戰」，致使中國遭遇抗戰以來最嚴重的軍事危機。同時中共亦集中軍隊，準備乘機奪取西安。蔣主席曾將此一嚴重危機事先電告羅斯福,但羅認為「似非完全可信」。駐美大使魏道明特於四月三十日訪晤美國務卿赫爾（Cordell Hull）陳述關於蘇聯之遠東政策。魏表示：近日蘇日漁業協定及日退還北庫頁島煤油讓與權，與新疆事件之發展，頗值憂慮。此顯示蘇聯遠東政策實施之開端，與具體對歐擴張勢力有同樣意味；而遠東情況有較歐更

⓮　〈孔祥熙呈蔣主席電〉，一九四四年十一月十六日。《戰時外交》㊀，頁二〇二。

爲複雜之處。歐洲僅有共產黨與蘇聯之關係，遠東則並有與日寇之微妙關係。吾人如不切予注意與愼防，恐演變影響遠東大局至大。赫爾對魏陳述極爲注意，當詢蘇日上述協定除爲乘機收回權益外，有何其他作用？魏答蘇聯應知日敵潰敗後，不僅可收回北庫頁島，其他南部領土亦不成問題，此時行之，其效果足以安敵心，使敵得於蘇聯邊境撤移相當兵力，爲對盟軍之用，其於盟邦大勢有作用無疑❶。

　　爲了加強對美關係，蔣主席特派行政院副院長孔祥熙訪美。在六月十七日蔣主席致羅斯福的函中說道：「在彼（孔）旅美期間，余如有機密事項，欲奉達於閣下者，亦將託其詳陳」。又云：「孔博士對我中國政府之政策最有深切之瞭解，余特授權於彼，負責代商決一切」。孔在華盛頓與羅斯福曾有多次的晤談，似難轉變對華不利空氣。例如孔於七月十一日致電蔣主席云：「今午晉謁總統，……伊（羅）謂將來中蘇關係，頗堪注意，史達林願與伊晤面，在相當時期，或可在阿拉斯加會晤後，或至西伯利亞相當地點，希望拉史達林約兄（蔣主席）良敍」。又云：「對兄復電，弟（孔）察其情緒不佳，且須再爲研究」云云❶。又八月二十六日午孔謁羅時，羅表示：聞國民黨內部靑年分子對蔣主席有動搖之意。又云：「如內部有糾紛，則事態嚴重。蓋中國爲四強之一，原由美方主張，英方本不贊成，幸能拉攏史達林贊成，始能實現。目下英方對中國頗多閒言，倘中國內部有糾紛發生，英、蘇乘機而起，則美將無詞以對」。並云：中國祇口說解釋，不易徵信外人，須事實表現舉國一致民主精神，使謠言謊評均能改善，則一切均屬有利也❶。

---

❶　〈魏道明呈蔣主席電〉，一九四四年四月三十日，同上，頁一七〇。
❶　〈孔祥熙呈蔣主席電〉，一九四四年八月二十六日，同上，頁一八一。
❶　〈孔祥熙呈蔣主席電〉，一九四四年七月十一日，同上，頁一七五～一七六。

其時美國駐華工作人員以及新聞人員,對國民政府諸多不利報告。觀羅對孔之談話, 羅亦深受其影響。尤其自十月間美方宣佈調回史迪威將軍後, 其朝野及言論界, 對國民政府頗多攻擊, 中美邦交, 一時甚形緊張。有謂史迪威之撤調, 與三個月後羅斯福雅爾達會議中對華態度之冷漠有關。孔氏這次訪美的感受, 也是辛酸倍嘗。他在呈給蔣主席的電文中說:「現在情形與太平洋戰事初起時不同。因現在多數美人心理, 以爲打敗日本, 不必一定需用中國。其他盟國認我無用。各方接洽, 弟 (孔) 所受痛苦, 感者深矣」 ⓲! 孔氏訪美期間, 對於有關美、蘇對華動向, 似尚未能深入瞭解, 預爲防範。

叁、羅史會談雅爾達協定

一九四五年二月四日至十一日, 美、英、蘇三國領袖會議於蘇聯黑海沿岸克里米亞 (Crimea) 半島的雅爾達。在八天的會議中, 決定了擊敗德國的聯合軍事計劃,以及聯合國和戰後歐洲政治等重大問題。有關蘇聯參加對日作戰政治條件, 見於二月八日下午羅斯福、史達林的會談, 以及二月十日下午的會談。後者參與的人員有羅斯福、哈里曼、史達林、莫洛托夫。

二月八日下午的會談,史首先表示希望商討蘇聯參戰的政治條件。羅隨即說: 庫頁島南部與千島群島交給蘇聯沒有問題。大連祇能成爲一國際共管之自由港。中東與南滿鐵路租借蘇聯或由中蘇共管。史強調如其條件未能達到, 則難說服蘇聯人民對日作戰。羅則表示他尚無機會和蔣委員長商談, 但和中國人商談的一個困難, 即二十四小時內, 全世界就會知道。史表示同意, 認爲尚無必要和中國商討。但離此之

⓲ 〈孔祥熙呈蔣主席電〉, 一九四四年八月十七日, 同上, 頁一七七。

前，最好三國同意，能見諸文字。羅表示可以辦到。史稱：關於中國
方面，宋子文將於四月底赴莫斯科。蘇聯將調派二十五個師來遠東，
屆時當有可能和蔣委員長談及此事。

二月十日下午，哈里曼接到莫洛托夫交來的蘇聯對日作戰政治條
件的英文譯稿。哈向莫表示，對來稿希作三點修正，第一，原稿之旅
順、大連之租借所有權，應使旅順、大連爲自由港；第二，原稿之中
東、南滿鐵路之管理權，應由中蘇共管；第三，應加入對海港及鐵路
之協議，尚待蔣委員長之同意。哈的修正意見，經羅斯福之同意。在
羅、史進行商討時，史同意大連成爲一國際共管之自由港，但旅順應
爲蘇聯海軍基地。羅同意。史表示他贊同上述幾項事件須獲蔣委員長
之同意；但蔣委員長對外蒙之現狀，亦應表示同意。羅問史：是否願
在宋子文赴莫斯科時與宋商談，或是希羅與蔣委員長商談？史稱：待
時機到來時，再行通知。羅稱他將派一軍官往重慶，攜其指示給駐華
大使赫爾利(Patrick J. Hurley)。此時，邱吉爾介入，打斷討論。事
後，哈問史，是否願作修正稿本之工作，史即表首肯。據赫爾利回憶
說：雅爾達協定最後同意的修正文，由哈里曼個別拿給當時在雅爾達
的馬歇爾將軍、金氏海軍上將和李海海軍上將看；請每一位閱讀，若
有任何意見，將會轉達羅斯福總統。但沒有人作任何批評。三強會議
即將結束，所以關於遠東的這項協定匆促完成。在整個會議中，最嚴
密和最秘密的集會中依次由史達林、羅斯福、邱吉爾急急忙忙的簽了
字。但當邱吉爾正準備在文件上簽字時，英外相艾登 (Anthony
Eden)企圖勸阻邱簽署這個協定，但邱撇開了艾登的爭論而說：整個
大英帝國在遠東的地位也許在此一舉。邱補充說：他將簽字，爲的是
英國可能在遠東立足。

此一由史、羅、邱三強領袖於一九四五年二月十一日簽署的〈蘇

聯參加對日作戰協定〉(Agreement Regarding Entry of the Soviet Union Into the War Against Japan)，即是一般所謂的雅爾達協定或密約。

肆、蔣主席獲知雅爾達協定及其反應

當羅、史對雅爾達進行會談時，羅原希望將此協定由其本人與蔣委員長商談。但史以「保密問題」為理由，主張當他認為時機到來時，他再通知羅斯福總統。因此，這一協定，決定暫不與中國商討，以便保持機密。但蔣委員長對於這次會議可能「涉及東方問題之決定」十分注意，亟願知其詳情。因此，當赫爾利大使於一九四五年二月十九日離開重慶返回華盛頓述職時，即託其攜函致羅斯福總統，表示希望知道這次會議有關涉及東方問題決定的詳情。據赫爾利的回憶：從蔣主席向他提出的問題中，他相信蔣主席經由外交情報的來源已經獲得關於這次會議的情報。二月底，赫爾利抵達華盛頓，首先到國務院去打聽涉及中國協定的消息，但他所得到的回答，是沒有任何這類的協定。當他去白宮會晤到羅斯福總統時，使他大吃一驚，發現羅的健康極壞，形同枯槁。便低聲對總統說：他聽說羅、邱、史已經達成一項破壞中國領土、主權完整的秘密協定。羅則斷然加以否認。但赫爾利認為：「當羅斯福總統參加雅爾達會議時，他已經病入膏肓。我確定當他對我說在雅爾達並沒有達成我所述的那種秘密協定時，他認為在告訴我事實的真相」。

三月間，赫爾利繼續和羅斯福晤談，最後他說服總統讓他查閱雅爾達會議的記錄，找到了關於蘇聯參戰的秘密協定的簽名副本。他用鉛筆抄了這份協定，並加評註。他把這個協定的抄本拿給總統看，總統亦為之不安。羅便給赫爾利一項特殊指令：去到倫敦和莫斯科向邱、

史談一談，尋求辦法，來彌補對中國的背信行爲。

三月十二日，中國駐美大使魏道明與羅斯福總統會晤，答覆魏對雅爾達會議有關遠東事項的詢問。魏即電呈蔣主席云：

> 職（魏自稱）詢其（羅）在耶特爾（雅爾達）時與史太林所談與遠東局勢有關之事，內容如何？總統謂伊避免正式提及此事，以免敵人注意。但史太林對遠東戰事態度，較在太赫蘭時（即一九四三年十一、二月間德黑蘭會議）爲肯定。關於遠東問題，史提三點：(1)維持外蒙古現狀。(2)南滿鐵路所有權屬中國，但業務管理宜有一種委託制度。(3)蘇聯希望在海參崴以南，獲得一溫水軍港如旅順或其附近之港。羅總統意見謂：(1)維持外蒙古現狀，主權仍屬中國，似無問題。(2)南滿鐵路要在主權屬於中國，業務管理在增進效率。職詢所謂委託制度若何？伊答大約由三方面組織之，一爲中國代表，一爲蘇聯代表，一或爲美國代表，均當爲鐵路專家。關於第三點軍港問題，伊謂此完全爲一新問題，而在前所談大連辦法之外，伊當覆史氏，謂此爲將來之問題，無須太急，伊可與鈞座（蔣主席）商之，中國態度向極合理想，當不難獲得適當解決。伊並云聞宋部長（子文）將赴莫斯科，似不妨與之先談云云。總統之意，或以旅順長期借與蘇聯，主權仍屬中國。職嗣詢蘇聯是否將參加遠東戰事？伊答時機成熟，一定參加[19]。

羅對魏的談話，如非魏的報告有欠完整（似不可能），即是羅有所

---

[19]　〈魏道明呈蔣主席電〉，一九四五年三月十二日，同上，頁五四二。

隱瞞。且羅對外蒙古問題的看法，似過於單純而樂觀。而中國方面最
初也認外蒙問題並非嚴重，僅重視旅順問題。如果羅斯福不受史達林
的勸阻，能與蔣主席商談，或羅不在中蘇談判前而去世〔羅在一九四
五年四月十二日以腦溢血去世，由副總統杜魯門（Harry Truman）
繼任〕，則情況或有不同。

　　四月中，顧維鈞、宋子文曾分別向李海上將及美總統特別顧問霍
布金斯（Harry Hopkins）探詢有關雅爾達會議的內容，並無更進一
步的消息。四月二十二日，赫爾利經由倫敦、莫斯科回到重慶。即於
二十四日下午晉見蔣主席，詳談在倫敦與邱吉爾會談之經過及內容，
對於其在莫斯科的情形，赫向蔣主席述稱：

> 余在莫斯科曾見莫洛托夫及史大林。余離美前，總統曾將渠與
> 史大林歷次對中國問題談話之紀錄抄送與余。故余見史大林時，
> 不（時）引用其言，而作為余對蘇聯對華政策之分析，向其詢問
> 是否正確[20]。

　　但赫並未談及雅爾達協定事。蔣主席因問：「在莫斯科時，曾談及
蘇聯對日參戰問題否」？赫答：「曾談及，但余已嚴守秘密。閣下能否
容余以後報告」？蔣主席表示同意[21]。

　　赫之不能向蔣主席陳述有關雅爾達協定的內容，是根據羅、史的
協議。同時杜魯門總統對赫爾利亦有指示，即在六月十五日以前不要
將此協定呈給蔣主席。但赫爾利可能基於正義感，在五月二十一日即

---

[20]　〈蔣委員長接見赫爾利談話紀錄〉，一九四五年四月二十四日，同上，頁二
　　一二。

[21]　同前注，頁二一七。

向蔣主席詳述了雅爾達協定的內容。蔣主席即囑王世杰電知在美的宋子文。王的電文內容如下：

> 關於蘇聯對東北及外蒙等問題態度，委座囑代致詳電如下：茲將赫使談話摘錄如下：在雅爾達會議時，史達林曾向羅斯福作次列表示：(1)庫頁島南部及千島劃歸蘇聯。(2)朝鮮獨立。(按六月十五日赫轉來杜魯門函爲：韓國由中、英、蘇、美四國共同託管。)(3)旅順口租與蘇聯。(4)大連闢爲自由港。(5)中東路及南滿鐵路之股權，中蘇各享其半，蘇聯對各該鐵路並應享有特殊利益(Eminent Interest)。(6)外蒙之現狀不變。予(赫)曾先後親與羅斯福及史達林面談此事，並曾親閱雅爾達會議紀錄，故對蘇聯態度知之甚確。又在雅爾達會議時，史達林曾與羅總統商定，蘇聯當於參加遠東戰爭之前夕，就以上諸事，與中國訂一協定，屆時蘇聯當密請羅總統代向委員長提出以上諸款。惟史達林堅持須俟彼認爲時機已到時，始可如此提出。以此之故，羅總統當時未向委員長報告，美政府迄今亦尚未便向委員長正式報告。予今日之報告，純係私人性質，意在請委員長速爲準備，但非受史達林或美政府之囑託而向委員長報告，故甚盼委員長不向蘇聯方面或美政府方面說出。又予此次過莫斯科時，史達林並謂此事在未經蘇聯密請美政府轉告委員長以前，則即宋部長(子文)赴莫斯科，彼亦不擬向宋部長提出云云。以上均係赫使談話 ㉒。

㉒ 〈王世杰致宋子文電〉，一九四五年五月二十二日，《戰時外交》㈡，頁五四六～五四七。

　　同時，蔣主席亦電宋子文，要他向美總統杜魯門面陳中國的立場，希望杜能向史達林剴切表示：美國必須堅持其對遠東一貫政策，使中國之領土、主權與行政完整不受損害；凡在中國領土之內，不能再有任何特權之設置也❷❸。據赫爾利回憶：杜魯門不但不想廢除那卑鄙的雅爾達協定，反而支持重建在華的俄國帝國主義計劃。他派遣了親共的戴維斯（Joseph E. Davies）到倫敦去見邱吉爾；將要死的霍布金斯派往莫斯科去見史達林。目的是在表明杜仍將支持羅斯福總統所訂的每一項協議。據宋六月六日自舊金山電呈蔣主席說：霍布金斯抵莫斯科後，有詳電報告杜魯門總統及國務卿史退汀紐斯（Edward T. Stetinius）。史退汀紐斯即告知宋氏，彼已電杜請示關於蘇聯各事，是否由彼在舊金山與宋商洽，還是由杜與宋直接面談。杜復稱：頃接史達林電，託其邀宋於七月一日抵莫斯科。杜並約宋在六月九日至華盛頓面商❷❹。

　　可能由於羅斯福對魏道明談話的原因，中國僅關切到旅順問題的嚴重性。所以蔣主席指示宋子文見到杜魯門總統時，商討旅順處理方案，可預定步驟如下：第一，旅順願交國際安全機構為國際海空軍基地。第二，中、美、俄共同使用；第三，如以上二項俄仍反對，至少須中、俄共同使用；但主權與行政須我完全自主。若俄獨佔或租讓，我必須反對到底❷❺。

　　六月九日，宋子文到華盛頓晉見杜魯門，李海上將及代理國務卿格魯（Joesph C. Grew）在座。略談有關舊金山會議情形片刻，宋即詢赴蘇之日期。但杜未談到史達林已有電來，僅云七月一日以前，宋

---

❷❸　〈蔣主席致宋子文電〉，一九四五年五月二十三日，同上，頁五四七。

❷❹　〈宋子文呈蔣主席電〉，一九四五年六月六日，同上，頁五五三。

❷❺　〈蔣主席致宋子文電〉，一九四五年六月八日，同上，頁五五四。

須到達蘇聯。隨即出示羅、邱、史在雅爾達所訂協定，並謂羅斯福總統曾作支持該項協定之諾言。彼亦將擁護羅所同意之協定，因亟需蘇聯參加作戰。請宋勿將協定內容發表。宋即就協定各項向杜提出商討。

⑴外蒙古 (蒙古人民共和國) 的地位應予維持問題，宋提：「暫予擱置，亦即目前暫不討論」。杜未表示意見。

⑵大連國際化問題，宋問：「所謂國際化者，是否即係自由港之意」？杜認爲國際化即係使之成爲自由港。宋云：如係自由港，則其主權當然屬於中國，行政當由中國控制。杜表示同意；且謂如美國有一自由港，並不是說該港之主權屬於任何其他國家。

⑶旅順問題，亦即困難之癥結。杜同意此乃最困難之問題。宋就蔣主席所示之第一、二、三的可能性加以敍述，倘主權屬於中國，即不能稱爲租借。但杜一再聲稱，彼對羅斯福總統所簽訂之協定，決予支持。

⑷宋詢有關中蘇同盟之性質，究係暫時，抑爲永久？李海認爲係對日作戰同盟。杜稱彼已令赫爾利以備忘錄一份送呈蔣委員長，望宋勿向重慶報告，因消息在任何地方稍一洩露，日本即有提早進攻蘇聯之可能。

會後，宋與李海晤談，李認爲許多問題之全面諒解尙未趨於明朗化，須宋與史達林共同研究解決，與蘇聯覓取解決途徑。蓋無論如何，蘇聯必須參加作戰。

宋又與格魯晤談，格魯除以上所述各節外，一無所知。彼稱目前許多尙未確定之問題，可能有待三巨頭會議決定。宋謂：吾人所付代價甚高，如何決定乃係吾人之事，因此吾人之意見必須爲決定一切之準繩[26]。

---

[26] 〈宋子文與杜魯門第三次會談紀錄〉，一九四五年六月九日，同上，頁五五六～五五七。

伍、宋赴蘇談判前向美溝通

美國駐華大使赫爾利奉其總統杜魯門指示送達雅爾達密約給蔣主席的時間，不得在一九四五年六月十五日以前。但蘇聯駐華大使彼得洛夫（A. A. Petrov）卻在六月十二日即將此條件面呈蔣主席。彼所呈送的文件，是〈締結中蘇友誼互助條約的先決條件〉。其與三天後赫爾利送呈的文件最大不同處，是未提及史達林向美方代表霍布金斯所作的承諾。蔣主席接見蘇聯大使後，即找赫爾利，要求他解釋美國對於雅爾達協定的態度。但赫爾利因須遵照杜魯門的指示，不得不保持緘默。在華盛頓的宋子文去找杜魯門和霍布金斯，以求瞭解蘇聯的立場。杜告知宋氏，彼已與霍布金斯談過蘇聯的立場。惟關於中國主權、支持蔣委員長問題，以及蘇聯對中共不感興趣、對新疆毫無野心、新疆必須屬於中國等等，杜所解釋之蘇聯立場，遠不如史達林向霍布金斯所表示之堅決。對於宋之向杜表示不願在中國有任何租借地之存在，杜則認為彼所念慮者，為如何減少中美傷亡人數，使蘇聯立即加入作戰，而非枝節問題。杜又云：在將來和平會議時，許多現狀均須改變，以免世界生活於火藥箱中❷。看來杜魯門對華態度，遠較羅斯福為惡劣。

至於霍布金斯所轉述的史達林對華態度，則又過分樂觀。霍布金斯告知宋氏，謂彼曾就美國在華利益向史達林有所說明，並謂許多美國人士相信蘇聯進入滿洲之意向，且將利用共產黨間接控制滿洲，若干中國人士當亦有此觀感。史達林表示據其個人所知，具有統治中國

❷　〈宋子文與杜魯門談話紀錄〉，一九四五年六月十三日，同上，頁五六三～五六四。

之能力者，中國尚無其人，共產黨內當亦無此人選，蘇聯不願與一分崩離析之中國辦理交涉，但願與一強有力之中國政府建立正常關係，準備支持蔣委員長及國民政府，史表示願見中國控制滿洲，且將自動邀請中國政府指派代表協同蘇軍進駐滿洲，組織政府管理民政。渠對外蒙及新疆表示毫無野心，過去雖曾發生種種事件，若干錯誤或應歸咎蘇聯，若干錯誤或應歸咎中國，但蘇聯並不需要新疆。對於中共的看法，史認為並非共產黨，無疑的確有若干事情，蔣委員長可以去做，但此均係其政府所可倡導辦理者，殊與蘇聯無關。

關於大連究係國際化抑為自由港，史尚不知其詳。但無論如何，史不願大連交由國際共管，倘由中蘇共同管理，甚或由中國單獨管理，均屬可能。談到旅順及鐵路問題時，史要求長期租用旅順。史為何不擬在韓國獲得港口，而堅持租用旅順，霍布金斯不悉其理由。史擬以四十一個師兵力準備進攻日軍，惟軍事行動不能保持秘密，日本防務自有其弱點，然蘇軍將在何處攻擊，殊難保持秘密。蘇軍將於八月十五日前準備完成，其兵員數字之龐大，空軍以及砲兵之力量，均在日軍之上，且日軍可能增援之部隊不多，但就滿洲現有之日軍而論，實力尚甚雄厚。

史云：日本刻正向蘇聯試探和平，故揣測日本必正向英國試探，甚至可能正與美國談判。史雖知獲取無條件投降之代價甚大，但仍堅持無條件投降。然而要求無條件投降，日本必戰鬥到底，日軍勇敢善戰，雙方死亡必多，但無論如何，吾人之和平條件，先應彼此取得同意。

宋言蘇聯代表在重慶之談話，頗與史達林所談者不符。霍布金斯解釋史氏今日所談為一事，迨與政治局會商之後，明日所談可能為另一事。惟遇重大事件，史對政治局成員均能控制。史最後表示：不贊

成宋偕顧維鈞前往蘇聯，惟須自帶譯員。史認爲顧祇是一職業外交家，其所代表蔣委員長之權力遠不如宋，故期望與宋相晤。

宋與霍布金斯談話後，即電蔣主席表示其感想云：「若干重大問題均須余（宋）詳加考量，此行任務實屬艱難。但政治家不得不處理者，莫非艱鉅問題」⓶。可見宋頗自負。

陸、宋、史談判的日程

六月二十日，宋子文自華盛頓返抵重慶。二十五日，就任行政院長職，仍兼外交部長。這天，宋致函赫爾利大使，告以：「余（宋）即將往莫斯科，於七月一日以前到達，與蘇聯政府談判。關於談判之進行情形，無論何時，均將通知美國政府。余請閣下將此函內容，轉呈杜魯門總統」⓶。六月二十七日，宋離重慶赴莫斯科，蘇聯大使彼得洛夫及沈鴻烈、蔣經國、胡世澤等同行。三十日下午三時，抵達莫斯科，受到隆重的接待。據宋當日電呈蔣主席云：「今日（三十日）抵莫，蘇聯歡迎禮節極為隆重，與歡迎邱吉爾首相相等。莫外長、衛戍總司令、重要部長及全體外交團，均來機場等候迎接。旋偕傅大使、胡次長晉謁史太林元帥，莫外長與蘇駐華大使均在座」⓷。當日祇是禮貌上的晤談十五分鐘，是為宋、史第一次會談。及至七月十二日，連續六次直接會談，是為第一階段的會談。根據記錄，第一階段各次談判的出席人員，蘇聯方面為：史達林統帥、莫洛托夫外長、彼得洛夫大使、洛索夫斯基次長、柏巫洛夫翻譯。中國方面為：宋院長子文、傅

⓶　〈宋子文與霍布金斯談話紀錄〉，一九四五年六月十三日，同上，頁五六五～五六七。

⓶　〈宋子文致赫爾利函〉，一九四五年六月二十五日，同上，頁五六九。

⓷　〈宋子文呈蔣主席電〉，一九四五年六月三十日，同上，頁五七二。

大使秉常、胡次長世澤、蔣經國（第一次未參加，其他各次均參加）。
第一階段各次談判的時間如下：

第一次，六月三十日下午六時三十分至六時四十五分。祇有十五
分鐘，禮貌性的拜會。

第二次，七月二日下午八時至十時半。爲時二小時半（宋電爲三
小時半）。本次談話時，對東三省比較滿意，外蒙問題則成僵局。

第三次，七月七日下午十一時至十一時四十五分。爲時四十五分
鐘。談外蒙問題仍成僵局。

第四次，七月九日下午九時至十時四十分。爲時一小時四十分鐘。
外蒙問題，史甚表滿意。並談新疆、中共、東三省、旅順、大連、中
東、南滿鐵路、外蒙區域等問題。大問題業已大致解決。

第五次，七月十一日下午九時至十一時三十分。爲時二小時半。
談蘇聯撤兵、東北、新疆、中共、鐵路管理、大連、旅順等問題。

第六次，七月十二日下午十二時至十二時四十五分。爲時四十五
分鐘。會談空氣極爲融洽。因史將赴柏林，宋決定返國一行，俟史回
蘇後，再來談判。

七月十五日，宋子文偕彼得洛夫大使、蔣經國返抵重慶。八月五
日，偕外交部長王世杰再度赴莫斯科。蔣經國、熊式輝、彼得洛夫同
行。自八月七日至十三日作第二階段的談判。由於沒有會談紀錄，今
根據宋和王世杰呈蔣主席的電報，有五次的會談，排列如下：

八月七日晚，宋、王與史會談，傅大使、胡次長、蔣經國參加，
莫洛托夫、彼得洛夫亦在座。談旅順區域、大連市政人事、中東、南
滿兩路人事、外蒙疆界、軍事、日人在滿產業等問題。

八月八日下午七時半，莫洛托夫邀王世杰及傅大使至其官邸，聲
明蘇聯自明日起對日宣戰。

八月十日下午九時，宋、王往晤史達林，商談兩小時半。談大連市政權、旅順口外島嶼及軍委會、外蒙邊界、兩路人事、撤兵等問題。

八月十一、十二日，宋、王連日反覆與史達林、莫洛托夫商談大連、旅順民政、兩路路警、軍運、外蒙邊界等問題。

八月十三日深夜，宋、王與史續商一切，決定明日簽字。

從上列日程，可以看出外蒙問題、大連、旅順問題，中東、南滿鐵路（合併改稱中國長春鐵路）問題，以及中共、新疆等問題，實為史、宋談判的內容。特分別就其談判經過，由爭論而至協議紀實之。

柒、宋、史辯論外蒙問題

關於外蒙古問題，雅爾達協定為：外蒙古（蒙古人民共和國）之現狀應予維持。在一九四五年三月十二日羅斯福總統告知魏道明大使云：維持外蒙古現狀，主權仍屬中國，似無問題。五月二十一日，赫爾利大使向蔣主席陳述雅爾達協議時，為外蒙之現狀不變。六月九日，杜魯門面交宋子文雅爾達協定時，宋提出外蒙問題：「暫予擱置，亦即目前暫不討論」。杜未表示意見，似即默認宋之提議。六月十二日蘇聯駐華大使彼得洛夫呈給蔣主席的〈締結中蘇友誼互助條約的先決條件〉第四條為：「關於蒙古人民共和國問題，應保持現狀，即蒙古人民共和國為一獨立國家」。此為蘇聯對「保持現狀」解釋為「獨立國家」。蔣主席在六月二十六日接見彼得洛夫大使時，告知中國對外蒙的立場是：

關於外蒙問題，蘇聯於一九二四年在條約中，曾經承認外蒙的領土與主權是應當屬於中國的。吾人決不會用前清時代的武力政策，來壓制外蒙的。本人解決外蒙問題的方針，是賦予外蒙的高度自治領，即其外交、軍事均可獨立，而宗主權則應屬於

中國。但此係將來的事。現在對外蒙問題，最好不提，同時亦不提一九二四年的中俄條約，以免引起雙方的誤會。同時，外蒙問題與西藏問題，有相互的聯帶關係。所以目前對外蒙問題，最好是不提㉛。

七月二日，宋與史達林第二次會談時，即為外蒙問題，爭論不決。這天，宋有電呈蔣主席云：

今（七月二日）晚八時，偕胡次長、傅大使及經國，同謁史太林，談話三小時半。茲謹將談話詳細情形電陳，敬乞鑒核。本日談話時，對東三省比較滿意，外蒙問題則成僵局。⑴史謂外蒙人民不願受中國政府統治，希望獨立，故盼中國承認外蒙現狀，蘇聯不欲併吞外蒙，亦盼中國准許外蒙脫離。職（宋子文自稱，下同）謂蘇聯曾屢次承認外蒙為中國領土。史謂然，但現為蘇聯國防關係，不得不在外蒙駐兵，並出以地圖示職，謂如有敵人由外蒙攻西伯利亞，西必不守，以往日本曾試由外蒙攻西一次，故盼外蒙能獨立，並與蘇聯結為同盟，保障蘇聯領土。職謂中國政府目前可不向蘇提商外蒙問題，盼史亦不提此難題，因中國任何政府如喪失土地完整，必為國人不諒。史聞言謂如此吾人不能有任何協定。職謂史曾屢言欲維持中國統一，倘如此辦法，中國人民對政府將無信仰，且恐影響西藏問題。至此，史沉思片刻，繼謂可訂一秘密條約，俟日人戰敗後再公佈。職謂蘇聯對中國向來友好，十三年（一九二四）蘇聯首先廢棄在華特

權，而有今日各國取消不平等條約。頃史謂旅順可不用租借方
式，即顧念中國政府地位，盼對外蒙，亦能重加考慮。史仍堅
持其主張。此事究應如何處理？有何較好解決方法？乞鈞奪，
迅賜電示❷。

七月三日，宋又電呈蔣主席，補陳外蒙問題：

關於外蒙事，茲再補充如下：
(1)蘇聯對租借旅順事讓步，盼中國對外蒙事亦讓步。外蒙獨立，
　　蘇聯軍隊可通過外蒙，鉗制日本。
(2)外蒙並無物產。
(3)外蒙有若干人意圖結合內蒙古成立蒙古人區域，可能威脅中
　　國北部。

　　宋以爲史所云之第三點，似存心威脅中國。這天，宋晤美駐蘇大
使哈里曼，告以史對外蒙要求。哈告知宋氏，謂羅斯福總統從未曾考
慮外蒙問題，惟不知中國因內政概不能承認外蒙獨立❸。
　　史達林堅持外蒙獨立，固爲實現其領土擴張之野心，然對蒙古人
對俄之威脅，似亦存有戒心。故其堅持外蒙獨立，似亦爲防止蒙古人
的統一立國。但其所持理由，則爲戰略的需要。以下節錄宋、史對外
蒙問題的爭論：

　　宋：關於外蒙，蔣委員長已告彼大使，非目前可以解決之問題，

❷　〈宋子文呈蔣主席電〉，一九四五年七月二日，同上，頁五七六。
❸　〈宋子文呈蔣主席電〉，一九四五年七月三日，同上，頁五九一。

時間可以解決此問題，現在可予擱置，吾人不擬提此問題。

史：吾人對此點不能同意。

宋：敢詢何故？

史：外蒙在地理上之地位，可使他人利用之，以推翻蘇聯在遠東之地位，日人業已試過。如吾人在外蒙無自衛之法律權，蘇聯將失去整個遠東，日本即使接受無條件投降，亦不致毀滅。德國亦然。此兩國均甚強大。在凡爾賽和約後，人人以爲德國不能再起，但十五年至二十年以後，德國又已恢復。日本即使投降，亦將再起。因此之故，蘇聯在外蒙領土應有自衛之法律權。蘇聯強大爲中國之利。吾人不願自處於愚蠢之地位，外蒙人民不願加入中國，亦不願加入蘇聯，彼等要獨立。爲中國計，割去外蒙，實較有利。如此問題不能實現，外蒙古將成爲所有蒙古人團結號召之點，此對中蘇兩國均屬有害。外蒙將統一所有自內蒙至北蒙之蒙古人民，外蒙領袖認爲外蒙以南尚有甚多之蒙古人民。關於蘇聯簽訂頃交閱之文件(按指雅爾達協定)之動機，及希望閣下對此同意之原因，實以下列二項爲考慮之點：

(1)加強蘇聯對日之戰略地點，蘇聯建議與中國結爲同盟，以兩國之軍力，再加美、英力量，吾人將永遠足能戰勝日本。吾人對旅順、中東鐵路、庫頁島南部及外蒙之要求，均爲加強吾人對抗日本之戰略地位。以上要求無一基於尋求利潤之考慮。

(2)蘇聯已作戰四年，且流血甚多，蘇聯人民均知在遭受攻擊之時，必須抗戰，如吾人對德作戰者然。但吾人先行攻擊他國，人民恐不能如被攻擊作戰時之熱烈。現在希

望吾人攻日而日本並未攻我，日本目前極為馴順，且對
蘇聯表示好感，如我攻日，人民將作何言？人民將謂吾
人業已結束一戰爭，而汝又掀起一新的戰爭，日人並未
犯汝，而汝攻日，余將如何證明攻日之為正當乎？無他，
余祇能謂為加強吾人之力量。請閣下在以後繼續討論時，
顧及上列兩點，而加以考慮。

宋：關於外蒙問題，閣下似不明瞭中國之處境。

史：請為說明。

宋：吾人實處於困難之地位，吾人無法向人民宣佈吾人將放棄
任何一部分領土。閣下謂外蒙為對日戰略上重要之地點，
吾人將不在此時提出此問題。臥榻之旁，任人鼾睡可也。
但如吾人承認外蒙之現狀，中國政府將發生動搖，蓋外蒙
即係蘇聯屢次承認為中國領土之一部，閣下謂願見一穩固
統一之中國，然則最好對並非主要之問題，勿引起困難。
以上係余對文件（按即雅爾達協定）第一項（按即外蒙問題）之
意見❸。

（討論他項問題後，再討論外蒙問題）

宋：關於外蒙問題，願再向史太林統帥陳述，此問題實為中國
所不能解決之問題。

史：何故？

宋：吾人素向人民宣言維持領土之完整，對於吾人不能向人民
宣佈之問題，閣下何以不能諒我？

史：蒙古人民不願與中國共處，吾人基於同樣理由，曾放棄芬

---

❸　〈史達林與宋子文第二次談話紀錄〉，一九四五年七月二日，同上，頁五七
八～五七九。

蘭與波蘭，余深知中國之困難，但此種困難必須克服，吾人無法覓得其他途徑。旅順問題吾人業已讓步，閣下對此問題，亦應讓步。

宋：吾人並不在此時提出關於外蒙之任何問題。

史：但問題自將發生，並將引起衝突，吾人行將簽訂條約，在此以前，應將所有各項衝突之因素加以消弭。閣下所言蘇聯曾承認外蒙爲中國之一部，自爲事實，但戰爭之教訓使吾人改變吾人之見解，外蒙之獨立，對中、蘇兩國均較有利，使蘇聯遭遇日本威脅時，可有權通過外蒙。

宋：吾人現在並不反對此點。

史：然，但此癥結必須消除。

宋：對蘇聯進兵外蒙，吾人不在此時提出任何異議。

莫(莫洛托夫)：但報紙對外蒙問題有所評論，此輩意圖破壞中蘇邦交者，恆利用此點。

史：外蒙對中國及蘇聯均無實惠，但地理上之地位，實屬重要。

宋：中國人民自孫總理起，即灌輸領土完整之觀念，余鄭重要求史太林 統帥對此問題再加考慮。

史：吾人可在此時簽訂外蒙獨立之條約，但不妨於擊敗日本後，中國恢復失土後，再行宣佈。

宋：此實完全超越余所奉訓令之範圍，余必須向蔣委員長請示，同時余希望閣下能了解吾人之困難，予以協助。

史：吾人可在此時簽訂條約。

宋：倘吾人如此，吾人將對西藏問題發生困難。(史躊躇片刻)在華盛頓某次太平洋會議開會時，邱吉爾曾發表關於西藏獨立之言論，吾人曾經一度激烈之辯論，吾人不願有開倒車

之舉動，中國自革命以還，業已恢復不少權益，蘇聯曾予
我以援手，閣下亦因此考慮租借旅順以外方式。

史：外蒙為一防衛問題，西伯利亞可自外蒙切斷，如是則西伯
利亞全部均將喪失，日本曾經嘗試，吾人不能在中國領土
上駐兵，此較旅順問題為嚴重（原注：彼旋即自隔室取出
一圖以示外蒙在戰略上之重要性）。

宋：容請示蔣委員長。

史：請㉟。

捌、宋、史再度爭論外蒙問題

七月二日，宋、史外蒙問題談判既陷僵局，宋之下一步的可能行
動，一為設法如何打開僵局，而不致喪失中國既定的立場；二為中止
交涉，中蘇談判可能因此結束；三為接受史之要求，以免談判的決裂。
三者之中，以第一項對中國較為有利。第二項的後果，可能極為嚴重。
第三項為不得已的讓步。不論如何，宋必須對第一項作最大的努力。
因此，在七月七日的宋、史會談中，為外蒙問題再度激烈爭論。

為了打開外蒙問題談判的僵局，宋在七月三日致電蔣主席，提出
三項辦法：⑴與蘇聯訂約，在同盟期間，准其在外蒙駐兵；⑵予外蒙
以高度自治，並准蘇聯駐兵；或⑶授權外蒙軍事、內政、外交自主，
但與蘇聯各蘇維埃共和國及英自治領性質不同。因蘇聯邦及英自治領
均有脫離母國之權，如予外蒙以蘇聯邦或英自治領之地位，深恐短期
內，外蒙即宣佈脫離，故僅限於軍事、內政、外交自主㊱。次日，宋

㉟　同上，頁五八六～五八七。
㊱　〈宋子文呈蔣主席電〉，一九四五年七月三日，同上，頁五九一～五九二。

再致電蔣主席，謂現正準備一切，並候指示，以便繼續談判。但萬一
史堅持外蒙必須由中國承認其獨立，則祗可中止交涉❸❼。

　　賦予外蒙的高度自治領，在蔣主席六月二十六日接見蘇聯大使彼
得洛夫時，即已表示明白。而宋之所提打開僵局的辦法，尚不及「高
度自治領」的程度，當非史所能接受。但蔣在七月六日致宋的電文中，
作了極大的讓步。告知：「外蒙獨立問題關係於我國前途之成敗，實等
於我東三省無異，若我國內（原注：包括東北與新疆）眞能確實統一，
所有領土、主權及行政眞能完整無缺時，則外蒙獨立或可考慮，以扶
助各民族眞正獨立乃爲我立國主義之精神也。但國內統一尚未鞏固之
今日，則無法使之實現耳」。所謂統一鞏固之程度是：東三省之領土、
主權及行政必須完整；新疆被陷區域須完全恢復；中共對軍令、政令
須完全歸中央統一。如此，始能考慮外蒙在抗戰勝利後予以獨立。其
方式，「擬由外蒙人民用投票方式解決」。此可作爲對蘇之諾言，惟不
能訂立任何秘密協定❸❽。蔣主席致宋之電，是否宋未收到；還是宋氏
有所保留，有待查考。故宋、史七月七日的會談，宋仍拿出其七月三
日所擬之打開僵局的辦法，史則堅持外蒙獨立。所以這天的談判，仍
陷僵局。會後，宋電呈蔣主席報告其經過云：

　　　　今（七月七日）晚再與史太林會晤，開始即談外蒙問題，職（宋，
　　　　下同）謂外蒙事中國原擬不提，現因史認爲此事重要，故經報告
　　　　鈞座（蔣主席），中國方面現可接受雅爾達決議案，即保持現狀，
　　　　但不能承認外蒙獨立。關於上次會談，史所提蘇聯受日本壓迫
　　　　時進兵外蒙一點，中蘇如結爲同盟，自可同意。史謂外蒙不滿

---

❸❼　〈宋子文呈蔣主席電〉，一九四五年七月四日，同上，頁五九三。
❸❽　〈蔣主席致宋子文電〉，一九四五年七月六日，同上，頁五九三～五九四。

現在地位，堅持必須獨立。職謂現可予外蒙以高度自治，軍事、
外交均可自主。史仍堅持必須承認外蒙獨立之主張，謂中、蘇
二國，現既擬訂立同盟條約，必須將二國可能衝突之因素消除，
外蒙如不獨立，蘇聯進兵外蒙，即係進兵中國領土，易爲將來
衝突之源。經職解釋中蘇實無因此而衝突之可能。並詳述中國
政府目前不能承認外蒙獨立之理由，如果承認必難立足。史始
終堅持，並謂雅爾達議決案涵義即爲承認外蒙獨立，條文係蘇
方起草，英、美未加修改，史本人可向英、美面質等語。查美
國務卿最近電致美駐蘇大使，謂所謂保持現狀乃係中國在外蒙
法律上仍保持其宗主權，惟事實上不能執行。史末謂，中國既
不能對此同意，則無法有何協定云云。此事關係國家前途至鉅，
究應如何應付？查本月十一日爲外蒙獨立紀念日，屆時蘇聯諒
必有所舉動，倘不繼續談判，職返國之期應在該日之前。務乞
鈞座立賜電示。又關於今日晤談經過，當於明晨密告英、美駐
蘇大使，併陳㊴。

這天，宋、史對談判外蒙問題的爭論，一憑事理，一憑氣勢，各
不相下。史達林之氣焰，宋氏之不卑不亢，在「談話紀錄」中可以充
分的顯示出來。錄之如下：

出席人員：與第二次（即七月二日）談話同。
時間：一九四五年七月七日下午十一時至十一時四十五分。
宋院長（以下簡稱宋）：余延遲數日，深爲抱歉。

㊴　〈宋子文呈蔣主席電〉，一九四五年七月七日，同上，頁五九八。

史太林統帥（以下簡稱史）：此非因閣下之故。

宋：余已將與閣下談話經過詳實報告蔣委員長，余陳明蔣委員長，謂史太林統帥認爲外蒙問題極爲重要，故蔣委員長對此作較久之考慮，閣下想尚憶及余上次離此時之態度乎？

史：然。

宋：余之態度爲不討論此問題。

史：然閣下之意爲聽其自然。

宋：余報告蔣委員長，閣下認此一問題爲如何重要。蔣委員長之答覆爲：吾人同意閣下與羅斯福總統、邱吉爾首相所簽訂之雅爾達方案，即爲維持外蒙現狀。吾人不能承認外蒙之獨立，其理由至爲簡單，自存爲第一自然法，任何中國政府倘簽訂割讓外蒙之協定，均不能存在，但吾人同意於現狀。

史：閣下對現狀二字瞭解如何？

宋：意即今日之現況。

史：蒙古人民向不接受中國代表，彼單宣告獨立，閣下是否置之不問？

宋：蘇聯現有軍隊駐彼，閣下曾言如蘇聯遭受威脅時，將派兵至外蒙，此點吾人準備同意，莫洛托夫先生曾謂容或有人意圖挑撥中蘇引起糾紛，但如吾人同意，尚有何糾紛可以引起？

莫洛托夫（以下簡稱莫）：余係指中國報界而言。

宋：當可知照其不引起糾紛。

莫：外蒙憲法規定獨立。

宋：彼等自可爲彼等願爲之事，吾人顧現實，並不建議擾動現

狀。

史：再過半月，另一衝突將起，蒙古不能如彼進行，中國人民將表示蘇聯爲侵略者，吾人絕不願陷於此種局面之中。

宋：因吾人承認現狀，蘇聯不致陷入此種局面。

史：如此余恐無法有何結果。

莫：此種不定之局面將阻礙並有損中蘇之邦交。

宋：雅爾達協定爲不牽動現狀，吾人對此表示同意。

史：然則吾人瞭解中國將承認獨立。

宋：此與余在華盛頓討論此問題時之瞭解不同。

史：現狀即爲正式承認獨立，現在外蒙無中國代表，中國亦無外蒙之代表，外蒙曾有二次宣佈獨立，蔣委員長曾謂如彼承認蒙古獨立，西藏將繼起效尤，但彼此情況並不相類，中國在西藏有代表，西藏亦有代表在中國，蒙古則無代表在中國，中國亦無代表在蒙古。

宋：惜余未在雅爾達。

史：但閣下熟知雅爾達宣言。

宋：決無中國政府承認外蒙獨立而能存在者。

史：何故？

宋：因輿情對此必不支持。

史：蘇聯承認芬蘭獨立而猶在，芬蘭要求獨立而輿論亦予以接受。

宋：二者之間實無相類之處，蔣委員長所以遲遲始覆者，因彼對此問題詳加考慮之故，此爲蔣委員長熟慮以後之意見，不能承認外蒙之獨立，吾人對此問題亦經慎密考慮，雅爾達會議三領袖深知中國輿論之敏銳，故雅爾達之方案爲維

持現狀。

史：該方案爲蘇聯之方案，即係莫洛托夫所起草者，彼等僅照式簽字而已，此語余可在邱吉爾面前重申之。

莫：此爲斯事之眞相，吾人之方案涵義即爲獨立。

宋：無論如何，吾人不能承認外蒙獨立而存在，此爲蔣委員長及其顧問之意見，蘇聯之意見爲外蒙對蘇聯有軍事上之重要性，同時受日本威脅時，蘇聯必須派兵至外蒙，吾人對此表示同意。

史：尚不止此，蒙古人民不願加入中國，亦不願加入蘇聯，彼輩要獨立。

宋：吾人準備予彼等以高度之自治。

史：閣下之言其意義若何？

宋：即對軍事、外交可有自決之權，彼等可與蘇聯洽商必要時蘇聯軍隊進入之辦法。

史：是否仍屬中國之一部？此將爲蘇聯與中國衝突之根源，現吾人既擬與中國結爲同盟，自應消弭中蘇間一切衝突之因素。

宋：余已申述吾人係如何顧到現實，吾人準備接受蘇聯軍隊之進入外蒙，閣下亦應針對現實，吾人之政府不能承認外蒙獨立而仍能在位。

史：余不能明瞭其故安在？

宋：中國輿論將反對承認外蒙之獨立，孫總理恆以中國領土之完整爲言。

史：在孫中山先生時代，白俄之軍隊駐在外蒙，並爲所欲爲。

宋：雖如此，越飛曾與孫總理簽訂協定，承認中國領土之完整。

史：彼時並無政府權威在外蒙。

宋：吾人之政府不信如承認外蒙獨立而仍能存在，即中國極端
　　自由分子亦反對外蒙之獨立。

史：何種力量可以推翻中國政府。

宋：甚多力量將藉此推翻政府。

史：在中國有國民黨，其他力量即為共產黨，共產黨能推翻政
　　府乎？國民黨自不出此，如中國與蘇聯同盟，將無任何人
　　可推翻中國政府。

宋：國民黨內必無人支持承認獨立之事，共產黨或不致公開反
　　對，但彼等如不利用之以為推翻政府之工具，則無人敢信。

莫：即使中、蘇間有同盟之存在亦將如是？

宋：即使有同盟之存在，史太林統帥應知無形因素之關係，無
　　一中國政府，不論其為舊日之滿清政府，或為袁世凱政府，
　　或為現在政府，能違反輿論而存在者。

史：吾人對此點不能讓步。

宋：祇有強固之政府始能實行史太林統帥所建議之事，今日為
　　七月七日，為中國戰事之第九週年，中國人民在各方面已
　　遭受鉅大之苦痛，中國政府實不如史太林統帥所想像之強
　　固，政府不能違反輿論，此為明白之事實。但吾人極為現
　　實，倘吾人承認現狀，並承認蘇聯有權可派兵至外蒙，蔣
　　委員長及余均不能了解中、蘇間有何衝突之可能。

史：余係懸想將來之事，日本自將戰敗，但二十年至三十年後，
　　日本將恢復其力量，所有吾人對中國之全盤計畫即根據此
　　點，目前蘇聯對付日本在遠東再恢復其力量之準備，實嫌
　　不足，吾人現有海參崴港口，但此非完善之港口，此外尚

有蘇聯海港尚在建造，目前尚不成其爲港口。尚有第三軍港即在堪察加之彼得羅柏夫羅夫斯克，但吾人需有二千五百公里之鐵路通至現在之鐵路線，吾人需要二十年至三十年之時間建置彼得羅柏夫羅夫斯克之設備。此外尚有特卡斯脫里 (De-Kastri) 一港，但亦須建築鐵路。爲完成蘇聯在遠東之國防系統，吾人尚須在貝加爾湖以北建造一橫貫西伯利亞之鐵路，以上各項須有四十年之時間，故吾人需要與中國同盟，並在上述時間之內，在滿洲獲有若干權益，期滿之後，吾人將放棄在滿洲之權益。外蒙之獨立即爲此計劃之一部分，倘外蒙不獨立，吾人不能派兵進駐。

（史太林統帥解釋其計劃時將一遠東地圖出示宋院長）

宋： 吾人並不反對貴國在外蒙駐兵。

史： 此點太不確實，今日君等不加反對，但明日如何？再則駐兵中國領土，實屬奇特，倘在一小國駐兵情形將不相同，亦較爲自然，故吾人撤回在新疆之軍隊，該項軍隊係因盛世才之請求而派駐者。

宋： 倘中蘇間有一同盟，蘇聯當可在外蒙駐兵。

史： 吾人已擬有二十年同盟條約之草案，吾人已準備有四種草案。

莫： （原注：將各種草案交宋院長）一、友好同盟條約；二、關於中東及南滿鐵路之協定；三、關於旅順、大連之協定；四、關於外蒙獨立之宣言。以上係吾人擬與閣下解決之四項問題。

宋： 史太林統帥坦白說明其計劃，至爲可感，彼所見至遠，但在吾人則同時有現在及未來之問題，倘無現在，則不能有

　　　未來，自存爲吾人最所企求之事，因此吾人提出關於外蒙
　　　現實之建議。

史：此項建議並不現實。

宋：以我國政府視之，實屬現實。

史：然則吾人未能同意。

宋：此爲余所接到之訓令。

史：容吾人於此結束。

宋：閣下不能了解吾人之立場，至爲遺憾，在余中國人看來，
　　　實爲一極現實之立場。

史：閣下亦未能了解吾人之立場，至爲遺憾，容吾人於此爲止
　　　❹。

玖、宋史談判打開外蒙僵局

　　一九四五年七月七日宋子文、史達林第二次談判外蒙問題仍陷僵
局以後，宋一度準備束裝返國，終止談判。但在當日蔣主席又來兩電，
指示允許外蒙戰後獨立，惟須⑴東三省領土、主權及行政之完整；⑵
蘇聯今後不再支持中共與新疆之匪亂。以此爲我方要求之交換條件。
如無具體之結果，應作斷然中止談判之準備❹。宋接電後，準備於七
月九日再見史達林，作最後一次之懇談。但宋認爲：「倘史對我方要求
可以同意，而我方僅口頭允諾外蒙戰後獨立，彼必不滿意，恐必須有

---

❹　〈史達林與宋子文第三次談話紀錄〉，一九四五年七月七日，同上，頁五九
　　九～六〇四。

❹　〈蔣主席致宋子文電〉，一九四五年七月七日，同上，頁五九六。

書面保證」。因此向蔣主席請示：「何種方式最爲妥善」❷？七月九日，蔣主席覆電指示的方式如下：

> 關於允許外蒙戰後獨立問題，不可由中蘇共同發表宣言。如不得已時，可兼用下列兩項方式：第一、中國政府於此次中蘇互助協定批准後，自行發表宣言，其大意如下：中國政府於對日戰事結束後，將依照大西洋憲章與中國國民革命民族主義之原則，宣告外蒙獨立。並於爲此宣告外蒙獨立以前，並確定外蒙之疆界。惟此完全出於中國自動宣告外蒙獨立，而不必用承認獨立字樣，應須注意。第二、蘇聯政府於中國政府發表上項宣言後，應即照會中國政府聲明外蒙獨立被承認後，蘇聯將永遠尊重其獨立也。若滿洲、新疆及西藏等問題能照中正前電之要求解決，則外蒙問題於中蘇互助協定成立時，可酌依以上方式與蘇聯成立書面之諒解❸。

宋奉到蔣主席的電示後，即於當晚會晤史達林，將其奉到對外蒙的指示告知史達林，並說明中國爲中蘇永久和平與合作，故忍痛犧牲。中國政府在戰事結束後，不反對蒙古人民投票表決外蒙獨立；其承諾方式，容再洽商。至此，史甚表滿意，並同意於戰敗日本後，再宣佈。至其他問題，如新疆、中共、東三省、外蒙疆界等問題的談判，雖較順利，但一涉及具體利益，蘇方就咄咄相逼了。

中國既忍痛犧牲，允諾外蒙戰後獨立，而亦要求蘇方能在東三省、新疆、中共、外蒙疆界等問題，給予滿意的解決，作爲相對的條件。

---

❷　〈宋子文呈蔣主席電〉，一九四五年七月八日，同上，頁六〇四～六〇五。
❸　〈蔣主席致宋子文電〉，一九四五年七月九日，同上，頁六〇六～六〇七。

除新疆問題另節處理外，茲將宋、史這天有關上項等問題的談話錄之
如下：

出席人員：與上次同。

時間：一九四五年七月九日下午九時至十時四十分。

史太林統帥（以下簡稱史）：閣下有何新消息？

宋院長（以下簡稱宋）：上次會談之後，余即報告蔣委員長，謂
談話已成僵局，余報告：閣下欲消除兩國間一切誤會，俾今後
兩國可以友好合作，避免一切可能之衝突。余今日接到覆示，
在翻譯蔣委員長覆電之前，余願向閣下說明吾人立場之背景，
余非巧辯，實欲告知閣下，蔣委員長現擬作之讓步係如何深鉅。

余離華盛頓時，余實毫未計及外蒙將成為問題，余告杜魯門總
統，吾人可以以不討論此問題為解決，余告彼謂：現狀者即對
外蒙之法律主權仍歸中國，雖則吾人不能行使其主權，係屬實
在，杜魯門總統及國務卿均表同意。在重慶時，余亦曾與蔣委
員長討論此問題，彼此均未計及外蒙或能成為此間談話之障礙。
史太林統帥應瞭解對割讓任何一部分中國領土，中國舉國輿情
之力量，余無意以外蒙與滿洲作一平比，但在割讓中國主權領
土之意義上言，彼此正屬相同。吾人與日本相較，力量甚為微
弱，吾人對國際局勢之變遷，亦無把握，但吾人對滿洲之法律
權，決未讓與日本。閣下當知日本曾用種種方法迫我承認，使
滿洲脫離中國，余試舉一例，一九三三年余自世界經濟會議返
國時，道經日本，日本天皇約余往見，商談滿洲問題，余獲知
倘吾人放棄中國對滿洲之法律所有權，日本可停止對中國之侵

略，余拒絕其邀約，但重光仍奉派至橫濱，勸余赴東京晤見日
皇。余之所以拒絕，實因余知中國對其主權領土之本性爲如何
強烈，倘我國政府此時承認外蒙獨立，將違反中國人民之本性，
此一問題實超越政府之安全與鞏固，此實違反眞正之輿論，余
之所以作此言，非爲辯難，實欲史太林統帥了解蔣委員長在中
蘇兩國之永久友好祭壇上，所作犧牲之鉅大，吾人對於外蒙問
題並不輕易視之。余現擬將余所接到蔣委員長電文譯述如下：

　　「中國政府今願以最大之犧牲與誠意，尋求中蘇關係根本
之解決，掃除今後一切可能之糾紛與不快，藉獲兩國徹底之合
作，以完成孫總理在日與蘇聯合作之遺志，中國最大之需要爲
求領土主權及行政之完整，與國內眞正之統一，於此有三項問
題切盼蘇聯政府予以充分之同情與援助，並給以具體而有決心
之答覆。問題如下：

　　一、滿洲領土主權及行政之完整，關於此點，史太林統帥
業已表示尊重此項原則，吾人甚表感謝。」

史：閣下曾希望異於此者於余乎？
宋：余乃照來電原文譯述，余當續譯如下：

　　茲爲中蘇共同利益計，中國準備共同使用旅順軍港，大連
闢爲自由港，期限均爲二十年。至旅順、大連之行政管理權則
應屬中國，以期中國在滿洲之主權行政眞能完整。

史：是否包括旅順與大連兩處？
宋：然。（續譯電文）

「中東、南滿鐵路幹線可與蘇聯共同經營，利潤平均分配。至鐵路所有權應屬中國，鐵路支線及鐵路本身以外之事業，均不包括在共同經營範圍之內，期限亦爲二十年。

二、新疆：在最近一年間新疆發生叛亂，以致中蘇交通隔斷，商業貿易無法維持，吾人切盼蘇聯能依照以前約定，協同消滅此種叛亂，俾貿易交通可以恢復，至阿爾泰山脈原屬新疆，應仍爲新疆之一部。

三、中國共產黨有其單獨之軍事及行政組織，因之軍令、政令未能全歸中央統一，深盼蘇聯祇對中央政府予以所有精神上與物質上之援助，蘇聯政府對中國之一切援助應以中央政府爲限。

四、外蒙：中國政府以外蒙問題旣爲中蘇兩國關係癥結之所在，爲中蘇共同利害與永久和平計，願於擊敗日本及上述三項由蘇聯政府接受之後，准許外蒙之獨立，爲避免將來糾紛起見，擬採取公民投票方式，投票以後，中國政府當宣佈外蒙之獨立。關於外蒙之區域範圍，應以原疆界、中國舊地圖爲準。中國政府深望蘇聯政府能明瞭中國政府極大之犧牲與誠意，切實諒解，藉以獲得兩國久遠而根本之合作，請爲向史太林統帥剴切坦白，毫無隱飾言之」。

此爲余所奉到之電文。

史：閣下如將此電譯文抄示爲佳，但閣下將滿洲與外蒙平比而論。

宋：余已一再說明余並非對此作一平比。

史：在滿洲有中國人民，而外蒙則無之。

宋：在外蒙亦有中國人民，惟佔少數而已，余述及滿洲時，余係指出轉讓領土爲一極苦痛之事。

史：外蒙之現狀實際即爲獨立，外蒙在一九二一年業已獨立，吾人希望此項事實，此種局面，予以法律之承認。

宋：吾人對此事之了解與美國方面之了解相似，即現狀係維持中國在法律上之主權。

史：此項主權已有二十年以上並不存在。

宋：即使五十年亦與我無關，但目前此已成爲學理上之問題。

史：尊提第一項係關於滿洲問題，余已宣稱並願作任何君等所希望之聲明，吾人承認中國在滿洲之完全主權。

宋：余深知之。

史：關於中國之共產黨，吾人並不予以支持，亦並無支持彼等之意向，吾人認爲中國祇有一個政府，如在中國國內有另一政府，自稱爲政府，此當應由中國自身解決之問題。關於援助一點，蔣委員長謂應給予中央政府，吾人以往即已如此，倘閣下需要吾人協助，而吾人亦可能協助者，自當給予蔣委員長之政府。吾人並不願與中國相戲，吾人願與中國眞誠相處，維持同盟國間應有之關係。關於旅順、大連及鐵路二十年，吾人不能滿意，此實太促，日前余曾向閣下說明吾人需要甚長時期以建立在遠東之國防系統，吾人可同意三十年，但不能少於三十年，此爲吾人確切之答覆。關於旅順軍港問題，在該港內祇能有一個主人，吾人將有陸、海軍駐紮在彼，關於遠東區域……

宋：尊擬草案內所提之附圖，余並未收到。

莫洛托夫（以下簡稱莫）：（將地圖交宋院長）吾人放棄以前之

中立區地帶，但吾人維持中立區以南之線。

史：在該線以南之地區，行政當屬諸中國，但旅順口之行政應歸蘇聯，該港應有一主人，該港應有一軍事長官。關於鐵路，如所有權全歸諸中國，實不公允，該路俄人所建，中國在該路之投資實極微小，且已歸還中國。

宋：余以爲吾人非討論以往之權益，此項權益業已變更，鐵路原定期限爲八十年，一九二四年改爲六十年，現僅餘數年未滿，再則蘇聯已將中東鐵路售與日本。（史笑）

史：吾人對該路未多使用。

宋：此非吾人之過，倘蘇聯曾較久使用。吾人寧所願聞。

史：閣下之意甚是。

宋：蔣委員長現對外蒙既已讓步，必有所可以表顯國民者，吾同意幹線之共同經營，吾人爲中蘇友誼已作極大犧牲，中國人民遭受戰爭之痛苦已達八年，戰爭所摧毀之財產不可勝數，吾人應有若干補償。

史：依照蔣委員長之意見，吾人對於所建及所投資之鐵路，將無權益，吾人僅於優惠之下，獲得共同經營權，吾人不能同意中國爲唯一所有權者，吾人可接受所有權共有。關於外蒙人民投票一點，將對中國更爲不利。

宋：此事業已解決，投票不過形式而已。如用投票方式，中國政府對於國民當較易應付。

史：外蒙之原疆界爲何？余實不知。

莫：是否意欲改變現在之疆界？

宋：有中國之舊地圖可憑。

史：余甚願一閱。

宋：吾人始終未曾想到吾人會討論外蒙問題，故余未帶此圖，但中國繪舊地圖時，尚未計及今日吾人討論外蒙問題，故舊地圖之疆界實屬公允，余在莫斯科並無此圖，但疆界問題可組織一劃界委員會解決之。

史：吾人與日本曾有疆界之爭辯，吾人提出以舊地圖為準，不知閣下是否指此項地圖而言，後在格林郭爾之役曾斬日本大將 Matsumora，於是日本同意吾人之意見。

宋：余希望閣下不必殺一中國將軍而獲得雙方之協定。

史：（笑）余對中國與日本並不相同。

宋：吾人希望公平處理。

史：關於外蒙，閣下是否謂在戰敗日本之後將承認其獨立？吾人提議應於現在即行承認，但於日本戰敗後再為公佈。

宋：然，將於戰敗日本並舉行公民投票後加以承認，請閣下信賴余言。關於草案之實質，業於此時決定，至於方式容再研討，吾人並無規避或取巧之意。

史：此非誠意問題，而為清楚問題，中國可由吾人獲得所要求之各種保證，吾人亦盼中國在此時予以保證，公佈時間自可較緩。

宋：此甚公允❹。

談話至此，即討論其他問題。最後史達林提議在擊敗日本後公佈關於外蒙獨立之協定，在八月底公佈其他協定。宋詢關於外蒙應擬訂何種協定？史答：可說明外蒙經過公民投票手續後，中國不反對其獨

---

❹ 〈史達林與宋子文第四次談話紀錄〉，一九四五年七月九日，同上，頁六一〇～六一五。

立，但可在日本戰敗後再爲公佈，吾人可覓得協定之適當格式，余對公民投票並無所懼㊸。

拾、外蒙疆界問題的爭執與協議

關於外蒙問題，宋、史協議以公民投票方式，允戰後外蒙獨立。但中蘇雙方須作書面協定。原在七月七日的談判時，蘇方曾提出的承認外蒙獨立之宣言草稿，未爲中國所接受，其譯文爲：

> 兩締約國因顧及蒙古人民共和國獨立之一九二四年憲法，及一九四〇年新憲法，並因注意其人民迭次表示，欲求國家獨立，及與中蘇兩鄰邦樹立關係之願望，茲承認蒙古人民共和國爲獨立國家。本宣言於簽字之日，由兩締約國通知蒙古人民共和國總理崔巴爾山元帥，本宣言之公佈日期由兩締約國另行定之㊻。

在七月九日的談判協議後，中國方面即另擬草稿交給蘇方。在七月十一日晚間宋、史會談中，提出討論。莫洛托夫認爲中國方面之稿較爲含糊，質宋爲何修改蘇方之草案。宋答：中方草案爲一單方之宣言，而非爲與蘇方之協定；中方草案未提外蒙憲法，前已聲明中方不承認此項憲法。宋且表示：實質爲中國政府不反對外蒙之獨立，而蘇方何以堅持中方承認其所不承認之事實？即外蒙之憲法宣言，而使中方陷於窘迫之境？蘇聯在一九二四年中蘇協定中，承認外蒙爲中國領土之一部，故如承認外蒙之憲法，對蘇聯亦同樣難堪。宋之表示，有

㊸　同前注，頁六二〇。

㊻　〈宋子文呈蔣主席電〉，一九四五年七月八日，同上，頁六〇四。

堅強的法理依據，實亦暗示所謂外蒙之憲法，不過爲蘇方的導演工具而已。史達林乃出而解圍，謂此問題可討論二年而不獲任何結果，外蒙獨立問題，前此中國不予承認，現在中國予以承認，此中並無困難。至中方草案之外蒙疆界一點，史提應予刪去，或說現在之疆界即係指現狀而言。經過長時間之討論後，雙方同意下列文字：

> 茲因外蒙古人民疊次表示其獨立之願望，中國政府聲明在日本戰敗後，如外蒙人民以公民投票方式，證實此項願望，中國政府當承認外蒙之獨立[47]。

雙方決定不提疆界問題，並同意蘇聯政府答覆收到上項聲明後，即申述蘇聯政府當尊重外蒙古之政治獨立與領土完整。

確定外蒙疆界，爲蔣主席所示在宣告外蒙獨立以前，所須解決之事項。在七月九日宋、史談判後，宋亦電呈蔣主席，謂「由中、蘇組織勘界委員會，依照舊地圖決定疆界，史表示同意」[48]。但在十一日的會談中，中方所提草稿中之外蒙疆界一點，史提刪去。結果決定不提疆界問題。此舉顯然超越了蔣主席所指示的範圍。宋在會後呈給蔣主席的電報，未見提及此事。可能由於蔣主席的堅持，在第二階段的八月七日宋、史談判中，宋復向史提出外蒙疆界問題，並將丁文江等所繪之外蒙地圖，及一九二六年蘇聯所製之外蒙舊圖出示，史允細閱後答覆。蔣主席更爲此事致電宋氏和王世杰，電云：

---

[47]　〈史達林與宋子文第五次談話紀錄〉，一九四五年七月十一日，同上，頁六二三～六二四。
[48]　〈宋子文呈蔣主席電〉，一九四五年七月九日，同上，頁六一〇。

外蒙疆界必須此時有一圖底，並在承認其獨立以前勘定界線。否則外蒙問題之糾紛，仍不能解決，則承認其獨立不惟無益，而且有害。

蔣主席更指示，如外蒙疆界不能確定，「雖停止交涉，亦所不恤」❹。宋、王據以向史交涉，史不允。其理由，史謂二十五年以來，外蒙疆界並無糾紛，現如提出，徒引起外蒙古人之種種要求。中國方面如要求先定界而後承認獨立，則爲故意延宕，蘇聯方面決不能同意。宋謂去年新疆、外蒙之衝突，即是一種邊界糾紛。史謂此事起因並非邊界問題。宋又請其派人立即來渝劃定圖界，史亦認爲不可。史亦始終未自行提出蘇方外蒙地圖。窺其原因，據王世杰向蔣主席的陳述：

> 不外二者：一則蘇方預計彼之地圖既包括新疆一部分領土，當非駐華大使（?）所能接受，揆之實際，我確不能於放棄外蒙領土之外，復放棄任何新疆領土。二則唐努烏梁海等地方，原屬外蒙，現則已成蘇聯另一屬國。

但王謂「默察蘇方態度，似非蓄意與我爲難，其欲藉此次締約，改進中蘇關係之決心，似屬相當誠摯」。王認爲：

> 就我方利害言，則此次締約，可以明中蘇之關係，減少中共之猖獗，保證蘇軍之撤退（按此時蘇聯已對日宣戰，大軍進入東北），限定蘇方在東北之權益。凡此，皆爲今後統一及建國所必需。

❹　〈蔣主席致宋子文、王世杰電〉，一九四五年八月十二日，同上，頁六四七～六四八。

倘再停止談判，則形勢必立變，前途隱患甚大，權衡至再，職
（王）與宋院長擬於接到鈞座（蔣主席）授權解決之電令時，再向
史氏作一度談判，要求將外蒙疆界以現時疆界爲限之字句，列
入換文中。蓋有此一語，則在約文上，我固顯然不承認民國八
年以前屬於外蒙之舊疆土爲外蒙疆土⑩。

在宋、王要求蔣主席授予權宜處置外蒙疆界等之權後，蔣主席於
八月十三日覆電同意。即於當天深夜與史達林續商一切，外蒙以現有
邊疆爲界。其他問題，亦同獲協議。

拾壹、旅順問題之談判

依據雅爾達協定：大連商港應闢爲國際港，蘇聯在該港之優越權
利應獲保障；旅順仍復爲蘇聯所租用之海軍基地。此權利因一九〇四
年日本之詭譎攻擊而受破壞者。這是指一九〇四年到一九〇五年的日
俄戰爭因俄之戰敗，而將旅順、大連的租借權轉讓給日本的，如今則
要恢復之。按俄國之租借旅大係於一八九八年三月二十七日在北京簽
訂之旅大租借條約及同年五月十日之續約。中國允將旅順、大連暨附
近水面，租與俄國，租期爲二十五年。旅順作爲俄國海軍軍港，祇准
中、俄船隻出入。大連口內一港除由中、俄兵艦出入外，餘爲自由貿
易港。這次宋、史中蘇旅大問題談判的結果，有些規定與一八九八年
的旅大租借條約頗有相似之處。這次中蘇有關旅大的協定雖曾強調對
中國主權之尊重，但當年的租借條約亦訂明「斷不侵中國大皇帝此地
之權」。

---

⑩　〈王世杰呈蔣主席電〉，一九四五年八月十三日，同上，頁六五〇。

　　根據雅爾達協定，蘇聯要租借旅順作爲海軍基地，中國堅決反對「租借」字樣。由於中國對於廣大的外蒙領土忍痛犧牲，換得來史達林對旅順「租借」字樣的讓步。同時，由於中國初視租借旅順爲最嚴重的問題，故宋、史會談中的旅順問題，所費口舌至多。

　　蘇聯之覬覦旅、大，蔣主席早有警覺。當一九四三年蔣夫人訪美時，蔣主席即曾擬有戰後遠東和平與善後處理之各種政策，與美商量。其中關於旅、大問題，蔣主席在這年六月十八日致蔣夫人電中，促其再與羅斯福總統詳細討論。電文中說：「關於旅順、大連問題，中國祇可與美國共同使用，而不宜與其他各國共用；尤其旅順更應絕對保留爲要。將來大連或可作爲自由港，但亦須看俄國對於外蒙等邊疆問題，能否尊重我主權以爲定」❺。在蔣夫人六月二十五日的覆電中，謂關於旅、大，中、美海空軍共用事，羅對蔣主席意表示（似脫漏「同意」或「謝意」字樣），並謂「俟中國準備完妥之後，美可退出」❺。年底，德黑蘭會議時，史達林曾向羅斯福總統表示對日作戰條件之一，即要取得旅順。雅爾達會議前半年左右，蔣主席即迭接駐英大使顧維鈞得自美方的情報，謂蘇要以旅、大爲對日參戰條件之一。迨證實雅爾達協定這一事實後，蔣主席即電宋子文向杜魯門總統商討處理方案。希望至少限度，旅順必須中、蘇共用，其主權與行政必須完全歸中國自主，若俄提歸其獨佔或租讓，則必反對到底❺。迨一九四五年六月十二日蘇聯駐華大使彼得洛夫晉見蔣主席並面送〈締結中蘇友誼條約的先決條件〉中的第一條，即爲「恢復旅順港之租借，建立蘇聯海軍根據地」。蔣主席對租借旅順事，對彼大使表示意見如下：

❺　〈蔣中正致夫人電〉，一九四三年六月十八日。《戰時外交》㈠，頁八五四。

❺　〈蔣夫人致蔣中正電〉，一九四三年六月二十五日，同上，頁八五五。

❺　〈蔣主席致宋子文電〉，一九四五年六月八日。《戰時外交》㈡，頁五五四。

租借地一類的名義，我中國人民認爲是國家的恥辱，我們不好
再用這種名義。中蘇友誼互助條約是一種光榮的條約，如有租
借地一類的名義，則將失去條約的原意。

既有租借地，便是領土主權的不完整，因爲中國的軍港，自己
不能管理，不能使用，便是領土主權不完整。所以租借這種名
義，切不可再用。不用這種名詞，對蘇聯是有利的。

在歷史上，一八九八年中國旅順被帝俄租借之後，繼之有青島
之租借於德(按：德租青島，在俄租旅順之前)，威海衛租借於英，
廣州灣之租借於法，那是中國人民所最反對的，認爲是民族的
恥辱。所以租借旅順問題，不僅是蘇聯一國的問題，其他國家
亦可援例要求，這樣便失去中蘇兩國友誼互助條約的原意了❺。

宋子文根據蔣主席指示向杜魯門表示關於中國對租借旅順問題的
立場。宋謂關於蘇聯要求恢復一九〇四年以前之各種權益，亦即「國
際化」、「特殊權利」以及「租借」等字樣之眞正涵義，即旅順、大連
之租借，係始於一八九八年，租期定爲二十五年，而租約則已於一九
二三或一九二四年自動期滿。宋又指稱：蘇聯在一九一九年暨一九二
〇年曾通知放棄在華特權，並於一九二四年中蘇協定正式聲明放棄。
至租借旅、大乃係問題之癥結，蓋中國於飽經憂患之餘，雅不願在中
國有任何租借地之存在。但杜魯門則認爲這是枝節問題，彼所關切者，

❺　〈蔣主席與彼得洛夫談話紀錄〉，一九四五年六月十二日，同上，頁五五九～
五六〇。

乃爲減少中美兩國生命之犧牲，如何使蘇聯立即加入作戰❺❺。

在一九四五年七月二日的宋、史會談中，宋提出關於租借旅順口一點，蔣委員長經已面告蘇大使，願將該港由中蘇兩國共同使用，而不願再有租借地。史云：爲遷就蔣委員長之願望起見，於此可能覓得一共同之語詞，彼不願開一於中國有害之先例。史提出旅順軍港由中蘇共管❺❻。蔣主席之意，則爲旅順軍港之行政管理權必須歸中國主管之下，乃與蘇聯共同使用而非共同管理。宋子文經與傅秉常、胡世澤、蔣經國等詳加研究，認爲旅順軍港如全由中國管理，蘇必不允，故事實上祇能由蘇聯管理，而由中蘇共同使用；至民事行政權則全歸中國❺❼。但蘇方在七月八日所提的條件，則爲軍港及旅順由蘇聯管理。因此，蘇方之條件，雖同意不用租借名義，實際則與租借無異。宋爲此特向美駐蘇大使哈里曼詳談，指出蘇方要求，與中方願望距離太遠。哈云：美國對旅順問題態度，有特殊困難；因美既擬永久佔領日本附近海島，無法拒絕蘇聯使用旅順，故羅總統有此讓步；如中國堅持旅順管理權屬中國，則蘇聯無從建築砲臺及其他軍事設備，不能保障旅順防衛之安全。哈認爲中國必須讓步❺❽。

由於七月九日宋、史會談，中國在允許外蒙獨立方面作了重大的讓步，史對旅順似乎有了讓步，除仍堅持軍港須由蘇聯人管理外，至行政權則屬中國管理區域。軍港以舊軍港區爲範圍，包括金州，不包括復州❺❾。宋告史：旅順舊軍港，包括大連，區域太廣，同時大連既

---

❺❺　〈宋子文與杜魯門談話紀錄〉，一九四五年六月十三日，同上，頁五六三～
　　五六四。

❺❻　〈史達林與宋子文第二次談話紀錄〉，同上，頁五八二。

❺❼　〈宋子文呈蔣主席電〉，一九四五年七月六日，同上，頁五九五。

❺❽　〈宋子文呈蔣主席電〉，一九四五年七月九日，同上，頁六〇八。

❺❾　〈宋子文呈蔣主席電〉，一九四五年七月九日，同上，頁六〇九。

爲自由港，自不應包括在內。史謂如不照原軍港區，不能有適當防衛❻。且中國管理區內主要民政人員之任用，須得蘇聯軍方之同意。同時，蘇方更提出旅、大及其鄰近範圍問題，要在旅順以南半徑一百公里內之島嶼，如建築海軍根據地，須得雙方之同意❻。

　　第一階段宋、史關於旅順問題的談判，並無結果。在宋與蘇大使彼得洛夫於七月十五日回到重慶後，蔣主席於七月十九日及八月四日兩次接見彼大使，表示中蘇談判未能解決問題的處理方針。其中關於旅順的約有三點：(1)旅順的行政人員由我政府指派，不能先得蘇方同意，否則主權便不完整。(2)旅順軍港旣然共同使用，則必須組織中蘇軍事委員會，負責處理有關軍事各種問題。(3)旅順港以南一百公里半徑內之島嶼設防，非得蘇方同意不可一案，中國決不能接受。此種要求不但喪我主權，而且有損我國之國格。彼大使向蔣主席解釋第三點完全是爲保障旅順軍港之安全。蔣主席怒斥之，云：「除非將我國政府看作一個沒有常識的政府，否則這種要求是決不可提出來的。我們可以犧牲像外蒙古這樣大的土地，但是對於我國在這幾個島嶼上應有之主權，則決不肯犧牲」❻。

　　在宋、史第二階段的談判中，關於旅順問題以上三點爭執，直到談判結束，過程如下：

　　八月七日商談的結果，旅順區域，以史達林前次所劃紅線爲界，界內主要民政人員由中國任用，惟須顧及蘇聯利益。軍港使用辦法，蘇方對於設置軍事委員會一節，允予考慮。旅順港以南一百公里內島

---

❻　〈宋子文呈蔣主席電〉，一九四五年七月十一日，同上，頁六二二。

❻　〈史達林與宋子文第六次談話紀錄〉，一九四五年七月十二日，同上，頁六三五（附關於旅、大協定蘇聯草案）。

❻　〈蔣主席與彼得洛夫談話紀錄〉，一九四五年八月四日，同上，頁六四一。

嶼問題，史似可放棄其原議，惟對於距港甚近島嶼，或另提意見❻。

八月十日的商談，關於旅順口外一百公里內島嶼問題，蘇方願放棄其要求。在旅順設立軍事委員會事，蘇方不肯接受❻。

八月十一、十二連日之商談，旅順軍區民政人員由中國任用，惟旅順市本區之行政，蘇方認爲不能劃歸中國。旅順軍港外一百公里內島嶼不設防之議已打消，惟軍區附近小島，勢不能劃諸界外。軍事委員會事，蘇方不願讓步❻。

八月十三日的最後一次的商談，由於外蒙疆界問題的讓步，旅順設置中蘇軍事委員會問題亦告解決❻。

總結旅順問題談判之結果，將「租借」名詞，代以「委託」字樣。將「共同管理」，交由中蘇軍事委員會處理之。其委員華二、蘇三，委員長爲蘇方，華方副之。民事行政分爲兩部分，一爲旅順區域內之民事行政，屬於中國旅順政府，其主要人員之委派，須顧及蘇方之利益；一爲旅順市主要民政人員之任免，須由中方徵得蘇方之同意。蘇方有權在該地區內駐紮陸、海、空軍。中國行政當局對蘇方軍事指揮當局之建議，須實行之。是則旅順問題之結果，雖無「租借」之名，但實質上與租借無異也。

拾貳、大連問題之談判

大連在一九〇四年前後之俄、日租借時期，均爲自由港或國際港。

❻　〈宋子文、王世杰呈蔣主席電〉，一九四五年八月七日，同上，頁六四三。
❻　〈宋子文、王世杰呈蔣主席電〉，一九四五年八月十日，同上，頁六四五。
❻　〈宋子文、王世杰呈蔣主席電〉，一九四五年八月十二日，同上，頁六四八。
❻　〈王世杰呈蔣主席電〉，一九四五年八月十四日，同上，頁六五一。

茲所爭執者，則爲行政管理權及蘇聯之優越權利的問題。關於行政管
理權問題，杜魯門總統一九四五年六月九日答宋子文之詢問時，謂國
際化即係使之成爲自由港；如係自由港則其主權當然屬於中國，行政
當由中國控制。關於優越權利問題，隨羅斯福總統參與雅爾達協議之
哈里曼七月三日在莫斯科向宋解釋，謂羅主張以大連爲自由港，從未
計及作爲予蘇聯以特殊權益之港口。在宋、史談判中，史達林對雅爾
達協定之解釋，常常加以擴大或超越其範圍，始作俑者之美國當局，
則又袖手旁觀，聽任史氏之勒索。在七月二日的宋、史會談中，對大
連問題，史意中蘇共管。其對國際港或自由港之作用，似屬茫然無知。
史且要依據一八九八年的旅大租借條約加以改善。宋告知此舊約即無
戰爭亦當已滿期。是日兩人之談話對答如下：

> 宋：關於大連國際化一點，國際化一字作何解釋？
>
> 史：係指作爲一國際性之商業港口而言，各國船隻均可進入，
> 　　而蘇聯優越之地位可以獲得保障，有另訂專約之必要。
>
> 宋：是否即爲自由港？
>
> 史：倘中國願意如此。
>
> 宋：保障蘇聯優越地位作何解釋？
>
> 史：港口之管理一特別爲蘇聯使用之港灣，此應較一八九八年
> 　　條約爲改善，誠能以該條約爲根據，加以改善，實大佳事。
>
> 宋：余對此點曾詢杜魯門總統，余詢彼是否指自由港而言？彼
> 　　與閣下答覆相同，曰然。然則管理權應屬中國，但因蘇聯
> 　　爲最大航運國家之一，於是在該港之優越商業，當屬中蘇
> 　　兩國。
>
> 史：中蘇兩國應爲該港之主人，亦爲該港之管理者，在吾人面

前之公文(係指雅爾達協定)僅規定原則，吾人當另行擬訂專
約。

宋：貴外交部已否準備文件説明較爲具體之意見？

史：最好依照舊條約加以改善。

宋：舊條約即無戰事亦當已滿期，且爲帝俄所爲之宣言，余思
閣下不致以該條約爲依據。

史：否，然則閣下擬有草案否？

宋：吾人認爲自由港之意義係對各國開放貿易之意，如閣下願
中國在滿洲全部掌握主權，余思港口之管理權應屬中國。

史：此係錯誤觀念，倘僅爲貿易打算，無須訂立條約，吾人並
願在廣州、天津各地通商，但不必訂立專約，倘吾人需要
簽訂條約，當有較多之權益，非僅對各國開放之港口而已，
吾人需要對吾人在港口之優越地位獲得保障。

宋：此優越之地位是否指與中國比較而言？

史：係指與中國及其他國家比較而言。

宋：是否指蘇聯將較中國獲得更多權利？

史：或係如此，吾人需要一不凍港，倘吾人對中東鐵路所通到
之港口無若干權利，則中東鐵路何用？

宋：閣下是否謂港口應歸蘇聯管理？

史：可由一中蘇合辦會社管理，理事長爲華人，行政長則爲蘇
人，利益可各半均分，吾人並非要求租借地，吾人寧願有
一合辦之會社。

宋：如爲貿易利益打算，該港不能營利。

史：俟港口建築完成之後，當可獲利，大連將爲蘇聯進、出口
之港口，余思該港應有若干重要性。

宋：誠然，但港口係爲供給貿易上之便利，而非爲營利者。

史：閣下無意由該港獲得利益乎？

宋：非由港口本身，吾人對貿易更爲重視。吾人對蘇聯經由該
　　港之進、出口貿易將不徵租稅。

史：此點當以後續商，港口之收入應爲政府收入之重要來源。

宋：在大連，吾人不擬徵收貨物之租稅，該港與非自由港不同，
　　非自由港應付租稅，即在非自由港收入亦恃關稅之收入，
　　而非港口之收入。

史：吾人文件中原係規定爲國際化之港口，而非爲自由港。

宋：如有關稅亦將歸諸中國？

史：各半各半。（史笑）

宋：如是閣下將致大連於死地，因東三省尚有其他港口，吾人
　　倘僅能得收入之半，則吾人必將吾人貨物移運至其他港口。

史：對於此點，吾人當以後再爲詳談。

宋：即在帝俄時代，大連亦爲自由港，在日本控制之下，亦然。

史：閣下之言甚是，吾甚願較爲寬大，不願較帝俄更爲吝嗇❻❼。

　　上項談話，旨在瞭解史對大連的態度。蔣主席示宋之電，則以爲
「大連爲自由港，照各國自由港例，行政管理權皆歸我領土主權國主
管」。宋與傅秉常、胡世澤、蔣經國等研究結果：「大連盼能洽爲純粹
自由港，由中國管理。如蘇不允，擬將碼頭倉庫及運輸之經營，組織
中蘇合辦，特別辦理」 ❻❽。但蘇方所提條件爲：大連供各國商船共同
使用，另闢內灣之一，專供中、蘇海軍使用。大連市政府由中、蘇政

---

❻❼　〈史達林與宋子文第二次談話紀錄〉，同上，頁五七九～五八二。

❻❽　〈宋子文呈蔣主席電〉，一九四五年七月六日，同上，頁五九五。

府各派五人組織，市長蘇籍，副市長華籍，大連港主管人應為蘇籍。
旅、大以外區域由中國管理，但主要民政人員，應得蘇方軍事當局同
意❻。且大連同屬旅順陸海鄰區，同受蘇方之管制。是則蘇方條件，
名為共管，實則獨管。對其優越權利之擴充，漫無限制。宋則堅持大
連應為純粹自由港，且不應包括在旅順舊軍港區範圍之內。但港口管
理可聘用蘇聯技術專家，倉庫棧房可長期租與蘇方使用❼。仍為蘇方
所拒。在七月十七日的波茨坦會議中，史達林告訴杜魯門說：中國政
府不承認蘇聯對大連的優越權利。大連的行政管理問題，史說：蘇聯
提議設立一個董事會，由蘇聯人參加。杜問：這樣做對美國利益有何
影響？史云：大連會變成一個自由港，對各國商業開放。於是杜說：
就依據門戶開放的政策。美國務卿貝爾納斯（James F. Byrnes）曾
當場提到中蘇協議如果有超越雅爾達協定之處，恐要引起困難。但史
說：蘇聯的要求要比雅爾達協定鬆得多。杜和貝表示：美國主要的利
益是要一個自由港。至於是否超越雅爾達協定之處，美方並不關心。

　　在第二階段宋、史的八月七日會談中，大連市問題，經辯論後，
蘇方主張由華人任市董事會主席，俄人任港口管理局長，受董事會節
制。宋仍堅拒。十日，宋聞悉日本求降之訊後，約集同來諸人商定對
尚未解決事項，決不作重要讓步。即於當晚與史晤談，關於大連市政，
史允以市政權全歸中國，不設中蘇混合董事會，惟任用蘇籍人員一人，
管理港口船務，俾對日有戰爭時，該市受旅順軍港之約束。大連問題
談判，至此結束。

　　依中、蘇關於大連之協定及其議定書，蘇聯在大連港之優越權利
有：大連港口主任蘇籍，中國副之。對日作戰時，大連受蘇聯旅順軍

---

❻　〈宋子文呈蔣主席電〉，一九四五年七月九日，同上，頁六〇七。
❼　〈宋子文呈蔣主席電〉，一九四五年七月九日，同上，頁六〇八。

事當局之統制。所有港口工事及設備之一半，無償租與蘇方，租期三十年。此外還有免稅的規定。依此協定，中國仍居下風。蓋大連之重要性爲港口，而港口主任則爲蘇方；且港之一半，租與蘇方。凡此均爲蘇聯之優越權利之過分的擴張。

關於旅、大協定之得失，我駐聯合國代表蔣廷黻氏在一九五二年的聯合國控訴蘇聯文中指出：中國人民唯一可感自慰之處，僅大連還在中國主權和行政管理之下而已。而在旅順的協定中，卻無法找到一絲的自慰。

拾叁、中東、南滿鐵路之談判

中東及南滿鐵路在一九四五年八月十四日中蘇簽訂關於該鐵路協定時，合併成爲一鐵路，定名爲中國長春鐵路，簡稱中長鐵路。依協定該路歸中蘇共同所有並共同經營。期限與旅、大相同，均爲三十年。依雅爾達協定，中東鐵路以及通往大連之南滿鐵路，應由中蘇雙方共組之公司聯合經營，蘇聯之優越權利應獲保障，中國對滿洲應保持全部主權。是則後者之規定，蘇方並無共同所有權。雅爾達會議時，蘇聯對該兩路原提草案列有「所有權」，爲哈里曼經羅斯福之同意而修正刪去之。羅斯福在這年三月十二日告知駐美大使魏道明時僅云：「南滿鐵路所有權屬中國，但業務管理宜有一種委託制度」。又云：「南滿鐵路要在主權屬於中國，業務管理在增進效率」。魏詢所謂委託制度若何？羅答大約由三方組織之，一爲中國代表，一爲蘇聯代表，一或爲美國代表，均當爲鐵路專家[71]。哈里曼七月三日在莫斯科告訴宋子文云：「鐵路，羅總統祇提合辦，並未承認蘇聯所有權」[72]。七月九日又

---

[71]　〈魏道明呈蔣主席電〉，一九四五年三月十二日，同上，頁五四二。

[72]　〈宋子文呈蔣主席電〉，一九四五年七月三日，同上，頁五九一。

對宋言:「鐵路所有權應屬中國, 應准蘇聯參加管理」⑬。在七月二日的宋、史會談中, 宋問史鐵路所有權的歸屬問題, 史答:「應歸建築鐵路者(即俄國)所有」。至於經營, 史云:「可由一合辦公司經營, 利益均分」。宋問:「是否所有權亦爲共有」? 史答:「經營將爲共同, 蘇聯將先爲所有者, 將來中國接過所有權。以往中國有少數股權在內, 所有權並非適當名詞, 實係指在一定期間內處置鐵路之權。期滿之後, 蘇聯當即離去該鐵路」。宋問「何時?」史云:「余意擬延長旅順之期限, 而縮短鐵路之期限, 二者平均扯算, 大致爲四十年或四十五年, 任聽閣下(指宋)所願(史笑)」。宋向史指出:「有若干問題需要明確之諒解, 例如在協定(雅爾達)之內, 吾人不能規定蘇聯爲日本侵毀之權益應予恢復一語。因大連、旅順之期限業已過期, 中東鐵路已售與日本(按: 在一九三五年), 南滿鐵路即以往中東鐵路之一部, 亦將於最近滿期」。史則強辯:「恢復一詞係指樸茨茅斯條約(一九○五年)而言, 並非包括對於中國方面權益之恢復」, 且謂「此項文件(原注: 指雅爾達協定)並非條約, 僅係包括抵抗日本之原則」⑭。

史之所謂鐵路所有權或處置之權, 即係由蘇方獨佔; 而其所謂共同經營, 則是以蘇方爲主, 同意中國參加管理經營。而與哈里曼對宋之解釋恰爲相反。蘇方在七月九日向宋所提出的鐵路條件是: 中國要承認蘇聯恢復中東及南滿鐵路所有權益, 包括一切產業如機車、車輛工業、機廠、各項建築物、積存器材、土地、煤礦及已開發之森林。蘇聯同意中國參加管理經營之權, 組織中蘇聯合公司, 董事七人, 蘇四、華三, 董事長蘇籍, 華副之。經理蘇籍, 華副之。鐵路員工及路

⑬　〈宋子文呈蔣主席電〉, 一九四五年七月九日, 同上, 頁六○八。
⑭　〈史達林與宋子文第二次談話紀錄〉, 同上, 頁五八二～五八四。

警限中蘇籍，期限四十年⑮。

　　蔣主席指示宋的條件爲：鐵路幹線可與蘇共同經營，而絕非雙方共管之謂，但蘇應予中國租借物資或經費，以爲報酬鐵路之股款。宋與傅秉常、胡世澤、蔣經國等研究結果，顯然認爲與蘇方條件差距過大。故主張蔣主席所示上項條件不必向蘇方提出。至權利可均分，董事長、總經理應華籍，副董事長、協理應蘇籍，如辦不到，則中東路董事長華籍，總經理蘇籍；南滿路董事長、總經理均華籍⑯。

　　七月九日的宋、史會談，由於中國對外蒙獨立問題之讓步，史在鐵路方面亦稍作讓步，對中東、南滿鐵路幹線，史表示所有權中蘇各半，與鐵路直接有關之附屬事業，應包括在內；路警由中蘇人員會同辦理；期限與旅、大同，均由四十年減爲三十年。宋堅持路警因主權所在，應由中國辦理。史似可讓步，囑莫外長與宋續商⑰。七月十一日續談，史允路警由中國辦理，但董事長、局長（總經理）均應爲蘇人。蔣主席的覆示願作讓步，即兩路之董事長應爲華人，但無投決定票之權，以示中國之謙讓；中東路之局長爲蘇人，華副之；南滿路之局長爲華人，蘇副之。同意期限爲三十年⑱。

　　談判至此，因史達林赴波茨坦會議而中輟。在波茨坦會議時，史告訴杜魯門說：雅爾達協定規定蘇聯對鐵路的優越權利，中國不承認。所謂優越權利是甚麼？史說：鐵路是俄國的錢造的，但蘇聯並不想從鐵路獲得利益，而祇求平等均分。尤其，蘇聯也不會和日本一樣，在

⑮　〈宋子文呈蔣主席電〉，一九四五年七月九日，同上，頁六○七～六○八。

⑯　〈宋子文呈蔣主席電〉，一九四五年七月六日，同上，頁五九五。

⑰　〈宋子文呈蔣主席電〉，一九四五年七月九日，同上，頁六○九～六一○。

⑱　〈史達林與宋子文第六次談話紀錄〉，一九四五年七月十二日，同上，頁六三二。

鐵路上維持警察，而是由中國辦理。中蘇過去關於鐵路的條約期限是八十年，現在祇有三十年。史又提到鐵路公司的董事會，要由俄人做董事長，俄籍董事佔多數，但中國不願意。顯然，史郤故意隱蔽雅爾達協定蘇聯對鐵路沒有所有權，以及蘇聯已將中東路在一九三五年出售給日本的事。杜魯門和在場的國務卿貝爾納斯祇是聽史氏一面之詞，雅爾達的條款如何解釋，則隻字不提。

在第二階段宋、史會談中，中東路董事長及兩路局長，宋提由華人擔任問題，蘇方仍堅持兩局均應以蘇人爲局長，華人副之，董事長則由華人充任❼❾。往復談判，蘇方不願讓步。在宋和王世杰獲准權宜處置後，最後一次的談判，將兩路併爲中長路，路局局長一人蘇籍，副局長一人華籍。董事長一人華籍，有兩票權❽❿。但董事會之法定票數爲七票。因兩方各爲董事五人，董事長兩票，華方計爲六票。故蘇方有否決權。是以談判的結果，鐵路所有權中蘇各半，行政管理權以蘇方爲主，華方爲副。

此外，蘇聯之要利用鐵路運輸軍隊問題，史達林初則表示除戰時外，平時無此需要。與宋談話時，史言殊多失態。錄之如下：

⑴七月二日，宋、史談話之對答：

　　宋：閣下是否希圖利用鐵路運輸軍隊？

　　史：在對日作戰時爲然。

　　宋：此屬合理，閣下無意在平時運兵否？

　　史：無此需要，但無論如何吾人應有少數軍隊，但在對日作戰之前夕，吾人或須運兵，閣下憐憫日本乎？

---

❼❾ 〈宋子文、王世杰呈蔣主席電〉，一九四五年八月十日，同上，頁六四五。
❽❿ 〈王世杰呈蔣主席電〉，一九四五年八月十四日，同上，頁六五一。

宋：吾人對此自表歡迎，但余意爲在平時，閣下無意在東三省
　　境內運兵乎？

史：吾人當同意此點，除非日本侵略復發，否則實無運兵需要，
　　如日本再度侵略，而中國倘與吾人同盟，則中國將自己要
　　求蘇聯軍隊之運入。

宋：吾人對此應有一諒解。

史：閣下畏懼吾人將兵進至北平乎？吾人並無此種企圖。

宋：否，但蘇聯在日本佔領西伯利亞時，亦有外國軍隊駐在國
　　土，吾人亦有同樣痛苦經驗。

史：與宋院長同意❽。

(2)七月十一日蘇方提出有關鐵路之文件，需要鐵路運輸軍隊。宋
　即提出上次與史會談之結果，並不使用鐵路運輸軍隊。此次會
　談，史又反覆，宋與之辯論。但史多遁詞，錄之如下：

宋：關於運兵一節，余於七月七日（按：爲七月二日）曾詢史
　　太林統帥意見，彼表示鐵路上無運輸軍隊之事。

史：吾人既擬在旅順駐兵，倘蘇聯軍隊不能利用鐵路，事實上
　　不能辦到。吾人當需運輸軍火與輪流更換之駐兵。余前聲
　　明之無軍隊運輸一節，係指無額外之軍隊運輸而言，吾人
　　需要最低限度之少數軍隊，由海參崴運至旅順，此外對日
　　戰爭結束後，吾人需要將軍隊撤退。

宋：然，但余所詢者爲平時。

---

❽　〈史達林與宋子文第二次談話紀錄〉，同上，頁五八三。

史：日本投降之後即爲和平，但吾人必須將軍隊運出。

宋：余將緊接戰事結束以後之期間除外，余業經將七月二日與
　　史太林統帥之談話報告蔣委員長，其原文如下（宋院長即
　　席宣讀上次紀錄之摘要）。

史：吾人所需要者爲軍隊之通過而非軍隊之調動。

宋：閣下可將軍隊由海道輸送？

史：然，但應視何者較爲便捷爲斷。

宋：鐵路運輸或較便捷，但中國人民對於外國軍隊之顯於其土
　　地之上，將感甚大之疑懼。

史：僅於軍隊駐留時爲然，如僅係軍隊之通過，則不然。

宋：即使僅爲軍隊之通過。

史：吾人可限制軍隊通過之數量，但不能完全除外，吾人可專
　　訂一協定限制軍隊通過之數量，吾人可將程序詳細規定，
　　並註明除旅順外不得在中國領土登陸。

宋：既和前次談話不同，余恐不得不再請示。

史：吾人可將雙方諒解，以換文方式行之。

莫：吾人對此可不必公佈。

宋：此點實無甚差別，外國軍隊在中國領土，中國人民均能見
　　到。

史：吾人在一年之內可限定二師至三師之數，此則無可恐懼者。

宋：余信任史太林統帥並對彼所言者極端尊重，但余必須念及
　　中國人民，蔣委員長已對外蒙作最大讓步。

史：外蒙原已獨立。

宋：但中國人民不作如是想，閣下不知彼等之思想。

史：吾人改爲運輸軍用品，不運輸軍隊。

宋：可，余同意此項變更。

史：吾人可在戰事結束後，將第一次駐兵運至旅順否？

宋：可，但以此一次爲限。

史：但如吾人説明每次運兵不超過一師至二師爲度，如何？

宋：余不能接受此點。

史：如吾人運輸軍隊穿著便衣如何？

宋：史太林統帥決不致出此遁辭。

史：此乃爲尊重中國之主權。

宋：閣下可以海道運輸。

莫：既有鐵路，吾人應利用之，以增加運輸業務。

史：容吾人同意於一定數量之軍隊，每次由雙方協議決定，以一師爲限。

宋：閣下希望掃除一切糾紛與摩擦之原因，故閣下願將外蒙問題解決而了之，余尊重此意，倘用海道運輸實爲至易。

史：然則鐵路之運輸當以軍用物資爲限。

宋：關於鐵路警察，吾人願由自己保護，吾人當給予鐵路完全之保護，除旅順外，吾人不願在中國領土上有任何武裝外國人民。

史：路警並無大砲、坦克，實非軍隊。

宋：一九二四年以後，中東鐵路即無俄籍路警，對於吾人保衛鐵路之能力，余可向閣下保證。

史：日本將有甚多之代謀人，希圖破壞。

宋：吾人將如是擊敗日本，彼等將不能再有軍隊。

史：德人雖已戰敗，但尚有數十萬人民從事地下工作。

宋：中國方面足可對付此輩從事破壞工作之日人。

史：同意不再堅持，但建議加入「中國當與蘇聯政府特別協定，
　　保證鐵路之保護」一節。

宋：提議改為「與蘇聯政府諮商」，以期表示此為中國政府所採
　　取之措施。

莫：贊同「與蘇聯政府諮商」字樣，乃係中國政府負責鐵路之
　　安全⑫。

關於中長鐵路協定的安排，蔣廷黻氏在聯合國控訴蘇聯的文中指
出：「完全是照著從前帝俄時代沙皇在中國東北所作為的依樣葫蘆的安
排。從表面上看起來，締約雙方對於中國境內的一個中國鐵路系統具
有絕對平等的權利；但實際上由於充任該鐵路系統行政首腦的局長應
為蘇籍人員，蘇俄在該共營的企業中，卻佔著優勢。如查閱帝國主義
在全世界各地的紀錄，決找不出較該協定更為彰明昭著的例子」。

拾肆、「友誼互助」下對中共問題的談判

赫爾利大使一九四五年六月十五日轉來杜魯門給蔣主席建議中蘇
條約之綱要，對於履行雅爾達協定之承諾，史達林曾向美方作下列之
肯定表示：

(1)彼（史）決盡其所能促進中國在蔣委員長領導下之統一。

(2)戰事結束後，中國應由蔣委員長繼續領導。

(3)彼（史）所欲望者，乃為一統一安定之中國，並願中國控制全
　　部滿洲，為其領土之一部分。

---

⑫　〈史達林與宋子文第五次談話紀錄〉，同上，頁六二五～六二八。

(4)彼(史)對中國無領土要求，凡蘇聯部隊因進行對日作戰而進入中國地區時，彼決尊重該地區之中國主權。

(5)彼(史)歡迎蔣委員長派遣之代表協同蘇軍進駐滿洲，俾使中國在滿洲之行政工作得以順利組織。

(6)彼(史)同意美國對華之「門戶開放」政策。

(7)彼(史)同意韓國由中、英、蘇、美四國共同託管❸。

　　彼得洛夫大使同年六月十二日呈送蔣主席的文件，則以雅爾達協定條款爲締結中蘇「友誼互助」條約的先決條件，完全沒有提到史達林的前項肯定表示。

　　經過宋、史前後兩階段的談判，中國承認外蒙獨立，旅、大及中長路的共同使用以及蘇聯的優越權利，主要目的是希望換來蘇聯對中國的承諾和保證。此次中蘇條約中亦充滿「互助」、「合作」、「尊重」等字樣。如中蘇友好同盟條約第五條規定:「締約國顧及彼此之安全及經濟發展之利益，同意在和平再建以後，依照彼此尊重主權及領土完整與不干涉對方內政之原則下，共同密切友好合作」。照會更說明:「蘇聯政府同意予中國以道義上與軍需品及其他物資之援助，此項援助當完全供給中國中央政府，即國民政府」。又「關於新疆最近事變，蘇聯政府重申如同盟友好條約第五條所云，無干涉中國內政之意」。關於進入東三省之蘇聯軍隊，史達林承諾在日本投降後三星期內撤退，最多三個月完成撤退。

　　有關中蘇「友誼互助」的承諾和談判，其負面的作用顯重於正面的作用。所謂促進蔣委員長領導下之統一中國及中國之統一安定，其

❸　〈赫爾利致蔣主席函〉，一九四五年六月十五日，同上，頁五六七～五六八。

負面作用，即爲要求蘇聯不破壞蔣委員長之領導與中國之統一安定。而當時對此領導與統一安定問題最嚴重的威脅，即爲蘇聯支持下的中共及新疆之變亂，以及進入東北的蘇聯軍隊之撤退問題。此爲宋、史會談中的「友誼互助」之重點。

關於中共問題，美方轉來史達林的肯定表示之點，係史對霍布金斯的說明。霍亦曾向宋轉述，謂史表示據其個人所知，具有統治中國之能力者，中國尙無其人，共產黨內當亦無此人選；爲與一強有力之中國建立正常關係，正準備支持蔣委員長及國民政府。對於中共的看法，史認爲中共並非共產黨，確有若干事情，蔣委員長可以去做，殊與蘇聯無關[84]。

赫爾利大使於一九四五年四月十五日到莫斯科會晤史達林時問史三個問題：第一、問蘇聯是否認爲中共爲非眞正共產黨，而爲「假牛油式」的共產黨，此原係史本人之語。史答曰然。第二、問蘇聯曾否援助中共。史答曰否。第三、問蘇聯是否願有一個獨立、自由、民主、統一之中國，自選其領袖人物，自作主張，自對其人民負責，並願與此中國密切合作。史答曰無疑問的是。史又自動的向赫提及，自西安事變以後，彼對蔣委員長之生平非常注意，認爲蔣委員長爲一「無自己的」愛國者；但彼對於中國政府之甚多軍人及政客，頗有批評，謂其利用國難以發財。惟云此與蔣委員長仍無關係也。赫將史之談話向蔣主席陳述後，且天眞的表示：「現在三國(按：指美、英、蘇)意見，業已一致。政策即爲促成中國之軍令統一，使其爲一獨立、自由、民主、統一之國家」[85]。

---

[84]　〈宋子文與霍浦金斯談話紀錄〉，一九四五年六月十三日，同上，頁五六五。

[85]　〈蔣委員長與赫爾利談話紀錄〉，一九四五年四月二十四日。《戰時外交》(一)，頁二一二。

以上杜、霍、赫轉來史達林的肯定表示，頗有樂觀之象。惟宋抵莫斯科後，即電蔣主席，謂有關方面密告，史達林與霍布金斯談話雖確有「彼（史）決盡其所能，促進中國應由蔣委員長領導下之統一」此言，但仍應參考蘇聯歷來對中共之態度，史意中國統一必須國共諒解。故史之此言在戰時及戰後絕對無條件擁護蔣委員長政權一點，似太簡單❽。

七月二日，宋、史會談時，史對國共問題，認爲是中國內部問題；但表示對前進分子(不僅共黨)，宜加容納。這天，兩人的談話對答如下：

史：中國是將容納若干自由分子參加政府？

宋：余願坦白說明，亦盼閣下能坦白對余，余不願如外交家方式談話，余願以現實者方式談話。中國政府已有若干變更，今後將有更多之革新，吾人曾試與中共妥協，三月間吾人擬成立一戰時內閣，即爲容納共黨參加，余自赫雷（爾利）大使方面獲知，閣下對共產黨認爲實似農政改革主義者。

史：彼等誠爲愛國者，但是否係屬共產黨，則頗有疑問。

宋：余在彼時，曾告彼等，余願飛往延安，余雖有全權，並爲代理行政院長，但彼等不願余之前往，吾人希望有一個統一之軍隊及一個中央政府，吾人不願有如張作霖軍閥，或另組割據政府與軍隊之政黨。但如中共（此唯一有軍隊政府之政黨）願與吾人合作，吾人仍願請其參加戰時內閣，亦即參加政府，吾人實無意壓迫彼等。

❽ 〈宋子文呈蔣主席電〉，一九四五年七月一日。《戰時外交》㈡，頁五七五。

史：余並非僅提共產黨，在對日作戰時期，應有若干自由分子
　　參加，不限於共產黨，中國祇能有一個政府，由國民黨領
　　導，但國民黨單獨不能應付此局面，如非國民黨人士亦能
　　參加政府，而仍由國民黨分子領導，實甚有益。但此爲中
　　國自身問題，余不過順便提及，余提出此問題，因對中國
　　前途關切之故。

宋：余對閣下所言爲中國利益著想，至爲忻感。坦率言之，中
　　國政府甚願非國民黨人士參加，此爲吾人劃切之願望，國
　　民黨希望在政府中居於領導之地位，故不願有聯合政府，
　　蓋如爲聯合政府，一旦他黨退出，則易於傾倒。

史：此實爲國民黨正當之願望，自中國歷史上觀察，實至屬明
　　顯❽。

　　史氏對中共問題所作的說明，宋氏顯然不感滿意，在以後各次的
會談中，仍不斷的談判。蔣主席對此問題，一再電示宋氏，應使蘇方
有明確之承諾。例如七月六日的電示：「中共對軍令、政令必須完全歸
中央統一，即照各國政黨對國家法令切實遵守，則政府一視同仁，一
俟正式國會召集，政府改組時，當可容納其在行政院之內，但決不能
稱爲聯合政府」❽。七日又電宋，謂蘇聯對支持中共，在普通外交談
判中決不肯自承者，我與之談判，彼必躲閃談之，恐不出空洞籠統之
故套。故必須劃切明白，毫無隱飾與之談判，而得有具體之結果❽。
七月九日，史於取得宋之外蒙獨立的承諾後，對於中共，史表示：中

❽　〈史達林與宋子文第二次談話紀錄〉，同上，頁五八七～五八八。
❽　〈蔣主席致宋子文電〉，一九四五年七月六日，同上，頁五九四。
❽　〈蔣主席致宋子文電〉，一九四五年七月七日，同上，頁五九六。

國政府要求軍令、政令統一，極爲允當；並表示此後援助中國一切武器及其他物質，均以中央政府爲唯一對象，不供給武器於共黨。這次史對中共問題的表示，宋氏認爲「甚爲切實友好」。其中有一段宋、史的對話如下：

宋：閣下對中國共產黨問題有何觀察，余今非以余官方資格與閣下以官方資格討論，而係宋先生與史太林先生之私人談話。

史：閣下之希望爲何？閣下曾言願吾人勿供給武器於共黨，同時倘蘇聯援助中國，應援助蔣委員長之政府，然否？

宋：然。

史：甚善。然則閣下尚有何希望？欲余派軍助君解除共產黨武裝否？（史笑）

宋：此實匪夷所思，余願閣下明瞭吾人之立場，吾人願以政治方式尋求解決。

史：此當爲善策，彼輩（指中共）爲善良之愛國分子，倘能覓得一政治解決，必將不惡。

宋：吾人希望共黨之軍隊應併入政府之軍隊。

史：此實爲合法之要求，中國必須祇有一個政府與一個軍隊。

宋：吾人準備彼等加入吾人提議之類似戰時內閣及軍事委員會，吾人不能明瞭何以彼等與吾人分離相處。

史：目前之局面實予人以不良之印象。

宋：余要求閣下對我等以道德上之援助。

史：如何？

宋：蘇聯刊物曾有多次攻擊中國，甚盼閣下能予以拘束。

史：甚是；但中國刊物對我蘇聯攻擊更多。

宋：容吾人彼此拘束刊物之言論。

史：甚善⑨。

　　蘇方對中共問題之承諾，蔣主席覆電示宋：「應商請其列入談話紀錄，或其他書面中，並宜明白聲明不僅不能供給（中共）武器，即在宣傳、經濟與交通各方面，蘇方亦不得與中共以支援」⑨。但此問題，在宋、史談話紀錄中，未再出現。祇有最後的中蘇照會中提到「蘇聯政府同意予中國以道義上與軍需品及其他物資之援助，此項援助當完全供給中國中央政府，即國民政府」。負面的話，即不予中共之援助，則未見諸文字。故中共駐重慶代表王若飛在中蘇條約剛公佈後不久，即一九四五年九月四日在重慶對民主同盟人士談及中蘇條約時即云：

(1)目前如有人認爲中國共產黨與蘇聯無關係，則顯係與赫爾利同樣糊塗。

(2)中蘇條約雖以一切援助國民政府，事實上並非表示蘇聯決不援助中國共產黨。

(3)東北現在蘇軍手中，故中國共產黨之軍隊如於此時進入東北，除非蘇軍抗拒，並無其他阻礙，而蘇軍是否會抗拒，則又爲不必解釋之事矣。

拾伍、「友誼互助」下新疆、撤軍等之談判

⑨　〈史達林與宋子文第四次談話紀錄〉，同上，頁六一九～六二〇。

⑨　〈蔣主席致宋子文電〉，一九四五年七月十一日，同上，頁六二一。

　　中俄在新疆的糾葛，自清季以來，即不斷發生。尤其在盛世才統治新疆時期(一九三四～一九四四)，由於盛藉蘇聯之助，取得新疆政權，採取親蘇政策，遂使新疆成爲蘇聯之附庸。但蘇對盛並不信任。在一九四〇年及一九四二年，先後發動政變，擬推倒盛之統治，未能成功。迨盛傾向中央。蘇即繼續發動新疆變亂，盛欲重投蘇聯，未爲史達林所諒恕。遂於一九四四年八月內調去職。但史對新疆仍不罷手。一九四五年一月，唆使成立「東土耳其斯坦共和國」，並攻佔伊犂，中國官兵四千餘人戰歿，迪化震動。

　　羅斯福總統對中蘇在新疆之衝突，深恐影響遠東對日戰局。亦曾尋求調和解決之道。一九四四年六月派其副總統華萊士(Hon. Henry Walace)經由莫斯科來重慶，即爲此事。同年底，霍布金斯奉派往莫斯科探詢史達林對日參戰之條件時，史向霍表示，彼對外蒙及新疆毫無野心；且謂彼之軍事專家，曾無一人根據戰略原因，認爲蘇聯必須取得新疆。但蘇對新疆仍擾亂如故。當宋於一九四五年六月底抵達莫斯科時，據有關方面密告，謂史向人表示，新疆漢人究係少數，中國政府對其他民族應較前開放，始能相安無事❾。是史對新疆並無放棄干涉之意。當宋、史會談準備對外蒙問題讓步時，蔣主席電宋指示要以蘇聯今後不再支持中共與新疆之匪亂爲我方要求之交換條件。史在七月九日的會談中，向宋表示，關於新疆，允禁止私運軍火，堵截邊境，同意助華解決匪患。宋告以中國政府收復陷區，當恩威並施，如和平方法不能解決，則當用武力。史認爲甚然。這天，宋、史談判新疆問題對答如下：

------

❾　同❻。

宋：關於新疆，閣下能助吾人平抑變亂否？

史：如何派遣軍隊乎？

宋：否，現在邊境有軍械之走私，吾人盼閣下設法制止之。

史：吾人無權干涉。

宋：非在中國境內，而係在邊界。

史：中國將對當地人民予以若干權利否？

宋：然此爲一政治問題，亦爲一軍事問題。

史：局勢如此嚴重乎？

宋：伊犁已爲叛軍所佔領。

史：係畏吾爾人乎？哈薩克人乎？

宋：其混雜甚繁，吾人願善待所有民族，此爲應付各民族唯一
　　之方法，但吾人希望恢復叛軍所佔領之土地。

史：此爲合法之願望，最好之方法爲予以權利，吾人有各種不
　　同之民族，倘不承認其最低限度之權利，糾紛將永無底止，
　　但此爲中國本身之問題。

宋：余同意此點，對於民族居少數之處理，不少地方吾人可向
　　蘇聯學習，吾人願作若干讓步，但如不繼之以服從，吾人
　　必須引用武力。

史：此爲當然之事，叛民意圖脫離中國乎？

宋：彼輩宣佈一所謂新共和國。

史：吾將蒐集情報，吾人或將再談一次，關於禁止邊境私運軍
　　械一節，吾人之職責應防止之，倘確有若干漏卮，吾人願
　　爲所能爲以赴之。

宋：叛民所配備之軍械甚佳，爲彼輩前所未有者。

史：今日君隨處可以獲得軍械。

宋：但非在新疆。

史：何故？

宋：因交通困難之故。

史：印度不致出售軍械否？

宋：憑可靠情報，不知有此。

史：兩國作戰之時，甲國恆供給軍械於乙國之叛軍。

宋：在新疆運輸實屬困難。

史：閣下以為軍械係由蘇聯輸入否？

宋：可能有此。

史：甚少可能，容改日再談。

宋：余盼得一保證，閣下將盡一切可能禁止私運，我方當設法
　　以和平方法克服叛亂。

史：在第一次世界大戰時，有若干法國軍火工廠供給武器於德
　　國，貴國官吏不致以高價出售軍械於叛軍否？

宋：余有一答案，閣下可以置信，即叛軍所持有之軍械，實較
　　中國官吏所有者為佳。

史：閣下似較余更為明瞭。

宋：吾人曾蒐集爆炸後之砲彈，吾人發現吾人並無此種砲彈。
　　余深知閣下極願助我解決此項困難，一如助我解決其他困
　　難❽。

　　關於蘇軍進入東北對日作戰後之撤退時限問題，宋、史在七月十
一日的會談中，曾作商討。宋提議應在戰後三星期以內儘先撤退。史

對此提議表示不悅，謂無論何地，均不應要求解放一個國家之軍隊於一定時限之內撤退，倘法國在英、美軍隊登陸之前，提出類似問題，將不知發生何種結果？但如閣下（宋）詢余在解放滿洲之後尚須留若干時，余將答覆或將留二、三星期之久。宋問：然則余對閣下作此詢問，在擊敗日本後，蘇軍將留駐滿洲若干時日？史答：余願言在日本投降之後二星期至三星期；或者中國方面要求吾人留駐較久，或者美國方面提出同樣之請求，屆時或有等候或接受俘虜之必要。倘中、美雙方均無延長駐留之要求，則除旅順駐軍外，當於三個星期內撤退。宋問：撤退完畢需要若干時日？史答：當視鐵路運量及軍隊數目而定，余信日本將在滿洲作規模宏大之戰鬥，此所以吾人集中如許軍隊（按：四十一個師兵力），美國方面希望吾人須有如許軍隊，余信吾人可在二個月以內撤退完畢。宋問：閣下可聲明確實在三個月以內撤退完竣否？史答：余信倘無意外事件發生，無需三個月時間。日本方面或將破壞交通路線，關東軍或將不服從投降之命令。有一德國將軍不遵守投降之命令，吾人費時二週始將彼擊敗，同時在海內或佈雷甚多，但余仍以爲二個月爲撤退至最後一人之最大時限，若干軍隊可由海上撤退，若干軍隊可由火車撤退，吾人本身希望能迅速辦理，因吾人已作戰四年，美國方面希望吾人在滿洲有甚多之軍隊，彼等不願在中國登陸，彼等希望以全力直接在日本登陸，吾人討論美國之計劃時，彼等並未預計在中國登陸，僅預計在日本登陸。宋最後要求史之承諾用換文規定，史表示同意❾❹。惟史氏所談對日作戰計劃，係美國在原子彈尚未試驗成功時之預計，與以後實際情況大有不同。

關於朝鮮問題，宋、史在七月二日的會談中對答如下：

❾❹　〈史達林與宋子文第五次談話紀錄〉，同上，頁六二四。

宋：關於朝鮮託治問題，閣下如何看法，在舊金山，各人對於
託治問題，均有其不同之見解。

史：請問莫洛托夫。

莫：余自美國方面獲知，託治制度可由一個或數國家行使，對
於朝鮮，美國建議應由四國託治，如是必趨複雜，以往並
無前例，吾人必須覓取一切實可行之辦法，但在原則上，
吾人表示同意。

史：余曾聲明余不能同意派遣軍隊至朝鮮，羅斯福曾謂朝鮮將
無外國軍隊，當設立一四強委員會，予以監督，俾朝鮮可
作託治終了後之準備，此當係臨時辦法，最終目的當為獨
立，但以上僅係交換意見，並無拘束性之決定，為一口頭
之協議。

宋：然則由何人維持治安？

史：朝鮮人本身，閣下之意如何？

宋：警察之類自屬必要。

莫：國際警察乎？

宋：任何一種足以維持治安之警察，日本由朝鮮撤退後，將有
一混亂之時期。

史：朝鮮應否獨立，閣下有其他計劃乎？

宋：余不認為朝鮮目前即可獨立。

史：但將來如何？

宋：當然獨立。

史：朝鮮語言是否與中國語言相同？

宋：文字相同。

史：是否滿洲人與朝鮮人之差別大於滿洲人與中國南方人民之
　　差別。

宋：然，現因小學校教育之功，國語各地均可通曉。

史：中國有無吞併朝鮮之企圖？

宋：絕無，兩國人民不同，歷史亦異。

史：以往非中國之一部乎？

宋：吾人不要朝鮮。

史：余反對在朝鮮駐軍或設警，吾人現應採取何種程序，在舊
　　金山會議討論託治問題時，蘇聯意見與美、英意見不同。
　　吾人認爲託治應爲走向獨立經過之階段。而英國則認爲係
　　走向殖民地經過之階段，羅斯福總統與吾人之意見較爲接
　　近，但現在美人似較近英方之意見。

莫：在舊金山，僅蘇聯與中國對託治之草案提及託治之最終目
　　的爲獨立。

宋：在一九四二年及一九四三年，余曾與羅斯福總統討論此問
　　題，彼主張所有殖民地均應設置託治制度，包括越南及荷
　　屬東印度。

史：羅斯福在德黑蘭建議此點時，邱吉爾竟至淚下，以致打消
　　此議㊌。

　　據哈里曼對宋表示：史之不願國際軍隊或警察駐紮朝鮮，其涵義
似爲蘇聯已組織有朝鮮軍隊可以支持一切，名爲託治制度，實際由蘇
聯操縱。故哈對蘇聯所提朝鮮之託治辦法，頗有懷疑。

㊌　〈史達林與宋子文第二次談話紀錄〉，同上，頁五八八～五九〇。

拾陸、中蘇條約的檢討與評價

中蘇友好同盟條約及其有關協定、照會及議定書等，實爲美、英、蘇三強首領雅爾達秘密協定下的一種產物，對中國而言，實爲一個極不平等而屈辱的條約。且當時的雅爾達會議，中國並未參加，該項協定，對中國政府在法律上並無拘束力。而中國何以要依此協定來簽訂中蘇條約呢？對此問題，論者已多。例如一家官方報紙事後的析論，認爲我政府當時之所以忍痛簽此條約，有其外在與內在的因素。就外在因素說，雅爾達密約已因史達林之要脅，損我主權，事勢所迫，我政府不能不遷就並肩作戰盟國的意見，而接受其勸告。就內在因素說，國內甚多人士希望戰後有一和平建設之機會，以爲中蘇兩國壤土相接，中共方以其爲外力的背景，從事變亂，中蘇條約雖於主權有損，然蘇方亦可受條約之約束，不再支援中共，則國家戰後統一安定，庶易獲致。

上項論點，蔣廷黻在聯合國控蘇文亦曾指出，當時中國有很多人士感到中國的政治統一和經濟發展必須得到蘇俄的善意支持；還有些理想主義者夢想此後中蘇兩國間的綿長邊境將會變得像加拿大與美國間的一樣安謐；而這些人士雖都反共，卻願睹其政府致力於經濟發展及社會改革，都願竭盡一切可能，在無損於中國的獨立自由的範圍內，培植良好的對蘇關係。這些人士中較具懷疑態度的，也認爲蘇俄的積極援助縱不可得，至少在訂立條約後，不致對中國採取積極的敵對政策。固然中國所付代價至高，但都覺得並非毫無所補。中國政府就在此種心理狀態之下，對美國政府的壓力委曲求全地予以遷就，接受了雅爾達協定的內容。

當時持此理想主義者，可以傅斯年爲代表。傅在當時是贊成中蘇

條約及其有關協定的，理由是：⑴中蘇共同疆界之長，是中蘇必須和好的因素；⑵中國需要二、三十年和平建設，故對外不惜委曲求全；⑶犧牲外蒙，以保全東北及內蒙、新疆；⑷犧牲東北一層皮，即兩路兩港的辦法，以保全東北的主權。當時有人問傅：「你以爲這樣條約可以保證我們嗎」？傅云：「我們不能因爲一紙條約便不努力，但這個條約雖然不是保護國運『充足的』，然卻是『必要的』。不過，在中蘇協定中，我們已經盡了最大之讓步了，已經出了最大可能的代價了」。

至於當時迫使中國接受雅爾達協定最力的杜魯門總統和負責談判中蘇條約的宋子文氏，在簽訂條約之後，宋即赴華盛頓，向杜陳述談判之內容及經過。在一九四五年八月十八日宋、杜長達一小時半的談話中，兩人對於蘇方能否尊重協定，均持以相對樂觀的看法。在談話中，杜謂美國政府當進而請史達林保證對中國全部，尤其東三省門戶開放原則之維持。杜對宋與史達林所談中共問題，尤爲關切。杜云：蘇方已告知其各協定之大概，並說明蘇聯完全以國民政府爲對象，一切援助亦集中於國民政府。此點杜認爲最關重要。杜繼詢宋與史達林十一次談話以後之感想如何？宋謂大致短期內蘇聯當能尊重協定，不助共黨，不與國民政府爲難；但過此時期，須視中國局勢情形而定，如中國強盛，則蘇聯不致乘機；否則，恐不能實踐諾言。故中國問題如何在短期內，使內部鞏固，軍事力量加強，金融財政均有辦法。杜謂正與其意相合，並謂美國必盡力助中國走上富強之路❾❻。

惟上述樂觀方面之估計，迅爲事實所否定。在中蘇協定三個月後，即十一月二十二日，蔣主席即致電杜魯門，告以：⑴熟審當前之局勢，蘇聯與中共相默契，破壞中美兩國所預定接收日軍投降繳械與遣送日

---

❾❻　〈宋子文上蔣主席電〉，一九四五年八月十八日。《中華民國重要史料初編——對日抗戰時期》，第七編，《戰後中國》㈠，頁二五。

俘之計劃，及吾人所共同期望之國際信義。(2)相當數量之中共軍已運抵華北，日軍武裝之解除已有迅速開始之事實；惟中共因在多方面獲得蘇聯之支援與協助，出而阻撓，使重要工作無法繼續進行。(3)經過詳慎之研究，深覺必須再增運五個軍之兵力赴華北各省❼。駐美大使魏道明將蔣主席之電面遞杜魯門後，杜對魏云：觀蘇聯此種態度，甚為失望❽。

　　進入東北後之蘇聯軍隊，根本無視條約之存在，為其所欲為之事。蔣廷黻在〈三年來控蘇的奮鬥〉一文中列舉其違約行為如下：

　　第一、蘇俄軍隊進了東北以後，就搬運和破壞東北的工礦設備。

　　第二、蘇俄曾阻止我們經由大連進兵東北。

　　第三、蘇俄曾在營口給予中共軍首先佔領的便利。

　　第四、俄軍把持東北的鐵路，妨礙我們的軍運。

　　第五、俄軍把持東北的飛機場，妨礙我們的空運。

　　第六、俄軍把日本軍隊投降以後所繳出的器械轉給中共的部隊。

　　第七、俄軍阻礙我們在東北就地編組保安隊，而且協助中共收編偽軍。

　　第八、俄軍曾派技術人員及日韓軍人直接上前線幫助中共軍作戰。

　　第九、俄軍撤退時不事先通知我們退出的確期與程序，以致國軍無法接防，而中共軍則常因先得俄軍退出的消息，能先進佔沿鐵路線的要點。

---

❼　〈蔣主席致杜魯門電〉，一九四五年十一月二十二日，同上，頁五六五。
❽　〈魏道明呈蔣主席電〉，一九四五年十一月二十七日，同上，頁五六六。

第十、北平中共政權一出現，蘇俄即予承認⑨。

　　中蘇條約的簽訂，原係期望獲致中國戰後的統一與安定。但其結果，適得其反。而中共得俄助之利，佔據大陸，此一結局，多有認爲由於雅爾達協定及中蘇條約所帶來的後果。

　　蔣廷黻氏爲了控蘇違約，曾對中蘇條約和有關文件，作了一番認真的研究。他說：「在三十八年（一九四九）的夏末秋初，我又恢復了研究歷史檔案的生活，好像十幾年前我在北平故宮博物院研究軍機處檔案一樣」。又說：「關於民國三十四年（一九四五）八月十四日中蘇簽訂的條約和換文，我一認真研究，就感覺詫異這個條約與五十年前大清帝俄同盟條約太相同了。兩個條約均以日本爲對象，以先是個戰勝的日本，這一次是個戰敗的日本。在兩個條約之下，中國所付的代價相同，就是東北的鐵路幹線和大連、旅順兩個港口，不過這一次又加上了外蒙古的獨立。政治制度儘管變，俄羅斯對我所行的侵略政策始終是不變的」。因此，他認爲中蘇條約，名爲友好同盟，實際是蘇俄侵略中國的工具，因爲蘇俄違約的行爲都是侵略的行動。以友好之名，行侵略之實，這是從帝俄到蘇俄一貫的外交手段。而中蘇條約又是源自雅爾達協定。所以蔣氏於一九五二年在聯合國控蘇案文中呼稱：「時至今日，我們必須宣稱雅爾達協定鑄成大錯——十分悲慘的大錯。如無此一協定，中國和韓國在戰後的整個歷史必然整個改觀而較爲愉快」。

---

⑨　蔣廷黻〈三年來控蘇的奮鬥〉，同上，頁八二九～八三〇。
　　（按本文所據資料，除❶至⑨所引《戰時外交》㈠㈡所收文件外，尚有取材其他有關著作及資料者。以該文在《傳記文學》發表時，均略去。除增注《戰時外交》所收資料外，其他未能補入，深以爲歉。）

第二節　王世杰與中蘇盟約的簽訂
——據《王世杰日記》資料

壹、晚年評宋子文與中蘇盟約

　　關於一九四五年八月十四日外交部長王世杰以「中華民國國民政府主席全權代表」名義與蘇聯外長莫洛托夫 (V. M. Molotov) 以「蘇聯最高蘇維埃主席團全權代表」名義所簽訂的〈中蘇友好同盟條約〉（簡稱中蘇盟約），有關王世杰在該約所扮演的角色和責任問題，曾在《傳記文學》總號第三一〇、三一二、三一四各號，刊載王天成、廖碩石、倪渭卿、王學曾、楊元忠等先生的書簡，進行一連串的討論。筆者亦曾在第三一六號發表〈王世杰與中蘇友好條約的簽訂〉一文，更承吳相湘教授在第三一七號的〈中蘇友好條約由最高當局決定〉書簡，謬譽筆者前文「實有澄清各方疑慮作用」；惟對筆者所云：「在角色的比較上，宋（子文）爲主，王（世杰）爲從。最後的決定，當在中蘇雙方最高當局」一段，吳教授認爲：「尤關重要，惜畫龍未點睛」！其後筆者根據「雅爾達密約有關交涉及中蘇協定成立經過」大量文件及有關資料，撰寫〈宋子文史達林中蘇條約談判紀實〉長文，在《傳記文學》總號第三一七、三一八、三一九、三二〇各號四次連載。文雖詳盡，但對王世杰的角色和責任問題，有若干關鍵之處，尚難加以切實掌握。近閱中央研究院近代史研究所出版之《王世杰日記》手稿本，不僅內容豐富，而且具有極高的史料價值，誠如陶英惠先生在第三三五號〈王世杰與兩航案眞相〉文中所云：「這部日記極富史料價值，對研究近代政治及外交史的學者們，將可提供許多可貴的線索和證據，

以詮釋過去一些不能了解的問題」。尤其當中蘇盟約的談判和簽訂之際, 王世杰在談判的前一階段(一九四五年六月三十日至七月十二日), 擔任軍事委員長辦公廳主任, 輔佐蔣委員長會處理最高機要; 談判的後一階段 (八月七日至十四日) 則以外交部長資格與行政院長宋子文同在莫斯科進行交涉。在《王世杰日記》中, 對於中蘇盟約的交涉及其決策過程, 頗多記述。亦可看出王在該約所扮演的角色, 仍有進一步討論的餘地。其後由於蘇聯毀約, 發生大陸淪於共黨的悲劇, 中蘇盟約的功過問題, 也有不同的評價。王氏晚年, 顯然耿耿於懷。例如王氏在民國六十年二月二日的日記中, 則指出中蘇盟約應由宋子文負其責任。這天的《日記》有云:

接周謙沖函, 謂前任駐蘇哈維曼大使 (Avereel Harriman) 最近所發表之一種回憶錄, 謂一九四五年中蘇友好同盟條約, 為宋子文所訂, 未言及我參加。就實際上, 此約中最重要問題為承認外蒙古獨立, 此則在宋子文初次赴莫斯科時已與史達林協議。宋返臺(「國」之誤)後, 蔣先生堅要我接任外長, 續與宋子文赴俄, 余辭不獲已, 乃於八月初偕宋往莫斯科。在那時, 外蒙問題因宋已先接受史氏要求, 勢亦無可挽回。我祇就㈠蘇俄不得接濟中共問題, 堅持蘇俄應以正式換文聲明, 史氏勉強應允(事後在東北則未履行其聲明中之諾言); ㈡蘇軍必須於對日戰事結束後三個月完全自東北撤退, 史初不允, 繼亦接受 (事後雖未完全按期履行, 但稍後仍照撤); ㈢蘇俄不得參加大連行政機構或工作, 最後僅允可由我遴一俄人為 Harbermaster (港務局長); ㈣在平時蘇俄不得用中東鐵路運兵。這些成果, 假使無中共叛變, 當有相當保障。余於去莫斯科前曾請蔣先生訓囑

宋子文向杜魯門要求，對於所訂之約，以第三者資格保證其實行。但子文對於此項訓令似未盡力交涉。凡此種種，我爲國家利益，迄今未向外發表❶。

同時，王氏又將當年赴俄談判的日記查閱一番，復於二月八日寫出其感想云：

閱三十四年八月七日至十四日中蘇盟約談判經過。當談判時，大半由宋子文與史達林談辯，遇有彼等不能解決之爭議，余始參加（原注：譬如大連行政權問題）❷。

從字裡行間，可看出王對宋的不滿。惟上項記述，離當年中蘇盟約交涉已有二十六年之久。其眞實情形如何？好在當年的日記，赫然在目。經過查對，仍有一些關鍵性的決策和有趣的問題，值得探討。

貳、對外蒙獨立讓步的決策過程

根據《王世杰日記》的內容來看，自從雅爾達密約的內容傳至戰時首都重慶後，中國如何因應此一中蘇問題，王氏的意見，即成爲蔣委員長的參考依據。其中尤爲重要的關於承認外蒙古獨立問題，在宋子文與史達林的一九四五年七月二日晚間談判（第二次談話）時，即成僵局。史要中國承認外蒙古獨立，宋不能同意。根據檔案資料，宋在七月二日、三日、四日曾有四個電報向蔣委員長陳述關於外蒙談判

---

❶　《王世杰日記》（手稿本），冊八，頁二三四～二三五，民國六十年二月二日記。

❷　同上，頁二三七，民國六十年二月八日記。

問題，其中最重要的一個電報爲七月四日的一份短電，說：「現正準備
一切，並候鈞座（蔣委員長）訓示，以便繼續談判。但萬一史堅持外
蒙必須由我國承認其獨立，則祇可中止交涉」云云。在《王世杰日記》
中，亦記有宋的電報請示事項，關於外蒙問題，重慶最高當局經研商
後，決定對蘇讓步，其中也有王氏的意見。王氏在一九四五年七月六
日的《日記》有云：

> 子文有電來，謂史達林對東三省問題尚可讓步，但對承認外蒙
> 獨立一節則堅持。子文謂：史、羅協議（按指史達林與羅斯福之雅
> 爾達協議）亦祇云外蒙問題維持現狀；史則云該協議含有承認外
> 蒙獨立之意。史謂祇要中國政府應允承認，則先成立密約，於
> 戰後公佈亦可。子文電請示。蔣先生詢予意見。予謂東三省等
> 問題如確能得到不損領土主權之解決，則承認外蒙人民於戰後
> 投票自決亦尚合算，因外蒙實際上已脫離中國二十餘年。午後
> 蔣先生約孫哲生（科）、鄒魯、戴季陶、于右任、吳稚暉、陳辭
> 修（誠）諸先生商談。最後決定主張外蒙獨立事可讓步❸。

　　王氏對外蒙問題讓步辦法的意見是「投票自決」。「自決」的結果
如何？當非高度自治。因爲這一方針在蔣委員長於該年六月二十六日
接見蘇聯駐華大使彼得洛夫時，已表示中國「解決外蒙問題的方針，
是賦予外蒙的高度自治領，即其外交、軍事均可獨立，而宗主權則應
屬於中國」。而宋子文亦以此方針，與史達林談判，不爲史所接受。故
經商議結果：「最後決定主張外蒙獨立事可讓步」。故知所謂「投票自

---

❸　同上，冊五，頁一一七～一一八，民國三十四年七月六日記。

決」，應是「自決」其獨立。在七月六日到七日之間，蔣委員長曾連續
數電指示宋子文對外蒙古獨立可以讓步的條件。但宋在七月七日晚間
與史達林第三次談話時，顯然尚未接到蔣委員長的指示，所以這次的
談判，宋對外蒙獨立問題仍未讓步。據宋在七月七日的晚間致蔣委員
長的電報說：

> 今 (七) 晚再與史達林會晤，開始即談外蒙問題，職 (宋自稱) 謂
> 外蒙事中國原擬不提，現因史認為此事重要，故經報告鈞座(蔣
> 委員長)，中國方面現可接受雅爾達決議案，即保持現狀，但不
> 能承認外蒙獨立。關於上次會談，史所提蘇聯受日本壓迫時進
> 兵外蒙一點，中蘇如結為同盟，自可同意。史謂外蒙不滿現在
> 地位，堅持必須獨立。職謂現可予外蒙以高度自治，軍事、外
> 交均可自主。史仍堅持必須承認外蒙獨立之主張，……史末謂，
> 中國既不能對此同意，則無法有何協定云云。此事關係國家前
> 途至鉅，究應如何應付？查本月十一日為外蒙獨立紀念日，屆
> 時蘇聯諒必有所舉動，倘不繼續談判，職返國期應在該日之前。
> 務乞鈞座立賜電示❹。

　　顯然，宋在七月七日之前，尚不知重慶方面對外蒙獨立問題已作
了極大的讓步。但在第二天即七月八日，卻接到重慶方面的電令，因
此改變初衷，決定在七月九日再與史達林會談。這天，宋有電報致重
慶方面云：「明 (九) 日再見史達林作最後一次懇談。倘史對我方要求
可以同意，而我方僅允口頭允諾外蒙戰後獨立，彼必不滿意，恐必須

---

❹　〈宋子文呈蔣主席電〉，一九四五年七月七日。《戰時外交》㈡，頁五九八。

有書面保證。鈞座（蔣委員長）以何種方式最爲妥善？乞即刻賜示」
❺。蔣委員長的覆電，由王氏代擬。據七月九日的《王世杰日記》記
云：

> 今（九）午予代蔣先生擬一電致子文，謂外蒙戰後獨立問題，其
> 宣告應由中國單獨宣告（並須先勘定外蒙疆界）。但中國宣告後
> 蘇聯應照會中國，永遠尊重外蒙獨立❻。

　　宋在七月九日晚與史達林作第四次談話時，根據重慶方面的指示，
對外蒙獨立作了重大讓步，雙方僵局始告解除。當晚，宋即有電報告
一切，說：「今（九）晚見史達林，職（宋）首將鈞座（蔣委員長）對
外蒙問題指示告史，並說明中國爲中蘇永久和平與合作，故忍痛犧牲。
中國政府在戰事結束後，不反對蒙古人民投票表決外蒙獨立。其承諾
方式，容再洽商。史甚表滿意，並同意於戰敗日本後，再宣佈」。又云：
「目前大問題業已大致解決，其他如鐵路及大連自由港之管理等項，
不得已時，似宜酌量遷就」❼。
　　如此，中蘇盟約中的外蒙古獨立問題的讓步，使宋能與史達林達
成協議，是根據重慶最高當局的指示而行。而此項指示亦曾與黨內「大
老」如孫科、鄒魯、戴季陶、于右任、吳稚暉、陳誠等商議後所作的
「最後決定」。在決定前，王世杰則提供了讓步的辦法和意見，不無「獻
策」之勞。

---

❺　〈宋子文呈蔣主席電〉。同上，頁六〇四～六〇五。

❻　《王世杰日記》，冊五，頁一一九，民國三十四年七月九日記。

❼　〈宋子文呈蔣主席電〉，一九四五年七月九日。《戰時外交》㈡，頁六〇九～
　　六一〇。

叁、宋畏負責要王接任外長

　　承認外蒙獨立問題，既告協議，宋在七月十二日晚與史達林作第六次的談話後，前一階段的宋、史談判，大致告一段落。宋氏則藉史達林赴柏林參加美、英、蘇三巨頭會議的時間，返國一行。七月十四日，《王世杰日記》有記云：

> 宋子文致蔣先生電，謂己與史達林大致商議就緒，但尚有若干點須返渝請示，故擬趁史達林赴柏林三巨頭會議之時間自行返渝，稍緩再赴莫斯科作最後商決❽。

　　七月十七日，宋氏返抵重慶，與王氏偶有接觸。到了七月二十四日，王氏的麻煩來了。這天下午，宋要王接任其外交部長的兼職，且將同往莫斯科結束中蘇談判。此在王的《日記》中，事前並無任何訊息。七月二十四日，王的《日記》記云：

> 今(二十四)日午後，宋子文院長向予言，彼欲解除其外交部部長兼職，盼予能改任(按王氏時任國民黨中央宣傳部部長)或兼任之；並謂彼於月底或下月初赴莫斯科時盼予以外交部長資格偕往，結束中蘇談判。予謂予殊不願任外交部長。最後彼一再敦促，予謂予俟考慮一、二日再答覆。彼將當時彼在莫斯科與史達林談判之一切紀錄(六次談話紀錄)交予細閱，予持歸閱至深夜始竣❾。

---

❽　《王世杰日記》，冊五，頁一二三，民國三十四年七月十四日記。
❾　同上，頁一二九～一三〇，民國三十四年七月二十四日記。

　　宋之這一安排，顯然事先取得蔣委員長的同意。第二天，王即往蔣委員長處請示。蔣委員長亦促王接任外長，並坦誠說及宋要王接任外交部長的原因，是涉及承認外蒙獨立之事，怕負責任。王氏頗感十分爲難。七月二十五日，王之《日記》記述如下：

　　　　午後渡江赴黃山蔣先生山居，晚即在黃山宿。蔣先生亦促予兼
　　　　任外交部部長。蔣先生說：子文因中蘇談判涉及承認外蒙戰後
　　　　獨立之事，頗畏負責，其所以返渝，亦正爲此。由此可見子文
　　　　之意在覓人與之共同負擔此次對蘇談判結論之責任。蔣先生並
　　　　說：外蒙早非我有，故此事不值顧慮。予謂此固是事實；但不
　　　　知對於東北之退還，是否能充分照議定辦法實行；如不實行，
　　　　則我之承認外蒙獨立爲單純的讓步；如彼確將東三省照議定辦
　　　　法交我，則此一讓步可不受他人或後代責難。予對任外交部部
　　　　長事，仍未應允，但允再考量。予細思此事殊令我十分爲難，
　　　　因爲我如拒絕，便爲畏懼負責之表示，值此中蘇情勢緊張，關
　　　　係極大之時，本身之毀譽不宜在予之考慮也❿。

　　王氏在此壓力之下，要想擺脫責任，顯然十分困難，頗思兩全之策。七月二十七日，王之《日記》有記：「予向蔣先生表示，如必欲予任外交部部長，則須同時解除予之宣傳部部長職。予並表示不願去莫斯科」。七月二十八日的《日記》又記：「晚間蔣先生在黃山宴蘇聯大使彼得洛夫等多人，予亦與宴。宴後蔣先生謂已囑（陳）布雷與予談外交、宣傳部事」⓫。顯然沒有結果。七月二十九日《日記》又記云：

❿　同上，頁一三〇～一三一，民國三十四年七月二十五日記。
⓫　同上，頁一三三～一三四，民國三十四年七月二十七、二十八日記。

晚間予復與宋子文商談外交部部長事。予詢以我可否暫不任外
交部部長；俟彼往莫斯科及倫敦(出席五國外長會議)後再行考慮
外交部部長人選調整。彼謂倘如此辦，須由予向蔣先生提議；
且無論如何，彼謂予須偕往莫斯科。嗣予細思如予必須往莫斯
科，則不必變更原議，且時間之晚，外長問題明晨即須提國防
最高委員會，亦來不及再商⓬。

　　七月三十日，國防最高委員會通過改組行政院，實際上僅宋辭外
交部部長兼職，而由王氏接任。此時王氏顯然祗有退而求其次，設法
如何減輕及分擔中蘇條約的責任。因此，他向蔣委員長建議中蘇協定，
不可有任何秘密協定。七月三十一日的《日記》有記：

　　　晚間，予向蔣先生陳述，訂中蘇協定時，不可有任何秘密協定。
　　　外蒙問題亦宜於批准前，向立法院及參政會駐會委員會報告，
　　　否則於國家及負折衝之責者均不利。蔣先生以爲然⓭。

　　王氏對於減輕及分擔中蘇條約責任的建議，不僅得體，且足顯示
其對處理難題經驗的豐富。但對宋子文不斷的壓力，仍然難以擺脫。
當王確定出任外長後，宋即告知中蘇條約應由王氏簽字了。八月一日
的《日記》有記：

　　　今(八月一日)晨予與子文談赴莫斯科事。彼謂將來中蘇約文應

⓬　同上，頁一三四～一三五，民國三十四年七月二十九日記。
⓭　同上，頁一三六，民國三十四年七月三十一日記。

由予簽字。予謂可否由彼我共同簽字，彼謂不可。但云如蘇方由史達林簽字，則彼可簽字。實際上，蘇方自將由其外長莫洛托夫簽字❶。

　　王氏接任長外並須負責簽訂中蘇條約，原由幕後策劃的角色，走向臺前表演的角色，其心情的感受如何？此在其《日記》中，不時流露出其矛盾與沉重的心情。以下舉出《日記》兩則，以明究竟。

　　（八月四日）
　　原定今日赴莫斯科。以蘇聯覆電遲到，改定明晨啓行。

　　予覺予此行之目的可以三語括之，統一、和平，與保全東北。但外間對於外蒙問題亦頗有異論。如輿論不能深深了解，則即談判有成，中蘇之感情仍將不協，前途之變化仍甚可慮❶。

　　（八月五日）
　　今晨八時半由白石驛飛機站啓行。宋子文院長爲領導人。熊天翼(式輝)、蔣經國、沈鴻烈、卜道明、劉澤榮等同行計十七人。又彼得洛夫大使及其同行之俄員四人。午後三時許抵加爾各答。

　　予一路反覆思此行之使命。肩上真如負有萬斤之重擔。予一生來從未感覺責任之重有如此者。此行結果無論如何，在國人輿論及歷史家評斷總不免有若干非議。但自思「統一與和平」爲中國目前必須本著與八年抗戰同等之勇氣以求取。否則蘇聯參

❶　同上，頁一三六，民國三十四年八月一日記。
❶　同上，頁一三八～一三九，民國三十四年八月四日記。

加對日作戰後，我如事前未與有所協定，則㈠蘇聯軍進入東三省後，領土主權以及經濟利益，必更難收回；㈡中共與蘇聯或竟發生正式關係。凡此均使我無統一，亦且對內對外均無和平之可能❶⑥。

王氏的考慮，均屬事實。此種不計毀譽與「跳火坑」的精神，應是無可置疑的。

從八月五日王氏一行由重慶出發前往莫斯科，到八月十六日離開莫斯科返渝，每日活動均有日記。在其《日記》中標題爲〈三十四年八月赴莫斯科日記〉。這是中蘇盟約談判後一階段極爲珍貴的史料。因爲宋、史從這六月三十日到七月十二日前一階段的六次談話，均有紀錄。但後一階段的五次會談，僅見報告電文，而無談話紀錄。今在《王世杰日記》對後一階段各次談話紀錄雖不完整，但有許多記載，均爲報告電文中所不見的。正可補充電文的不足。

---

❶⑥　同上，頁一四〇～一四一，民國三十四年八月五日記。

索　引

毛炳文　227,228,233,235,249

毛澤東　24,172,173,211,212,216,217,219–221,226–229,231,233–238,
　　240–243,245,249,251,252

《毛澤東年譜》　211,212,219,220,226–228,231,233,235,238,240,245,
　　249,251,252

牛元峰　218

犬養毅　99,121,122,123,135

王世杰　45,70,71,74,75,185,186,189,209,254,255,267,271,272,275,276,
　　302,313,314,336,343,356,357,377–385,388–392,412–414,417,422,
　　443,444,452–454,497–499,502,512,518,542–544,549,557,578–581,
　　583,584,588

王世英　221

王以哲（鼎芳）　184,217–221,227,229,232,234,236,237,241,250,251,
　　261,264,350,352

王正廷（儒堂）　88,119,188,368,413

王克敏　21,23

王　均　227,228,249

王芳亭（典型）　171,397

王金鏞　146

王亮疇（寵惠）　69–71,73,191,209,281,330,413,437,445,446,448–450,
　　453,460,465–470,480,484,488,491,493

王若飛　567

王樹常（庭午）　86,110,182,255,346

王造時　232

王陸一　380

7 劃

14劃

16劃

大雅叢刊書目

產地標示之保護 ——公平法與智產法系列（六）　方彬彬　著
新聞客觀性原理　彭家發　著
發展的陣痛——兩岸社會問題的比較　蔡文輝　著
尋找資訊社會　汪琪　著
文學與藝術八論　劉紀蕙　著

法學叢書書目

程序法之究（一）　陳計男　著
程序法之究（二）　陳計男　著
財產法專題研究　陳哲勝　著
香港基本法　王泰銓　著
行政過程與司法審查　陳春生　著

圖書資訊學叢書書目

美國國會圖書館主題編目　陳麥麟屏、林國強　著
圖書資訊組織原理　何光國　著
圖書資訊學導論　周寧森　著
文獻計量學導論　何光國　著
圖書館館際合作與資訊網之建設　林孟真　著
圖書館與當代資訊科技　景懿頻　著
圖書館之管理與組織　李華偉　著
圖書資訊之儲存與檢索　張庭國　著
資訊政策　張鼎鍾　著
圖書資訊學專業教育　沈寶環　著
法律圖書館　夏道泰　著

教育叢書書目

西洋教育思想史	林玉体	臺灣師大	已出版
西洋教育史	林玉体	臺灣師大	撰稿中
教育社會學	宋明順	臺灣師大	撰稿中
課程發展	梁恒正	臺灣師大	撰稿中
教育哲學	楊深坑	臺灣師大	撰稿中
電腦補助教學	邱貴發	臺灣師大	撰稿中
教材教法	張新仁	高雄師大	撰稿中
教育評鑑	秦夢群	政治大學	撰稿中

中國現代史叢書書目

中國托派史	唐寶林	著	中國社科院	已出版
學潮與戰後中國政治(1945～1949)	廖風德	著	政治大學	已出版
商會與中國早期現代化	虞和平	著	中國社科院	已出版
歷史地理學與中國現代化	彭明輝	著	政治大學	已出版
西安事變新探	楊奎松	著	中國社科院	已出版
抗戰史論	蔣永敬	著	政治大學	已出版
漢語與中國新文化的啟蒙	周光慶	著	華中師大	排印中
	劉 瑋			
美國與中國政治(1917～1928)	吳翎君	著	中央研究院	排印中